軍鎮起義、關隴勢力、隋唐權變……
盛世還沒來，英雄已先死一半！

長安前夜

範西園 著

隋末群雄並起，李唐憑什麼脫穎而出？
從武川鎮到玄武門，從草莽義軍到帝國脊梁

讀一頁就上癮，見證群星閃耀的時代！

（語言風趣、節奏明快，以現代視角解讀古代權謀）
（時有冷嘲熱諷，卻不失對歷史的尊重與思辨——）

目錄

自序　人間一股英雄氣⋯⋯⋯⋯⋯⋯⋯⋯⋯⋯⋯⋯⋯⋯005

第一章　英雄應運業方興 —— 武川鎮草莽起⋯⋯⋯⋯⋯009

第二章　隋文混一朔南暨 —— 帝王的心魔⋯⋯⋯⋯⋯⋯037

第三章　長城窟外多馬骨 —— 煬帝壯志成灰⋯⋯⋯⋯⋯073

第四章　一時人物盡鷹揚 —— 關東群雄沉浮錄⋯⋯⋯⋯107

第五章　白旄黃鉞定兩京 —— 李氏晉陽舉義兵⋯⋯⋯⋯137

第六章　何事昏迷至此 —— 群雄混戰未央⋯⋯⋯⋯⋯⋯179

第七章　爭言社稷當久安 —— 秦王繼位之途⋯⋯⋯⋯⋯203

第八章　收關山五十州 —— 天策上將威名傳⋯⋯⋯⋯⋯237

第九章　大壑深藏蜃龍起 —— 河北至暗之時⋯⋯⋯⋯⋯277

第十章　勒馬擒王李靖策 —— 紅拂夜奔餘波⋯⋯⋯⋯⋯303

目錄

第十一章　宮府暗圖勢未歇 ── 風雨天策府 …………… 329

尾聲　業已彎弓豈肯休 ── 玄武門十二時辰 …………… 359

本書部分參考書目 ………………………………………… 373

自序
人間一股英雄氣

撰寫這部書的大部分時間，都在夜晚。

在每個夜裡，房間裡聽不到喧囂，只有偶爾的汽笛長鳴，窗外的景致從華燈初上，到霓虹漫天，高樓景觀燈帶耀眼如白晝，彷彿整個世界都在為你而亮，又彷彿外面的繁華都已將你拋棄。辦公室裡，夜晚的燈光如繁星一般璀璨。也許每一點燈光之下，都有一群趕工中的上班族，和此處燈光下的我一樣，都為著一些可能並不那麼偉大的事情忙碌著。

這或許就是現代社會的群像，我們都是這個精密的社會機器的一部分，只要還身處其中，就不得不持續完成自己手上那些制式化的工作，不斷地消耗自己。這個龐大機器需要我們，卻不獨缺我們一個，畢竟零件損壞折舊了，還會有更新、更好、待機更持久的零件可以替換。

當我們習慣於平凡，那偉大就顯得彌足珍貴。

所以，我想要寫這樣一本書，站在如今來回望那個風雲際會的時代，看看那些歷史人物為何稱為英雄，以及如何成為英雄。

辦公桌前還有一本羅曼·羅蘭（Romain Rolland）的《約翰·克里斯朵夫》（*Jean-Christophe*），它與本書一樣，都是寫了關於英雄的故事。

在我們如今生活的時代裡，大體上是很少再需要英雄了，每個人只要經營好自己的生活和事業，那社會便能順暢運轉，經濟便能繁榮發展。但是，我們卻又熱愛那些英雄的故事，電影、電視上熱播的，也都是聚光燈下焦點人物的精彩情節，畢竟自己的生活原本就夠無聊的了，誰也不會樂意花時間再去看發生在陌生人身上的故事。

自序　人間一股英雄氣

關於本書，其實就像《約翰·克里斯朵夫》最後所說的那樣——我寫下了一代人的悲劇。我絲毫不想掩飾他們的缺陷和德行、沉沉的憂傷、莫名其妙的自負、艱苦卓絕的努力，以及為完成非凡的使命在極為沉重的負荷下的辛勞。但是，無論他們的缺點如何難以彌補，無論他們的結局注定如何悲劇，他們都是那一個時代的英雄人物，是歷史舞臺上的耀眼群星。

年輕時，我曾覺得，那些最終失敗的歷史人物之所以失敗，是因為頭腦發昏、兩眼一黑，而作出了愚蠢的決定。可是後來我才漸漸意識到，不是歷史人物太傻，而是我太年輕。書生輕議塚中人，塚中笑爾書生氣。一直以上帝視角批駁古人，站那麼高不冷嗎？但凡在歷史上留下過自己名字的，都不是簡單的小人物，必有過人之能，否則便無法在惜字如金的史官筆下留下隻言片語。

不管是勝利者，還是失敗者，他們的背後都有著一段如今已經難以再現的傳奇。

你將看到，有人為宏圖偉業做好了一切準備，卻意外地中道崩殂，甚至沒有機會留下遺言，來與這個世界告別。

有的人只是因為一個意外而被推上了歷史舞臺的中央，卻奇蹟般地挽狂瀾於既倒，在此後的幾十年裡成就無數文治武功，但唯獨沒能如願以償地得到那個他最想要的東西。

有的人想要對抗浩浩蕩蕩的歷史潮流，卻最終粉身碎骨。

有的人藉著歷史潮流騰身而起，卻還是被後浪拍死在了沙灘上。

有的人以為自己是天之驕子，想要用手中掌握的權柄立下不世的功業，最終卻發現自己只是一個懦弱的人，懦弱到無法面對自己的失敗，以至於頹唐地過完了人生最後的時刻。

有的人彷彿生來就是上帝的寵兒，左衝右突如入無人之境，到最後卻發現自己人生無法踰越的高山，其實從自己出生開始，就高不可及地聳立在了眼前。

　　有的人走對了每一步，但還是逃不脫失敗。

　　有的人不接受自己錯誤的人生，最後決然改變命運。

　　有的人在亂世的激流中退隱田園，卻不甘於這樣平凡地度過一生，最終重新踏入戰場，再次叱吒風雲，然後以慘烈的姿態隕落。

　　還有的人身懷不世之才，卻幾十年埋沒於偏僻之地，所幸得遇知音，提三尺劍，掃平半片寰宇，立下蓋世功勳。

　　我雖不相信什麼人世的宿命，但在史書的字裡行間流連時，也不免驚嘆，究竟是怎樣的手筆，才能打造出這樣的一段史詩。歷史往往比小說精彩，更跌宕起伏，因為這是真正發生過的事，為這些人的命運編劇的，是冥冥之中的那隻如椽巨手。

　　更可嘆的是，在歷史的廣闊時空中，這些英雄如流星般劃破長空，只是轉瞬之間一閃而過。不變的，只有滾滾東去的江水，流淌幾千年，養育著這片土地上生生不息的居民，最終化為我們兒時關於家門前一條大河波浪寬的記憶，出現在我們人生中某個夜晚的闌珊長夢裡。

　　歷史的天空中閃爍幾顆星，人間一股英雄氣，在馳騁縱橫。

范西園

自序　人間一股英雄氣

第一章
英雄應運業方興 —— 武川鎮草莽起

第一章　英雄應運業方興─武川鎮草莽起

01　有個相面師來到武川鎮，然後他瘋了

　　歷史的魅力在於，它總是充滿了各式各樣的意外、因果與草蛇灰線。誰能想到，我們的這一段波瀾壯闊的大唐歷史，得從近百年前長城旁的一個小小邊鎮說起。

　　武川鎮，位於北魏帝國的邊塞，這裡水草豐美，自古以來都是飲馬放牧、休閒娛樂、屯兵的名勝所在。自鮮卑族的拓跋氏入主中原以來，武川鎮作為北魏在邊塞設立的六個軍鎮之一，始終防備著北方柔然的入侵，保衛著帝國北方的安全。

　　相傳有一天，一個造詣深厚、精通相面的術士來到了武川鎮。此時的武川鎮就像一個貧窮破舊的大軍營，聚集著鮮卑人、漢人、敕勒人等胡漢各族在此衛戍的大頭兵。和中原內地的大城市比起來，簡直是一個在天上，一個在地下。

　　這位術士走在城中的大街上，忽見一人，天庭中正，一張臉又寬又平，這可是難得一見的大富大貴之相啊！於是，他趕緊走上前，想去攀談一番。冷不防旁邊一個嬉笑打鬧的孩子和這術士撞了個滿懷。術士正想喝斥這個孩子幾句，他突然驚奇地發現，這孩子額頭隆起，虎口大目，不但是如假包換的公侯之相，按照相面術上的，還隱隱有著一股天子之氣！

　　「奴奴，走路小心點。」旁邊一個年長些的青年說道。術士定睛一看，這青年面額光滑，劍眉星目，印堂高挺，端的也是將封侯拜相，所生兒女也將貴不可言。

　　術士實在不敢相信自己的眼睛，他在武川鎮這座並不大的簡陋城池裡穿行了許久，震驚地發現，以他所識所學的相面術，在這小小的武川鎮裡，人人都是非富即貴的面相，還有些人更是骨骼清奇，一派王者面貌。

　　但是……這天下怎麼可能會人人都非富即貴呢？更何況擁有這種面相

的人，此時都是衣衫襤褸，只是一些尋常的販夫走卒罷了。這些普通人怎麼可能全都飛黃騰達？種種疑惑和驚奇，讓他開始懷疑起了人生。術士自小就開始學習，並且一直引以為傲的相面之術竟然如此經不起推敲，那這一生還有什麼意義？

面對眼前的景象，術士的精神崩塌了。沒有人確切地知道後來他去了哪裡，只是偶爾有人提起，這個術士之後瘋瘋癲癲的。他又路過了武川鎮隔壁的懷朔鎮……發現那裡又是一幫大富大貴之人，然後他徹底瘋了，就在敕勒川、陰山下放牧牛羊，終老此生……

這只是姑妄聽之的一個故事，但是，那些日後從武川鎮走出來的豪傑，此刻確實只是在破舊的平房中遊蕩的普通人而已。我們看一看這些名字吧，現在也許你不認識他們，但等到三十年之後，整個九州大地將響徹他們的威名：

那個叫奴奴的孩子，大名叫做楊忠，三十年後，加封侍中、驃騎大將軍、開府儀同三司、陳留郡開國公。

那個年長一些的青年，名叫獨孤信，字期彌頭，三十年後，加封柱國大將軍、大都督、大司馬、河內郡開國公。

還有自小在武川長大的虎子，大名叫做李虎，三十年後，加封太尉、柱國大將軍、大都督、隴右行台、少師、隴西郡開國公。

那個小名叫黑獺的武川少年，名叫宇文泰，三十年後，加封太師、柱國大將軍、大塚宰、都督中外諸軍事、安定郡開國公。

武川人趙貴，三十年後，加封柱國大將軍、大都督、大司寇、南陽郡開國公。

這些從武川鎮走出來的人，攪動起了天下大勢。這些人的後代，也將在此後長達三百多年的時間裡，成為歷史風雲中的核心。

第一章　英雄應運業方興—武川鎮草莽起

02 武川子弟，一路向西

　　他們當中的領袖，就是賀拔岳。賀拔岳家自爺爺輩開始，就被北魏政府選為邊防軍，移居到了武川鎮，擔任本鎮的軍頭。如果沒有意外，他會像祖輩、父輩一樣，在邊疆從軍頭慢慢地累積軍功，升為軍將，直到老死，一輩子活在這片邊疆草原上。

　　然而，**轟轟烈烈**的六鎮起義爆發了。

　　六鎮，是北魏設在帝國北疆防備草原游牧民族南下的沃野、懷朔、武川、撫冥、柔玄、懷荒六個邊防重鎮。北魏由鮮卑人拓跋氏建立，老家在東北的松花江上。從北魏孝文帝開始，一場漢化革新就在進行著。國家統一採取先進的漢人禮樂制度，鮮卑人開始學習漢人的生活方式，把國都從長城旁的平城遷到了著名的古都洛陽，甚至作為皇帝的拓跋家把自己的姓也改了，按照漢人文化改成了元氏。

　　就這樣，南方的鮮卑貴族們**轟轟**烈烈地漢化，學著漢人的禮儀文化，文質彬彬，然後君子，吃香喝辣。但是，剩下的一些將士，還在六鎮的邊塞上忍受著凜冽西北風，整天面對的只有牛羊、大頭兵以及對面的游牧民族入侵者。關鍵是朝廷彷彿忘記了要改善這些老親戚們的生活似的，每每遇到饑荒、戰亂，朝廷給的補給都是杯水車薪，只能靠著六鎮將士們自己去解決。以至於到了北魏末年，六鎮將士們的生活品質簡直還比不上洛陽城裡的一個乞丐。

　　賀拔岳和他在武川鎮的部下們，就是面對著這樣的現狀。

　　矛盾和怨恨積聚到一定程度，勢必是要爆發的。而且累積得越多，爆發得就越厲害。正光四年（西元 523 年），震驚中外、聲勢浩大、波瀾壯闊的六鎮起義爆發了，隨之蔓延到了北魏全境，演變成全國的大動亂。賀

02 武川子弟，一路向西

拔岳一家是世代駐守的軍人，也投入到這場暴亂與平叛的戰爭中。他和父兄轉戰各地，甚至一度被叛軍俘虜，父親後來也在平定鐵勒人的戰役中戰死。但賀拔岳發揮了自己超強的軍事能力，和兄長賀拔勝輾轉投靠了正在崛起的權臣爾朱榮，成為其麾下舉足輕重的幹將，跟隨爾朱榮最終平定了六鎮起義。利用當年在武川鎮的號召力，賀拔岳聚集起了一大批來自武川、流離在各地的鄉里故舊，比如李虎、宇文泰、趙貴就是在這時投靠了他。

此時的武川鎮鄉親們怎麼樣了呢？

一個字，慘；兩個字，太慘。

其實，武川人大多數是生活在農牧混合地帶的樸實百姓，雖然他們來自各個地方，祖上來到武川，也有著被迫或者不被迫的原因，但是面對這場巨大的動亂，他們只是隨著時代的滔天巨浪而動，如浮萍一般搖擺無助。他們有的因為戰亂而逃離家鄉，四處流浪；有的四處投奔，過著居無定所的生活；有的則跟隨著起義者到處遷移，最終被官軍擊垮，而被遷移到晉陽，像囚犯一樣被嚴密地看管起來。就在這些武川鄉親最為徬徨無助的時候，他們聽到了同樣來自武川，身世、名望無不顯赫的賀拔岳的召喚：

來吧！到西邊去！

賀拔岳為什麼要到西邊去呢？原來，永安二年（西元529年），爾朱榮擊敗北伐的陳慶之，從南梁那裡收復了國都洛陽，關東地區的局勢基本穩定了下來。

這裡解釋一下，關東指的是潼關、函谷關以東，也就是黃河三門峽以東的廣大地區，這是魏晉南北朝到隋唐時期通常的地理劃分方式。我們這一本書裡，這個概念也將經常出現。

第一章　英雄應運業方興—武川鎮草莽起

話說爾朱榮平定了關東，關西地區卻仍然被叛亂影響，匈奴人万俟醜奴占據關中，自稱天子，整個關西地區陷入騷動。爾朱榮此時也立下了一個小目標：先做掉這個万俟醜奴。

行動力強的爾朱榮隨即籌組討伐軍隊：爾朱榮的堂姪爾朱天光為主將（使持節，都督二雍二岐諸軍事、驃騎大將軍、雍州刺史），賀拔岳為副將（持節，假衛將軍、左大都督），一同做副將的還有後面將會再出現的另一個武川人：侯莫陳悅（右大都督）。爾朱榮對該軍隊之戰力寄予厚望，因此大筆一揮，配給他們的兵力為一千人。

是的，只有一千人。而且，這一千兵分別由這三位大人物統領，平均每人帶著三百多大頭兵。然而，他們要面對的是擁眾數萬的万俟醜奴啊！不過，好在賀拔岳也擁有了「持節」的權力，可以自行招募兵馬。那麼，賀拔岳可以從哪裡招募兵馬呢？首先想到的，自然就是他最信任的武川「舊同僚」們。於是，就有了剛才這一幕：賀拔岳來到了晉陽，在武川豪傑們那裡振臂一呼，到西邊去！

是的，此番西去，強敵環伺，生死未卜，但若留在此處，又會好一些嗎？對武川的鄉親們來說，還有比現在的處境更差的嗎？

於是，這批被當時稱作「豪強」（當地大族出身的良家子弟）的武川人，紛紛加入了賀拔岳的隊伍，比如寇洛、趙貴等。一時間，又有數百人加入了這支規模尚小的西征軍。那個時候，估計不太會有人能確定，這些武川人是否真的會在歷史上留下名字。

在賀拔岳強大的能力和威望之下，爾朱天光這個主將也習慣於聽從賀拔岳的意見。在賀拔岳的謀劃指揮下，不足兩千人的西征軍進入潼關，在渭河邊首戰告捷，順利進入長安。然後賀拔岳親率八百騎兵，在岐州擊敗了叛軍步騎兩萬人，收羅叛軍部眾，實力頓時增強。一路出色發揮，賀拔岳終於生擒万俟醜奴，把他放進檻車，送往洛陽。賀拔岳又與爾朱天光合

兵水洛城，擊破叛軍剩餘主力，至此關中、隴西各個州縣紛紛歸順。一年時間裡，他們基本穩定住了關中局勢。

關中，自此成為武川豪強們的第二故鄉。後世所稱的「關隴勢力」，也就從賀拔岳帶領武川軍人平定關中為起點，開始了他們通往星辰大海的征程。

但是，此時，一個噩耗從洛陽傳來：領袖爾朱榮被北魏皇帝元子攸擊殺了。

這消息令人錯愕，但也是意料之外、情理之中。原因就是，元子攸受不了了。原來爾朱榮身負平定關東的威望，以來自六鎮的軍人為輔翼，控制了北魏朝廷，有了一連串的頭銜，可以說是權傾朝野：使持節、侍中、都督河北諸軍事、天柱大將軍、大丞相、太師、領左右兼錄尚書、北道大行台、太原王。這個「天柱大將軍」的稱號，意思就是像洛陽附近的天柱山一樣支撐住了整個帝國。隨著爾朱榮的驕橫與日俱增，元子攸的忍耐度則與日俱減，終於到了元子攸和近臣們決定玉石俱焚的時候了。這天，爾朱榮又一次來到明光殿面見皇帝，只見皇帝坐於殿上。爾朱榮微微感到氣氛有異，早已埋伏在兩側的刀斧手立刻圍住了爾朱榮一行。爾朱榮驚覺不妙，做了那個時候最正確的決定：擒賊先擒王，直接上殿，挾制住端坐的皇帝。正要抓住皇帝的時候，皇帝卻抽出了早已準備好的刀，利刃穿過了爾朱榮的心臟。

一代梟雄爾朱榮就此殞命。

其實，被架空的皇帝要對付手握大權的權臣，直接刺殺的方式是最無奈的做法，也是最不值得推薦的做法。因為權力是一個複雜的問題，一個權臣掌握權力的背後，是他透過恩威並施，以個人關係或者血緣、部屬等各種方式維繫起來的龐大權力網。僅僅去除這個權力網的端點，也就是殺掉權臣，將會引發一連串的「蝴蝶效應」。而在爾朱榮這裡，就意味著局

第一章　英雄應運業方興─武川鎮草莽起

面的徹底失控。

爾朱榮被殺後，爾朱家族開始了憤怒的反撲。元子攸終於玩火失敗，不久就被爾朱榮的姪子爾朱兆劫走，縊殺在了晉陽城的一座寺廟裡。此時，距離元子攸殺爾朱榮才不過三個月，諡號為孝莊，史稱「孝莊帝」。

重新安定下來的關東局勢再一次失控了，中原大地形成了以爾朱家族和以高歡為代表的懷朔鎮軍將這兩股力量的對峙。關中的爾朱天光也受到了爾朱家族的召喚，在永安三年（西元530年）十二月，也就是孝莊帝被殺的差不多同一個時期，率部出關，加入了中原的戰局。

北魏末年歷史上的又一個大人物高歡，就在這裡出現在我們的面前了。他來自距武川鎮不遠處的另一個軍鎮──懷朔鎮。自此，懷朔與武川的恩怨，將延綿長達近百年之久。這時的高歡，面對四面八方的爾朱家族勢力，以少勝多，在韓陵之戰中擊敗了爾朱氏的十萬聯軍。爾朱天光也在此戰中被俘，不久被拉到洛陽城大街上梟首示眾，告別在了歷史長河裡。最終，高歡逐一攻破了中原各處的爾朱氏勢力，迎立了當年傑出帝王孝文帝的孫子元修為帝，成為關東新的霸主。

而此時的賀拔岳在做什麼呢？當初，爾朱天光要出關征討高歡時，要求賀拔岳留守關中，另一個副將侯莫陳悅跟隨他一同出征。賀拔岳這邊一合計，覺得爾朱氏就像一盤散沙，估計就是秋後的螞蚱，撲騰不了多久了，那我們一大夥人可不能跟著爾朱氏陪葬啊，還是要為了武川來的這一大家子考慮。所以，他與右大都督侯莫陳悅密議策劃，兩邊聯合起來，一道占據了長安，控制了整個關中，並將爾朱氏的勢力送回了關東。

等到高歡控制了皇帝元修，穩定了關東局面後，也就承認了這一事實，並以北魏朝廷的名義任命賀拔岳為「仍開府、兼僕射、大行台、雍州刺史」。這個任命，就意味著賀拔岳是名正言順的關中統治者了。為什麼呢？原因就在這裡的「大行台」職位上。大行台，就相當於臨時在朝廷之

外的地方設立的行政機構,可以代表朝廷釋出命令。賀拔岳擔任了大行台,遂掌握代表朝廷意旨、統攝關中各地政務之權。接下來,賀拔岳就補充兵員、任免地方官,漸漸開始了在關中地區的管理。

這時候,明眼人一看,發現問題了——如今的北魏故土,已經形成了東西對峙的局面:一邊是高歡控制下的關東,一邊是賀拔岳等人控制下的關中。此外,賀拔岳的哥哥賀拔勝此時統領著南方的荊州一帶,與賀拔岳領土相連,同樣也是一股強大的武川鎮勢力。前面提到的武川人獨孤信、小名叫「奴奴」的楊忠,此時就是賀拔岳麾下的幹將。這樣算起來,賀拔岳兄弟的「武川勢力」,已經可以和高歡的「懷朔軍系」分庭抗禮了。

皇帝元修也是這麼想的。

在苦於高歡弄權的皇帝元修眼裡,賀拔岳無異於一根救命稻草。孝莊帝的覆轍在前,元修不敢再來一次對高歡的斬首行動了。他的策略就是,遊走在東西兩大勢力之間,藉助賀拔岳來對抗高歡,來一個「驅虎吞狼」。永熙二年(西元 533 年),賀拔岳等人平定關中的兩年後,皇帝再次加封賀拔岳為「都督二雍二華二岐豳四梁三益巴二夏蔚寧涇二十州諸軍事、大都督」,不僅是關中地區,還把連同南方的巴蜀地區的二十個州全打包封給賀拔岳了。當然,此時的巴蜀地區還在南朝梁國的控制下,要得到巴蜀,得賀拔岳自己去取。但送禮誰也不會嫌多,這包可打得真好!不僅如此,一起送來賀拔岳這裡的,還有宦官悄悄塞進來的一封信,信是皇帝刺破心血,親自寫的血書,密令賀拔岳除掉高歡。

得到「令箭」的賀拔岳,把這支「令箭」進行了充分的利用。他以朝廷的名義,糾合管轄範圍內的各個勢力,像關西的鐵勒、万俟等部族,還有秦州、南秦州、河州、渭州等州郡,都來到平涼會盟。賀拔岳的威望與朝廷詔令之下,這些勢力紛紛前來歸附。

唯獨只有靈州刺史曹泥依附高歡,拒絕了賀拔岳的徵召。

第一章　英雄應運業方興─武川鎮草莽起

曹泥如此大膽，還不得狠狠地討伐？所以，下一步，賀拔岳就準備開始討伐靈州了。為此他還招來了以前的同僚，如今也加封為「驃騎大將軍、開府儀同三司、秦州刺史」的侯莫陳悅，請他一起來高平會合，討伐曹泥。

其實小小的靈州，靠賀拔岳自己的勢力，滅了曹泥完全沒有問題。之所以請侯莫陳悅一同討伐，也是想要試探侯莫陳悅的動向。畢竟他與賀拔岳原本地位相當，如今賀拔岳是侯莫陳悅名義上的上司，相互關係就比較微妙了。

侯莫陳悅還是率軍來到了高平，這讓賀拔岳感到欣慰。來到高平會合後，侯莫陳悅絲毫沒有什麼思想包袱，對賀拔岳這個名義上級畢恭畢敬，十分客氣，還數次邀請賀拔岳去他的營帳宴飲。考慮到要更好地團結關中力量為自己所用，雖然他的長史雷紹提出反對意見，賀拔岳還是決定赴宴。

宴飲進行得很順利，最終成了一次團結的大會、奮進的大會，賀拔岳和侯莫陳悅都醉了，相互說了一些肝膽相照的話。其他人認為這樣的聚會應該好好聚、多多聚，更好地聯繫雙方感情。

於是，接下來的幾天，賀拔岳和侯莫陳悅相互邀請赴宴。約定好征討曹泥的日子到了，雙方一起出發，約好到河曲會合。賀拔岳軍到了河曲，侯莫陳悅已經在此等候了。侯莫陳悅又邀請了賀拔岳去營中聚會。賀拔岳來到侯莫陳悅大帳，兩人商量了接下來的進軍路線和進攻計畫。當然，喝酒是最重要的。這時，侯莫陳悅提出自己的肚子有些不舒服，站起身來去了後帳。侯莫陳悅的女婿元洪景留在了大帳裡。賀拔岳剛想說些什麼，忽見得元洪景一躍而起，拔刀斬向了自己。

刀光劍影，人頭落地，一代雄主賀拔岳就此遇害。

03　敢問陛下為何造反

賀拔岳至死也不知道究竟是誰害了他。

一切的陰謀，發源自千里之外的鄴城。高歡，現任北魏丞相、都督中外諸軍事，策劃了這一場驚天大案。

高歡本是一個破落家庭的鮮卑化漢人子弟，六鎮起義時，他只是懷朔鎮的一個普通衛兵，憑藉著種種機緣，藉著六鎮動亂的浪潮勇攀權力高峰，最終成功上位，成為爾朱榮的心腹重臣。在他的手下，聚集了一大批來自懷朔鎮的鄉親子弟，這樣一個「懷朔軍系」，也成為高歡後來把持國政的基本盤。

爾朱榮死後，高歡控制了新皇帝元修，並成為皇帝的岳父。他像當年的曹操那樣將自己的霸府設在了鄴城，留下皇帝的小朝廷在洛陽，實權都歸於高歡的霸府。而與「懷朔軍系」對立的「武川勢力」，則成為高歡的下一個目標。

小皇帝元修不就是搞了一個「驅虎吞狼」之計嘛，得給小皇帝一點顏色瞧瞧，好讓小皇帝知道高歡才是玩陰謀的鼻祖。

你小皇帝的這個「驅虎吞狼」是母的，我高歡的這個「驅虎吞狼」是公的，要厲害一百倍！

當賀拔岳召集關西諸將會盟的時候，高歡的使者翟嵩來到了關中，遊走在賀拔岳與侯莫陳悅之間。他利用侯莫陳悅看見賀拔岳光鮮亮麗時的酸葡萄心理，成功挑起了侯莫陳悅心中的魔鬼。他告訴侯莫陳悅，要是做掉了賀拔岳，他空出的位子就由侯莫陳家的人來坐。侯莫陳悅本是一個並無多長眼光的武人，在高歡的利誘下，就在高平刺殺了賀拔岳。

就這樣，不費一兵一卒，高歡就做掉了他的死對頭。當翟嵩回到晉陽

第一章　英雄應運業方興—武川鎮草莽起

向高歡覆命後，高歡正在生病，一聽消息馬上從床上下來，拍著翟嵩的臉蛋說：「讓我病好了的就是愛卿你啊，我永遠不會忘記這一天！」高歡喜形於色，就差親他一口了。

此時，關中的「武川勢力」，遠比想像中的脆弱，南有侯莫陳悅虎視眈眈，西邊、北邊的那些州郡、部族也都是一盤散沙。賀拔岳手下的這群武川軍人，都是賀拔岳憑藉一己之力培養起來的，本來互不統屬，他一死，登時就群龍無首。「武川勢力」往何處去？這個靈魂拷問就迫在眉睫地擺在了眼前。

按照侯莫陳悅和遠在鄴城的高歡的意思，賀拔岳一死，侯莫陳悅就可以頂替賀拔岳的位子，收拾他的部眾。這一點，「武川勢力」誰也不願意接受。雖然侯莫陳悅也是武川人，但他們深受賀拔岳的恩信，怎麼可能反過來投奔仇敵？群起憤慨之下，就連侯莫陳悅的同族侯莫陳崇，也拒絕投靠侯莫陳悅。但不投靠侯莫陳悅，還能怎麼辦呢？人心浮動，整支大軍已經到了崩潰的邊緣。這時，都督趙貴站了出來，對將士們說：「我們蒙受賀拔公的國士待遇，怎麼可以同尋常的小人物那樣就此走人呢？」

國士待之，國士報之。趙貴帶人前往侯莫陳悅大營，要求為賀拔岳收屍。侯莫陳悅也受到他們慷慨陳詞的感染，同意趙貴收屍。賀拔岳的屍體被收斂之後，軍中的眾人漸漸地從最初的混亂中平靜下來。

那麼該由誰來繼承賀拔岳，扛起大旗呢？

如果按照父死子繼的一般思維，賀拔岳的位子自然是他的兒子的。但是，一來，賀拔岳的兒子們還小，擔不起大任；二來，這「關西大行台」也不是皇位，也並沒有父死子繼的道理。武川的將領們和賀拔岳之間，並不是階級分明的君臣關係，反而更像是一種合作關係，大家各自帶著自己的親族部曲們會集在一起，統一聽賀拔岳的號令。

武川眾人能接受的，還是從現有的軍中將領中選出一位領袖來。

此時，在平涼的賀拔岳軍中，跟隨最早、軍職最高、威望最隆的，主要是下面幾位大人物：

寇洛，軍中年齡輩分最大，時任武衛將軍、大行台右都督。

李虎，最早跟隨賀拔岳的親隨之一，時任大行台左廂大都督。

趙貴，最早跟隨賀拔岳的親隨之一，時任鎮北將軍、都督。

侯莫陳崇，最早跟隨賀拔岳的親隨之一，時任安北將軍、都督。

最終，軍中一致推選了年高德劭的寇洛來擔任「總兵事」，做武川各軍的盟主。但是，寇洛自認為缺乏雄略，沒有能力和威信來統領武川各軍，所以不久就對大家說：「你們還是另請高明吧！」

寇洛不做了，那誰來當這個盟主？要知道此時的關中局勢比以往更加嚴峻了。侯莫陳悅見沒法收降各軍，所以退回到了洛水城，但隨時都會打回來。東邊的高歡也派兵進占河西，進入了關西的地界。「武川勢力」隨時都有被「包餃子」的可能。

賀拔岳在世時，寇洛、李虎分別擔任左右都督，是賀拔岳的左右手。寇洛辭職，當時左都督李虎也不在軍中。因為李虎認為，現在賀拔公死了，可以讓他的哥哥賀拔勝來做主帥啊。賀拔勝也是「武川勢力」的一員，現在在南方的荊州，過了武關就可以聯通關中，似乎也是可行的。這也是很多賀拔岳忠實下屬的想法。

然而，在武川諸將的會議上，趙貴則提出了一個新的意見：還有一個人，你們忘了嗎？

就是賀拔公的姻親，現在擔任武衛將軍、夏州刺史的宇文泰啊！這個人不僅能力強、得人心，而且還是元帥的親戚，看來非他莫屬了！

大家一想，對啊，宇文泰這小子行。

也許還有一點，眾人心中這麼想，但是沒有說出來：宇文泰不僅是武

第一章　英雄應運業方興—武川鎮草莽起

川鎮出身的鮮卑人,而且他的家族宇文氏自古以來就是鮮卑人當中的一個大部族,人丁繁盛。在北魏這個時代,身分背景都是要以家族為支持的。

經眾人集議,以少數服從多數的原則,推舉了宇文泰為盟主。當下連夜派人去夏州邀請宇文泰前來。不久,宇文泰便接管了賀拔岳的軍隊。

當然,那些少數意見也就被迫服從了,比如左都督李虎和他的支持者們。李虎還在前往荊州,請求賀拔勝接管賀拔岳軍團的路上。但賀拔勝遠在荊州,來去都要上月,而世事瞬息萬變,關中的「武川勢力」卻要面臨隨時而來的各種威脅。緊急事態之下,宇文泰來擔任各軍盟主也就成了水到渠成的事情。

受到邀請,前往平涼大營的宇文泰,和高歡派來接收賀拔岳軍團的使者侯景幾乎同時到達。侯景,這位日後在南朝梁國掀起巨大動亂的陰謀家,此時與後來的北周帝國奠基者宇文泰打上了照面。這真是一件驚險的事情,要是宇文泰再晚幾天到,這支軍團或許真的就被高歡派來的侯景帶走了。

在安定城,宇文泰率幾百騎兵遇上了侯景的慰問團。宇文泰騎在馬上,冷冷地看著侯景,問道:「賀拔公雖然死了,我宇文泰還在,您這是想做什麼?」這陣勢,這殺氣,大有新帳舊帳一起算的架勢。侯景聽得冷汗直冒,就擔心宇文泰一聲令下,騎兵一哄而上把自己砍了,只得回答說:「您不要這樣,我侯景只不過是朝廷射出來的箭,您要算帳,可千萬別算到我這支箭的頭上,找射箭的人去吧!」於是,自己一溜煙地回了關東。

「勸」走了侯景,宇文泰來到了平涼,在賀拔岳靈前痛哭一番,終於被諸將推為盟主。但是,這個盟主有什麼權力,以後能做什麼,都還是未知數。宇文泰現在要做的,不僅需整合「武川勢力」內部諸多舊部與同僚,還要帶領「武川勢力」討伐侯莫陳悅,為故主報仇,更要為「武川勢

力」規劃一條繼續向前的道路⋯⋯

一切挑戰，對於宇文泰來說，才剛剛開始。

04　北魏末年分三國，烽火連天不休

宇文泰接掌的這個盟主，細究起來，只不過是「武川勢力」內部共推的統領之位，北魏中央政府自然是不認的。而且，「武川勢力」中，宇文泰既不是實力最強，也不是資歷最深，甚至也不是官位最高，他的領袖地位其實並沒有真正確立。「武川勢力」選出宇文泰當盟主，而一旦覺得宇文泰不合適，也自然可以選出其他人來坐這個位子。

正當宇文泰發愁的時候，絕佳的機會來了。皇帝此時也聽說賀拔岳被殺，因此派了使者元毗前來慰問，此時剛剛抵達平涼大營。

皇帝的使者當然不只是慰問這麼簡單。對賀拔岳死後的「武川勢力」，皇帝當然也想要收為己用。宇文泰盛情款待了元毗一行，並陳說利害，一通好說歹說，不但婉拒了皇帝想收編「武川勢力」的意思，還從元毗那裡要來了合理合法的討伐侯莫陳悅的理由，可以名正言順地討伐侯莫陳悅了。

討伐侯莫陳悅是一件大事，不但可使宇文泰居於復仇正義之名義下，贏得武川軍人的認可，還可以在征討過程中整合「武川勢力」，逐漸建立起屬於宇文泰的真正權威。永熙三年（西元 534 年）三月，賀拔岳被殺一個月後，宇文泰率領武川聯軍進入原州，攻打侯莫陳悅。在宇文泰政治、軍事的雙重攻勢下，侯莫陳悅的大軍崩潰了，侯莫陳悅的部將李弼等人紛紛倒戈投向宇文泰。經此一戰，宇文泰才真正在「武川勢力」中的領袖位子上站穩了腳跟，得到了趙貴、寇洛、侯莫陳崇等人的真心擁戴。不久，捷報傳至洛陽。皇帝雖然對沒有直接收服賀拔岳舊部而略有失望，但是看

第一章　英雄應運業方興─武川鎮草莽起

到宇文泰這一副和高歡誓死抗爭到底的態度，認為他是自己抗擊高歡的一個抓手，因此晉升宇文泰為「侍中、驃騎大將軍、開府儀同三司、關西大都督、略陽縣公」。雖然都是軍職，沒有大行台這樣的行政職務，但在品階、官爵方面，宇文泰在品階與官爵上已大致與當年的賀拔岳相當，亦因此得以名正言順地統御「武川勢力」諸舊部。

不過，此時皇帝的重點已經不在關中，他有更頭痛的事情。永熙三年四月這個時候，北魏朝廷與高歡的霸府之間的戰爭已經一觸即發。

原來，高歡作為一個熟讀三國故事的野心家、陰謀家，對曹操、曹丕代漢的全過程可以說是瞭如指掌。魏武帝曹操是怎麼控制天下的，不就是「挾天子以令諸侯」嘛。所以，高歡看自己擁立的這個小皇帝元修似有異志，所以就準備把天子「挾」到自己的地盤裡，好好地管起來。但皇帝不願意被這樣管著，而且他也不是漢獻帝，況且朝廷已經有了自己的軍隊，可以與高歡抗一抗了。但皇帝也有疑慮──洛陽離前線太近了。這個朝廷留在洛陽，要是和高歡打起來，那可是天子守國門啊！皇帝不想自己來當守門員，更不想君王死社稷這回事，於是就動起了遷都的念頭。

此時，看出苗頭的宇文泰不失時機地發出了邀請，請皇帝遷都長安。長安好啊，有著崤函之固，地理上就是易守難攻的局勢。當年的漢高祖，不就是靠著關中之地打敗了項羽，最後取得天下的嗎？但是，皇帝也有些擔心，宇文泰現在已經是關中的地頭蛇了，北魏朝廷這隻強龍不知最後能不能把他壓住。

正好，皇帝得到了高歡的一件禮物：高歡手下的將領俘虜了武川鎮將李虎，並送到了洛陽。

李虎是怎麼被俘虜的呢？當初在賀拔岳還在世時，李虎就擔任左廂大都督，至少是賀拔岳手下排名前三的人物。賀拔岳將內外軍事都委任給他，非常地信任他。而賀拔岳被殺後，李虎由於還在去往荊州的路上，錯

過了後來的「選舉」。當時，賀拔勝的軍隊由左右大都督管理，然後才是趙貴、侯莫陳崇這些都督，右大都督寇洛辭去了盟主，那作為左大都督的李虎，不管願不願意接受盟主這個說法，怎麼說也應該是競選盟主的種子選手了。

李虎來到荊州找到賀拔勝，請他去關中統籌大局。可賀拔勝在荊州也是管著現在湖北地區的地方大員，部屬、勢力都在這裡，實在抽不開身。所以，他就派了手下擔任大都督的獨孤信前去關中，準備代賀拔勝收編這裡的賀拔岳餘部。但是，當獨孤信來到關中的時候，經歷了種種曲折，宇文泰已經被推選為盟主，並得到了皇帝使者元毗的默許。李虎則晚了幾日動身，還是想勸說賀拔勝前往關中。李虎在回去的路上，不幸被高歡的部將發現，隨後被俘，送到了洛陽。

皇帝元修看到了李虎在「武川勢力」的影響力，更可喜的是李虎的這一番令人感動的千里尋主之旅，能展現出他內在可貴的忠義品行。當下皇帝加封李虎為「衛將軍」，送了他一大筆金帛財物，請李虎回到關中後坐鎮軍中，為北魏朝廷遷都長安鋪路。

「衛將軍」這個職務，看起來平平無奇，但是要知道，這可是漢魏以來最高一級品階的軍職了，自大將軍、驃騎大將軍、車騎大將軍以降，第四號就是「衛將軍」。當時的宇文泰是驃騎大將軍，李虎現在拜為「衛將軍」，就是跟宇文泰同一品階了。皇帝讓他去關中，也是想要試圖去分化一下「武川勢力」，好讓這些軍人最終為朝廷所用。

永熙三年七月，高歡率軍直取洛陽，北魏朝廷軍不敵，全面崩潰。皇帝元修帶著數千殘部和部分王公大臣退往關中。好在宇文泰已經讓大都督趙貴等人接應，護送魏帝擺脫追擊，順利入關。入關的路上，獨孤信也前來迎接。

很多人都注意到了獨孤信身後一名容貌雄壯的年輕人，這個年輕人就

第一章　英雄應運業方興—武川鎮草莽起

是小名叫「奴奴」的楊忠，也是武川人出身。

而關東的高歡見皇帝出逃，於是自己另外尋了一個宗室子弟元善見立為皇帝，終於順順當當地過上了「挾天子以令諸侯」的愜意生活。北魏就此分裂為「西魏」和「東魏」。

而在長安定居下來的皇帝元修，並沒有如願地看到自己重掌大局的局面。「武川勢力」的內部出奇地堅韌，李虎回到關中後，出於大局著想，接受了宇文泰接替賀拔岳的事實，並自覺退居二線，一切接受宇文泰的領導。

日久相對，新鮮感一過，宇文泰就對整天想著搞小動作的皇帝元修感到厭煩了。而且，元修的私生活也有些駭人聽聞，居然把自己的嫡親堂妹元明月納為情婦。也就是因為這個理由，元修遷都長安幾個月後，被宇文泰把他連同堂妹兼情婦的元明月一起毒死了。不過，宇文泰給了元修一個不錯的諡號——「孝武」。此後，宇文泰另立元明月的哥哥元寶炬為帝，自此西魏皇帝徹底變為傀儡。

大統三年（西元 537 年），西魏遷都四年後，以武川軍人勢力為主體，整合關中、隴西地區漢人、胡人各家族的西魏統治基本形成。宇文泰借鑑爾朱榮自封「天柱大將軍」的靈感，創立了一種新的官職制度，由朝廷冊封了「八大柱國大將軍、十二大將軍」。這「八大柱國大將軍、十二大將軍」中，大部分都是從武川鎮出來的豪傑。他們是：

宇文泰，使持節、太師、柱國大將軍、大塚宰、都督中外諸軍事、安定郡開國公。

元欣，使持節、太傅、柱國大將軍、大宗師、大司徒、廣陵王。

李虎，使持節、太尉、柱國大將軍、大都督、隴右行台、少師、隴西郡開國公。

李弼，使持節、柱國大將軍、大都督、大宗伯、趙郡開國公。

獨孤信，使持節、柱國大將軍、大都督、大司馬、河內郡開國公。

趙貴，使持節、柱國大將軍、大都督、大司寇、南陽郡開國公。

于謹，使持節、柱國大將軍、大都督、大司空、常山郡開國公。

侯莫陳崇，使持節、柱國大將軍、大都督、少傅、彭城郡開國公。

此時的天下，形成了一個新的三國局勢。位於南方的是梁武帝蕭衍統治下的南朝，北朝則分裂為關東地區「懷朔軍系」高氏控制下的東魏，關西地區「武川勢力」宇文氏控制下的西魏。二十年後，高氏、宇文氏分別先後取代了元氏皇帝，自己登基，建立了北齊和北周。這樣一個三足鼎立的局勢一直持續了四十二年，約等於漢末三國時期的鼎足局面。又一個三國時代來臨了。這三個國家裡，「武川勢力」的西魏——北周王朝占據的是貧瘠的關西，實力最為弱小，隨時都有被吞併的可能。

武川鎮的征途，依然面臨著重重挑戰。

05　宇文泰的野望

雖然宇文泰控制了皇帝，還給自己加封了太師、大塚宰等一系列天花亂墜的頭銜，但宇文家的統治基礎仍然非常的薄弱。

宇文泰所掌控的這個政權，本質上是一個由諸部將共同組成的聯盟勢力。當初在晉陽起兵時，賀拔岳與眾多武川豪強同心協力，堪稱起事之元勳，地位最為尊崇。彼時，賀拔岳威望卓著，掌握絕對主導權。隨著他率領眾將東征西討，「武川勢力」的基業日益壯大。然而賀拔岳遇害之後，雖然宇文泰繼承了賀拔岳的部分影響力，得以居於首領之位，但其威權與寇洛、李虎、趙貴等同為武川豪強者相差無幾。魏帝元修與朝廷勢力納入

第一章　英雄應運業方興─武川鎮草莽起

後，宇文泰的權力也受到進一步牽制。宇文泰實際上是由「武川勢力」諸將推舉出的領袖，政令施行最終仍需得到諸將支持。如若決策失當或專斷自恣，也難免遭到群起排斥，甚至被廢黜罷免。

大統三年出現的這個「八大柱國大將軍、十二大將軍」二十多個勳貴有了超然於其他王公大臣的地位，隱隱就像是「武川勢力」的權力中樞。

權力，是一件微妙難以捉摸的事物，它不僅是力量的計算，還是人心、恩情、血緣、利益、道義等各個因素綜合下的賽局。有的人看似身在高位，但如果下位者不支持，他就沒有任何權力；而有的人看似身分低微，但憑藉著手中的籌碼，依然可以做權力遊戲中的賽局者。

宇文泰為了鞏固自己的權力，實施了很多舉措。比如，他任用了大量宇文氏的子弟擔任高官，掌控政權中樞；又如，領導的西魏政權向關隴地區的漢人家族張開了懷抱，吸納大量的漢人進入政權，或者加入軍隊，為宇文泰所用。這不僅增強了宇文泰的勢力，也使得西魏相對於關東的東魏來說，有了更高的開放程度。而為了照顧鮮卑人的想法，他還下令為漢人勳貴賜姓，比如李虎，別姓李了，從此你就是大野虎！趙貴，別姓趙了，以後你就叫乙弗貴。這樣就顯得朝中的漢人和鮮卑人沒有差異。這一番操作，足以看出宇文泰的水準。

但宇文泰心裡知道，「武川勢力」的豪帥們，固然是他所建立的這個政權的重要支撐，但也是宇文家潛在的敵人。

宇文家正在篡位的路上一路狂奔，以後他還要做皇帝。如果他宇文泰來不及完成篡位大計，那也要保證他的子孫們能完成篡位，要讓他在世時的權力平穩地傳承到子孫那裡。宇文家必須要篡位，如果不篡位，那就有可能面臨反攻倒算，這就是自秦始皇以來皇權執行八百年的權力邏輯。宇文家的前面，到處都是血的教訓。而一旦成為皇帝，就要獨攬大權，就要天下歸一。他的篡位就意味著獨裁，是自己對權力的絕對控制！

05 宇文泰的野望

宇文泰的篡位道路走了二十年，因為他花了二十年時間來解決一個男人，以及這個男人背後的勢力。宇文泰至死也沒能確定，自己是不是真的解決了這個男人。

這個男人，就是獨孤信。

獨孤信在武川的時候，就是遠近聞名的美男子。從軍之後，就以儀容俊美著稱，他善於打扮，穿著衣品也不同於尋常的粗獷軍士，軍中的這些老粗漢們不無豔羨地稱他為「獨孤郎」。放到今天，也許就叫做「獨孤大帥哥」。

六鎮起義後，他跟隨同鄉賀拔勝奮戰在北魏帝國的荊州戰區，儼然就是賀拔勝勢力中的二號人物。所以，在得到李虎送來的入主關中的邀請後，賀拔勝首先想到的就是讓獨孤信代替自己前去號令關中。最後，獨孤信還是遲了一步，就在幾天前，宇文泰剛剛擔任了武川各軍的盟主。他最終接受了這個結果，因為此時他們共同的敵人是高歡。如果不是宇文泰，高歡派來的侯景也許就已經接管了一盤散沙般的武川豪強們。隨後，在迎接孝武帝元修遷都關中時，獨孤信表現優異，被皇帝重用，也成為皇帝想要拉攏的對象。這不是宇文泰想看到的，他的辦法就是「請獨孤信出去」。

不久，宇文泰表奏獨孤信為衛大將軍、都督三荊州諸軍事、東南道行台、大都督。這看起來像大大地升了官，其實是請他回荊州戰區，別留在長安了。

獨孤信去了，此時的荊州面對著東魏、南梁兩大勢力，情況可以說危如累卵。之前賀拔勝就因為侯景的襲擊，而兵敗投降了南梁。獨孤信這時去荊州，土地已經喪失了大半，只剩下兩個州在苟延殘喘。雖然和東魏的戰鬥打勝了幾局，但是終究寡不敵眾，一樣被迫投降了南梁。

在南梁，獨孤信得到了梁武帝蕭衍的盛情款待，還見到了故主賀拔勝。於是，他二人連同一起跟著到南梁的小兄弟楊忠愉快地玩起了潛伏，

靜靜地等待時機。

三年後，機會終於來了。南梁和西魏結成了策略同盟，獨孤信一行也就跟隨南梁的友好訪問團一道回歸到了長安。

宇文泰一看，好啊，這獨孤郎不但回來了，還帶來了更重量級的人物賀拔勝。賀拔勝曾與賀拔岳齊名，地位相當，不是一般的佛，而是洛陽城外龍門石窟裡那樣的巨佛。不過，賀拔勝這尊佛此時已經老了，再無往日的銳氣，而且是失去了部下的無兵之帥，權力已經不能與之前同日而語。回到長安後不久，他就去世了，也沒有進入「八大柱國大將軍」之列。

獨孤信就不一樣了，此時他才三十五歲，年富力強，正要做一番大事業。他歷來就有著極高的威望，很受愛戴。經過幾次和東魏的戰爭，獨孤信簡直是戰功赫赫。他以一百八十公分的俊朗身姿與非凡儀容，無異於行走的風雲人物，所到之處眾人側目，從長安城的公侯大臣到前線的邊防大將，一大群忠於魏帝的賀拔勝舊部、武川舊人、關隴新人被他吸引，歸附在他的周圍。

更關鍵的是，獨孤信也是武川人，歷來與李虎、趙貴、侯莫陳崇等關隴勳貴關係極好。宇文泰眼裡的獨孤信是個眼中釘；可在這些武川大人物們眼裡，此時的宇文泰何嘗不只是一個小輩？

06 獨孤氏的女婿們

那時的宇文泰當然不願意看到一個新的勢力出現，於是就又把獨孤信請了出去：拜獨孤信為隴右十州大都督、秦州刺史。

獨孤信是魏室忠臣，考慮之下還是以大局為重，於是就走馬上任了。以他的能力、聲望，治理隴西自是不在話下。沒過多久，原本群狼環伺的

06 獨孤氏的女婿們

隴西各州立刻變得井然有序。而且，獨孤信再一次博得民心，深受當地百姓愛戴。以至於有一天，獨孤信外出打獵，回來時天色已晚，因為騎在馬上一路顛簸，他的帽子有些歪了。這被當地的百姓們看見了，他們一瞧，將軍這麼戴，竟然既新潮又瀟灑。於是，第二天，上自官吏、下到黎民，全都開始學著獨孤信的樣子把帽子戴歪了一點點。

獨孤信得人心如此，連「國外」的圈裡人都說，獨孤信占據的隴西不聽從宇文氏的號令。但宇文泰也無可奈何——獨孤信自始至終都遵從朝廷的命令，而且把他從隴西的職位上拉回來又能如何？宇文泰雖然工於心計，但他確實也有雄才大略，他明白，獨孤信對朝廷有用，不能因為自己的派系鬥爭而損壞了隴西的穩定大局。

畢竟西魏只有關中、隴西這幾塊領土了，實在是內耗不起。宇文泰最終接受了「武川勢力」的勳貴與宇文氏並列的局面。由於他在邙山之戰中的失敗，讓他最終也沒有機會統一中原，只能繼續依仗這些功勳卓著的同僚們。

既然搞不定，那就只能好好懷柔了。在宇文泰的撮合、求親下，獨孤信的長女嫁給了宇文泰的長子宇文毓。獨孤信從此和宇文泰結成了兒女親家。

此時的「武川勢力」已經逐步擴大，吸收了許多關隴地區的豪門望族，後世稱為「關隴勢力」。歷史上，稱這種家族為「門閥」。在師生、姻親、部屬種種關係中，整個「關隴勢力」編織起了複雜的權力網。而聯姻是家族間維持關係的絕佳手段。獨孤信作為武川人中的頂層豪門，既有極高的聲望，又握有實權，而且還有著外貌上的基因優勢，因此成為門閥聯姻的熱門對象。而且，獨孤信的女兒，地位在婚姻聯姻中極為尊貴，條件差一些的適齡青年，甚至想都不敢想一下。

獨孤信的兒子們，娶了賀蘭氏、弘農楊氏這些高門。為了這些如花似

第一章　英雄應運業方興—武川鎮草莽起

玉的女兒們，獨孤信在擇婿方面尤其細心。

大女兒，已經嫁給了宇文泰長子宇文毓。雖然他是庶出，但在日後繼承宇文泰的地位方面，也是一個熱門種子選手。

四女兒，許配給了太尉李虎的嫡子李昞。李虎自洛陽以「衛將軍」的身分返回關中後，雖然參與過討伐當年的靈州刺史曹泥等幾次戰役，但由於地位微妙，宇文泰幾乎不讓他掌握兵權，只是給了太尉這樣位居三公的虛職，並拜為柱國大將軍，卻不分配具體軍權。不過，如今從中央各部到地方各州，不知有多少官員、將領都是李虎的老部下，他的影響力也是不言而喻的。

七女兒獨孤伽羅，則許配給了大將軍楊忠的嫡長子楊堅。楊忠是獨孤信的老部下了，一路從泰山到洛陽，荊州到南梁，再到後來的一路征戰，都是親密而得力的助手、同袍。這種戰火裡磨鍊出來的感情，是誰也不可替代的。如今楊忠也進入「十二大將軍」之列，是獨孤信的得力盟友。而且，楊堅也是長相俊美，有大富大貴的面相，將小女兒嫁給楊忠的這個兒子，可以說是水到渠成的事情。

獨孤信所構築的人脈，隱隱地連接起了西魏朝廷中獨立於宇文泰的勢力。由於聲望和權威依舊不足，終宇文泰一生，最終沒有完成他的篡位事業。

宇文泰只能寄希望於下一代了，回看他的兒子們，都還只是沒有政治鬥爭經驗的「新手」。可以選擇的似乎只有兩個：庶長子宇文毓和嫡子宇文覺。但是，宇文毓的妻子是獨孤信的女兒——會不會到時候自己辛辛苦苦經營的江山，被大兒子的這個岳父給占了？宇文泰不願意看到這個局面，因此最終還是屬意於嫡子宇文覺。

那獨孤信會不會不答應呢？這豈不是又出現了不確定因素？宇文泰又發起了愁。但是，宇文泰深諳權術之道，他看到了獨孤信身上既是優點又

是缺點的特質──正直忠厚。對於一個政治人物來說，正直忠厚雖然是極為難能可貴的品格，但容易給敵人進攻的機會。宇文泰就利用了這一點，導演出了一齣雙簧。

一天，宇文泰召集重臣們開會，會上嘆了一口氣說道：「孤也老了，想要立我的嫡子宇文覺做繼承人，但就是擔心獨孤大司馬（即獨孤信）會有別的想法，所以有些為難哪！」

這真是一句意味深長的話，誰也不敢接，沉默的場面一度陷入尷尬。這時，宇文泰的心腹大臣楊遠「噌」地站了起來，高聲說道：「立嫡不立長，孔聖人的經典裡說得明明白白。宇文公立宇文覺為繼承人，又有什麼好懷疑的呢？要是以為獨孤信會有別的不穩定思想，那就立刻宰了他好了！」說著他就拔出了刀來。他這一拔刀，會上幾個結好獨孤信的大臣也拔刀而起，接著其他人也拔出了刀。

宇文泰趕緊說：「各位快坐下！有話好好說！不至於這樣！」

一直沒機會開口的獨孤信，這時也只好說道：「宇文公多慮了，立宇文毓還是宇文覺，都憑宇文公決定，我獨孤信完全支持。」

獨孤信都這麼說了，其他重臣也都沒有了意見。一場立儲爭議就這樣消解於無形。

會議結束後，楊遠又跑到了獨孤信面前，又是行禮又是道歉：「不好意思，剛才說到關鍵的大事不得不這樣，還請海涵。」

雖然內心不知罵了多少句，但是獨孤信仍然保持住了一代名臣的風範，反過來拜謝楊遠，說道：「沒什麼，理解萬歲。今天多虧了您，才讓大家沒有別的意見，把這件大事給定了。」

什麼是教科書級別的權謀？這就是！宇文泰設計這樣一曲雙簧，把獨孤信坑了，人家還要反過來謝你。

第一章　英雄應運業方興—武川鎮草莽起

獨孤信終究是一言九鼎的君子，在會上表態支持，背地裡就絕不會搞什麼小動作。魏恭帝三年（西元556年）的冬天，宇文泰在北巡途中發病，自知大限已到，將兒子宇文覺託付給了姪子宇文護，不久病逝。

宇文泰的身體情況沒能讓自己最終完成篡位事業，不過他也很欣慰地看到，自己的老對頭高歡，這個陰險狡詐的陰謀家，也一樣沒親自完成高氏的篡位事業。

宇文泰至此謝幕，他無數次挽救了岌岌可危的「武川勢力」，並把它從一個僅限於武人的同鄉會，改造成了吸收關隴各方重要勢力的利益共同體。多年以後，這個軍政勢力就是靠著他建立的以府兵制為基礎的軍事機器，展開了東征西討的統一歷程。

此時的獨孤信，也已行至人生晚境。包括和他一起從武川鎮走出來的第一代武川鎮豪傑，比如寇洛、賀拔勝、李虎，都已經告別了人世。宇文泰死後沒多久，在新晉柱國大將軍宇文護的安排下，魏恭帝禪位給了宇文泰的第三子宇文覺。因為權威還不足以壓服其他「武川勢力」的勳貴們，宇文覺沒有稱皇帝，而是謙虛地晉位為「天王」，定國號為「周」，史稱「北周」。宇文護權傾朝野，這讓資格更老的武川勳貴，如趙貴等人十分不滿。

趙貴當然有理由不滿，畢竟當年就是靠著趙貴的一力主張，宇文泰才成為「武川勢力」的主人，最終才有了今天的地位。不知此時此刻的趙貴是否會後悔當時的選擇，但可以確信的是，宇文護確實後悔沒有早點除掉這位大爺。在宇文護的設計下，遠在千里之外的鹽州當官的一個宇文氏官員檢舉趙貴和獨孤信謀反，趙貴因此被處死。而獨孤信由於威望太重，以至於宇文護不敢輕易地對他判刑，也不敢公開他的罪過。最終，宇文護逼迫獨孤信在家中自盡，享年五十五歲。

武川軍人行動路線圖

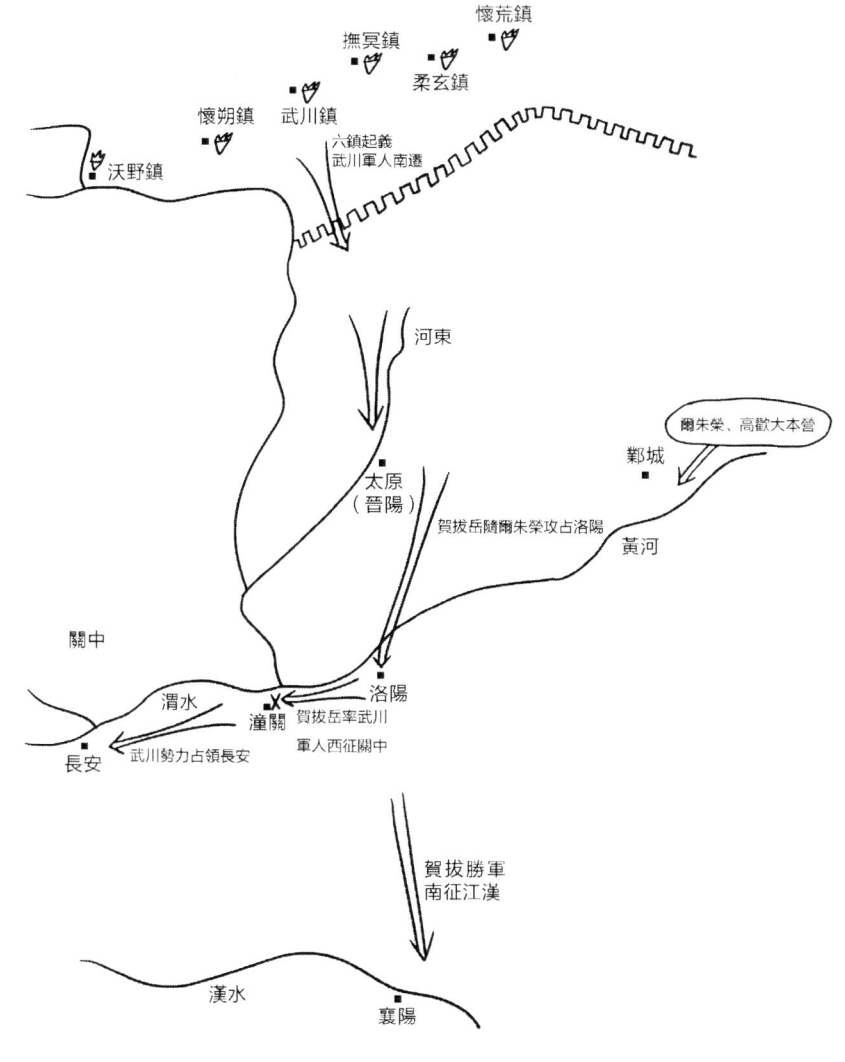

武川軍人行動路線圖

此時已經是西元 557 年了,老一代武川豪傑們大多已經凋謝,或者正在凋謝的路上,而下一代的關隴豪強們已經在崛起當中。

第一章　英雄應運業方興—武川鎮草莽起

　　這一年，宇文護廢掉了宇文覺，最終改立宇文毓為帝。獨孤信的長女被封為皇后，史稱「明敬皇后」。

　　幾年後，在長安，故唐國公李虎的三兒子、獨孤信四女兒所生的第一個外孫兒呱呱墜地，他的名字叫做李淵。

　　同樣在西元557年，小女兒獨孤伽羅的夫婿楊堅接過了父親楊忠的棒子，封為成紀縣公、驃騎大將軍、開府儀同三司，意氣風發地走上了歷史舞臺。

　　一段新的故事，開始了。

第二章
隋文混一朔南暨 —— 帝王的心魔

第二章　隋文混一朔南暨—帝王的心魔

01　普六茹堅仕歷

楊堅蹚入政壇的這潭渾水時，正是宇文護權傾朝野的時候。

他繼承了父親一百八十八公分的身高，還有那一縷修長俊美的鬍鬚，舉止端方，不怒自威。父親楊忠，因為趁著南梁的侯景之亂，而率兵攻占了江陵地區，並大獲全勝，此時正是北周政壇的紅人。楊堅也因此沾了很多光，仕途上一路順利。在趙貴、獨孤信因被揭發謀反而死的事件後，雖然獨孤信是楊堅的岳父，楊堅因此也受到朝野的一些懷疑，但他和父親的仕途並未受到明顯的影響。相反，因為楊忠這十幾年來一直和宇文家走得很近，權臣宇文護也想倚仗楊忠來控制獨孤信生前的支持者們。所以，在獨孤信死後的第二年，按照楊忠的功績，朝廷加封他為柱國大將軍。楊忠終於在最後進入了「武川勢力」的核心。而且，朝廷給楊忠的兒子們也是一連串的加封，可以說是滿門勛貴。

對了，四年前朝廷賜了鮮卑姓氏，楊忠一門已經被賜姓為普六茹氏。以後我們還是按照社會通用的稱法，稱呼楊堅為「普六茹堅」吧！

「普六茹堅」所在的時代，是一個論出身、家門的時代，出身的門第、背景，決定了一個人人生道路的起點。「普六茹堅」十六歲，因為有了「普六茹忠」這樣一個好爹，當上了驃騎大將軍，迎娶了獨孤家的白富美。這樣的起點，已經是普通寒門子弟奮鬥一生都無法企及的上限。在普通人眼裡，他是一開局就已經走上了人生巔峰。

但是「普六茹堅」依舊過著擔驚受怕的日子。

朝廷的水太深了，宇文護廢掉孝閔帝宇文覺，改立宇文毓後，整個朝堂看似乎靜了下來，實則是暗流洶湧。

當你凝望深淵的時候，深淵也在凝望著你。

朝堂就是那個吞噬人的深淵。宇文氏廢掉魏帝自己登基，雖然在宇文護的主導下似乎一帆風順，但是觸動了其他關隴門閥的神經。以往宇文家和這些門閥平起平坐，這時做了主子，變成了接受跪拜的君王。雖然不好說出來，但是擱誰心裡都不樂意。關隴門閥都是在權力場上身經百戰的人，雖無人敢公開對抗宇文氏，但諸門閥仍多方運作，暗中流露不滿之情。

面對這樣的局面，宇文護縱然已經是位極人臣，內心依然是恐懼的。每當上朝時，看著從上柱國到儀同三司的公卿們，宇文護心裡清楚，這一張張貌似對自己謙遜客氣的面容，不知道有多少人打心底裡看不起自己。自己身為大塚宰、太師，代天王執政，擁有絕對權威。可他之所以能站在這個位子上，不是因為他有多少戰功，而只是因為他是宇文泰的繼承人。如果大臣們不服從自己、陽奉陰違的話，那宇文家的權力，最終會像那位剛被自己掃入歷史垃圾堆的西魏皇帝那樣形同虛設。

他也試過用官爵來籠絡朝臣們，讓他們為自己所用，但這個幻想馬上就被擊碎了。那些被提拔起來的大臣，居然和天王串通起來，一起來對付自己。

宇文護憤怒了，他用來回報這一切的是恐懼。這也是缺乏權威的統治者大多依靠的工具——你心裡看不起我不要緊，只要你怕了我就行了。

有大臣密謀反對自己？那好辦，殺！

連天王宇文覺也牽涉在內，反對自己？那也好辦，先廢了，再殺！

下一個繼位的天王還是想要密謀對付自己？那就接著殺！

恐怖的陰雲籠罩著北周朝廷，三年間，宇文覺、宇文毓接連被廢被殺。宇文護從宇文泰的兒子中挑選了比較聽話的宇文邕來擔任第三任天王，更加權傾朝野。各州的總管、中央的各府，都被宇文護任命的親信所

第二章　隋文混一朔南暨—帝王的心魔

把持。一時間，朝堂上充斥著姓宇文的大臣們。

宇文護把持朝政十五年，靠著他的殺人屠刀和權力鐵腕，終於在宇文泰死後的「主少國疑」之際，將北周的政局在表面上穩定了下來，並正式晉升天王為皇帝。由於討伐北齊無功而返，他最終沒有準備自己篡位稱帝。

天和七年（西元572年），宇文護和往常一樣入宮，在含仁殿拜見皇太后。一向恭謹的皇帝宇文邕拉住宇文護悄悄地說：「太后年紀大了，還是愛喝酒，這樣不好。兄長今天正好來了，還請一起勸一勸太后。」宇文邕拿出一本《酒誥》交給宇文護，說道：「拿這個給太后讀，太后定會聽進去。」宇文護欣然地接受了這頂「高帽子」，帶著《酒誥》進殿就開始讀給太后聽。讀著讀著，突然他的後腦勺「噹」地一聲響，眼前一黑，暈了過去。原來是身後的宇文邕拿著玉笏打中了他。

宇文護被擊暈後，經歷了一段痛苦而漫長的死亡階段：宦官何泉提著御刀砍他，但在宇文護積威之下，沒砍中要害。在宇文護的痛叫呻吟聲中，一直躲在內殿的衛王宇文直走出來，終於成功將宇文護砍死。

權臣宇文護就這樣不明不白地死了，沒有留下什麼遺言。他死之後，十五年來培養起的忠於他和宇文氏的心腹黨羽們，也被乾脆地一網打盡。原來，宇文邕早已經聯合一大批關隴勛貴，形成「反宇文護聯盟」，等到宇文護一死，便立刻掌握了北周的軍政大權。

「我死之後，幾個兒子尚為幼小，天下也還沒有安定。天下的大事，都全交到你手上了。一定要勉力完成我的意志啊！」十五年前，臨終時的宇文泰這樣對宇文護說道。宇文護流著淚向宇文泰發誓，一定要完成宇文泰的命令。十五年來，宇文護排除異己、大權獨攬，甚至殺了宇文泰的兩個兒子。也許只有宇文護自己清楚，他做的一切都不過是為了完成十五年前宇文泰交給他的使命。他的所作所為，滿足不了忠臣的標準，他的暴虐

嗜殺也注定為人所不齒。但這都是為了達成宇文泰的遺志，穩定朝局，延續宇文氏一族的統治，為此他不惜連廢了兩個皇帝。在他看來，只要是宇文氏的天子坐在大殿的寶座上就夠了，究竟是哪個宇文來做，並不重要。

「性甚寬和，諳於大體」這八個字，是歷史給予宇文護的評價。宇文護原本是一個寬和溫柔的人，只是為了維護權力，才拿起了嗜血的屠刀，依靠恐懼來維持統治。但他的局限也就在於不識大體，終究不明白，靠著恐懼維持的統治，最後也會隨著恐懼的消散而頃刻化為烏有。宇文護十五年來培植起來，擁護宇文護以及宇文氏一族的勢力，就在他被殺後被一舉剷除殆盡，整個朝堂被重新洗牌。成功執掌大權的宇文邕，既不信任宗室，也不相信關隴豪族，而選擇了將所有權力總攬在自己的身上。宇文護為宇文氏累積下的權力關係網，就這樣被輕易抹去了。

02　未來終究是屬於岳父的

北周建德四年（西元 575 年），宇文護被殺、宇文邕親政的四年後，「普六茹堅」參與了北周滅北齊之戰，在河橋大破北齊軍隊。第二年，「普六茹堅」又跟隨宇文邕親征，用了兩年的時間，終於攻破北齊國都鄴城，北齊滅亡，北方中原終於宣告一統。

這是自父親「普六茹忠」去世，「普六茹堅」繼承隨國公爵位以來，「普六茹堅」經歷的最重要的一場戰役，他在這場史詩般的滅國戰役中表現出色。兵鋒指向河北時，他在冀州大破北齊任城王高湝，立下了多項戰功。

在宇文護在位時令人擔驚受怕的日子裡，「普六茹堅」曾經左右為難。一邊是宇文邕，他一直暗自結交關隴門閥中的獨立力量，「普六茹堅」作為柱國大將軍，「普六茹忠」的繼承者，也是宇文邕籠絡的對象。一邊則是

第二章　隋文混一朔南暨—帝王的心魔

宇文護。宇文護也一直看重「普六茹堅」，想要把他收為心腹。站隊，真是一個大問題。「普六茹堅」為此輾轉不能眠，生怕一步走錯，滿盤皆輸。

思前想後，加入宇文護陣營貌似是相對比較穩妥的選擇，畢竟宇文護此時占盡了優勢，而且隨時有可能廢掉宇文邕，自立為帝。在做決定前，「普六茹堅」還是找了退休後過著陽光生活的父親，把想法告訴了他。

父親聽罷，只是對「普六茹堅」說了一句話：「小媳婦夾在兩個姑子中間，裡外不是人，還是不要去了吧！」

父親終究是更加身經百戰一些，看到了宇文護的外強中乾，但他沒有直接點破，只是用了這個比喻來啟發自己的兒子，暗示他不要投靠宇文護。

這就是父親「普六茹忠」一生的智慧，那就是：可以有盟友，但是要保持自己的獨立地位。他是獨孤信的老部下，但他同時也是宇文泰的得力大將，「普六茹忠」一直小心地維持著自己角色的平衡，不讓人一眼看出自己已經倒向了哪一邊。正因為「普六茹忠」的這一準則，讓每個在位者都想要好好地拉攏他，給他更多的高官厚祿。「普六茹忠」也因此飛黃騰達，成為八大柱國大將軍下轄的十二大將軍之中走得最遠的一個。

這是父親教給「普六茹堅」的最後一課，「普六茹忠」把所有能教的都教給了自己的這個兒子，剩下的路要靠兒子自己背負著家族的使命，繼續向前。

建德二年（西元573年），剷除宇文護的宇文邕，準備為自己的繼承人宇文贇物色一個聯姻對象，作為一股重要的中間勢力的普六茹家族成為最佳選擇。這一年，太子宇文贇與「普六茹堅」的女兒「普六茹麗華」完婚，麗華成為皇太子妃。

宣政元年（西元578年），剛平定北齊不久的宇文邕在北征突厥的路上不幸病倒，英年早逝。太子宇文贇奉遺詔繼承皇位，麗華隨即被封為皇后。「普六茹堅」就順理成章地成為國丈。

到這裡,「普六茹堅」的一生是一路順風順水,沒有了站隊壓力,似乎局面終於開朗了起來。

但生活不就是這樣嗎?每當擺平了么蛾子,要開始過起幸福美滿的生活時,就會有新的么蛾子打破生活的平靜。

新繼位的宇文贇,歷史對他的評價是「詭譎奇怪」,甚至說是國家的妖孽,就因為他是一個荒淫的人。他沉湎酒色,為了一己私欲而大肆裝飾宮殿。看著立為皇后的「普六茹麗華」,覺得不夠滿足,乃廣行選秀,遍求佳麗,以充後宮,而且還一口氣又立了四個皇后,形成了史上五個皇后同時並立的罕見局面。

但撥開歷史的雲霧,我們看到的卻是一位一籌莫展的皇帝。繼位時的宇文贇,面對著一個巨大的落差。父親宇文邕是雄才大略的英主,本可以北擊突厥,平定南方,完成幾百年來都沒能完成的統一大業。而且,他在除掉宇文護後,辛辛苦苦地將原本屬於宰相的權力奪回到了皇帝手中,終於讓宇文氏的天子大權獨攬。只是天不假年,他三十六歲就駕崩了,留下年歲尚淺的宇文贇。父皇給他留下的是一個看似穩固的江山,但是他一個血氣方剛的男孩子坐在大位上,擁有著從父皇那裡繼承的無上權力,卻沒有施展這些權力的能力與實力。要將皇帝的命令實施下去,還是得依靠父親當年任用的德高望重的大臣們。周武帝宇文邕在位時,又任用了一大批宇文氏宗室的大臣,但這只是周武帝的大臣,而不是他宇文贇的大臣。很多宇文宗室甚至還不支持宇文贇的繼位,這讓宇文贇非常不滿。另一邊還有關隴豪族們,比如「普六茹堅」既是國丈,又是名將,地位極其穩固,還有身邊的一大批關隴門閥,形成了堅不可摧的權力網。這套無形的權力結構,讓宇文贇既感到恐懼,又感到憤怒。

怎麼辦?他選擇了堂伯宇文護的做法,用恐懼來壓服「武川勢力」的門閥們。而且,宇文贇對這種政治手段進行了創新,加入了詭異和不確定

第二章　隋文混一朔南暨—帝王的心魔

元素，堪稱恐怖政治的變體。皇后外戚的權力太大？好辦！那就一口氣立五個皇后，外戚多了就不用擔心他們權力大了。大臣們不聽話？好辦！那就撤了、裁了，再不聽話的可以殺了。大臣懾於皇帝的屠刀閉上了嘴，卻不清楚他們到底是不是真的忠心於皇帝怎麼辦？好辦！那就派出「特務」，每家每戶去盯著，監視好這些大臣。

宇文贇還覺得皇帝這個稱號不得勁，你看宰相當了宰相，還可以加封什麼上柱國、太師、太傅什麼的，皇帝怎麼只能稱為皇帝？仔細研究了宗法制度後，宇文贇突發奇想，傳位給六歲的兒子宇文闡，自己當了太上皇，順勢替自己加封為「天元皇帝」，實際上依舊是總攬朝政。這一番操作，皇帝自動「提升」為比皇帝更高的「天元皇帝」，似乎這樣就能讓自己的權威更高一分。

但是歷史證明，權威不是來自尊號、頭銜的疊加。一個乞丐縱然印了董事長頭銜的名片，走在街上依然只是一個乞丐。

「普六茹堅」的「鍋」就是在此後不久從天而降的。宇文贇循跡一看，這普六茹家權力極大，是自己的一個威脅。於是，他整天對著大皇后「普六茹麗華」說：「看我找機會讓你們家滅族！」當下就招了「普六茹堅」入宮，對左右刀斧手說：「要是普六茹的臉色稍有不忿，就立刻殺了他。」「普六茹堅」拜見了皇帝之後，宇文贇在他面前進行了凌辱皇后的大表演。他帶著其他四個皇后，外加若干寵姬，一起對著皇后進行了一番集體侮辱性動作。看著女兒如此受辱，「普六茹堅」依舊不卑不亢、舉止自若，竟然沒能讓宇文贇找到殺他的理由。

一計不成，再施一計。這天，宇文贇忽然尋了一個理由，對大皇后「普六茹麗華」尋機刁難，想對她治罪。但麗華作為大家閨秀，應對得體，絲毫沒有向「天元皇帝」服軟的意思。宇文贇大發雷霆之怒，下令賜大皇后一死，立刻馬上。

02 未來終究是屬於岳父的

不只是大皇后,大皇后她爹「普六茹堅」,也一起治罪。

事發突然,宇文贇的憤怒來得毫無預兆,就像他的性格如此來去如風。

「普六茹堅」的府邸也急如熱鍋上的螞蟻。這時,夫人獨孤伽羅說道:「讓我去吧。」

這一夜,獨孤夫人隻身進入皇宮,在內殿見到了殘暴的皇帝和她即將被賜死的女兒。獨孤伽羅向著皇帝跪下,鄭重地謝罪,請求饒恕女兒的性命,直至叩頭流血。

此刻跪倒在地的獨孤夫人不是一個人,還有她代表的獨孤信一族。就算是面對宇文泰、宇文護,獨孤氏也從未低頭。但此時此刻在宇文氏皇帝面前,獨孤氏磕頭服軟,請求皇帝網開一面。宇文贇的內心終於平衡了,下令免皇后一死。

「普六茹堅」默默地看著這一切。黑夜給了他黑色的眼睛,他用它們來審視這個黑色的朝局。他敏銳地發覺,此時的皇帝只是「獨夫」而已,這十幾年來一直沉默著的關隴豪族們,已經忍耐到了極限。

大象二年(西元580年),在位三年後,縱慾過度的宇文贇掏空了自己的身體,在天德殿去世,史稱北周宣帝。

皇帝暴死之際,內廷的宇文贇的寵臣們沒有按照皇帝的意思,召宇文氏的宗王們入朝,而是找到了「普六茹堅」,請他入宮執掌大權。

「普六茹堅」當即入宮,在內臣的協助下,很快控制了權力中樞。得益於周武帝宇文邕的改革,如今皇帝的權力中樞空前強大,以至於此刻「普六茹堅」只要控制了這個中樞,即能左右朝政,綜攬政權中樞。小皇帝宇文闡拜他的這個外公為假黃鉞、左大丞相,令百官都聽命於他。「普六茹堅」以正陽宮為丞相府,開始施政。他精簡了北周以往煩瑣嚴苛的法

第二章　隋文混一朔南暨—帝王的心魔

令,關鍵是結束了宇文贇時期派出去監視大臣們的特務政治,很快就收穫了天下人心。

睽違數十年,關中朝廷終於有了宇文氏之外的其他家族主掌朝政。這一天來之不易,早已經對宇文氏不滿的關隴勢力,已經等待了不知多少年。

反攻倒算的時候到了,而此時的宇文氏一族,雖然仍有大量宗室子弟把持官位,但已經失去了人心。關隴豪門不約而同地站在了「普六茹堅」的身後。

普六茹氏、獨孤氏兩個家族老一輩人所積蓄起來的力量也在此時顯現了出來,「普六茹堅」繼承了獨孤信的關係網,諸如韋孝寬等駐守地方的獨孤舊將,也成為「普六茹堅」的盟友。一些地方對「普六茹堅」掌權不滿而發起的叛亂,雖然一度蔓延至關東,但最終也很快被韋孝寬等人平定。

自宇文泰時期就建立起來,長達四十七年的宇文氏統治,不到一年,就像一塊爛木頭一樣地瓦解了。隨著各地叛亂被平定,而宇文氏的宗室們,在被殺了一批、架空了一批後,也安靜得像是人畜無害的小白兔。宇文氏政權,成之於關隴門閥,也敗之於關隴門閥。

「普六茹堅」在西元581年二月進封隋王,同月,小皇帝宇文闡就下詔禪讓,讓位給自己的外公。「普六茹堅」按照歷史上每次篡位必備的傳統禮節,進行了「三辭三讓」的固定曲目,就欣然接受天命,在萬眾歡呼之下,君臨臨光殿。皇帝恢復了自己的姓氏,以自己為中原名門望族弘農楊氏的後人,定國號為「隋」,改元開皇。

這真的可以說是時來天地皆同力。從宇文贇駕崩到楊堅最終篡權成功,只用了短短不到一年時間,這時間節奏,猶如在篡位的列車後面點了十八個竄天猴。西元581年,隋文帝楊堅,成為隋朝的開創者。

03　號外！天下一統！

一代人要做一代人的事，一代事也等待著它所需要的一代人。

隋朝建立的這個時代，正是天下分裂即將走到盡頭的時候。自從西晉末年，「八王之亂」，天下進入了長期的戰亂當中，至今已有約三百年了。這三百年來，無數英雄嘗試著要將天下重歸於一統，但是最終都無一例外地失敗了，有的身死國滅，有的放棄成果退居一隅。歸根到底，都是時勢使然。英雄們文韜武略再強，總有那麼多對手，出於自己的立場而抗拒統一。

而在隋朝建立後，時勢風雲變幻，天下已經期盼著統一的步伐。

楊堅接盤的關中政權，經過宇文氏和關隴勢力的經營，已經從「後三國」中最為弱小的這股勢力，演變為具有壓倒性力量的強權。宇文泰奪占了西蜀、荊州；周武帝宇文邕滅掉了北齊；到周宣帝時期，還從南朝梁朝那裡占領了淮南、江北之地。

反觀南朝梁朝，經歷了「侯景之亂」，富庶繁華的江南在叛亂中變成了白骨堆積如山、千里無人煙的戰亂區，以往享譽百年的世家高門王、謝兩家，此時也在戰亂中式微。「舊時王謝堂前燕」，終於也飛入了尋常百姓家。整個梁朝的世族社會崩潰了。蕭氏梁朝丟了大片土地，僅剩下江陵地區，成為隋朝的傀儡。

出身微末的軍人陳霸先建立起陳朝，偏安於江南。陳朝經過陳霸先父子兩代的經營，微微有了些起色，收復了江淮、兩湖地區。但是，當北周滅齊之戰打響後，陳霸先的繼任者陳宣帝趁北方兩國交戰之際，圖謀北上擴土，所以興沖沖地揮軍北上，結果遭到了北周的迎頭痛擊，不僅將從北齊那裡得到的地盤通通吐了出來，而且整個陳朝的精銳部隊也在淮、泗地

第二章　隋文混一朔南暨—帝王的心魔

區的戰場上全軍覆沒。

當隋朝建立的時候，陳朝已經到了陳宣帝之子陳叔寶在位時期。

陳叔寶是一個才華橫溢的皇帝，優秀的作曲家、作詞家、美食家、文學家，他的音樂、文學造詣上承漢魏，下開唐宋，可以說是在藝術史上有一席之地的大人物，甚至連後世的大詩人李白，也從陳叔寶的詩作裡汲取靈感。但這位大人物，唯獨做不了一個好皇帝。三千里陳朝在他的手上，終於走向了盡頭。

其實，這一切也不能全怪陳叔寶。陳宣帝北伐失敗，陳朝精銳盡失，此時只能休養生息，以圖來日。陳叔寶繼位後，也採取了一系列革新政策，尋求賢才，減免租稅，獎勵農耕。然而，此時的陳朝，實在是到了山窮水盡的時候，僅僅憑藉一條長江防線，與隋朝隔江相望。而且，由於戰亂而嚴重缺乏勞動力，民生愈發凋敝。隋朝初年，政府控制的人口有六百五十多萬戶，三千多萬人口；而此時江南的陳朝，只有寥寥五十萬戶，大約兩百五十萬人口，令徵發軍隊、推動生產，都顯得捉襟見肘。舉個例子，陳叔寶短短七年時間，十次下詔大赦，就是因為人力實在匱乏，只能透過赦免犯人來補充勞動力。缺乏勞動力，就沒有人當兵，沒有人種田，整個國家就越發窮困。

到了這個時候，也許所有人都在默默盼望著：統一吧，結束這一切。

而楊堅也同樣非常需要一場勝利。

他掌握了整個帝國，但從古到今，沒有一個開國皇帝像他一樣順利，這個皇位簡直就像宇文家的敗家兒子扔在地上以後楊堅順勢撿的。楊堅在北周時期的功績只能說是中等程度，是靠著勛貴大臣們對宇文氏的普遍失望，又作為小皇帝的外公而掌握權位的。雖然在楊堅的高超政治手腕下政局基本穩定，但朝臣們對他並沒有形成心悅誠服的君臣尊卑關係。楊堅身負雄才大略，當然不願意別人說自己的位子是撿的，更何況他還有一個改

造帝國的偉大計畫要施展。在施展這一套改革計畫之前，他必須先建立足以駕馭帝國體制的權威，如臂使指地按他的意思執行。

統一天下，擺上楊堅的日程。

這是隋朝立國以來最重要的一場戰役，務必要準備周詳，萬無一失才行。開皇七年（西元587年），看到楊氏的統治基本穩定，楊堅便召集了一干重臣們，盤算起了滅陳大計。這時，尚書左僕射高熲獻上了一條毒計：江南江北氣候差異大，隋朝在江北，糧食收穫時間晚；陳朝在江南，糧食收穫時間早。我們可以利用好這個時間差，每次到了南方的農忙時節，我朝就動員兵馬，做出一副進攻的樣子，陳朝必然會屯兵防禦，耽誤了農時，這樣他們的水稻就沒人收割，爛在了地裡。等陳朝一動員起兵馬，我朝就解除動員，壯丁解甲歸田正好趕上江北的收穫季節。長此以往，陳朝就人財俱盡。而如此再三之後，陳朝習慣了江北的調兵，到時候隋軍就真的渡江南征，趁著他們摸不清頭腦的時候，一鼓作氣，平定南方。

高熲的這條計，毒就毒在充分利用天時、地利，用最小的成本來拖垮敵人。這條妙計一出，江南不知會有多少普通百姓破產，多少人因饑荒而死。楊堅與高熲一樣冷酷地計算著這一切的利弊，江南百姓的死活自然不用太多計較，於是欣然同意了這一計策，並下令實施。此外，楊素、賀若弼等重臣也爭相提出計策，楊堅一一予以採納。

南征的計畫在有條不紊地進行著。

第一步，吞併了在江陵苟延殘喘的蕭梁小朝廷，隋軍進駐江陵、漢口，建立起南征的基地。

第二步，開皇八年（西元588年）三月，隋廷下詔，列舉陳朝國主陳叔寶罪狀二十條，蓋上大印，將詔書抄寫了三十萬份，派出間諜廣撒在陳朝境內，掌握輿論的主導權，爭取江南人心。

第二章　隋文混一朔南暨—帝王的心魔

　　第三步，按照高熲的提議開闢「第二戰場」，發動間諜戰：隋廷命令潛藏在江南的廣大間諜反覆縱火，焚燒陳朝的糧草物資，迫使陳朝軍民窮困潦倒。

　　絕望的情緒在陳朝上下瀰漫，這一條條計策，全都是對陳朝的全方位壓制。但凡陳國有一點富餘的兵馬，或者富餘的人力，也可以想辦法以其人之道還治其人之身。可惜，國弱民疲的陳朝已經沒有能力還手了。在隋朝的絕對力量面前，陳國君臣只有反覆唸著「長江天塹，堅不可摧」來安慰自己。陳叔寶也把自己關在後宮，唱著〈玉樹後庭花〉、〈春江花月夜〉，在寵妃張麗華的石榴裙下體驗一國之君的雄風。

　　開皇八年（西元588年）十月，楊堅正式下令，開始動員舉國之兵，南下滅陳。他在淮南的壽春設立行省，作為滅陳戰爭的前敵總指揮部，任命次子晉王楊廣為前敵總指揮部的尚書令，各路大軍的元帥統籌各路兵馬。當然，此時的楊廣只有二十歲，並沒有指揮如此龐大戰爭的經驗，真正負起指揮責任的是元帥長史高熲。

　　這真是一場傾國之戰，隋朝動員了從東邊的大海到西邊的巴蜀，一共八十個地方總管（大約相當於現在的軍區司令），共計五十一萬八千人，分東、中、西三路發動了攻擊。

　　西路軍，由清河公楊素擔任行軍元帥，率領舟師出永安（今重慶），從長江上游順流而下。荊州刺史劉仁恩自江陵西進，與楊素東西夾擊，清掃長江上游沿岸防線的陳軍。

　　中路軍，由楊堅的三兒子秦王楊俊擔任行軍元帥，從襄陽出兵，十餘萬大軍水陸並進到達長江北岸的漢口，進逼江對岸的武昌，切斷陳朝下游國都建康與上游兩湖地區的聯繫，使其首尾不能相顧。另一路偏師行軍總管周法尚率三萬水軍逼近樊口，呼應中下游的楊俊主力。

　　十二月，大軍動員完畢，西路軍和中路軍率先發起進攻。楊素的西路

軍穿過水流湍急的三峽，在狼尾灘遇上陳朝將領戚欣的數百艘青龍戰船。楊素的千餘艘黃龍戰船趁夜突破陳朝水軍防線，同時騎兵、步兵在陸上襲擊陳軍據點，戰鬥一夜之後，戚欣的守軍全軍覆沒。楊素繼續東下，舳艫千里，旌旗蔽空。楊素端坐在旗艦上，一身明光鎧甲，陳朝人望而生畏，感嘆說：「清河公就是江神！」隋朝大軍到達了三峽最後一峽──西陵峽，陳朝將領陳慧紀占據狹窄的峽谷，用三條巨大的鐵索攔住江面，讓隋軍的黃龍戰船無法通過。兩軍在西陵峽防線展開了血戰。

同時，隋朝中路軍也到達漢口，陳軍在江夏堅守，兩軍對峙長達月餘。

這時終於輪到隋軍主力東路軍了。西路軍、中路軍雖然沒有快速擊潰陳軍，但是將長江中上游的陳軍牢牢拖在了漢口以西。接下來，就是東路軍這一招「葉底藏花」的絕殺了。一動，則定乾坤。

東路軍在行軍元帥楊廣、元帥長史高熲、司馬王韶的指揮下，兵分五路前進。

西元589年正月初一，正是陳國君臣歡慶春節的時候，此前長江上游雪片一般的加急奏報卻被陳朝中書扣押不發，建康城的軍民對於已經開始的滅國之戰絲毫沒有覺察。冬日的長江，江水刺骨，廬州總管韓擒虎率領五百精銳從廬江連夜渡過長江，奇襲對岸的採石城，進而占領姑熟；吳州總管賀若弼則率領數千人從廣陵（今江蘇揚州）發兵，橫渡長江，攻占京口（今江蘇鎮江）；楊廣的中軍也在行軍總管宇文述的指揮下，占領六合，到達建康（今江蘇南京）城西。三路大軍形成一個鉗形攻勢，逼近建康。此外，隋軍東西兩翼還有蘄州刺史王世積率軍進攻長江沿岸重鎮九江，青州總管燕榮率領舟師出東海，從海上進入太湖流域，奇襲姑蘇，掃蕩陳朝沿海城池。

直到正月初四，陳叔寶和他的大臣們才反應過來，開始調兵抵抗。然而，這為時已晚。賀若弼、韓擒虎渡江的兵力雖然少，但是與之相遇交鋒

第二章　隋文混一朔南暨─帝王的心魔

的陳軍一觸即潰，很快投降，隋軍安撫之後，馬上用這些降軍作為僕從軍，占領周圍的州縣。到了正月初七，韓擒虎的前鋒部隊已經能看見建康城頭陳朝的大旗了。建康城內外十餘萬大軍，在隋軍的兩路精銳包抄之下，竟然毫無抵抗意志，剛交戰不久就全線潰敗。韓擒虎的五百騎兵和賀若弼的幾千人一個在南，一個在北，幾乎同時進入建康城。韓擒虎率先從皇宮內的一處枯井裡，拉出了抱著寵妃張麗華、孔貴人瑟瑟發抖的陳叔寶。

陳朝滅亡了。和北方政權對峙了數百年的六朝南國，就以這樣一種毫無尊嚴和體面的方式，屈服在了北朝人的鐵蹄之下。

此時，西陵峽前線，楊素的西路軍也發動了總攻。猛烈攻擊之下，陳慧紀被迫撤退，想要下長江馳援建康。但是，他在漢口遇上了早已攔在江上的秦王楊俊的中路軍，就這樣被「包了餃子」。在絕對力量的打擊之下，陳朝各軍紛紛順從地投降了隋軍。隋朝大軍從長江一路推進到了嶺南、交趾，就此陳朝全境均被占領。

至此，四百年的分裂亂世，終於在隋朝重新歸於一統。

04　誰還敢說朕的皇位是撿來的

此時此刻，出現在長江黃河流域的這個大帝國，以一種全新的面貌俯瞰著四海八荒。與秦漢時期的統一王朝不同的是，這個階段的帝國混合了北方少數民族和南方少數民族更為多元的文化，在語言、習俗、生活、思想等各個方面，糅合進原本華夏文明的血液裡。這個新的帝國並沒有像漢朝那樣尊奉儒家，雖然儒家的倫理觀念和文化典籍依然是社會必不可少的，從君王到臣民卻並不把儒家思想當成統率一切的思想，至少統治階級是這麼以為的。佛教、道教才是社會風氣的指向，佛寺、道觀、伽藍塔，

在整個帝國隨處可見。

　　站在這個新的龐大帝國之巔，楊堅要給予這個偉大的國家所應有的偉大制度。所以，藉著發動統一戰爭的權威，楊堅進一步加速了改造帝國的計畫。

　　首先，政治體制變革。這件事情，其實從隋朝立國以後就悄然開始了。北周的政制是按照《周禮》上的職官制度制定的，把朝廷分為天、地、春、夏、秋、冬六官，看起來似乎很理想、很漂亮，但是實施起來，總是職權不清、條理不明。這套六官制度相傳由周公制定，但是以訛傳訛，由漢儒記錄下來的時候就已經不清不楚了，再經過西魏、北周這樣以鮮卑人為主體的政權按照自己的理解來實施，就更加不倫不類。因此，楊堅早早地廢除了六官制度，還是按照漢魏時期的舊制辦。在漢魏舊制之上，隋朝君臣還進行了創新——將行政機關尚書台改為尚書省，總攬政令的執行實施；再設立中書省（為了避諱楊忠的名字，隋代稱為「內史省」），管政令的決策；設立門下省，負責政令的審查複核。三省之間各有分工，又互相制衡。三省之下，設立吏部、戶部、禮部、兵部、刑部、工部六部，歸尚書省管理。這樣的制度架構，歷史上被稱為「三省六部制」，自隋朝以後，實施了一千三百多年。

　　三省六部制能實施這麼久，關鍵也就在於它的好用。以往的權臣，只要擔任了丞相、大塚宰之類的行政長官職務，就可以依靠制度的力量架空皇帝，掌控政務中樞。而在三省六部制之下，三省之間互不統屬，權臣再高，也不過一個中書令、尚書令，在制度框架下是不能權傾朝野的，除非他掌握軍權跳出制度框架，才可能擾亂朝綱，總攬大權。楊堅正是需要這樣的一套制度，好讓自己這個皇帝穩穩地控制住朝局，把那些桀驁不馴的關隴勛貴們壓得服服帖帖。

　　其次，律令制度。開皇三年（西元583年），一部由十二篇，共計五百

第二章　隋文混一朔南暨─帝王的心魔

條條文構成的新律公布了，這就是歷史上有名的《開皇律》。同時，新的政令制度也建立起來，規定刑罰處斷的法規，和刑罰以外關於行政、官制、稅制的政令，共同形成了這個新的中央帝國的律令制度。

這看似乎平無奇，卻是有劃時代意義的大事。就像在西方之地，有一度強大的羅馬帝國，和它的《羅馬法》；還有稱霸歐羅巴的拿破崙帝國，也有它的法典。一個帝國之所以成為偉大的帝國，不是看它征服過多少土地，而是看它怎樣統治了一個世界。征服過的地方，如果沒有合適的方式來統治、治理，那就像建在一盤散沙上的樓房，頃刻間就倒了。律令制度，就是隋朝治理這個大帝國的方式。

簡單地說吧，我是一個在路邊擺地攤的小販，這天收到本地大貴族清河郡公批的一張條子，上面寫著，命令某某某某年某月某日去城外小河邊為新修的水利工程運沙子，去不去？也許在南北朝的時候，我就得去了，因為清河郡公是世家大族，本地爵位最高的權貴，他的命令我怎敢不聽？

但是，現在不行了。在大隋朝的新律令制度下，政令、徵調都要由三省六部以及中央政府統轄的地方政府及職能部門的正式政令、公文為依據，就算你是關隴勳貴，或者「崔盧李鄭」這些頂級豪門，打的條子就只是一張紙而已，不能作數的。政令一同，皆出於公門，國家是理論上的唯一權威。

再舉個例子。我今天又收到一張條子，居然是住在仁壽宮的大皇帝打來的，我何德何能，居然能接到皇帝的手令，只見條子上寫著：「奉天承運，皇帝詔曰，某某某即刻來長安城外的工地搬磚頭。」請問我是否奉詔？

如果我是一個有著封建主義法治思想的良好臣民，除非不得不給皇帝一個面子，我當然也是拒絕奉詔的。因為皇帝的手令，要是未經公文流程發出，同樣也是一張白紙。皇帝的政令，應當經過中書省決定和草擬，再由門下省複核後發出，交給尚書省下發有關部門，有關部門的公人再提刀

找來，下令讓我去搬磚。

當然，這一切只是按照律令制度運轉的理想情況。也許皇帝聽說我不聽奉他的詔，就會馬上叫人悄悄地把我砍了，即使我到時候臨死前高叫：「處死臣民也要有刑部的公文！」但也沒有人為我伸冤了。

然後，就是官員的選拔問題。從漢末、魏晉以來，官員的任用來自各個地方的選拔官，這個選拔官很快就被地方上的世家大族控制。世家大族依靠著控制住選拔權，為地方人才定品評級，進而偏袒本家門生或親近勢力，這就是著名的「九品中正制」。這個制度下，詩書傳家的大型士族壟斷了官員的選拔，世世代代穩居政府的重要官職，再依靠財富累積和教育累積，擁有了巨大的勢力，數百年來形成了連皇帝都要敬他三分的世家大族，北方有「崔盧李鄭」（清河崔氏、范陽盧氏、隴西李氏、滎陽鄭氏），南方則有「王謝」（琅琊王氏、陳郡謝氏）、「顧陸朱張」（居住在江東的地方高門）。

例如，當年「反叛家」侯景，從東魏叛逃到南朝後，想向梁武帝請求娶一位出自王家、謝家的豪門女子為妻，結果被梁武帝懟了回去，說：「王家和謝家的門第太高，不適合你老侯，還是去朱家、張家以下的門第找一個門當戶對的妻子吧！」侯景深感受到了侮辱，不久之後就發動叛亂，因此南朝就遭到了毀滅性的打擊。而像侯景這樣一位北朝名將都被認為配不上王、謝這樣的高門，哪怕是他們家的一個普普通通的女孩子。這在當時是天經地義的，畢竟王、謝兩家人，連當皇帝的司馬家、劉家都瞧不上——由此可見世族豪門在當時有多麼高的地位。

而楊堅偏要勉強，偏要把世族壓下去。他下了命令：各地方的人才選拔官，也就是「中正官」通通廢除，朝廷直接命令各州的地方官，每年選三個人才上貢給中央，然後中央有關部門按照德行、才能分別開科，來選舉兩個科裡的人擔任官員。這套制度在楊堅死後，逐漸演變成了用考試來

第二章　隋文混一朔南暨—帝王的心魔

錄用官員，最終成為如今諸多考試的最初來源 —— 科舉制度。在科舉制度下，世家大族無法壟斷人才的來源，勢力就被逐步削弱了，從而這就增強了皇帝的力量。而且，從此以後，一股新的政治勢力 —— 庶族寒門，出現在了權力場上。

這一項項偉大的帝國改造工程，也要有配得上這個帝國之偉大的基礎設施。因此，一項同樣宏偉的工程也在進行著。

此時的國都依然是西漢就已經建好的長安城，這個長安城雖然經歷了無數戰火，但毀壞後又重建，重建後又毀壞，修修補補已經經歷了八百年。八百年裡，長安城不知換了多少批居民，幾百年無數代居民的大小便，通通傾灑在這座城池裡。那個時代雖然有專門的掏糞工人，長安城還不至於像中世紀的歐洲那樣大糞圍城，但排水技術終究不太到位，小便只能自然風乾或者下滲到土裡，帶著鹽分和「香味」物質進入地下。於是，八百年後的隋朝，長安城居民取水用的井裡打出的水已經又鹹又苦，混雜著上了年分的陳年「香味」，實在是不能飲用了。而且，漢長安城的設計是以宮殿為主，居住面積並不大，狹窄的城市空間也配不上像大隋這樣的大帝國。

於是，楊堅決定在漢長安城東南的龍首原高地重新建造一座城池。這個任務，他又交給了宰相高熲。

高熲則找到了著名建築家、發明家宇文愷，開始主導建造新國都。在宇文愷的設計下，一座曠古絕今的偉大城池誕生了，它東西長九千七百公尺，南北長八千六百公尺，有二十五條縱橫交錯的大街，將全城劃分為一百零九個坊，以及東西兩市，坊內也再縱橫交錯地建造街巷，最終共同組成一座井然有序的城市。楊堅把它叫做大興城，相信隋帝國將在這裡繼續史無前例的興旺和輝煌。

這幾項制度推出以後，再借助著隋朝滅陳、統一天下的聲威，楊堅的

權力終於達到了一個新高度。這時，楊堅終於可以大聲吼一句：「哪個人還敢說朕的皇位是撿來的！」

05 楊堅和他的心病

隨著權力日重，一個懷疑漸漸地從楊堅的腦海裡冒了出來，並越來越成為他心中的困擾。

這些朝中的大臣們會不會像當初的自己一樣，奪了老楊家的皇位呢？

表面看上去，似乎不會，畢竟此時的隋帝國如日中天，皇帝權力無以復加，朝中大臣以高熲、蘇威、李德林等人為首的這一批人才，也在國家治理與建設方面展現出齊心協力、奮勇向前的面貌。但這又怎樣呢？楊堅篡奪的北周政權，難道當時不算如日中天嗎？楊堅的女婿周宣帝宇文贇的權力難道不強嗎？朝中大臣，比如他楊堅，當時難道不顯得公忠體國嗎？

正是因為楊堅有過這樣一番篡權的體驗，他才會如此悲觀、冷酷地想這個問題。畢竟他當年還姓「普六茹」的時候，還表現得如同大周朝的頭號忠臣呢！如今這些朝中的忠臣孝子們，誰也保不定暗地裡有什麼小心思。而且，在這個時代，世族政治的傳統深入人心，「鐵打的世族，流水的皇權」。皇帝對於很多貴族而言，也不過是一個更高一階的大貴族而已，公侯易位為帝，其實是一件可以接受的事情 —— 楊堅自己不就是這麼輕鬆上位的嘛。就這樣，無限的猜疑蔓延在隋廷的皇帝與大臣之間。這些想法就像除不盡的毒草，時時刻刻在楊堅內心的黑暗角落瘋狂生長。

開皇十二年（西元592年），楊堅度過了他五十二歲的生日。都說男人五十歲是一道檻，五十歲往後，男人就不可遏止地走向衰老。楊堅雖然出身尊貴，平日養尊處優，但是仍敵不過歲月的侵蝕。衰老讓楊堅的心理狀況出現了改變，他原本就是一個冷酷而刻薄的人，對他人的猜疑夾雜著對

第二章　隋文混一朔南暨—帝王的心魔

衰老和死亡的恐懼，讓他變得更加陰鷙和酷烈。

楊雄、高熲、虞慶則、蘇威，曾經都是楊堅最初幕府中的成員，也是關隴門閥中的重要人物，在開皇年間受到重用，冠絕一時，據說宮外的人們稱他們為「四貴」。楊堅曾一度把他們視為自己的心腹之臣，也是他為數不多的知己。然而，此時楊堅不敢再相信了。人都是會變的，楊堅會變，這些大臣自然也會變。

楊雄為人寬容，禮賢下士，深受朝野的尊敬。這在楊堅眼裡，彷彿是和他的陰鷙刻薄有意形成鮮明的對比。楊堅怎麼看楊雄，都覺得他像當初深得人心的父親楊忠，或者是當初假裝禮賢下士的自己。於是，他下旨任命楊雄為司空，位列三公，看似地位尊崇，但實際上沒有實權，等於是「請」他坐上權力的冷板凳。

蘇威的兒子蘇夔年少時就名滿天下，有眾多門客。這還了得？蘇威是想做孟嘗君還是篡漢的王莽？楊堅當然也不能忍，於是在開皇十二年（西元592年），就以蘇夔寫的文章得到很多朝臣附和為理由，認為蘇威、蘇夔父子是在結黨，命令虞慶則調查。蘇威只好向楊堅負荊請罪，楊堅就讓他拿出史書，專挑史書上結黨營私的部分去讀。蘇威恐懼，只得叩首請罪。楊堅只是冷笑：「已經晚了。」隨後免去了蘇威所有的官職。

楊雄、蘇威還留著一條命，蘇威後來也恢復了原來的爵位，並且為了保持在官場的地位而越來越投皇帝所好，而虞慶則就沒有這麼幸運了。虞慶則是將門世家，比作為文臣的楊雄、蘇威更加有威脅。開皇十七年（西元597年），虞慶則查辦完蘇威的案子，就因為說錯了話，被人誣告想要謀反。楊堅查驗情況之後，因為證據確鑿、事實清晰，適用法律明確，就將虞慶則處以死刑並立即執行。

到了開皇十七年（西元597年）的時候，真正依舊保留權力的，就只剩下了平陳功臣高熲了。其餘三人死的死，退的退，一度聲勢煊赫的「四

貴」幾年間便不復存在了。

　　這還是楊堅的親信大臣的結局。如果要拉一張楊堅處死功臣的名單，這張名單一定非常地長：王世積，當初在滅陳戰爭中表現優異，加封柱國大將軍，結果在開皇十九年（西元599年），被親信檢舉說謀反，就此被降罪誅殺。李徹，因功升任上柱國，因為皇帝猜忌而不受重用，因而在家裡口出怨言，皇帝得知後召他到臥室內賜宴，談崩，慘遭下毒致死。史萬歲，是平定尉遲迥內亂、攻滅陳國的功臣，開皇二十年（西元600年），因為被誣陷謀反，被皇帝命令武士將其暴殺於朝堂……

　　真是結局只有一個，死法各不相同。這些人裡，或許真的有人心懷異志，有些見不得人的小心思，保不齊要是沒有死，真的有可能在平行時空成為「第二個、第三個楊堅」。但此時他們的死，只是因為他們的地位、權力本身觸動了楊堅敏感的神經。他寧可錯殺、枉殺忠良，也不願意放過任何一個可能成為「下一個楊堅」的禍根。

　　晚年的楊堅，行事決斷的標準更加苛刻。他設立了廷杖制度，要是皇帝和大臣開會的時候，大臣觸怒了皇帝，就有可能當庭遭到杖打。到了後來，廷杖被使用得越來越多，有時候一天之中就有四個人先後受廷杖。要是執行廷杖的侍衛不用心打，楊堅還會下令把這個執杖之人斬了。所以，廷杖下手越來越重，受刑的人很多都被活活打死。

　　延伸到對社會的刑罰，執行中的裁量也越來越嚴酷，甚至超出了律令規定的裁量範疇。當時朝廷下了專門的敕令，規定偷盜軍用糧草一升以上，一律斬首、抄家。沒錯，就是一升，不是一石，就是你只要偷盜十斤糧食，就是死罪，不光死罪，還要抄家，家屬賣身為奴。《開皇律》裡寫得清清楚楚，死刑所要經過的秋決、三奏而決這樣的法定程序，現在不管了，皇帝要你三更死，那就別想活過五更。

　　上行下效，皇帝如此大膽，下面的官員也爭相實施苛政，殘暴的官員

才是好官員,誰要是覺得這不合律令規定,那誰就是膽小鬼。這種嚴酷的刑罰方式有沒有發揮杜絕犯罪的效果呢?沒有,整個帝國境內的犯罪率反而越來越高,有的地區更是盜賊遍地。這時,朝廷又下了新的敕令:「盜一錢已上皆棄市。」

偷一枚銅板,就處以死刑。棄市,就是在人群聚集的鬧市區砍頭,以示為大眾所棄。這一刑罰在幾年前剛剛被《開皇律》廢除,現在又回來了。

這個帝國似乎看起來一派富強,戶數人口在楊堅當皇帝的時候也幾乎增加了一大半,倉庫裡的粟米足夠四五十年之用,但實際上百姓卻過著困苦不定的生活。

但楊堅坐在大殿之上,當然看不到這一些了。開皇二十年(西元600年),還有一件吸引所有人矚目的大事,攪動了整個朝局。

06　朕不是怕老婆,是尊重老婆

楊堅如此性格,家庭關係自然也並不和睦,他和自己的幾個兄弟都不親密。而對自己的兒子們,楊堅也是一如既往地嚴厲。比如,三兒子秦王楊俊,因為驕奢淫逸、品行不端,楊堅就下令免去楊俊的所有官職。就算到了三兒子病重的時候,想要上表謝罪,楊堅也不願意原諒這個兒子。

但有一人,楊堅絕對不敢像對待其他人那樣嚴厲,哪怕說話大聲一些也不敢,這個人就是楊堅的妻子,獨孤伽羅。

獨孤伽羅是大家閨秀,知書達理,十四歲嫁給楊堅,和楊堅一同經歷大風大雨,還在宇文贇的淫威之下替楊家扛下了那一場狂風驟雨,在隋朝建立後理所應當地成為皇后。她和楊堅早已不是簡單的夫妻關係,而是共同經歷過淬鍊的「同袍」。楊堅與獨孤伽羅初婚之際,就約定「發誓不可

以和別的女人生下子女」。當時社會實行的是「一夫一妻多妾制」，夫妻之外，往往另外納聘姬妾，和小老婆生下庶子是再平常不過的事情。楊堅貴為天子，幾十年來都遵循了約定，還真的沒有納妾或者選妃，他一共五個兒子，全都是和獨孤伽羅一起誕育的。

同時，獨孤伽羅還有另外一層身分，那就是獨孤信的女兒。楊堅一家對獨孤信始終有著特殊的感情，獨孤信是故主，也對楊家有著救命之情、賞識提拔之恩，沒有獨孤家就沒有楊忠，沒有楊忠也就沒有楊堅。比如，重臣高熲，父輩曾經效忠於獨孤信，因此被賜姓「獨孤」，所以在私下見面時，楊堅從來不稱呼高熲的姓字或者職位，而是直接叫他「獨孤」，可見獨孤氏在楊堅心中是多麼崇敬的一個地位。而對於獨孤家的這位大小姐，楊堅自然也是又敬又愛——至少一開始是這樣的。

楊堅當皇帝的這二十多年，「後宮寵幸，不過數人」。「數人」，當然不止是一人，楊堅偶爾也有失於自制的時候，一時情不自禁，也會寵幸一些宮人、女官。獨孤伽羅改不了大小姐脾氣，聽說楊堅寵幸了誰，就馬上過去強行阻遏，有時候還瞞著楊堅，偷偷地把楊堅寵幸的女人給殺了。比如，名將尉遲迥的孫女，因為尉遲迥叛亂兵敗而被收作宮女，楊堅一天碰見，就不禁伸出了他一代帝王的「鹹豬之手」，從此收為寵姬。卻不料獨孤伽羅趁著楊堅上朝，回頭就把尉遲家的孫女弄死了，惹得楊堅大怒。

大隋帝國的開國之君，表達憤怒的方式就是離家出走！楊堅氣憤地一個人騎著馬奔出宮苑，一口氣出走了二十多里。當大臣高熲、楊素找到獨自療傷的楊堅時，楊堅只能嘆著氣，發出了很多已婚男士都會有的感慨：「我貴為天子，竟然也不得自由！」回去以後，楊堅面對著獨孤伽羅，依舊只能一臉客氣。

宮裡都知道，天下大事皇帝說了算，皇帝的事皇后說了算，所以皇帝和皇后就像天上的日月一般，說不清到底誰更高，但缺一不可，因此宮中

第二章　隋文混一朔南暨—帝王的心魔

都稱呼他們為「二聖」。

皇后要是討厭誰，那誰就麻煩了。可是偏偏不巧，皇后討厭的是她的親兒子，太子楊勇。

楊勇是個柔弱的人，意志不堅定，還有一些驕奢淫逸、沉迷美色之類的壞習慣，但這些壞習慣卻讓人恨不起來，因為這些只是普通人都常有的小毛病而已。如果他能有賢臣輔佐，未必不能維繫隋朝的統治。

然而，獨孤皇后不喜歡他。獨孤皇后喜歡的是二兒子晉王楊廣。楊廣一直細心體貼，三天兩頭地來給她請安，一言一行都能看出他的孝順。更重要的是，楊廣有著獨孤皇后最為看重的品格，那就是專一。楊廣娶了南朝名門之後蕭氏為晉王妃，就一直專一地對待著妻子，兩人相濡以沫，是模範夫妻。看著楊廣夫婦出雙入對的樣子，獨孤皇后想起了當年的自己和楊堅一起鮮衣怒馬地在灞河畔郊遊的樣子，如此美好，如此伉儷情深。和大兒子比起來，獨孤皇后的這個二兒子更像他的父親，獨孤皇后是這麼認為的，楊堅應該也是這麼認為的。

反觀太子楊勇，在私生活方面簡直就像照著標準答案故意反著來的，他整天沉迷於聲色，完全沒有繼承他父母的精幹個性，來皇后宮中請安的時候，好像只是因為害怕被父母責罵一般，一副唯唯諾諾的樣子。更不可理喻的是，他對妻子不好，用情不一，以至於太子妃氣出了心病，沒多久就去世了。結果，太子居然讓妾室雲昭訓來主導太子宮。真是胡鬧，一個小妾身分的人，怎麼可以主導後宮之事？這又觸碰了獨孤皇后的心理底線。

都是自己生的兒子，人和人的差距怎麼會這麼大呢？獨孤皇后對太子徹底失望了，她決定向楊堅提議，廢了太子楊勇，立晉王楊廣為太子。

獨孤皇后的意見，楊堅自然是要好好聽的，但他所考量的卻不只是個人品行問題。

太子楊勇與宰相高熲結為姻親，身邊集中了一大批關隴門閥中的大

臣。太子本來就是一個柔弱的人，耳根子軟，如果等到他繼位的時候，大臣一攛掇，那隋朝就又將是關隴門閥的天下了。他楊堅這二十年來好不容易建立的獨裁統治，就有可能輕而易舉地被這些關隴世家反攻倒算。更可怕的是，關隴門閥其實也是楊堅自己的基本盤，雖然這幾十年來他不遺餘力地打壓那些權力變大的關隴勳貴，但他的立足點始終是關中，他的統治也十分依賴著關隴門閥的支持。要是關隴門閥轉而支持太子，那楊堅自己的帝位就真的岌岌可危了。

他的人生經歷和坐在皇位上的二十年經驗告訴他，不要迷信親情，在權力的考驗下，親情什麼都不是。太子雖然是自己的兒子，但也是皇位最有力的競爭者，這讓熱衷於猜忌他人的楊堅，開始猜忌自己的兒子。

而反觀晉王楊廣，自從平定陳朝以來，楊廣一直與南朝的貴族有著萬千連繫，他的妻子、僚屬，都是南方世族。好好地重用楊廣，對於楊堅來說，是維繫帝國在南方統治的一個紐帶。而且，楊廣的南朝世族班底，對自己的關隴門閥班底沒有威脅。假以時日，如果由楊廣來繼承自己的皇位，那下一朝天子就同時擁有了關隴門閥和南方門閥的支持，何樂而不為呢？

開皇二十年（西元600年）六月，失去父親寵愛的秦王楊俊因病在府邸鬱鬱而終。這不免讓太子楊勇更加兔死狐悲起來。在皇后的排斥、皇帝的猜忌，以及忍受十二年來功臣橫死的高壓環境下，太子楊勇崩潰了。這年冬天，當皇帝召見楊勇時，楊勇驚懼地對來東宮請他的宿衛說道：「可……可以不要殺我嗎？」

武士們把嚇成一攤爛泥一般的楊勇架到武德殿，只見楊堅一身鎧甲戎裝，在禁衛軍的守衛下臨朝，宣布了廢除太子之位的消息。楊勇只是無力地伏在地上，像一個木頭人一樣磕著頭說道，「臣本當處死，伏屍於街市上。幸得皇上垂憐，讓臣和一家保全性命。」說著，淚水已經打溼了衣

第二章　隋文混一朔南暨－帝王的心魔

裳。此刻他唯一卑微的願望，就只是保全他一家的生命。太子這個名位，對他來說只是讓父母猜忌不喜，讓他時刻提心吊膽的累贅，從此以後，他終於重獲自由。自由，這個願望終於滿足了，他彷彿卸下了二十年來壓著的重擔，已經被廢為庶人的楊勇輕鬆離開了武德殿。彷彿此刻，楊勇是這個世界上最快樂的人。

大殿上侍立在兩旁的王公大臣們沒有說話，都沉默地看著這一切。

西元600年十一月，楊堅立晉王楊廣為太子。第二年，楊堅改元仁壽，希望改元之後，大隋能有一個新氣象。

這場易儲風波引發了一連串朝野的動盪，連宰相高熲也被波及，最終免職。

仁壽二年（西元602年），獨孤皇后去世了，楊堅既悲痛於伴隨自己一生的妻子的離開，也為自己的自由暗暗乾杯。獨孤伽羅崩後不久，楊堅馬上把嬪妃虛置的後宮填充了起來，增加了三名貴人、六名嬪、十八名世婦、四十三名御女……但當楊堅面對日漸充盈的後宮，想要挺槍而上，大顯身手，好好釋放一番的時候，他才發現，自己以往之所以想要寵幸別的女人，其實只不過是因為獨孤給他的管束讓他透不過氣來，想要呼吸一口新鮮空氣罷了，自己心中真正所愛的，始終都是那個大小姐獨孤伽羅。

楊堅的晚年，因為獨孤皇后的去世，太子楊廣虛偽矯飾的面具漸漸撕了下來。原來，楊廣其實並不是一個專一於蕭氏的人，他的府邸裡一直都有數不清的姬妾。更可怕的是，楊廣來皇宮時染指皇帝妃嬪的流言傳播開來，讓楊堅一陣頭痛。

仁壽四年（西元604年），也許是因為在獨孤皇后死後，狠狠補償這幾十年來禁慾煎熬的緣故，楊堅的身體每況愈下，於是召了左僕射楊素等幾名重臣以及太子楊廣，讓他們住在仁壽宮，以防不測。忽然有一天，一個宮人將楊素親手寫的密信錯送到了楊堅手上。在信中，楊素向太子一條

條地說明了皇帝駕崩後可能的情況，以及奪權的途徑、方式。恰在此時，他的妃嬪宣華夫人陳氏衣衫不整地進來，哭著告訴他，太子竟要對她行非禮之事。這一記實錘打在楊堅的胸口，他怒不可遏，狠狠地拍打床板：「這個畜生怎麼可以託付大事！我真不該聽信獨孤皇后的話，把大兒子給廢了啊！」楊堅氣急攻心，終於到了生命的盡頭。

歷史究竟會如何評價他呢？是大力改革，奠定新帝國的政治體制，還是以詐術得國，最終因此而猜忌群臣？是施政苛刻，但統一天下功不可沒，還是節衣縮食，最後成就「開皇之治」？

這些都不得而知了。歷史的車輪滾滾而前，卻總是喜歡和人開玩笑，總是要讓叱吒風雲的英雄最終以悲劇收場。

仁壽四年（西元604年），楊堅在大寶殿駕崩，終年六十四歲，史稱隋文帝。

太子楊廣繼承皇位，改元「大業」。

多事之秋，終於來臨。

07　最像父親的兒子

自古成大事者，大多能忍常人之不能忍。楊廣就是這樣的一個能忍的人。在隋文帝時期，他厲行節儉，連臥室帷幕的掛鉤這樣的小細節都要專門下令不得鋪張。投文帝所好，楊廣和他的妻子蕭氏也都衣著樸素、節衣縮食，就為了人人都說一句，晉王言行是五位皇子裡最像當今聖上的。雖然楊廣最愛錦衣玉食，最流連的還是紙醉金迷的南朝。

不過，楊廣也許確實是幾個皇子中，最像父親隋文帝楊堅的，他有著和父親一樣旺盛的欲望，一樣城府極深的性格，以及一樣冷酷的心腸。只

第二章　隋文混一朔南暨—帝王的心魔

是他的身邊不像父親那樣，有一個時時約束自己的獨孤皇后。隋文帝剛一駕崩，楊廣便賜了向楊堅告狀的宣華夫人陳氏一個木匣子。陳夫人和宮女以為是太子賜了毒酒，都不敢打開，最後鼓起勇氣打開了，才發現裡面是幾枚精緻的同心結。

　　故國三千里，深宮二十年。
　　一聲何滿子，雙淚落君前。

　　陳夫人是南朝陳宣帝的女兒，因為國家被滅所以被送入隋宮，成為隋文帝的妃嬪，一直被隋文帝寵愛，並奇蹟般地護著她安然經過了獨孤皇后獨霸後宮的歲月。陳朝當初是楊廣所滅，他們在開皇十年（西元590年）的建康就已經認識了。楊廣忍了十四年，直到此時此刻。於是，隋文帝崩逝的當晚，楊廣便和陳夫人發生了關係。

　　由此可見，楊廣對女色也有著和父親一樣的審美。

　　不僅如此，楊廣也有著和父親一樣的心魔。

　　此時的天下，治安狀況已經很差了，民變和盜賊劫掠事件此起彼伏，但這並不影響帝國的根基。這個帝國依然欣欣向榮，倉庫豐盈，軍力強盛，大部分百姓都在官府的統治下安定地生活。至於那些盜賊，怎麼也不過是些癬疥之疾罷了。

　　但是，當今皇帝得位不正的流言悄然傳了開來，而且傳得神乎其神，煞有介事，說皇帝與先帝嬪妃私通時被撞見，惱羞成怒，就悍然害死了先帝。這讓楊廣恐懼起來，他意識到這不是思維簡單的平頭百姓們在街坊閒暇時的臆斷。這個謠言的傳播者肯定知曉後宮的內情，所以才能根據楊廣在楊堅臨終前對陳夫人性騷擾的故事，編造出這樣一段駭人聽聞的弒君謠言。幕後黑手，就隱藏在朝堂裡，藏身於那些道貌岸然的關隴貴族當中。

　　看來不論身份高低，都有人懷著不軌之心！

07 最像父親的兒子

　　楊廣自我感覺極好，在他的眼裡，沒有誰比自己更適合做新一任的皇帝了，他不僅又聰明又英俊，才華橫溢，胸懷大志，而且政治身分獨特：他有一群近臣，團結著江南地區的勢力；透過拉攏楊素等幾個重臣，進而籠絡關隴門閥；同時還與關東地區的高門世族保持著良好的關係。先帝在時，事事以關中為本位，而不在乎關東、江南士庶百姓的想法，因而關東、江南新征服的地區並不穩定。想必是上天把使命交給楊廣，讓他完成先帝也沒能完成的功業──一統天下！

　　因此，楊廣不能容忍有人質疑他繼位的合法性，哪怕是一丁點也不行！他先假託是先帝遺囑，賜死了當著庶民、優哉遊哉的楊勇。可憐楊勇只度過了四年歲月靜好的時光，就這麼提早被弟弟送往了地獄。然後是四皇子蜀王楊秀，被楊廣安了一個使用巫蠱之術詛咒隋文帝的罪名，削爵為民，軟禁了起來。

　　這時隋文帝的嫡子只剩下小弟弟漢王楊諒了。楊諒也感覺到了危險，決定先發制人，於是搶先在楊廣開始整他時起兵，以「清君側」的名義，聲討宰相楊素。楊廣毫不猶豫地使用了楊素，派他去平定楊諒的叛亂。楊素親率五千騎兵，果斷地擊敗了楊諒，把後者幽禁起來，楊諒也在不久後死於幽禁之中。

　　其他的哥哥、弟弟都被自己滅了，楊廣終於是唯一具有繼承先帝皇位資格的人了，那他可以從此高枕無憂地統治這片江山了嗎？似乎仍然不行，楊素、高熲這樣的三朝元老，憑藉著二十多年立下的不世之功，威望極高。高熲雖然之前因為廢太子楊勇的緣故而被撤職，但他在朝中的影響極大，楊廣繼位之初，仍需要他來穩定朝局，所以重新任命高熲為太常。而楊素藉著楊廣依賴他控制關隴門閥，則更是擁有了滔天的權勢。

　　楊廣和他的父親一樣，不能容忍他人有著僭越自己的威權。

　　大業二年（西元 606 年），楊素病了。楊廣殷切地派出太醫去為楊素診

治，又送了很多上好的藥材，但是私下他卻不停地問醫官，楊素究竟什麼時候可以死。楊素何等聰明，他叫來了自己的兒子楊玄感，對兒子說：「我已經位極人臣，恩賞無以復加，再活著也沒有必要了，不如就此了結，好讓弘農楊氏的榮耀由你繼續下去。」從此楊素便不再服藥，任由病情惡化，沒多久就死了。

朝廷和弘農楊氏此時都需要的，是一個死掉的楊素——楊素和楊廣都已經看到了這一點。楊廣聽說楊素去世，非常高興，假裝悲痛地賞賜了很多東西，便繼續開心地玩了。在楊素的靈前，楊廣沒有意識到，楊玄感的目光猶如惡狼一樣，正冷眼看著自己。

而高熲卻不像楊素那樣識時務，不停地勸諫楊廣不能過度使用民力，不能過於鋪張浪費。楊廣和高熲，早年在平定陳朝的時候，就因為高熲擅自處死了楊廣傾慕已久的陳朝寵妃張麗華，而結下了一點點梁子。楊廣繼位後，沉迷於招募樂工，組建管絃樂隊，卻被高熲上奏阻止。楊廣新仇舊帳一起算，以「誹謗朝政」的名義處死了高熲。被一起處死的，還有賀若弼、宇文弼等其他幾個前朝老臣。

這下朝堂終於乾淨了，楊廣終於可以騰出位子來，培植自己的親信。楊廣至此終於如願地控制了帝國的朝堂。

08 「背包客」楊廣的「旅行攻略」

世界那麼大，楊廣想去看看。

大業元年（西元605年），楊廣開始了此後每年都會來一次的自由行。對外他宣稱，出巡的理由是聽取輿論、與民交流、考察風土人情，但實際上，最根本的目的就是整合這個帝國。隋帝國疆域萬里，隋文帝制定的律令制度出了關中，其實很多都沒有真正地執行。如何才能讓這個帝國真正

成為可以全力貫徹皇帝意志的沒有感情的機器呢？

楊廣就從秦始皇那裡找到了靈感。秦始皇掃除六國、統一天下，為了懾服六國的遺老們，就長期親身外出巡遊，讓六國的百姓和官吏們親身感受皇帝的威嚴。秦始皇如此，楊廣也同樣。更何況他作為一個生活精緻、情趣高超的人，旅遊也是他的一項愛好，能在整合國家的同時悠遊於樂，飽覽自己統治的大好河山，何樂而不為？

第一年，楊廣攜皇后及後宮，乘坐龍舟前往江南。他一路沿著大運河南下，船隊延綿二百餘里，沿岸的縴夫徵調了足足八萬人，極盡奢華。他來到江都，就為了讓江南的百姓們見識見識這國家強大的動員能力，還有限制了他們貧窮的想像力的帝王威嚴。

東都洛陽城的修建也在同時進行中，完成了大興城建造工作的宇文愷，馬不停蹄地又趕到洛陽，在漢、魏洛陽城外的洛水兩邊，建造了一座新的洛陽城。東都大城周長七十三里，每月都要役使民丁兩百萬人來工地施工。楊廣對於東都有著遠大的規劃，在他的設想中，東都將會成為帝國經略東方的大本營，他以後將在這裡君臨東方。

當然，還有另一層考慮，在隋朝，關中地區已經日漸乾燥，當年的鄭國渠、白渠等灌溉系統已經年久失修，糧食產量銳減，已不再是秦漢時的那個富得流油、沃野千里的四塞之國了。每到災年，關中便養不起人口繁多的大興城，以及龐大的隋廷官吏，隋廷便經常全體搬家，就食洛陽。

更令楊廣重視的是北方的安全。此時，在北魏時期成為中原王朝勁敵的柔然，已經被崛起於漠北的突厥部所吞併。突厥成為隋帝國在長城外最強悍的敵人。當年的北周武帝，就是在征討突厥的途中發病而死的。隋朝立國之後，突厥也曾數次進犯，都被隋軍擊退。開皇三年（西元583年），突厥分裂為東西兩個汗國，與隋帝國相連的是東突厥。敬服於隋廷的強大，東突厥上表臣服，兩國締結了盟約，東突厥啟民可汗尊奉楊堅為「聖人可汗」。

第二章　隋文混一朔南暨─帝王的心魔

突厥雖然臣服，只是懾於中原王朝的威力，難保以後不會繼續犯邊。所以，楊廣決定讓突厥人看看什麼是絕對力量。大業三年（西元607年）八月，隋煬帝的車駕從大興城出發，前往雲中。這不是一次簡單的旅行，他調動了五十萬大軍，十萬匹駿馬，一路彩旗招展，鑼鼓喧天。

隋朝承接北周制度，實行府兵制，在全國設立了五六百個鷹揚府，每個鷹揚府有八百人到一千二百人不等的府兵。府兵平時耕作訓練，戰時被徵召為兵。五十萬人，已經是當時能徵召府兵數量的極限了。這樣的傾國之兵，規模不下於滅陳之戰，一路浩浩蕩蕩，軍容嚴整，威武雄壯。這是從北周到隋這幾十年來，這個武川鎮走出的軍事集團東征西討累積下的老底，幾代人的武功，盡萃於此。

這一次，楊廣還經過了雲中附近的武川鎮。這座他們先祖曾經生活過的小邊鎮，依然是近百年前的樣子，安靜地屹立在陰山腳下，經受著日月風沙的洗禮。

大設計師宇文愷還專門為隋煬帝建造了一座能行走的宮殿，上面殿堂寬大而又華麗，可容納侍衛數百人，稱為「觀風行殿」。整座宮殿由機括和輪軸推動，精巧無比。在「觀風行殿」的兩邊配有「行城」，所謂「行城」，據記載其長達兩千步，配備有木城樓，雕梁畫棟，能以輪軸驅動前行，有如移動的城市一般。

突厥人從來沒有見過這樣的陣仗，全都看得目瞪口呆。普通的突厥牧民，見到北巡的儀仗，以為是天神下凡，紛紛屈膝叩頭。

楊廣帶著帝王的威儀抵達可汗的龍庭，進入突厥啟民可汗的大帳，堂而皇之地坐在草原之主的尊位上。啟民可汗恭敬地向楊廣敬酒，然後謙卑地跪伏在地。其他草原各部的王侯，連大帳都不敢進，只是跪在大帳外，露出肩背，肉坦相迎，獻出草原最為尊崇的禮節。

草原擺起了隆重的盛宴，楊廣一行君臣與突厥各部把酒言歡，草原各部首領紛紛上前敬酒。楊廣喝得微醺了，他想起此時帝國要震懾突厥各部的目的已經達到，不由得志得意滿，詩興大發：

鹿塞鴻旗駐，龍庭翠輦回。

氈帷望風舉，穹廬向日開。

呼韓頓顙至，屠耆接踵來。

索辮擎羶肉，韋韝獻酒杯。

如何漢天子，空上單于臺。

在楊廣眼裡，昔年的秦漢天子，也只是北擊匈奴，胡人不敢南下而牧馬，如何比得上此時此刻，草原上的可汗們齊聚一堂，發自內心地匍匐在帝國皇帝的腳下？

大業五年（西元609年），在西部的邊疆，楊廣的足跡從武功到隴西，再出臨津關，到達今天的青海，巡視青藏高原的東緣，順便在祁連山下指揮大軍征討不臣服的吐谷渾部。經過曲折的山路，歷經風霜，終於抵達張掖，進入河西走廊，視察了絲綢之路，並在焉支山舉行盛大的集會，西域二十七國的君王以及各路胡商共同參加。

這趟旅程歷時十個月，行程近萬里，從古至今，從來沒有一個在任的皇帝來到過河西之地，下一個走到這裡的，是一千年後大清國的康熙皇帝。在邊塞，望著悠悠祁連山和橫亙東西的長城，楊廣不由得又一次詩興大發：

肅肅秋風起，悠悠行萬里。

萬里何所行，橫漠築長城。

豈臺小子智，先聖之所營。

樹茲萬世策，安此億兆生。

第二章　隋文混一朔南暨──帝王的心魔

　　塞上的夜晚星漢燦爛，無盡的原野和群山隱隱顯現在星空之下，看著這片土地，無盡的豪壯之情和志得意滿的成就感充溢著楊廣的胸懷。

　　還有誰不服從我楊廣的統治？睥睨天下的楊廣在心中驕傲地問著。

　　沒有人回答。

第三章

長城窟外多馬骨 —— 煬帝壯志成灰

第三章　長城窟外多馬骨──煬帝壯志成灰

01　令人頭痛的高句麗人

　　大業初年，全國各地大規模展開基礎設施建設。大興城與仁壽宮的工程進入收尾階段，東都洛陽城的興建也在積極推進，北方長城修築動員了二十萬民夫。部分工程則源於隋煬帝臨時的構想，例如他經過太行山時，認為此山脈阻隔河東與河北兩地，嚴重妨礙交通運輸，遂下令徵發河北十餘州郡的民力開鑿太行山，試圖修築一條直接連通河北與太原的通道。

　　楊廣雄才大略，精力充沛，即使在北巡雲中、西巡河右的旅途當中，也沒有停止對政務的處理，往往批奏摺到深夜。對這些大工程的部署，他很多都是在深夜處理政務時發出的命令。楊廣以「大業」為年號，就是為了寄託他想成就一番不世偉業的理想。楊廣也對這項大業富有無限的熱情，在楊廣眼裡，為了宏圖偉業再苦再累也是值得的。隨行的宦官、近臣們也發自內心地讚嘆：「天子如此勤政，真乃一代聖君！」楊廣對此泰然處之，畢竟他還有更大的功業沒有完成，要是真正完成的話，秦皇、漢武可能都不及他楊廣這樣的千古一帝。

　　畢竟，他也曾在前往雲中的路上，看到當年秦皇、漢武修造的長城，這時只剩下了一方矮矮的殘垣斷壁。而楊廣建造的大運河，將會是一個不會老去的工程。此後的千秋萬代，都將享受這項工程帶來的福利。

　　於是，從江南到洛陽，再到長安，這樣一條延綿萬里的超級大運河工程，開始在數百萬人的手中進行建設。

　　運河是古代極為關鍵的交通要道，其對帝國的重要性可能勝過所有主要陸路通道。在隋朝，陸路的運輸總是需要牛馬畜力，往往十斤糧食從江南運往長安，經過沿途差役口糧的消耗、牛馬糧草的消耗，最終只有一斤糧食能送到都城。更別提治安不好的時候，還有剪徑搶劫的賊人。所以，水運不需要太多糧草損耗，是最為經濟實惠的運輸方式。

這條大運河從餘杭出發，在大業六年（西元610年）開鑿「江南河」，直至長江沿岸的京口；再通過當年吳王夫差開鑿的邗溝，拓寬形成「山陽瀆」，從廣陵（揚州）到達淮安；再經過從大業元年（西元605年）就開始開鑿的通濟渠，從淮河一直到達汴河畔的開封；通過汴河的天然水道，就到達了開皇年間就開鑿起來的廣通渠，大業年間，因為避諱楊廣的名字，改名為「富民渠」，經過天險潼關，最終到達國都大興城。

這條運河動用民夫數以百萬計，不知有多少普通百姓因為開鑿這條大運河而累死、病死，但最終順利竣工，成為隋朝以後數百年間中華帝國南北運輸的大動脈。這條運河聯通了錢塘江、長江、淮河、黃河以及後來的海河，成為縱貫萬里的歷史奇觀。

但是，又一個問題擺在了隋帝國的面前，讓這條運河的計畫進一步拓展了。

這個問題，就是高句麗。

高句麗，在隋代已經是控制了朝鮮半島、遼東半島以及遼河流域的龐大國家。聽名字，似乎是一個朝鮮人建立的政權，其實不是。高句麗是中國東北土生土長的扶餘人建立的國家。後來，三韓人建立的新羅政權統一了朝鮮半島，才借用了「高句麗」這個國號，建立了高麗國，最終成為如今朝鮮半島的兩個國家的前身。

扶餘人在當時的勢力範圍極為廣闊，不僅是高句麗國，東海之外的日本，也是扶餘人東渡以後建立的政權；此外還有朝鮮半島西南端的百濟國，也是扶餘人建立的國家。高句麗趁著戰亂以及後來的南北朝對峙，快速地擴張起來，吞併了周邊的小國，還蠶食了漢魏時期中央帝國在這裡建立的樂浪、玄菟、遼東各郡。

高句麗的擴張引起了中央帝國的警覺。他們意識到高句麗不是一個像突厥、柔然或者吐谷渾那樣的草原政權，而是一個和中央帝國一樣的農業

第三章　長城窟外多馬骨──煬帝壯志成灰

國家。它有著完善的政府機構，清楚的法律制度，豐富的文化成果，實在是一個不容小覷的勁敵。到了隋朝初年，高句麗東西三千一百里，帶甲三十萬，是一個不亞於當時南朝陳國的東北大國。隋文帝時，為了收復遼東的漢魏故地，帝國曾對高句麗有過一次征討，但最終因為征伐路上大雨阻隔，遠征軍損失慘重，三十萬大軍幾乎全軍覆沒。最後由於突厥南下，高句麗此時又上表臣服，最後隋文帝只能將征服高句麗的事情不了了之。這次失敗也間接導致了當時負責這次遠征的宰相高熲下臺。

而楊廣即位後，突厥臣服，大隋的版圖上只剩下高句麗這樣一個敵人了。

高句麗必須除掉，因為它的存在成為隋帝國建立四海賓服的阻礙。高句麗只要有一日拒絕向帝國臣服，那其他周邊的邦國就會對是否真的要向帝國朝貢而感到懷疑。這才是楊廣更大的計畫。吸取第一次征討高句麗失敗的教訓，楊廣要先解決軍隊的後勤運輸問題。於是，大業四年（西元608年），楊廣下令開鑿一條從汴梁旁邊的沁河口，一直通到涿郡的大運河，取名為「永濟渠」。於是，河北的百餘萬民夫，投入熱火朝天的大運河建設中。

大業五年（西元609年），年滿四十的楊廣迎來了屬於他的豐收之年，一座嶄新的都城巍然聳立在中原。這個新城周長六十里，裝修典雅，恢宏壯麗，楊廣正式命名其為東京。同時，楊廣又設立了「國家圖書館」，藏書多達三十七萬卷，創中國歷代之最。他又親自主導編纂圖書三十一部，一萬七千卷。大運河工程也接近了收尾，這條運河從江南出發，經過汴梁，又繼續北上，直達河北涿郡。這條大運河又寬又深，不管是他旅行用的大龍船，還是運送糧秣的大艚船，通行起來都毫無壓力。完成這一切，也只用了短短五年時間，這都是靠著他這樣一代英主的偉大統御，才創造起的人間奇蹟。

這幾年來，隋帝國的軍團陸續攻滅了交趾、林邑、契丹、琉球、伊吾等國，皇帝親率大軍遠征吐谷渾，征服了半個西域和青藏高原的東邊。自漢武帝以來，還沒有誰能有如此輝煌的成就。此時的大隋，共有一百九十個郡，一千二百五十五個縣，朝廷控制的民戶達到八百九十萬戶，全國人口最新統計數字為四千六百零三萬人。

歷史學家司馬光在《資治通鑑》中對此評價說：「隋氏之盛，極於此矣。」

而楊廣並不覺得這是他的極限，他要做的才剛剛開始。

02　百萬雄師過遼河

大業七年（西元611年）二月，楊廣坐著龍船，通過了剛剛竣工的「永濟渠」，沿著運河水路巡幸到了帝國東北部的涿郡。他很滿意自己指揮修造好的這一奇觀，相信這條運河將會成為自己的幸運之河，載著大隋帝國的將士們一路平定遼東的高句麗。

此前，他已經下詔徵召高句麗王入朝覲見。高句麗王很自然地拒絕了這個要求，而且還徹底斷絕了和隋廷的外交來往。這樣，中央王朝就有了征討這個拒絕臣服的東北政權的正當理由。此時，楊廣大張旗鼓地來到涿郡，與高句麗遙遙相望，這是給了高句麗王最後的機會。如果高句麗王此時乖乖地到涿郡來，像啟民可汗那樣，謙卑地跪伏在自己腳下，楊廣也可以胸懷大度地網開一面，放他一條生路。

但是很遺憾，高句麗沒有絲毫反應。

如此，雙方便免不了兵戈相見了！

楊廣是富有軍事經驗的領袖，深知兩軍交戰，攻城為下，攻心為上的

第三章　長城窟外多馬骨—煬帝壯志成灰

道理。在他制定的征服高句麗的全盤計畫裡，攻城略地是次要的，最重要的是「心戰」，要以無敵的軍勢在心理上摧垮高句麗人，讓他們明白，要和帝國對抗，無異於以卵擊石。

就像當初，見到楊廣巡行塞北的陣勢而嚇破了膽的突厥人一樣。楊廣相信，大軍所到之處，必定也能讓高句麗人聞風喪膽，最後兵不血刃地讓這群令人頭痛的東北人乖乖地向天朝上表投降。

所以，在抵達涿郡八天後，楊廣下了一個震動朝野的決定：天下之兵，不論遠近，都要在明年的春天抵達涿郡，征討高句麗！

這場發動全國的大規模軍事行動，從大業七年（西元611年）的春天開始了。詔令下達全國後，西到張掖、西涼，南到嶺南、交趾，全都按照命令響應起來。士兵從全國四面八方出發，啟程前往涿郡。各種糧草、軍械，也在更早的時間便運輸出發。在江淮地區，無數工匠、青壯被召集起來，以便趕造跨海遠征的大船。

大業八年（西元612年）春，四方兵馬終於集結完畢。此時，征伐高句麗的大軍，有幽燕之地的陸上部隊，也有從膠東半島的東萊郡出發的大隋海軍。所有兵馬相加起來，總共有一百一十三萬三千八百人，號稱兩百萬大軍。

這一百多萬人，擁擠在小小的涿郡，吃喝拉撒都成了一個大問題，所以在集結時還出現了一番不小的混亂。但這都不是問題，楊廣關心的是高句麗人的反應。高句麗人雖然稱霸扶餘，但全國之兵不過號稱三十萬，如今大隋兩百萬雄兵壓境，高句麗人也會在帝國的絕對力量面前一籌莫展吧。

為了更好地展示大隋的軍威，楊廣採納了太府卿元壽的建議，仿效漢武帝大軍出關，旌旗千里的陣勢，將百萬雄兵分為二十四軍，每天出發一路軍，二十四天發完。按照一天行軍六七十里來估計，每一路軍相隔七

02 百萬雄師過遼河

里,到時候的陣勢一定是旗幟相望,金鼓相聞,從頭到尾,延綿兩千里。讓這些高句麗的鄉巴佬看看什麼叫做軍威,什麼叫做天朝盛世風貌!

二十四軍之間從頭到尾,排成縱向的「一字長蛇陣」,楊廣也熟悉兵法,知道如此行軍不符合軍事常識,萬一敵人從中間切斷,或者後部襲擊,那大軍前後相距一個月的路程,就有可能首尾不能相顧。但這次出兵原本就是一次向高句麗耀武揚威的軍事行動,高句麗若是真的有膽來襲擊,在隋軍的絕對兵力面前,最終只能是以卵擊石。更何況這也是萬一而已。隋朝大軍到處,高句麗很有可能就像突厥人一樣嚇破了膽,望風而降了。

而且,這次楊廣還招來了突厥各部酋長,以及各國使節前來助陣。這樣的排兵布陣,場面無比壯觀,也可以順便讓這些首領、使節們好好看一看,傳回各自的國內,省得他們以後再生什麼熊心豹子膽,想要對大隋有什麼不臣之舉。

為了更好地貫徹皇帝的「心戰」大計,二十四路大軍都設了受降使者,不受大將節制。並且,楊廣下令,如果高句麗人在戰場上投降,那就必須立刻接受、安撫,不得擅自繼續進攻,作出不利於朝廷招降政策的事情。各路大軍用逼降的方式,盡量爭取高句麗問題的和平解決。

大業八年(西元 612 年)三月底,浩浩蕩蕩的隋朝大軍到達了遼河,先頭一軍,主將是左屯衛大將軍麥鐵杖,準備架設三座浮橋渡河。就在浮橋即將貫通的時候,忽然對岸殺聲四起,高句麗引兵突然襲擊,擊潰了東岸隋軍的先頭部隊。

高句麗人還是選擇不投降,準備死戰。

麥鐵杖選出驍勇善戰的敢死隊,厲聲叫道:「大丈夫的性命自當有其所在,不戰死沙場,難道要死在床前、病榻嗎?」他親自帶領敢死的精銳,沿著還沒架完的浮橋涉水躍上對岸,開始強攻,一番血戰。怎奈何高

第三章　長城窟外多馬骨—煬帝壯志成灰

句麗依仗東岸的高地，據險而守，麥鐵杖以及幾名虎賁郎將不幸戰死。

楊廣聞訊震驚，下詔撫慰了麥鐵杖的家屬，賞賜了他的幾個兒子，命令強行架設浮橋。兩天時間，隋軍頂著高句麗軍的襲擊，終於架完了浮橋。第二天，總攻的號角吹響，已經到達遼河的幾路大軍相次進攻，與守衛東岸的高句麗人開始了決戰。高句麗人終於大敗，損失數以萬計。隋朝諸軍於是乘勝包圍了遼東城。

遼東城，就是漢朝的襄平城，是春秋戰國時期的姬姓燕國修造的城池，是被高句麗占據幾百年的華夏故土。大隋帝國，在今天終於將勢力抵達了這裡。

遼東城幾百里之外的浿水（今朝鮮大同江），以平壤道行軍總管來護兒為主將的水軍也在前進當中。大隋的艦隊收盡江淮地區的水軍精銳，從膠東半島出發，渡過茫茫滄海，乘風破浪，樓船齊頭並進，鋪滿了方圓數百里的海域，預計從海上直取高句麗首都平壤城。此時，他們水陸並進，在距離平壤城六十里的地方遇上了高句麗守軍。

這是大隋朝廷計畫中的「斬首」行動，南北兩邊，水陸並進，最終在平壤城會合。

來護兒一眼望去，高句麗大軍在岸邊列陣，形成聯營，延綿數十里。如此軍容，可以想見是駐守在國都的高句麗人把老底壓上了。斥候也報告說，高句麗國王高元帶上了境內的所有兵力，在此抵抗隋軍。

隋軍渡海而來，艦隊雖眾，但是加上水手，總共也不過八萬。旗艦之上，眾將臉上微露難色。來護兒卻大笑著對副將周法興說道：「我們當初來的時候，就怕他們堅壁清野等待王師，現在他們全都出來送死，那我們就自然可以滅掉他們，然後再吃早飯！」他下令水軍控制江面，地面部隊在高句麗陣營前列陣。

大隋以騎兵見長，此時渡海而來，卻不能帶多少馬匹，因此主要都是

步兵。但這些步兵，也都是江淮一帶精挑細選出的精兵，絲毫不懼高句麗人多勢眾。這時，高句麗看準來護兒的主帥隊伍剛剛到達，立足未穩，於是高麗王的弟弟高建武親率數百敢死隊殺了過來。來護兒也不擔心，他所部武賁武士也是精銳中的精銳，武賁朗將費青奴率部抵擋住了敢死隊的突襲，兩軍相持在了一起。

震耳欲聾的馬蹄聲這時傳了過來，高句麗敢死隊大為驚駭。原來是來護兒之子來整帶著騎兵衝來。高句麗人沒有想到，隋軍居然真的克服了海浪顛簸，將一批戰馬渡海運了過來。騎兵撕破了高句麗敢死隊的隊伍，來整騎在馬上一刀斬殺了高建武。乘著勢不可當的軍威，隋軍全軍出擊，一戰將高句麗人殺得大敗。

此時，平壤城已經在眼前了。來護兒拒絕了副將周法尚穩妥的建議，選出精兵四萬，強行軍直趨平壤城下，以圖殺高句麗人一個措手不及。高句麗人士氣低落，與來護兒剛一交戰，就敗退入城中。來護兒揮軍殺入平壤，占據了王宮、府衙及各處城門。

連日的勞苦，終於在此時得享勝利的果實。為了提升士氣，補償將士連日的苦戰，來護兒下令，允許軍隊公開劫掠。

平壤城被點燃了，到處都是吵鬧聲，隋軍放縱了自己，任意燒殺搶掠。望著沖天的大火，來護兒不由得心想，這勝利是否來得太容易了些？

平壤城的偏僻角落，幾個滿載著戰利品的隋軍敲開了一處寺廟的門，想要看看廟裡有什麼新鮮的玩意兒。他們卻發現寺廟當中，滿是軍容嚴整的高句麗武士，殺氣騰騰。隋軍還沒搞清楚情況，就立刻被殺。一直埋伏在空寺廟中的高句麗武士趁著隋軍劫掠，陣容混亂，突然殺出。隋軍燒殺搶掠，累積了血海深仇，高句麗復仇之日，就在今夜。

來護兒喝令糾集將士，但是黑夜之中，一片混亂，完全無法發起有效的反擊。他只得在部下的護衛中逃離了平壤城，逃回帝國水軍艦隊停泊的

第三章　長城窟外多馬骨—煬帝壯志成灰

地方。平壤城的四萬精銳在混亂中死傷慘重，逃回來的只有幾千人。好在副將周法尚調動剩餘軍力嚴陣以待，讓高句麗人無法繼續攻擊。

來護兒屯兵於平壤城外，繼續召回平壤城逃回來的殘部。這一戰，帝國水軍精銳折損嚴重，已經無力獨自發起攻擊了。但他還不能退，他接到的命令是與北邊走陸路的隋軍主力會合於平壤。

海路只是偏師，隋軍還有希望，那就是陸路的百萬大軍抵達平壤的那一天。

鴨綠江畔，宇文述正指揮他的軍團，雄糾糾，氣昂昂，橫跨鴨綠江。

宇文述也是武川人，他自幼驍勇善戰，熟習弓馬，經歷了征討尉遲迥、平定南陳、滅吐谷渾等數次大戰，戰功卓著。而且，因為他是皇帝當初從龍的心腹，大業年間，已經是朝中「五大勳貴權臣」之一，官拜左翊衛大將軍。按照隋朝的官制，他已經是常規序列裡的最高軍職。

周、隋以降，朝廷中官員的官職，其實有四種身分：封爵，代表著榮譽和地位；勳官，代表著功名；散官，代表著利祿；而職事，則是官員真正的差事和掌握的職權。宇文述的職位是許國公（封爵）、上柱國（勳官）、開府儀同三司（散官）、左翊衛大將軍（職事）。從每一個方面看，都是頂格的職位。

此次東征高句麗，他被封為扶餘道軍將，領二十四路大軍中的一路，兵出扶餘。臨行前，為了表示忠心，宇文述把家眷也一起帶到了軍中，其中就有他的兩個兒子——宇文化及和宇文士及。

遼東城的戰事並不順利。由於天子的「心戰」策略，高句麗人每當城池即將被隋軍攻破時便提出投降，將士只能停止攻擊，按照受降使者的要求準備具有儀式感的受降典禮。而高句麗人則會馬上加緊修補城牆，繼續豎起反旗，據城而守。如此這般，圍城三個月，遼東城依然沒有攻下。皇帝聽聞之後大為震怒，六月十五日親臨遼東城，訓斥圍城將領，親自督

戰，催促大軍繼續攻城。同時，為了保證陸路軍能及時與來護兒的海路軍及時會師，楊廣派出了宇文述以及衛大將軍于仲文、左驍衛大將軍荊元恆等，率領九路軍隊，一共三十萬五千人，繞過遼東城，直接渡過鴨綠江，一路殺向平壤城。

此時的高句麗，遼東城附近的主力部隊已經被擊敗，鴨綠江以南的軍隊則集中於平壤城，以對抗來護兒的水軍。因此九路大軍基本上沒有遇到像樣的抵抗，但是高句麗人就像甩不脫的鼻涕，始終派出小股兵力不停地騷擾襲擊，隋軍不停地擊敗，他們又不停地繼續騷擾。有時候，隋軍一天要遇上七次大規模的騷擾。

隋朝大軍在高句麗軍的騷擾中逐漸疲憊，更令人頭痛的是，他們遇到了後勤補給的困難。

從河北到遼東，要經過泥濘的潮間帶，還有崎嶇的山路。穿過沼澤遍地的遼河平原後，一路又是崎嶇不平的山地和丘陵，糧草運輸極其困難。而且，九路大軍繞過沿途高句麗城池去攻打平壤，補給線很容易就會被切斷，所以九路大軍的將士們只能自帶乾糧，負重前行。宇文述原本預料得過於樂觀，認為讓每個士兵帶上一百天的糧食，就足以支持大軍抵達平壤的那一天。但是，道路遠比想像中的難走，士兵們開始私自丟棄糧草輜重。儘管他下達了嚴格的軍令，但依然不能禁止。糧食很快就不夠了，宇文述看著士卒的臉上漸漸露出枯黃的飢色，心裡也開始焦躁起來。

九路大軍跨過鴨綠江後，就在高句麗人的沿途阻隔下艱難地向前，幾十天後，才抵達了薩水沿岸，渡過河再行百里，就可以看見平壤城了。然而，這時軍中的情況已經很糟糕，士卒們連日戰鬥，糧食匱乏，士氣低落得可怕。宇文述意識到，這時再向前必定是徒勞無功。

但是，另一路軍統帥于仲文為了追逐叛逃的高句麗降將乙支文德，想要繼續進兵。各路主帥為了是進還是退爭執不休，于仲文最後怒道：「如

第三章　長城窟外多馬骨—煬帝壯志成灰

今人各一心，如何應敵！」

宇文述如何不知道這個道理？這九路大軍，互不統屬，名義上是歸皇帝統一調遣，實則沒有人來統一指揮。宇文述雖然職位最高，但並沒有號令其他各路的權力。當今天子最愛大權獨攬，不願意將大權委派給其他人，當初宇文述就是擔心皇帝猜忌自己，所以不得不帶上一家老小隨軍，免得皇帝懷疑。哪怕是皇帝任命任何人一點排程各軍的權力，九路大軍也完全可以部署有序地往前，在過江後形成相互配合的走位。但此時九路大軍各自為戰，誰都不想無謂損失，也不想讓別的軍搶到攻占平壤的首功，自己白費力氣。

最後，九路大軍全都渡過薩水，繼續往前，沒有任何一支軍隊留在薩水北岸。

又是艱難地行軍，到了平壤城外只有三十里的地方，宇文述看見了嚴陣以待的高句麗軍。沒有奇蹟，沒有幻想，來護兒的海路軍已經被高句麗人擊敗，高句麗軍此時以逸待勞，就在這裡等著疲憊不堪的隋軍。宇文述分析清戰場的形勢，與各軍主帥商量後，下令班師回朝。

大軍已經連日行軍作戰，聽聞撤軍的消息後，失望的情緒更加在軍中瀰漫。沿途，隋軍不斷地遭到四面八方的襲擊，只能且戰且退地來到了薩水河畔。西元612年7月24日，宇文述軍開始渡河。由於缺乏統一的號令，宇文述這一路軍沒有人在對岸掩護，也沒有人在南岸殿後，渡河演變為一場潰不成軍的混亂現場。

高句麗人等待的就是這個時候。

總攻發動了，喊殺聲從背後傳來，高句麗人襲擊了軍隊的後方，隋軍在渡河中無法形成陣形，而不能結成陣形的士兵，只能各自為戰，在倉皇中崩潰逃散。宇文述明白危機的到來，但一切已經無濟於事。他只能帶領已經渡過薩水的少數兵力倉皇撤退，到了遼東城時，兩個月前的數萬大軍

只剩下兩千七百人。

最後勝利的希望也已經失去了,眼看著雨季到來,大軍不堪再戰。七月底,遼東城的楊廣下令全軍撤退。但是,東北的雨季還是不早不晚地到來了,整個遼東陷入了瓢潑的大雨中。皇帝收拾著撤退的大軍,踏著泥濘的道路,狼狽不堪地回到涿郡。不知又有多少飢寒交迫的士卒,倒在了回歸故土的路上。

平壤城外,苦等在江邊準備接應宇文述軍的來護兒,眼見陸路軍大敗,會合進攻平壤的計畫失敗,為避免孤軍在外,只能揮軍撤退。

這場聲勢浩大的東征最終宣告失敗了。

得勝的高句麗人,將隋軍的屍體收拾在了一塊,疊成一座小山一樣的高塔,稱為「京觀」,宣揚著他們擊退兩百萬隋朝大軍的赫赫功業。

03　我叫王薄,萬萬沒想到……

我叫王薄,是一個世代住在鄒平的普通百姓,這一節將由我來說說我的故事。

我和其他普通百姓一樣,都只有一個簡單的願望,就是能安安穩穩地過日子,有吃的、有穿的,還有老婆、孩子、房子。但在這個不安穩的時候,這個簡單的願望對於大多數百姓來說,都只是一個奢望。

鄒平在齊魯之地,離大海不遠。從我小時候起,朝廷和以往的鮮卑人一樣,把我們普通百姓當作草芥,絲毫不在乎我們的死活。每到他們需要人力的時候,他們就會過來抓人,驅趕我們去運糧、造房子,這樣的事情每年都會發生。我和百姓們都麻木了,也就隨他們怎麼整。城頭變幻大王旗,幾年來這旗子從「齊」變成了「周」,又從「周」變成了「隋」。對百

第三章　長城窟外多馬骨──煬帝壯志成灰

姓來說，不過是換了一批差役我們的人罷了，工作依舊得做，日子依舊得過。

而我，則和父親、爺爺、爺爺的爺爺一樣，十幾歲就早早地娶了妻，不美也不醜，沒過幾年就生了幾雙兒女。

都說隋朝皇帝是幾百年出一個的仁君，朝廷上下厲行節儉，我也就聽這些讀書人說說笑笑罷了。朝廷節儉不節儉我不知道，反正我們頭上的稅沒有減，百姓也都沒撈著好處。而且，聽說朝廷下了「均田令」，要把那些沒有人耕種的地勻給普通百姓，每個百姓據說能有好幾百畝田可以種。這就更好笑了，定這些政令的官老爺，是沒有到我們這裡的農村看過吧！這裡人口多，田又少，不知從哪裡變出這麼多田來。對了，那些官老爺的田莊倒是有好幾千畝田地，皇帝倒是也下個令，把這些田莊勻一勻給我們哪！

開皇年間，關東、關西都鬧了好多次水災、旱災，像我們家境還算殷實的人家倒還好，很多窮人家沒有收成，就不得不賣房賣地，再到後來，就賣兒賣女。鄒平還算富庶，有的地方饑荒到了樹皮、草根、觀音土都吃盡的時候，就開始吃人了。這樣的人間地獄，我這輩子都不想看到。我只是想做太平時的一條狗，據說現在天下太平，不知我這條「狗」能不能安心地做下去。

饑荒了，官府要開倉賑濟嗎？聽人說是有，但是少得可憐。朝廷糧倉裡的糧食，不是可以吃四五十年還用不完嗎？大老爺們，怎麼只愛惜倉庫，不愛惜我們這些百姓？這樣的話，我是不敢說。官府一個勁地宣傳聖上的英明，說現在碰到關中大旱，就特許他們到關東，有糧食的地方住著。我聽了之後忍不住笑了，我讀書少，這是在逗我嗎？欺負我沒讀過《孟子》？當年梁惠王說自己碰到河東鬧災荒，就把那裡的百姓移到河內，就這樣都被孟子罵了個狗血淋頭。朝廷這樣把關西的百姓移到關東，一趟

03 我叫王薄，萬萬沒想到……

路少說有幾百里，不知道這一路上會餓死多少饑民？

我叫王薄，是一個普通百姓，我的願望是安安穩穩地過日子。萬萬沒想到，我的這個願望到了大業年間已經變成了奢望。

新皇帝不時地有新的想法，時而建這個，時而建那個。前幾年，皇帝下令要開鑿一條從黃河到遼東的大運河，就徵發我們全村的人去工地運沙子。這一做就是三年。很多年老病弱的人，都死在了運河邊。死掉的人就草草地埋在運河旁的大堤下面，沒有墓碑，沒有記號。

運河開通後不久，聽說皇帝坐著龍船沿運河到了涿郡，忽然下令，發動天下所有兵丁，全都去往涿郡，要攻打不臣服天朝的高麗人。我們這一家，孩子雖然長大了，但他們是我們老王家下一代的希望，徵壯丁的事情，還是我來吧！於是，我就隨著大軍，千里迢迢，前往遼東。

這一路，是我絕對不想看到的一段旅程。亂，實在是太亂了。皇帝下令天下所有的兵馬，不論南北遠近，都要準時到達涿郡。這足足百萬人，全都擁擠在各地去往東北的路上，從幽州一直堵到了冀州。所有人都在這條混亂的路上，晝夜不停地往前挪。我在路上累得睡著了，前面一動，監軍的鞭子就到了我的身上。我就只得摸著疼痛的肩膀繼續往前挪，又累又渴。不知有多少人死在了路上，屍體就被丟棄在路邊。

我不知道那些路邊死屍的名字，他們也許和我一樣，只是某個地方安穩過日子的農戶，然後臨時被動員到了這裡，還沒有見到遼東的影子，就不明不白地死在了路上。而且，還是那種毫無尊嚴的死，所有屍體堆在一堆，受著日晒雨淋，無人看管處理，慢慢地就發臭、生蛆。這一路上，滿是屍體和蒼蠅，屍體的臭味難聞得讓人窒息。

好不容易，我活著到了涿郡，朝廷草草地分了二十四條進軍路線，說是按照路線，大家最終在高麗人的國都會師。我們這一路，走走停停，完全不知方向。東北的風光確實秀麗，連綿的群山蒼莽蔥翠，但我實在無心

第三章　長城窟外多馬骨—煬帝壯志成灰

去欣賞，因為我們所有人都要背負著沉重的軍械、糧草、輜重。遼東的道路因為少有人走，所以狹窄而泥濘，我的腳走到起泡，然後是潰爛，一些地方已經感覺不到疼痛了。但還好這不傷及性命，有的兵走著走著，不知不覺地就倒下了。軍官看也不看，就讓人把倒下的人丟棄到路邊。路程太遠，身上的東西太重，實在是背不動了。我就和很多大頭兵一樣，偷偷地把背著的東西埋在路邊。縱然軍令說發現就斬首，我也不管了，因為再背下去，我也不知道什麼時候會一不留心就倒下。

幾天後，我們在休息的時候，忽然一陣急促的軍號居然是在我們的後軍響起！為什麼是後軍？後軍被襲擊了，我們難道是被包圍了？我們就要這樣死在遼東的荒郊野嶺嗎？驚慌、恐懼，連同這幾日行軍的飢餓和疲憊，讓我們所有人都崩潰了。我的腦子一片空白，感覺自己丟掉了手裡的兵器，脫掉了身上簡陋的甲衣，沒命地往南跑去。就這樣一路跑，渴了喝一點點路邊的河水，餓了隨便找點東西吃，居然奇蹟般地回到了鄒平。

我叫王薄，是一個普通百姓。萬萬沒想到，我回到家之後，發現短短的幾個月裡，一切都變了。

我的大兒子，在我走後被拉去濱州，為朝廷修造遠征用的戰船。因為朝廷催得緊，他們日夜不能停息，就這樣連做了一個月，終於累死在了大船旁邊。為他收屍的人說，我兒子和其他工匠一樣，整日整夜地泡在水中，所以自腰部以下都長出了蛆蟲，死的時候，大腿都已經爛光了，整個人枯瘦得就像一副帶著皮的骷髏。

我的妻子，因為大兒子的死而哭瞎了眼睛。家裡沒有勞力，小兒子還小，大兒子和我全都被徵發走了，家裡的莊稼到了收穫的時節，卻沒有人來幫忙收割，全都爛在了地裡。我們這樣一個小康之家，家裡的糧食吃光了，就只能去市場上買，但是此時市場上物價飛漲，一斗米漲到了好幾百錢。大女兒嫁的人家，也同樣沒有一個男人從遼東活著回來，揭不開鍋

了，只能抱著孩子回了娘家。

人要吃飯，不吃就會死。妻子沒有辦法，只能把小女兒賣給了鄰莊的富戶。自己瞎了，不能幹活，最後沒辦法，只有上吊自殺，讓家裡少一張吃飯的嘴。大女兒帶著孩子最後走出了家門，誰也不知道他們最後去了哪裡。

這一切都是在我到了家以後，還沒有成年的小兒子告訴我的。

天地不仁，以萬物為芻狗；官府不仁，則以百姓為芻狗。

這朝廷，像草雞、草狗一樣地對待我們，是以為我們普通百姓不敢造反嗎？

我叫王薄，萬萬沒想到，我最後還是過上了安穩的日子。

聽說朝廷在遼東兵敗後，還想再發動一次征討。當徵兵官來到我家的時候，我和圍過來的其他幾個鄰居一起拿起刀，砍死了徵兵官。

我們造反了，聚起了一幫人，占據了鄒平城外的長白山，做起了大口喝酒，大塊吃肉，大秤分金銀的山大王日子，到處搶劫掠奪。

起義的人們創作了一首詩，叫做〈無向遼東浪死歌〉，這是一首讓大家別去遼東白白送死的歌：

長白山前知世郎，純著紅羅錦背襠。

長槊侵天半，輪刀耀日光。

上山吃獐鹿，下山吃牛羊。

忽聞官軍至，提刀向前蕩。

譬如遼東死，斬頭何所傷。

短短三四個月，我們的山寨隊伍就發展到了幾萬人。他們都曾是普通的農夫、工匠、商人，平時見了官府的差人，全是膽小得頭都不敢抬起來、話都不敢大聲說的老實人。但是，因為朝廷的政令，讓大家無一例外

地都沒有了活路，只能一起來到山寨，和我們結夥造反。這時的他們完全變了樣，拿起刀殺人不眨眼，攻入齊郡、濟北的城寨後，大家爭相殺人、放火、搶劫、姦淫良家婦女，彷彿這是他們與生俱來的本領。

當大家都沒有活路的時候，事情就好辦了——既然大火已經被點燃，那就讓大火來得更猛烈些吧！

04 在高麗跌倒，就要在高麗爬起來

楊廣在夢裡，依然不能忘記這一場慘痛的失敗。

他常常對自己說，如果當初不抱著靠軍威壓服高句麗的幻想，用招降政策束縛將領的手腳，遼東城定然不會接連難以攻克。

如果當初不是想要拉起百萬大軍這樣無謂的聲勢，而是用幾支強悍的精兵，後勤壓力便不會如此捉襟見肘，將士也不會面露飢色。

如果當初戰場上有統一的指揮，各路軍隊也不會各自為戰，那麼隋軍在面對高句麗人的偷襲時，便不會如此崩潰。

如果⋯⋯

但這一切，都只是如果而已，世上最沒有價值的，就是「如果」。楊廣不是喜歡用「如果」來粉飾自己的人，他是建立起千秋萬代功業的明君。作為一個雄才大略的君主，他信奉的信條就是：在哪裡跌倒，就在哪裡爬起來。

楊廣籌劃著下一次的東征。

第一次東征高句麗，導致民力使用過度，全國都出現了民變，尤其是齊魯一帶，百姓不堪沉重的勞役，開始群起為盜賊，比如王薄聚眾在長白山，竇建德聚眾在清河高雞泊。一首〈無向遼東浪死歌〉也傳唱在山東百

姓的口中。百姓民變，雖然烏泱泱一下子可以聚眾十幾萬，其實都沒有經過訓練，在官軍面前，都只是烏合之眾而已。楊廣對此並不太關心，但也意識到，這次應當避免過於興師動眾了。

從遼東的戰局可以看出，由於天下承平已久，各路府兵已經習慣於日常務農的生活了，訓練程度很差，這讓楊廣很不滿意。於是，楊廣在大業八年（西元612年）九月回到東都洛陽後，馬上下令，從天下兵當中選出精銳的驍果，給予他們很高的薪資待遇，成為專心軍事的職業軍人。於是，叱吒一個時代的「驍果軍」誕生了。從原本的府兵之家，以及遊蕩在社會各處的豪俠壯士中，朝廷揀選出了十幾萬「驍果」，設立左右兩府分別統屬。

次年（西元613年）元月，楊廣再次下詔，徵集天下兵集中在涿郡，再次征討高句麗。

這一次，楊廣吸取教訓，一改原來耀武揚威的做法，雖然號稱集天下兵，但並沒有真的進行全面徵調，兵力只有數十萬。但這數十萬軍力，也是楊廣精挑細選的精銳，就盼著在遼東戰場上大顯身手。原來的招降政策也一同廢止了，允許諸將在前方便宜行事，自己判斷是招降還是開戰。

隋朝進軍路線，還是採用了原來的海陸兩軍並進的方式。西元613年三月，東北大地的寒冬過去，楊廣親率陸路軍抵達遼東。為了解決上一次東征時出現的後勤問題，楊廣修好了遼東古城，用以儲備軍糧，保障後勤。他還安排了禮部尚書楊玄感，也就是已故宰相楊素的兒子，在黎陽督辦糧草，保證全國的糧食從大運河源源不斷地運來前線。而南邊的海路軍，仍繼續由來護兒統率。考慮到上次來護兒在平壤城外屯兵數月，苦等陸路軍會合的情況，這次特地命令來護兒的艦隊晚上三個月再出發。

做完這些部署後，楊廣的大軍第二次渡過了遼河，大軍再次包圍遼東城。

第三章　長城窟外多馬骨─煬帝壯志成灰

在爭奪遼東城的戰鬥中，隋軍從四面八方架起雲梯、挖掘地道，晝夜輪番攻打，高句麗將士則採取各種辦法進行抵抗，戰鬥持續了二十餘日，雙方死傷纍纍。楊廣又命隋軍縫製百萬條布袋，裝土壘牆，高與城齊，隋軍士兵登而攻之；又命士兵製作八輪樓車，踞高俯攻城內。高句麗在遼東屯駐的重兵，被隋軍死死地壓在了城裡。

「驍果軍」也發揮了很大的作用。這些精兵鬥志昂揚，在隋軍陣後的軍鼓聲中，勇攀城牆，城中的高句麗軍損失慘重，隋軍的歡呼聲響徹四野。

遼東城危在旦夕，指日可破。

在楊廣的估算下，幾日後攻破遼東城，隋軍便轉向東南，直取高句麗國都平壤。與屆時會合的來護兒艦隊一起合兵，從船隊補充糧草後，水陸夾攻平壤城。高句麗必定亡國。

歷史性的時刻，就在眼前了！

這時，一襲快馬八百里加急地飛馳進皇帝大帳，把一封十萬火急的告急信送到了楊廣的手中，他的美夢就此被擊得粉碎。

楚國公楊玄感，在黎陽起兵叛亂！

西元613年六月初，楊玄感以三萬人起兵，一路殺往東都洛陽。他以來護兒抗命沒有東征、形同造反為由，要求各州縣聽從調遣。在楊玄感的號令下，當地州縣紛紛投降，大量亂民群起響應，武賁郎將王仲伯、汲郡贊治趙懷義、前民部尚書李子雄、柱國李密等人直接跟隨楊玄感參加叛亂。楊玄感英勇善戰，有名將之才，有的人將他比作項羽，士卒甘心為他效死。當楊玄感大軍逼近洛陽時，兵馬已經發展到了十餘萬人。

後院起火了，楊廣這下真的坐不住了。那些地方上的平民造反，對於帝國來說，只不過是癬疥之疾，而楚國公楊玄感是楊素之子，弘農楊氏之後，是門閥中的門閥，貴族中的貴族，再加上李弼、韓擒虎、楊雄、裴運

的子孫們紛紛歸附楊玄感，這已經動搖了帝國賴以維持的根基！

遼東城破指日可待，如此大好的戰果，就要這樣白白地丟棄了嗎？楊廣的心頭在滴血，權衡之下，他最終下了命令，立即停止攻城。

西元 613 年六月二十八日，三軍諸將收到了皇帝的密令，連夜退兵。為防止高句麗軍隊察覺隋軍的動向，隋煬帝命諸軍將軍資器械積如山丘。隋軍輕裝疾退。由於擔心隋軍詐退，高句麗軍隊不敢輕易出城追擊，使隋軍順利渡過遼河，安然退去。

在東萊，楊玄感叛亂的消息傳到了正要揚帆起航的來護兒這裡。

楊玄感起兵的理由居然是討伐來護兒的叛亂？這讓來護兒哭笑不得，但處境又有一絲微妙。皇帝是猜忌之君，萬一像漢景帝殺晁錯，以平息諸侯之亂那樣，把來護兒殺了祭天，這也不是不可能的事情。來護兒當機立斷，召來周法尚等諸將，商議回軍解救東都。

情勢微妙，諸將的心情更加微妙。周法尚等人認為，大軍調動需要朝廷敕令，但現在沒有敕令，那就要按原計畫出海遠征，不得擅自回軍，所以都不願意服從來護兒的將令。來護兒厲聲說道：「洛陽被圍，是心腹之患，高麗的問題哪裡比得了？擅自調動的罪責，我來承擔。有敢違令的，軍法從事！」他力排眾議，下達軍令：即日起，回軍，解救洛陽。

來自四面八方的隋軍，圍向了東都洛陽。

05　我楊玄感，今日與公等起兵

楊玄感第一次見到李密時，他們都還是聲名不顯的年輕人。那是大業初年，父親楊素還是宰相的時候，他途經李密居所，只見李密正騎在大青牛上讀書。楊素好奇地詢問這年輕人是誰，所得到的答案居然是當年武川

第三章　長城窟外多馬骨──煬帝壯志成灰

勢力的開國功臣，柱國大將軍、趙國公李弼的曾孫。

「後生，你讀的是什麼書？」楊素問道。

「是《漢書》裡的〈項羽傳〉。」李密行禮回答，雙目炯炯有神。

這真是一本應景的史書，隋帝掃六合、四海一、創立新制，隱隱有著比攀當年秦始皇的功業。而〈項羽傳〉中，項羽混在人群裡，望見秦始皇的車駕，說出的那句「彼可取而代之」，太令人印象深刻了。這一層，楊素與李密的心中敞亮有如明鏡，但都彼此沒有點破，只是暗暗驚異於對方的想法。

楊素回去之後，就將李密推薦給了楊玄感，說這小子的學識氣度，你們都趕不上，快去和他交朋友！從此以後，楊玄感便和李密傾心相交。

隋朝建國，就是隋文帝以詐術從宇文家的孤兒寡母那裡篡得，雖然宇文氏不是什麼好東西，但楊氏也是半斤八兩。這一點，關隴勢力的貴族們都心知肚明。既然是詐術得國，皇帝不得不整天地防著門閥權臣，所以從隋文帝到今上，都是雄猜之主。楊玄感的父親楊素，表面上位極人臣、無限榮光，但楊素剛一死，皇帝就整天對著人說：「幸好楊素死得早，否則我早晚要把他給滅了族。」

仇恨在楊玄感的心裡累積，父親臨死前拒絕服藥，拒絕治病，只因為防著皇帝的猜忌。這一切歷歷在目，楊玄感永遠忘不了這段仇恨。

因此，楊玄感和他的族人們密謀著復仇，暗中串聯朝中的各路勢力，尋找機會，廢掉當今皇帝。大業五年（西元609年），在楊廣巡幸河西時，楊玄感就想要趁機下手了。但是，叔父楊慎暗中提醒楊玄感，如今朝臣們和皇帝一心，還沒有到皇帝垮臺的時候。楊玄感聽後，這才作罷。

大業初年的關隴門閥，在隋廷高壓的政治形勢下選擇了蟄伏，皇帝大權獨攬，大隋的江山看似歌舞昇平。而楊玄感等懷有異心的勳貴們，則在

帝國看似嚴密的統治體系之下，看到了天下將亂的徵兆。於是，他們潛藏在表面平靜的睡眠下，等待著機會的到來。

楊玄感的叛亂進行得出奇順利，很快就從鎧甲也湊不齊多少的雜牌軍，整合成為聚眾十萬的龐大反對力量。楊玄感公開打出旗號，聲稱：「主上無道，不以百姓為念。征討遼東導致天下騷動，今天我楊玄感在此與公等起兵，解救百姓的困境，救蒼生於倒懸！」

無數不堪徭役之苦的平民百姓加入了楊玄感的隊伍。

這時，聽聞消息的上柱國李密已經從長安趕來，楊玄感立刻請他為軍師，讓他來出謀劃策。李密這十幾年來，讀書專挑變亂造反的地方看，對此早有準備，立刻獻上了上、中、下三策。

上策，乘著皇帝的大軍主力還在遼東，立刻占據幽州，封鎖長城一線，阻擋朝廷主力回來，屆時征遼大軍後路被斷，不戰自潰。楊玄感到時就可以以河北為基地，控制天下。

中策，向西進入長安，占據崤山、函谷一線的天險，據此控制關隴，像當年的秦人、宇文氏那樣，東面撻伐關東。

下策，就近占領東都洛陽，占據中原要衝，以此對抗四方來兵。

這三策，都是李密深思熟慮的結果，而選擇哪一策，則需要楊玄感來定奪了。此時的楊玄感已經占據了衛州、黎州、懷州，策略中提到的長安、幽燕遠在千里之外，洛陽卻就在河的對面。李密的上策太過凶險了，距離幽州，楊廣的征遼部隊更近一些，即使現在立刻發兵，沿著永濟渠到達幽州、涿郡，也很難保證可以先皇帝一步控制那裡。更何況到了那裡，還要面對號稱天下精銳的「驍果軍」，這足以讓草草聚集起來的楊玄感軍壓力山大。楊玄感不能選擇這一策，後來證明他的考慮是對的，皇帝楊廣收到消息沒多久，就在當月緊急回到了涿郡。

第三章　長城窟外多馬骨——煬帝壯志成灰

而搶奪關中的中策，也有太多不確定的因素。潼關、崤山一帶，有著屈突通等將的重兵把守，楊玄感如果勞師遠征，很難面對以逸待勞的官軍。因此，楊玄感能選的只能是下策了——控制天下要衝洛陽。隋廷在這裡苦心營建了多年，人口財富數以萬計，控制了這裡，就等於控制了河南各路州縣，以這裡為稱霸基地，然後再征討各路進犯的官軍。

這不是下策，而是楊玄感認為的上策。

幾天之後，楊玄感渡過黃河，南下洛陽。聽聞楊玄感要解救天下百姓於倒懸之急，早已經到了忍耐極限的各路豪強紛紛來投。

此時，洛陽城由隋帝楊廣之孫越王楊侗、民部尚書樊子蓋駐守，看到楊玄感大軍到來，只能閉城不出，堅守待援。刑部尚書衛玄，已經率領數萬大軍從關中而來，與楊玄感會戰於洛陽城西。交戰之時，兩軍陣勢相持。正在難分難解之際，楊玄感親率騎兵數千，從中路突擊，擊潰了官軍的步兵戰陣。他有如西楚「霸王」項羽一般，揮舞長矛，身先士卒，呼叫叱吒，眾敵莫不震駭。這一戰，楊玄感軍大獲全勝，隨後繼續圍攻洛陽城。

在戰場的短兵相接的同時，另一條戰線也在展開。楊玄感、李密等人開始籠絡朝中重臣和地方大員們。一個是武川勢力的奠基人李弼之後，一個是三朝元老楊素之子，在朝中的關係早已盤根錯節。楊玄感早就籌劃著要立洛陽城中的越王楊侗為帝，還修書給樊子蓋，勸他歸降。

但情況漸漸出乎楊玄感的意料，原本朝中的那些關係網，以及城中的楊侗、樊子蓋，給予他的回應都是一片沉默。

門閥貴族們拒絕與楊玄感合作，他們在叛軍和官軍之間，還是選擇了大隋朝廷。楊玄感低估了隋廷的威望和影響力，在那些朝中元老們的眼裡，皇帝依然是手握生殺大權的那個人。

05 我楊玄感，今日與公等起兵

而左翊衛大將軍宇文述、右驍騎尉將軍來護兒、武衛將軍屈突通、武賁郎將陳陵等人的大軍，也從四面八方趕了過來。楊玄感雖然一次次擊敗了各路大軍的圍攻，卻最終寡不敵眾，處在了四面八方官軍的包圍之中。而那些原本在起兵前暗地裡向楊玄感作出承諾，說願意支持他起兵的元老勛貴們，卻始終沒有站出來，而是任由楊玄感孤軍奮戰。

楊玄感驍勇善戰，打贏了每一場戰役，卻輸掉了整個戰爭。

圍困洛陽城多日後，寡不敵眾的楊玄感被迫放棄了洛陽，進行了策略轉移，向著關中而去。

弘農，是楊玄感的老家，弘農楊氏在這裡經營數百年，早已經根基深厚。在弘農城，他得到了本地世族力量的支持，他們勸說楊玄感進攻弘農宮，占領了這處要塞後，建立基地，可以在這裡割據。楊玄感聽從了家鄉父老的建議。

但是楊玄感連攻三日，弘農宮沒有攻下來。身後的追兵卻已經到了。

於是，楊玄感又被迫轉移。一路撤退，到了閿鄉，此時楊玄感手下的士卒已經流亡大半。再往前，就已經是莽莽秦嶺了，到了這裡，楊玄感已經退無可退。

退無可退，那就在此背水一戰吧！

楊玄感在董杜原擺下戰陣，等待著各路追兵的到來。

那一天，黑雲沉沉地壓在秦嶺腳下的這一片荒原上，飄起雨絲，時有閃電驚雷，有如天落淚、鬼夜哭，這一場仗打得天昏地暗。最終，楊玄感大軍全線崩潰。

楊玄感帶著幾十騎親隨倉皇而走，一直逃到了一個叫做葭蘆戍的地方。他自知難免一死，對著弟弟楊積善說：「事情已經失敗了。我楊玄感英雄一生，不能受宵小們的屠戮，還是由你殺了我吧。」這是他的最後一

句話。楊積善一刀下去，結束了楊玄感的生命。

楊玄感自殺後屍體傳至洛陽，被皇帝下令一寸寸分屍，攤在街市上三日後，焚燒成灰燼。楊積善自殺不成，被車裂於洛陽。皇帝下令誅殺楊玄感餘黨，從朝野各路揪出了數萬人，三萬餘人被殺，六千餘人被流放。

但是，天下人已經看到了帝國統治的鬆動，楊玄感之後，各地的叛亂、起義越來越多。

大業十年（西元614年）春，平定了楊玄感之亂後，皇帝楊廣再次下詔，讓群臣百官商議討伐高句麗之事。在恐怖的政治環境下，百官一片沉默，沒有人敢反對。幾日之後，皇帝又徵天下兵，第三次征伐高句麗。

三月，皇帝親率的中央軍，帶著已經到了的各地徵兵抵達了涿郡。可是那首〈無向遼東浪死歌〉已經深入人心，大家都不想在遼東白白送死，隋軍士卒在路上逃亡相繼，明著暗著逃跑。朝廷舉行了盛大的誓師和祭祀典禮，還把抓到的逃兵們通通當場斬了祭祀黃帝，但仍然不能阻止士卒們的逃亡。

七月，皇帝率軍抵達遼東的懷遠鎮。此時的全國各地，已經一片疲敝，經濟崩潰，民不聊生，變亂四起。朝廷的徵兵詔令下達後，各地的地方兵不約而同地遲到了，並沒有奉詔抵達遼東。

天下已經亂了。

大軍第三次逼近遼東城，而這時的高句麗經過前兩次戰爭，也已經耗盡了國力，高麗王高元上表給皇帝楊廣，表示願意臣服。皇帝躊躇之後，最終還是接受了高句麗的降表，哪怕他自己心裡明白，這只是一場虛假的臣服。

海那邊，渤海濱的奢卑城（今大連附近），來護兒的艦隊擊敗了高句麗守軍，攻占了這座重要的城池。這第三次征伐，海路軍按照計畫如約出

發。吸取前次討伐的失敗經驗，他們占據了遼東半島的奢卑城作為前進的跳板，然後從這裡攻擊平壤。這樣分步進行，能夠防止士卒們在長期海上航行中的減員，同時也能讓大隋在平壤城附近建立起永久占領的基地。

大軍就要前往平壤了，此時的高句麗在隋軍的兵鋒之下，舉國震驚。

但皇帝的詔令此時卻已經到了，告知來護兒，高句麗已經上表降服，令艦隊即刻退兵。

悲憤的來護兒仰天長嘯，對眾將說道：「我們大軍第三次出征，還沒能占領高句麗。這一次回去，恐怕我們就再也難以回來了。」如今的帝國雖然已經因戰爭而疲憊，但是國力更差的高句麗經過兩次戰爭，全國更加疲憊不堪。來護兒相信，不需要陸路的進軍，只要這一支自己的艦隊，就可以滅亡高句麗，俘獲高麗王，凱旋而歸。

但他在恐懼的眾將的勸說下，最終還是奉詔，班師返回。

最後一次東望高句麗國延綿的海岸線，所有人的眼神奇特而複雜。這片傾灑了無數隋軍將士鮮血的土地，終於要和大隋帝國說一聲永別了。

06　千秋大業夢，破碎在雁門

第三次討伐高句麗的戰爭就如此草率地落下了帷幕。

楊廣不願意接受失敗，但不得不面對三征高麗的結果。從有關部門掌握和彙報給他的消息看來，國家經歷了幾次戰爭和各地的叛亂，已經到了崩潰的邊緣。

用三次傾國之戰，換來高句麗王這張輕飄飄的投降書，實在是不值得。而且，楊廣在撤退後不久，要求高句麗王來國都朝見時，又遭到了高句麗的拒絕。真是豈有此理！當時楊廣就又動了再征高句麗的心思。但飯得

第三章　長城窟外多馬骨—煬帝壯志成灰

一口一口吃，事得一件一件做，如今得先把國內這亂局重整一番再說吧。

大業十一年（西元615年）五月，楊廣的鑾駕抵達了河東的汾陽宮避暑，之後便下達了一連串的詔令。

凡是造反作亂的「賊人」，一律誅殺！

各地官府加緊討賊，對賊人以及家屬嚴加追究，斬草除根！

同時，楊廣還任命了一些得力的，並且他信得過的近臣擔任撫慰大使，到各地去體察民情民意，同時督辦討賊鎮壓的工作。

比如，在民變的重災區河東，楊廣就任命衛尉少卿、唐國公李淵為山西河東撫慰大使。這位比他大三歲的表哥，是楊廣四姨媽的兒子，承襲了李淵他爺爺，也就是當年柱國大將軍李虎的爵位。李淵的母親獨孤夫人身體不好，所以就把李淵寄養在妹妹獨孤伽羅那裡。李淵與楊廣一同長大，楊廣對他知根知底。征伐遼東的時候，李淵就在懷遠鎮負責督辦糧草，看得出來他能力不錯。更讓楊廣放心的是，他這位大表哥平時有酗酒的惡習，而且做事不檢點，愛收受賄賂，社會風評不佳。楊廣就喜歡大表哥這個特點——要是他像楊玄感一樣潔身自好，整天以救民於水火為己任，那還得了？

選人、用人方面，楊廣自認為他作為皇帝還是有一套的。

各路撫慰大使都一一派出去了，從各地傳來的報告看，「剿賊」工作成效顯著，每個地方的官軍都把「賊人」打得節節敗退。

六月的一天，宦官匆匆來報，說邊關嵐城鎮緊急求救，突厥這日忽然大舉來犯，燒殺搶掠，無惡不作。將軍范安貴率軍還擊，由於兵微將寡，被突厥騎兵擊敗，范安貴戰死沙場。

消息傳來，百官震懼。

大業二年（西元606年）、大業五年（西元609年）皇帝楊廣北巡突

厥,草原各部首領俯首臣服的景象還歷歷在目。這幾年突厥啟民可汗依賴隋廷的支持,對帝國百般跪舔。啟民可汗去世後,繼位的始畢可汗也同樣對隋廷態度恭敬。而此時忽然直接率軍襲擊隋軍,還殺死主將,究竟是為什麼?難道是因為看見帝國征討高句麗吃了虧,所以起了反心?

楊廣決定親自去草原看看,如果真是如此,那就憑著自己皇帝的威嚴,對突厥再加以震懾和安撫。

這是一場說走就走的「旅行」,但是楊廣也做了充分的準備。除了隨行的大軍,楊廣還帶上了僧侶、尼姑以及朝廷樂工,準備到了塞外,招待突厥可汗,然後面對廣闊的天空和大海一般的草原,痛痛快快地來一場盛宴。

這次也好盡情地享受一番,將這幾年他受到的挫折與痛苦甩到腦後。

八月秋高風氣爽,楊廣的鑾駕攜著百官、嬪妃、宮女、藝人,浩浩蕩蕩地往北開去。他們一路沿著長城巡弋,欣賞大好河山。在這個祖上龍興的地方,楊廣重溫先祖開拓功業的歷史,同時他還通知突厥始畢可汗前來迎駕,屆時對他敲打一番,應當就可以收穫良好效果了。

當然,還有一點不愉快的小插曲。樓煩郡太守上奏,說始畢可汗最近異動明顯,可能不利於大隋,因此勸楊廣返回太原。但這個情報看似不太可信,此番突厥部的動向,確實與前幾次啟民可汗時的情況不同,但以突厥的實力,也不可能真敢襲擊皇帝的車駕吧。說到底,在楊廣看來,不管是啟民還是始畢,其實不過是隋廷在草原冊立的傀儡而已。

行了幾日,始畢可汗果然傳來消息,說馬上前來覲見,不日即可抵達。這正中楊廣下懷,於是在長城邊設好排場,準備等待突厥始畢可汗的到來。

這時,楊廣收到了另一封信,登時如墜冰窟。

第三章　長城窟外多馬骨──煬帝壯志成灰

　　信來自當年啟民可汗從隋廷求娶為妻的義成公主。草原民族有著另一套倫理道德標準，所以啟民可汗死後，義成公主按習俗改嫁給了啟民可汗的兒子始畢可汗。這時義成公主傳來急信說：始畢可汗準備襲擊皇帝鑾駕！

　　探子也傳來消息，前方出現大量突厥騎兵，人山人海，不計其數，離這裡只有幾日路程！

　　楊廣這時才真的確信了始畢可汗的異心。此番北巡，不像上次發動各郡兵馬一起，只是帶了皇帝的近衛部隊，萬一突厥大軍趕到，楊廣可能就要被俘虜了。驚慌失措的楊廣立刻下令，全軍回撤，往雁門關要塞撤去！

　　從塞上到雁門這兩三百里的路上，上演了一場驚心動魄的生死時速。皇帝鑾駕帶著隨行的十萬人，丟掉了大部分輜重，富麗堂皇的「觀風行殿」不要了，可以滾動的移動城堡不要了，那些為始畢可汗準備的樂器和禮物也不要了，所有人輕車簡從，向著雁門關逃命。八月初八到八月十二日，大隊人馬終於在花了四五天時間後抵達了雁門。

　　真是驚險，短短的一天過後，突厥大軍便包圍了雁門關。

　　登上城樓，楊廣只看見了漫山遍野的突厥騎兵，密密麻麻的，像龐大的蟻群一般匯聚在雁門關下，估計足足有數十萬人！而雁門城內的軍民加在一起也不過十五萬人，能和敵人一戰的，估計一半也不到。楊廣做夢也沒想到，當年只能仰賴大隋帝國鼻息才能生存下去的突厥阿史那家族，如今已經能拉起數十萬騎兵了。

　　城中的糧草只能支撐二十天，這二十天裡，會有人來救駕嗎？

　　只見城下的突厥騎兵在城牆外停下，突厥武士們彎弓搭箭，箭矢如雨點一般射向城樓，好幾支箭居然就射到了楊廣的腳邊。雖然楊廣久經戰事，天南地北地打仗，但是幾乎未曾親臨前線，如此凶險而絕望的情勢，

06 千秋大業夢，破碎在雁門

他還是第一次碰到。

楊廣的自信心，在這一刻崩塌了。

什麼宏圖偉業、帝王霸夢，都不重要了。要是這次能安安全全地返回中原，楊廣願意什麼都不要。驚慌失措的楊廣抱著小兒子趙王楊杲痛哭，悲慘的呼號聲響徹雁門城樓。守城的將士、隨行的大臣、跟在後頭的奴婢，全都看見了痛哭流涕的楊廣，看見了楊廣哭到紅腫的雙目。

突厥人圍城後發動攻城，幸好雁門城池堅固，守軍還能堅持。但雁門郡的其他城池就沒那麼堅挺了，除了還有險可守的崞縣，由楊廣的次子齊王楊暕守著以外，其他三十九座城，已經被突厥人盡數攻克。

楊廣想要突圍而走，但突圍而走，留下十幾萬軍民在雁門，皇帝的威嚴將蕩然無存。沒有辦法，楊廣只能雪片似的發出詔令，徵調大軍前來救援。同時，他寫信給義成公主，請她想辦法讓始畢可汗解圍，哪怕是網開一面也行。

其他軍隊都在各地平叛，不知何時才能抵達。雁門關可怎麼辦？絕望的情緒，連同乏糧導致的飢餓一起在城中蔓延。

九月的西風獵獵地吹動著帳外的旗幡。

左屯衛大將軍雲定興的眉頭依然緊鎖著，望著北方遠處沉鬱的陰雲。他真的不想有這麼一天，要面對戰場上的生死存亡。畢竟，他只是一個善於製造鎧甲的手藝人，靠著女兒嫁給廢太子楊勇才上了位。楊勇被廢後，他靠著賄賂巴結宇文述才保住了權位，然後只是機緣巧合才成為統領羽林軍的大將。面對突厥圍城的危局，他實在想不出個解決的辦法。

圍城已經接近一個月，雁門城中的糧草可能早已經用完，不知皇帝怎麼樣了？

好在皇帝及時下達了詔令，附近各處的矯健兒郎聽聞天子蒙難，都紛

第三章　長城窟外多馬骨──煬帝壯志成灰

紛投軍，想要報效國家，為解救天子出一份力。此時，關隴勳貴們幾乎一半是武川鎮豪帥出身，自來有尚武的傳統，關隴子弟年少從軍本就多見。一時，軍中聚集了很多貴胄出身前來投軍的年輕人。

雖然投軍的人很多，但是他這一支羽林軍勢單力孤，怎麼能對抗突厥數十萬騎兵？

雲定興自己想不出辦法，但他是個開明的人，願意聽聽聰明人是怎麼說的。於是，他召集了部將們，還有幾個剛剛投軍的貴胄子弟，共同商議破敵之策。但是，諸將意見不統一，有的說要背水一戰，有的說要進入雁門關，各有各的說法，誰也說不服對方。

這時，一個年輕人站了出來，說：「突厥此番數十萬人出動，幾乎是傾巢而出，其勢必不長久。」

「何以見得？」

「突厥仰賴騎兵，騎兵仰賴駿馬。而馬匹在一年中，只有八九月分的秋季最為膘肥體壯，到了冬季，就是水草冰封的時候，他們要是還不退兵，馬匹就會大量餓死。」年輕人說，「我有一計，願意獻給雲將軍。」

一天後，從忻口前往雁門的馳道上，煙塵滾滾，旌旗飄揚，看這樣子，似乎有十萬人的大軍正在往這裡趕來。原來，這是雲定興按照年輕人的計策，安排下的疑兵。年輕人的計策似乎有發揮作用，沒過多久，突厥人就自動偃旗息鼓，退回了塞北。

望著突厥人北去的身影，雲定興撫掌大笑，對著年輕人說道：「多虧了你的計策，讓突厥人不戰而退……對了，年輕人，忘了問你叫什麼了？」

「我是唐國公李淵之子，名叫李世民，聽聞天子蒙塵，故而趕來從軍。」年輕人回答。

十六歲的李世民，第一次登上了歷史的舞臺。

多年以後，李世民才知道，其實並非他的這一計策才讓突厥人退兵的。這個質樸的計策有諸多漏洞，比如萬一突厥人真的想要決戰，那又當如何？真正的計策，不是算定了只有一個結果，而是面對著複雜多變的局勢，周詳地考慮各種不確定因素，並準備好相應的措施。那時的李世民才十六歲，也許還並不懂這些。

真正讓突厥大軍退兵的，是義成公主寫給始畢可汗的信，信上義成公主警告說，小心北方有變。剛坐上可汗大位，隱隱擔心自己的弟弟們作亂的始畢可汗寧可信其有，不敢信其無，因此馬上撤兵了。當然，他還帶上了沿途擄掠得到的戰利品，以及這項圍困大隋天子一個多月的新成就。至此，突厥部終於再一次揚眉吐氣，不用做南邊的隋帝國的一個小跟班了！

而皇帝楊廣，由於在雁門關城頭當著所有人的面崩潰大哭，猶如一個傻子，終於褪去了一代聖君的最後光環。這讓大家看到，當今天子也不過是一個色厲內荏的普通人罷了。

帝王的威權，便在此刻悄然崩塌了。

第三章　長城窟外多馬骨─煬帝壯志成灰

第四章

一時人物盡鷹揚 —— 關東群雄沉浮錄

第四章　一時人物盡鷹揚─關東群雄沉浮錄

01　李氏當為天子

自古以來，一句讖語廣為流傳：「李氏當為天子。」

魏晉以來的中土世界，占統治地位的儒家學說漸漸衰微，剛健質樸的思想風貌漸漸難以看到，而日趨轉變為崇尚讖緯與神祕主義的新潮流。種種隱祕難測的謎語、圖讖以及流言和歌謠，在百姓當中暗中傳播。

一起興起的是土生土長的道教和從天竺傳來的佛教。

佛教自東漢傳入中土，並逐漸開枝散葉。北方的胡人崇尚佛陀，當年的北魏洛陽城裡有大大小小幾十座寺廟、僧院。佛教僧侶因為擁有著規模龐大的信眾，也成為一支龐大的社會力量。

根據佛教教義，釋迦牟尼佛入滅後，佛教歷經「正法」、「像法」兩個階段，最終將進入「末法」時代。這個時代充斥著罪惡與患難，人民顛沛流離，佛法無法弘揚。而隋朝自建立以來，人民生活確實十分困苦，朝廷屢次大興土木、發動戰爭，普通百姓都處在水深火熱之中，讓人不由得相信，如今已經到達了「末法」時代，世界末日即將到來了。一種關於「救世主」的信仰也隨之流傳開來，很多生活困苦的佛教徒相信，將有未來佛彌勒降生人間，建立人間淨土，拯救蒼生於苦難。在這種神祕傳言下，大業六年（西元610年），出現了彌勒教徒在洛陽反叛的事件。大隋三征高麗以來，託名為彌勒轉世而發動的起義也同樣在各地時有發生。

而道教，則歷來與各種神祕莫測的圖讖脫不了關係。古讖「李氏當王」，上溯其源可推到東漢末年原始道教中「李弘」的出現。「李弘」是道教中太上老君降世的化名，魏晉時期的道藏中說：「真君者，木子弓口，王治天下，天下大樂。」「木子弓口」是當時人設下的一個簡單的啞謎，木子為李，弓口為弘。當時的信眾們相信，一定有真君降世為「李弘」，在

末世劫運的大動亂以後，只要「李弘」治天下，就一定會讓百姓安康，重新使天下回歸太平。

這也是動盪年代裡，百姓們的一個精神寄託，不然總不能把實話都告訴他們，說在這個世道裡，普通百姓只能生活困苦，只能疲憊不堪，只能面朝黃土背朝天地辛勤工作後耗盡體力，又在戰亂頻仍當中無法聊生。

所以，純樸的百姓們相信了彌勒降生的故事，相信了「李弘」託世的讖言。如果連這些念想都沒有，那這日子就真的沒有盼頭了。

李密這一生，也因為這一句讖語而改變。

他是當年柱國大將軍李弼的曾孫，但李弼一脈到了他這裡，混得不算好也不算差。開皇年間，李密繼承了父親蒲山郡公的爵位，論家勢確實是在關隴門閥中的頂層了。他在當時還是太子的楊廣的東宮任職，擔任左親衛府大都督、東宮千牛備身，連同封爵一起，其地位約當太子親軍首領兼侍從高官，備受器重，仕途一片光明，是作為太子繼位後的高官來培養的，前途不可限量。此時的李密，才區區二十歲。

李密長了一副黑白明澈的瞳孔，面相非凡。而當時還是太子的楊廣似乎也知道「李氏當王」的傳言，因此不太喜歡李密，沒多久就把他「請」出了東宮。

楊廣似乎對這一句讖語非常忌諱。這也正常，他長期以來都習慣於懷疑一切可能對自己產生威脅的人，並且如果發現這樣的人，會毫不猶豫地除掉。後來當上皇帝的楊廣在征討遼東途中，有個名叫安伽陀的方士建言，說出了「李氏將為天子」的讖語，勸楊廣殺盡天下姓李的人。此時，李姓在全國到處都是，楊廣也沒有傻到真的要把所有姓李的人給殺了，但還是藉此機會處死了當初助他奪得太子之位有功的李渾、李敏。

當時的李密不確定楊廣是否是因為這句讖語而把他勸退的，如今朝中

第四章　一時人物盡鷹揚─關東群雄沉浮錄

李氏人數眾多，趙郡李氏、隴西李氏，都有過權傾朝野的時候，他老楊家再怎麼樣也不至於要殺他這個小年輕吧！所以，李密也很欣然地接受了太子不要他的這個結果。他已經從天下局勢中看出了將亂的端倪，於是散盡家財，招收門客，為了即將到來的大變局做準備。也就是在這時，他見到了楊素和楊玄感父子，並在十年後加入了楊玄感的舉義隊伍，但最後不幸戰敗。

大業十年（西元614年）的一天，淮陽縣令趙他接到一個鄉里農民的檢舉，說他們那個鄉里中有個叫劉智遠的教書先生舉動有異，還寫了一些莫名其妙的詩，一看就不是正經人。此時，趙他正為了處理又一次東征高句麗要籌措轉運的糧草而焦頭爛額，聽到這樣的檢舉，氣就不打一處來。大隋朝實行嚴格的鄉里制度，如果鄉里相互包庇，整個里的家家戶戶都要連坐，所以檢舉鄉里是一件再常見不過的事情。如今皇帝還下了各地「討賊」的詔書，對「賊人」的追究和連坐更加嚴厲。所以，每天縣衙都會收到各式各樣來自淮陽百姓的檢舉信。

但是無意中，趙他看了看這位淮陽百姓抄錄的詩：

金鳳蕩初節，玉露凋晚林。
此夕窮塗士，鬱陶傷寸心。
野平葭葦合，村荒藜藿深。
眺聽良多感，徒倚獨沾襟。
沾襟何所為？悵然懷古意。
秦俗猶未平，漢道將何冀！
樊噲市井徒，蕭何刀筆吏。
一朝時運會，千古傳名諡。
寄言世上雄，虛生真可愧。

趙他被這首詩的氣韻和胸懷吸引了。這首詩談不上格律或者辭藻，詩句質樸，有一點漢魏風骨，但字裡行間自有一股雍容華貴的味道，不是尋常的鄉間裡坊窮酸書生能寫得出來的。然而，這股雍容華貴之氣，只是偶爾不經意間舒展，真正充溢於其中的，是揮斥方遒的傲氣和野心。秦漢帝國的功業，被他視為指掌之間的事，大漢開國功臣樊噲、蕭何，只不過是一朝時來運轉，才飛黃騰達的市井之徒、刀筆胥吏。

看完詩以後的趙他敏銳地意識到，寫詩的這傢伙不是尋常人。如果他不是尋常人，又為何隱姓埋名地在這裡做一個普通的教書先生？

趙他於是帶著人來到了這個叫劉智遠的教書先生家裡，沿途他聽了淮陽百姓的報告，原來這個劉智遠到淮陽並不久，平時給幾十個童子教書識字，賺取營生，但如今天下騷動，人丁寥落，還有誰定的下心來讀書？於是，劉智遠先生就顯露出鬱鬱不得志的樣子，這天還寫下這首詩，對著寥寥無幾的學生講了些神祕莫測、大家都聽不懂的話。

這些鄉民們純樸無知，但是因為生活的壓迫而練出的這樣一副刁鑽自私的樣子，讓趙他覺得厭惡──這個劉智遠費盡心思地教他們的孩子讀書認字，他們卻反過來檢舉了他們的先生？不過，他的工作讓他不得不仰賴這些狹隘的鄉民，並沒有對這些淮陽百姓再多說一句，就到達了劉智遠的家中，正看見了抬頭發呆的這個年輕人。

原來是他。

當年在大興城的朝中，趙他便遠遠地望見過這個年輕人，他那時風光無限、意氣風發，而剛剛當上官、出身科舉的趙他，對這位蒲山郡公只有仰望的份。這個年輕人的起點，是他這樣的寒族可能一輩子都望不到的頂端。即使此刻，這個年輕人憔悴不堪，面帶風霜與菜色，但趙他還是很快認出了他──李密。

李密與逆臣楊玄感起兵作亂，如今已經被全國通緝。

第四章　一時人物盡鷹揚—關東群雄沉浮錄

此時，李密聽到動靜，猛然轉過身來看著趙他，眼神像是一隻受傷的豹子。都怪趙他帶的人太少，李密這一眼傳出的寒意，竟然讓趙他難以確定自己身後的隨從是否打得過李密一個人。

只是一瞬的工夫，李密一個猛子躍出，抄起藏在一個隱蔽處的樸刀和家什，朝樹林逃去。

這是李密的第三次逃亡。他從楊玄感兵敗後，在潼關附近被抓，送往河北的皇帝行在那裡。不知是因為李密賄賂了押送他們的差役，還是得益於李密所在家族龐大關係網的照顧，他在抵達邯鄲後的一個夜裡，趁著看守不備，從關押的地方穿牆而出。

出來後，李密發現，當他成為一個反賊後，偌大的天下居然沒有他的去處。他只能前往近處的山大王郝孝德那裡落草為寇。這郝孝德也真是挺好笑的，見到李密以後，竟然沒有意識到他背後巨大的價值，只是把他隨便安置在一個地方。這段日子裡，李密沒有人照顧，也沒有吃的，只能削樹皮吃了充飢。

推測起來，郝孝德也許是沒辦法安置他蒲山郡公李密這尊大佛，又害怕李密反客為主，取而代之。當然，郝孝德不可能看過《水滸傳》，但他們應有的生存智慧，應該都是相通的。郝孝德在李密危難的時候收留了他。李密是個講義氣的人，也不讓他為難，自己離開了山寨，到了淮陽隱姓埋名，做了教書先生，然後沒幾個月，便發生了剛才的這一幕。

淮陽也待不下去了，那該去哪裡呢？

這時李密聽說他的妹夫丘君明這時正在不遠處的雍丘擔任縣令，於是便悄悄地前往雍丘。到了妹夫這裡，丘君明很仗義地收留了李密。但是，縣衙人來人往，確實不方便住，於是便拜託了遠近聞名的大俠王季才收留李密。王季才也是仗義豪俠之人，很爽快地收留了李密，像貴賓那樣招待他。

李密從小也是散盡家財、結交游俠的人，身上不經意間便流露出游俠的脾氣，於是和王季才一拍即合，兩人成為忘年之交。

此時，皇帝北巡塞外遭逢了雁門之圍，所幸解圍之後，先是回到了洛陽，後來又一次下了江南，浩浩蕩蕩的船隊前往江都。李密遠遠地看著天子的龍舟，沿著大運河經過雍丘，後面王公大臣的坐舟跟著，同樣也是華貴非常。如果當初他沒有選擇造反，也許他也正乘著大船高高興興地前往江都吧。但造反前的這一切，早已經恍如隔世了。

有那麼一個時候，李密以為這就是他的歸宿了。以劉智遠這個名字，遠離朝堂，棲身江湖，最後像王季才那樣成為一代大俠。

但是，厄運又毫無預兆地突如其來，追捕的官吏突然圍住了王季才的家。火光沖天而起，李密又一次倉皇地逃亡。

原來是妹夫丘君明的姪子丘懷義檢舉了他的叔父，帶著人來追殺李密。

望著遠處沖天的火光，原本的怨念在李密的心中化為沖天的怒火。如果楊氏朝廷的天下再也容不下小小的李密一人，那就讓李密，讓這個楊氏朝廷，永遠地消失在天下間吧！

02　我李密才是預言之子

翟讓是大業十二年（西元 616 年）接納了從淮陽逃竄而來的李密。此時，翟讓只是瓦崗寨的寨主，帶著一萬餘人在鄭州與開封之間落草為寇，搶劫沿途船隻和過往商販，安心地做著河盜。那是瓦崗寨最為快樂的一段時光，大家一起，有酒喝時喝酒，有肉吃時吃肉，連同徐世勣、王伯當、單雄信等豪俠一起，過著無憂無慮的生活。

自隋文帝開皇年間以來，朝廷的律令就變得越來越苛刻，稍有犯法便

第四章　一時人物盡鷹揚──關東群雄沉浮錄

可能會被判死罪或者流放。但這樣嚴峻的刑罰，反倒助長了各地的犯罪，因為這樣的刑罰只會震懾平時小心過日子的良民，而對那些不良分子來說，偷東西是死，燒殺搶掠也是死，那還不如好好做一票大的。等到大業年間，皇帝楊廣三征高句麗，關東地區軍力空虛，沉重的徭役又導致無數人家破產淪為流民，所以各地盜匪群起，各自占據山頭，相互聲援接應，勢力好不壯觀。

而當李密來到瓦崗寨時，翟讓首先感到的是恐懼。他們一個山寨，只想趁著國家治安混亂的時候嘯聚山林，過一過天王老子沒人管的自在生活，哪裡會想到有一個楊玄感叛軍的主謀會來投奔？要是皇帝知道李密到了瓦崗寨，真的調兵過來剿怎麼辦？單雄信等一些部將也建議，直接把李密悄悄剎了，沒人知道，然後繼續過安安穩穩地過日子，豈不是更好？

但李密不多久就透過王伯當獻上了他的起事謀略。當翟讓看著李密的獻策，一時間以為自己是在看一部童話故事。

李密分析說，當前的隋廷早已經失去了民心，精銳在遼東盡喪，外交關係也因為雁門之圍而陷入困窘，皇帝拋棄了中原，去了江南，這正是像當初秦末天下大亂的大好時機，需要劉邦、項羽這樣的人來做跟風者。瓦崗軍現在士卒勇敢，可以進占東都洛陽和西都長安，將隋朝徹底推翻就指日可待了！

翟讓聽呆了。

在翟讓眼裡，李密如同群英之冠。他曾經是東都法曹，也就是洛陽高級法院的小法官，雖然也是不錯的官職，但和蒲山郡公這樣的超級門閥比是遠遠不及的。更何況李密個人魅力四射，和他交談幾句，就讓翟讓由衷地折服。和李密的這番談話後，翟讓的發展觀、策略觀都被刷新了，當即將李密委以重任。

翟讓給李密的第一個任務，就是招降附近山寨的流民們。他想看看李

密肚子裡是真的有才幹能力，還是只會紙上談兵的漂亮草包。

李密完成得很出色，他雖然大半生過著公卿養尊處優的日子，但是有一股豪俠的氣質，和那些目不識丁、五大三粗的土匪們居然能相談甚歡，不多久就帶著附近的各路起義軍一起投了瓦崗。這讓翟讓更加對這個年輕人刮目相看。

也許，這個年輕人身上真的具有無窮的能量。

李密終於有了一支自己的力量，雖然只有幾百人。

瓦崗寨說到底，只不過是各路山大王、河大王的聚居地，各路大王各自拉起一批小嘍囉，群聚在山寨裡。有了什麼打劫的目標，幾個首領就拉起各自的嘍囉，一哄而上，贏了就搶，輸了就一鬨而散。

這也是大業十二年（西元 616 年）時幾乎所有起義軍的情況，像長白山的王薄、高雞泊的竇建德，也都是如此。

但是，打仗靠的是什麼？是組織、紀律，令行禁止，指哪打哪。這也就是兵法在戰爭中的作用。如果士兵訓練有素地結成戰陣，彼此配合，那幾百人打敗幾千上萬人也是常有的事。比如，起義軍、盜匪軍雖然每個地方都號稱幾萬人、十幾萬人，但是一旦遇上訓練有素的官軍，哪怕只有幾千幾百人，官軍也都可以完勝起義軍。

瓦崗寨裡，單雄信、王伯當、徐世勣等人都是勇猛非凡的好漢，但實話實說，此時的他們在李密眼中，其實不過是一群庸碌之輩。

李密是將門世家，從曾祖李弼到父親李寬，都是赫赫有名的名將。李密家學淵源，熟稔兵法，而且當年在東宮也是統領過東宮左親衛數千人的大都督，有過訓練士卒的經驗。透過招撫，有了本部統領的幾百小嘍囉，李密按照訓練士卒的兵法教他們列隊、聽號令，而瓦崗寨的其他統領們卻像看耍猴一般，笑嘻嘻地不以為意。

第四章　一時人物盡鷹揚—關東群雄沉浮錄

直到不久之後，瓦崗寨按照李密的建議，各寨統領一起進攻金堤關。這個關口依山而建，聯通黃河水道，有守軍駐守。進攻金堤關這樣的地方，原本是瓦崗群豪想都不敢想的。事情也很自然地進展，當各寨嘍囉烏泱泱地攻上了金堤關時，卻迎來了守軍訓練有素的迎擊，瓦崗群豪不一會兒就潰敗下來。

這時，一支幾百人的小隊逆勢而上，穿過潰退的士兵，與守軍發生交戰。李密練出的兵卒戰鬥力極強，按照指揮官號令豬突猛進，一戰擊敗了守軍，順勢攻占了金堤關。

其後，按照進攻金堤關的戰法，瓦崗寨一路凱旋，占領了滎陽郡周邊的各處縣城，大軍直逼滎陽郡城。這也是李密的規劃，首先攻占滎陽，建立政權基地，然後與各路英雄一起爭天下。

到現在，瓦崗寨這些桀驁不馴的統領們才真的對李密刮目相看。

正當瓦崗群豪準備攻占滎陽時，一個壞消息傳來了。在滎陽太守的求救下，齊郡通守、河南道討捕黜陟大使張須陀親率所部前來救援。

張須陀，在各路起義的群豪眼裡，就是一個大魔頭。他領兵不多，雖然所部只有一萬多人，但是所到之處，群豪無不望風披靡。像河北的盧明月、王薄等各路群豪，全都敗在張須陀的手下。他和盧明月一戰，更是創下以一萬人全殲十萬人的輝煌戰績。張須陀麾下也是人才濟濟，秦叔寶、羅士信等將領均都是驍勇善戰的將才。

李密加盟瓦崗之前，瓦崗曾和張須陀的偏師前前後後打了三十餘場仗，全都是以瓦崗敗北而告終。

此時，張須陀看到瓦崗軍勢大，竟親自率主力而來！

翟讓等首領一聽是張須陀來了，便回想起了瓦崗軍一度被他支配的恐懼，馬上打主意，好漢不吃眼前虧，這就想要溜走。

但李密制止了想要撤退的翟讓，就問他們，這個張須陀，今天感覺害怕要躲，難道要躲他一輩子嗎？在李密眼裡，張須陀和來護兒、于仲文這樣的名將還差了那麼一點點意思。只不過是因為皇帝三次征高句麗，無數精銳死傷在遼東，又有一大批將領因為兵敗憂憤而死，張須陀才脫穎而出。他靠著家傳的練兵技能，四處征討流寇，沒遇到過真正訓練有素的對手，這才獲得了「威震東夏」的名聲。

優秀的將領，不像評書裡說的那樣，有什麼奇謀妙計，一本兵書走江湖什麼的。對於將領來說，強大的統率能力當然是必不可少的，而且更需要強大的情報蒐集能力和分析判斷能力，以應對戰場上瞬息萬變的局勢。

以李密對張須陀的了解，張須陀為將還不合格。

翟讓終於在李密的力挺之下，準備迎擊張須陀。張須陀的大軍轉眼間就抵達了，兩軍擺開陣勢，一邊是傾巢而出的瓦崗軍各路群豪，一邊是嚴陣以待的張須陀軍。而李密則率領所部千餘人埋伏在遠處的密林裡，等待時機。

開戰以後，瓦崗軍主力在張須陀正規軍的衝鋒下，漸漸支持不住，且戰且退，並往李密埋伏的這處樹林退卻。饒是徐世勣、單雄信等將領作戰勇猛，才勉強穩住陣腳，讓這幫草頭兵不至於潰敗。

這時，李密的左右建議說，此時給張須陀一個突然襲擊，兩邊夾攻，一定能取勝。

李密只是搖了搖頭，說道：「讓箭再飛一會兒。」

在張須陀的鋒芒下，瓦崗軍終於支持不住，開始有了崩潰的跡象，正好不遠處有個破廟，一些嘍囉漸漸向著破廟潰逃。張須陀見瓦崗軍潰敗，於是下令全軍出擊，掩殺過去，收割勝利的果實。

這戰術，張須陀用了無數次，在剿匪的戰鬥中使用得得心應手。

第四章　一時人物盡鷹揚—關東群雄沉浮錄

而李密等待的就是張須陀全軍出動的時候，這時張須陀已經打出了所有的牌，派出了所有的預備隊，接下來李密怎麼做，官軍都沒有還手之力。

李密起兵行軍路線圖

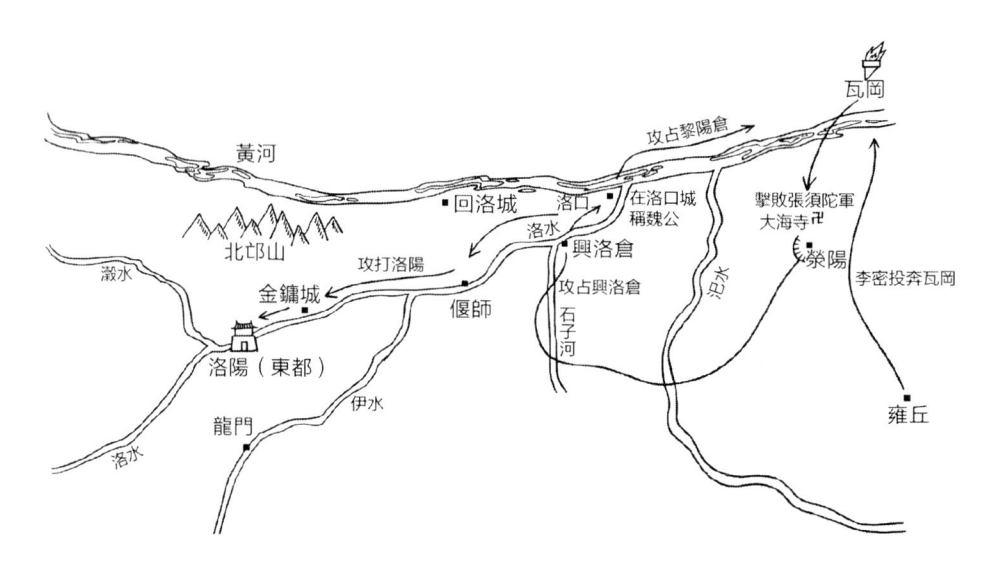

李密起兵行軍路線圖

那邊的張須陀驚訝地看到樹林裡斜刺裡衝出一隊人馬，人數雖少，但是訓練有素，輕易地衝破了張須陀軍追擊時鬆散的隊形。一時間，這隊人馬殺聲震天，不少官軍竟為之氣奪。潰逃中的瓦崗群豪聽見動靜，一看原來是援軍到了，士氣大振，又向著官軍殺了回來。兩支隊伍前後夾攻，終於將官軍團團圍住。

張須陀左衝右突，雖然帶著自己的精銳親衛隊來回衝擊，但兵潰的大勢無法逆轉。眼見大勢已去，張須陀只想要求一個軍人式的死亡，於是帶兵衝進了瓦崗軍的大陣之中，最終被斬殺於馬下，壯烈殉國了。

這一戰，瓦崗軍終於大獲全勝。翟讓特許李密建立牙帳，獨自帶領一

支瓦崗軍隊。從此以後，李密告別了隱姓埋名的日子，終於以自己本來的名字拉起一面大旗，向天下宣示，那個被朝廷追殺多年的蒲山郡公正式向朝廷宣戰了！

03　賊人狡猾，竟敢擅自賑濟百姓

東都洛陽，已經是風聲鶴唳。

留守在洛陽的越王楊侗等人，一直緊密注意著虎牢關外這支「賊寇」的動向。從金堤關失陷，到張須陀戰死，瓦崗寨最近的戰績令人咋舌，從傳回的情報看，瓦崗寨這群「賊寇」的背後，一定有高人指點。

不久以後，真相終於大白：原蒲山郡公李密，居然投奔了瓦崗寨，自己拉虎皮扯大旗，做起了山大王。非但落草為寇，這李密還帶著瓦崗軍擊敗張須陀，占領滎陽；而後李密率軍占領了興洛倉，這又給東都不小的震動。

興洛倉是永濟渠和通濟渠之間的一處大倉，從江南運來的稻米都貯藏在這裡。它週迴四十里，設有三千多個巨大的地窖，每個地窖都能儲糧八千石，這樣算起來，足夠一千萬人飽飽地吃上一年時間，是帝國最大的糧倉。李密這一下攻克了興洛倉，不僅解決了瓦崗數萬人的糧草問題，還開倉賑濟百姓，一下子吸引了方圓百里的困苦平民前去投靠，隊伍一下子變成了十餘萬。

當然，這十餘萬里包括了士卒和家小，實際的兵馬數量是要大打折扣的，但洛陽方面仍對此一片震驚。大膽李密，不但加入了「賊寇」，居然還敢開糧倉賑濟百姓？這些百姓平時受官府的盤剝明明已經習慣了，餓著肚子也不敢造反，這下好了，李密居然把朝廷辛辛苦苦搜刮來的糧食又分給百姓了？這讓朝廷的臉往哪放？

第四章　一時人物盡鷹揚─關東群雄沉浮錄

所以，上自朝廷，下至普通官吏，都把李密視為最危險的敵人。因為瓦崗寨如果只是一群「賊寇」倒也罷了，但李密一加入，瓦崗的這群「賊寇」就變成了朝廷合法性的挑戰者，這是朝廷絕對不能容忍的。

因此，越王楊侗派出了虎賁郎將劉長恭，率領洛陽留守的步兵、騎兵兩萬五千人，東出討伐瓦崗軍。同時，他下令鎮守在天險虎牢關的河南討捕黜陟大使裴仁基發兵策應。兩路軍隊合擊瓦崗軍。

洛陽城的軍戶和惡少，聽說這趟出征是征討「賊寇」，立刻覺得這是大大的美差，畢竟起義軍的戰鬥力極差，過去幾次，每回官軍都是大獲全勝，所以有的人還託了關係想要加入這趟「剿匪」，就為了大勝之後可以討賞，同時在「剿匪」的時候，還可以大肆劫掠。大業十三年（西元617年）二月，春天漸漸到了，大軍便在劉長恭的率領下從洛陽出發。楊侗以下，每天都在期待劉長恭平叛而歸的好消息。

但幾天之後，壞消息就猶如倒春的寒潮一般，讓洛陽軍民不敢相信：官軍在石子河大敗，劉長恭隻身逃回東都，士卒們死者十之五六。

在石子河，李密依舊用了對付張須陀一樣的戰術，以主力部隊與官軍正面展開交戰，然後集中少數精銳部隊尋找戰機，一舉擊潰或者殲滅對手。這一次，單雄信的幾千精銳橫衝過來，從兩側撕裂了官軍陣線，將官軍截為兩段。於是，兵敗如山倒，洛陽城中的官軍主力大多喪生在了石子河畔。

然而，更令人震驚的消息又接踵而來。

在洛口，李密在瓦崗群豪的簇擁下擺酒慶功。在他的卓越指揮下，瓦崗軍從一群山寨土匪成功發展成了管理十幾座城池的政權。瓦崗眾將對於李密是真心實意的佩服，佩服得五體投地。

這時的徐世勣、王伯當等將領私下勸說翟讓，說李密是天下英主，如今威望這麼大，不如將頭把交椅讓給李密，讓他帶領瓦崗群雄，進一步邁

向巔峰。到時候，翟讓自己亦不失封侯之位。國安國樂，豈不美哉！

而且，大業年間流傳的一首預言般的童謠，唱道：「桃李子，得天下，鴻鵠繞陽山，婉轉花園裡。勿浪語，誰道許！」一位名叫李玄英的處士研讀之後，忽然有所頓悟，找到瓦崗寨來，告訴大家這首童謠隱藏了「李密得天下」的讖語──桃李子，就是在「逃」的李密將得天下；鴻鵠繞陽山，是「皇后繞揚州」，意思是皇帝、皇后都將迷失在江都（揚州）；而「勿浪語，誰道許」，意思就是嘴巴要嚴「密」，正對應李密的大名。結合「李氏當王」的讖語看，李密就是上天內定的「天選之子」啊！

此時，翟讓卻如坐針氈。他是官吏出身，對官場之道也十分了解。如今李密作為二把手，權勢、威望都在自己這個一把手之上，那在權力場上，處理不好的話，最終就會鬧到你死我活的境地。當初還剛剛占領滎陽的時候，李密就建議馬上去打興洛倉，但一把手翟讓的回答是：我只是個從小種田長大的庸才，志向不過是在瓦崗和兄弟們一起快快樂樂，沒想過要打興洛倉。你李密如果要打，自己去做吧！於是，兩軍分道揚鑣，翟讓自己回了瓦崗寨休息，讓李密去打，就像後世《水滸傳》裡的宋江與晁蓋一樣。直到看見李密居然得手了，翟讓才匆匆地跟上來分一杯羹。從這開始，翟讓和李密之間便有了說不出的細微矛盾，只是兩人都沒有把這個矛盾挑明罷了。

衡量了一下自己的實際能力，翟讓也不敢和李密鬥，他自忖不是李密的對手，同時也不希望自己一手建立的山寨陷於內訌之中。因此聽了眾將的勸說後，他很爽快地接受了這個建議。不多久，翟讓就將頭把交椅讓給了李密。

就此，李密正式成為瓦崗群豪的首領。按照他的曾祖李弼的魏國公封號，李密自稱「魏公」，正式登壇即位。

當初群豪只是一幫「流寇」的時候，叫瓦崗寨還是很正常的，但是群

第四章　一時人物盡鷹揚─關東群雄沉浮錄

豪不能一直做「流寇」，還是要走向正規的。李密踏出了建立政權的第一步，他設立了行軍元帥魏公府，作為統一發號施令的政權機構。看名字也能知道，它結合了「行軍元帥」和「魏公」兩個頭銜，屬於軍事與行政合一的機構，下設長史，協助分管行政；設司馬，協助分管軍事。這樣一來，軍權和行政權理論上就總攬在「行軍元帥兼魏公」的李密身上了。

同時，對於故主翟讓，則拜為上柱國、司徒、東郡公，並設司徒府；任命單雄信為左武侯大將軍，徐世勣為右武侯大將軍，祖君彥為記室，其餘的人各按等級授予官職。都城就設在離興洛倉不遠處的洛口城。

領兵的領袖們，各自封一些將軍，分別掌管自己的部下，這沒有問題。而翟讓的這個司徒，就有些微妙了。司徒府，是「魏公」下屬的司徒府，還是獨立的司徒府？司徒是「三公」之一，按職責是總攬百官。但是，在北周朝和隋朝，司徒這個官職已經是個虛職，實際總攬百官的是尚書令、尚書僕射之類的官員，而這些職位，翟讓都沒有。那麼，翟讓擔任的這個司徒，實際上並沒有管理官員的權力，真正的權力是在行軍元帥魏公府的左右兩位長史身上，就像三國諸葛亮的時代，實際管理行政事務的是丞相府的長史蔣琬、楊儀。

翟讓實際上是被架空了。他地位雖然隆盛，但手掌所及的，只有他本部統領的那些嘍囉而已。

但這個問題，是到後來才被翟讓發現，此時的翟讓還沉浸在一把手與二把手和諧相處的幻象裡。那時的群豪們並沒有太多政治鬥爭的經驗，也沒有真的了解過權力為何物，都天真地以為，大家可以一直像這樣和睦相處下去。

魏政權的影響力，隨著開放興洛倉賑濟百姓的美名傳揚了出去，那些掙扎在生死邊緣的各地起義軍，比如聚在長白山的孟讓，還有在齊魯一帶的程咬金等勢力，就一股腦兒地遠道而來投靠了魏政權。更令人矚目的

是，還有那些對隋廷的苛政失望的官員們，也都紛紛投靠了李密。洛陽城不遠處的鞏縣，就在縣令柴孝和、侍御史鄭頤的帶領下向李密投降。這再一次令洛陽城感到震驚，自天下大亂以來，政府攜官員、百姓成建制地向起義軍投降的事情，這大概是頭一遭。

鎮守在虎牢關的河南討捕黜陟大使裴仁基，也和兒子裴行儼率部投降李密。虎牢關是洛陽城東的重要關隘，當年漢末「十八路諸侯」討伐董卓，就是在虎牢關外展開大戰的。在演義小說中，還有過「三英戰呂布」的故事。得到虎牢關，讓李密的政權將洛口到滎陽、東郡幾片領地連成了一片。而投降李密的虎牢關守將中，也有幾個後來成為英雄的年輕將領，一個叫秦叔寶，一個叫羅士信，他們作為原來張須陀的部將，戰敗後由裴仁基統領，此時就一塊加入了魏政權。

實力大增的李密對秦叔寶、羅士信等人非常喜愛，他在所有軍隊中，揀選了八千精銳，號稱「內軍」，由秦叔寶、程咬金、羅士信、裴行儼統領，稱為「四大帳內驃騎」。李密的軍事作風承襲了父祖帶領鮮卑騎兵作戰的風格，所部配備了大量的騎兵，其中的精銳也同樣放在這支「內軍」當中。每逢碰到硬仗，「帳內驃騎」出動，秦叔寶、程咬金等人帶領「內軍」騎兵衝鋒陷陣，幾乎就沒有他們衝不垮的陣形。

「有我李密在，這八千內軍，足可以抵擋百萬大軍！」李密不無驕傲地對眾將宣稱。

他這話不是吹牛。八十年前，東魏、西魏對峙時期，高歡、宇文泰各率東西兩軍在沙苑展開決戰，東魏軍集中力量攻擊西魏軍的左翼，西魏軍左翼由於兵力處於劣勢，眼看就要支撐不住。這時位於右翼的柱國大將軍李弼率領六十名重灌騎兵衝來，橫著衝殺進東魏軍陣中。就這六十騎，居然將東魏軍截為兩段，就此形同崩潰。西魏軍左翼趁勢夾攻，於是東魏軍大潰，戰局就這樣被李密的曾祖父靠著六十騎生生扭轉。李密的家族世代

第四章　一時人物盡鷹揚—關東群雄沉浮錄

研習重灌騎兵的戰術,對騎兵訓練、行軍、戰陣都是自有一套家傳絕學,如今有了這數千「內軍驃騎」,雖然訓練只有一年不到,但足可以抵擋天下雄兵!

李密人狠話不多,就因為他是個從來不吹牛的人,所以他誇下的這個海口才顯得如此令人望而生畏。

04 天下反賊一籮筐

與此同時,在江都的皇帝楊廣正收到全國各地雪片一般的告急文書。中原亂了,這意味著他的鑾駕要一直滯留在江都。

從雁門之圍以來,楊廣的顏面掃盡,意志也逐漸消沉下來。原本在他的藍圖裡,他將是繼承父親隋文帝的意志,開創千秋萬代基業的偉大帝王。十年來,他建設了無數偉大的工程,還東征西討,勤勉盡責;他以為靠著這番努力,就可以讓他的帝國登上世界的巔峰。

誰能想到,這一通操作卻使大隋陷入了崩潰的邊緣。雁門之圍以後,楊廣能感受到群臣態度的轉變,那些之前在自己面前話都不敢多說一句的大臣們,腰也不痠了,背也不痛了,說話也變俐落了。楊廣不說,但他的心裡卻苦苦的。他知道,這意味著自己十多年來營造出的無上威權,因為他在雁門城樓上的失態而變成了一個笑話。

罷了,罷了,楊廣再也沒有精力來重新收拾河山,那就讓江都成為自己內心的一個慰藉吧。這江南的風景也是十分美好的。

大業十三年(西元 617 年)初,大隋朝原本就已經嚴峻的動亂局勢進一步走向糜爛。

在河北,農民出身的竇建德整合在河北各處被衝散的起義軍,又重新

捲土重來。他們在各地所向披靡，在大業十三年（西元 617 年）正月建立政權，竇建德號稱長樂王，署置百官，改元丁丑。

在江淮一帶，無業遊民杜伏威、輔公祏聚眾屯於六合；以漁獵為生的李子通占據海陵；山東農民左才相帶領長白山起義軍轉戰淮北，從三面威脅江都。隨後，起義軍與楊廣派出的精銳宿衛軍交戰，隋軍大敗，返回東都的運河交通線被徹底阻斷。

在江南的彭蠡澤，也就是鄱陽湖一帶，林世弘帶領起義軍擊敗了官軍，自稱皇帝，國號為楚，攻取了九江、臨川、廬陵、南康、宜春等郡。

在荊州、兩湖一帶，岳州校尉董景珍、雷世猛和一些下級軍官、流民流寇一起舉兵，推戴當年梁武帝的後人蕭銑為首領。蕭銑自稱「梁公」，打著當年南梁的復國旗號，占據了岳陽、洞庭一帶。

在隴西一帶，大業十三年（西元 617 年）初，金城校尉薛舉也占據西北邊地，起兵自立，自稱「西秦霸王」，引得周邊各處「賊寇」歸附，兵鋒甚銳，所至之處城池皆被攻下。

而其中，最為讓楊廣矚目的，便是占據洛口、自稱「魏公」、直逼東都洛陽的李密、翟讓勢力了，沒想到當初楊玄感謀反案的漏網之魚，如今竟然興風作浪到如此境地！東都洛陽是朝廷重鎮，集中了數不盡的宮室、財富，而且還有朝廷重臣的家眷，一旦被李密的叛軍攻克，後果不堪設想。

這個李密，又一次激起了楊廣的憤怒。在楊廣眼裡，李密就是隋廷中那些各懷鬼胎的關隴勳貴們的縮影，他們這些人，吃著朝廷的俸祿，放下碗就又造朝廷的反，天下哪有這樣的背信棄義之人？如果不是這些人在背後搞鬼，帝國的征伐高句麗大計早就在第二次東征時就成功了，也不會有現在這種爛攤子！

第四章　一時人物盡鷹揚—關東群雄沉浮錄

楊廣對所有關隴門閥都懷有強烈的猜疑之心，因此他並不太重用關隴人。扶持他上臺有功的宇文述在到了江都不久後就病逝了，對他的兒子宇文化及、宇文士及，楊廣也只是給予高官厚祿，卻並不信任。他真心信任的還是虞世基、裴蘊、蕭鉅這些出身於南方的貴族們，整日裡和他們談論詩文，將一腔不得志的哀愁傾灑在方寸紙卷之間。

然而，東都的局勢讓他不得不加以重視了。李密自二月僭號「魏公」以後，開始了對洛陽的攻擊，並一度攻占了洛陽城外的回洛倉，前部人馬已經進入洛陽街巷，搶掠居民，焚燒洛陽宮外的天津橋。幸好將軍段達、虎賁郎將高毗、劉長林率領七萬人擊退了李密派出的前部。但是，李密親率他的「內軍」主力增援，和隋軍在洛陽城東的漢魏古城交戰，隋軍大敗。於是，李密乘勝收復了回洛倉。

回洛倉就在洛陽城北邊，又緊挨著城牆，在回洛倉眺望，連洛陽宮裡洗衣服的宮女穿什麼衣服都能看清楚。李密就占據著回洛倉，挖塹壕，修營壘。只是因為他的士兵擅長野戰，沒有什麼攻城經驗，所以只能封鎖洛陽城，在城外修造攻城器械。更可恨的是，李密還撰寫檄文到各個郡縣，將楊廣的罪狀羅織了一些，一條條地寫在榜文上，將楊廣罵得有如夏桀、商紂那樣的暴君。這心理戰打得讓人措手不及，東都附近的郡縣已經開始大量倒向李密的勢力了。

李密打著討伐昏君、反抗暴隋的名義，威望日隆，不僅河南各地大多歸附李密，黃河以北的群盜和郡縣也開始鬆動。武陽郡丞元寶藏，讓門客魏徵寫了封投降信給李密，表示自己可以無償幫助李密向西奪取魏郡，再向南攻打黎陽倉。此時，楊廣並不知道這個叫魏徵的人以後將成為一代名臣的故事，也不知道他在李密和元寶藏之間發揮了多大的作用，他只是得到消息說，李密和元寶藏兩面夾擊，又攻陷了河北重要糧倉——黎陽倉。一時之間，洛陽附近的三個大糧倉全部歸李密所有。楊廣的朝廷這幾

年辛辛苦苦地從各地徵收上來的糧食和財富，就這樣拱手讓給了李密。

楊廣恨得牙癢癢，發誓要蕩平李密，更重要的是要守住東都這個帝國重鎮中的重鎮，所以調集從南到北全部可以用的精銳，一起發兵救援洛陽。

第一路，河北黜陟大使、太常少卿韋霽，率領河朔地區留守的三萬士卒，沿著運河南下。

第二路，河南黜陟大使虎牙郎將王辯，曾屢次擊敗郝孝德、孫宣雅、時季康、竇建德、魏刀兒等「賊寇」，率領所部指向洛陽。

第三路，河內通守孟善誼、河陽郡尉獨孤武都（值得一提的是，這位獨孤武都是當年河內戾公獨孤信的孫子），率領所部從黃河對岸的河內救援洛陽。

第四路，江都通守王世充，率領江淮一帶的精兵，打敗了南陽的盧明月之後班師回朝，旋即帶領江淮勁卒兩萬人，火速趕往洛陽。

第五路，監門將軍龐玉、虎賁郎將霍世舉率領關中精銳，東出函谷關。

第六路，則是大名鼎鼎的右御衛大將軍、涿郡留守薛世雄。他的本部燕地三萬精兵是當年在遼東高句麗戰場上九死一生回來的精銳，燕地兵以騎兵為傲，此番也收到楊廣發出的詔令，南下征討李密。

此外，皇帝此前從西南徵調過來平叛的邛都夷部的黃蠻，也在江淮附近。楊廣也命令他的得力親衛、備身將軍王士隆帶領這些強悍善戰的蠻子兵，北上支援洛陽。

這幾路大軍，已經是隋廷手中的家底了。看著人數雖然是幾萬人，不比李密那邊所謂的擁眾幾十萬，但這幾路軍加起來的十幾萬人，都是驍勇善戰的精銳之師，多民族、多兵種，職業的正規軍，除了要保護江都鑾駕

第四章　一時人物盡鷹揚──關東群雄沉浮錄

的十多萬「驍果軍」，還有要抵禦北方突厥人來犯的河東太原的李淵所部外，這是隋廷能調出的所有底牌。楊廣下令，由涿郡留守薛世雄統率幾路部隊，為的就是將李密群毆致死，反覆按在地上使勁踩躪。

此時的河北，涿郡留守薛世雄率領三萬燕地精兵一路南下。

燕地精兵，銳不可當，薛世雄沿途順便掃蕩了河北的各地起義軍。這些起義軍只是嘯聚山林，組織鬆散、紀律渙散，遇上薛世雄麾下的精銳，往往都是一觸即潰，丟盔棄甲。說丟盔棄甲也不太準確，因為這些人根本是連盔甲也沒有，很多人不過是拿著鋤頭錘人的農民罷了。

所以，當薛世雄帶著兒子薛萬徹剛從涿郡出發時，自稱長樂王的竇建德軍就瑟瑟發抖了，他們估量不是薛世雄的對手，馬上丟棄了薛世雄行軍路線附近的郡縣，全都縮回大本營躲了起來。薛世雄毫不費力地一路南下，看著叛軍四散潰逃，驕傲之情油然而生。不管是竇建德，還是李密，在薛大將軍面前，還不是得乖乖叫爺爺？

大軍行至河間，在城南紮營修整。河間郡守也從所屬各縣徵發了新兵，在燕地精兵營帳兩旁設立了軍營。薛世雄決定在整合了河間招募的部隊以後，先討滅竇建德，然後一起南下，與其他幾路軍會合。

這日凌晨，天色將明未明之際，忽然喧譁聲大起。薛世雄忙從自己的帳內走出，才知道竇建德親率所部偷襲了不遠處一個河間募兵的兵營。這些河間兵都是剛招募的新人，沒有什麼戰鬥經驗，一碰到竇建德軍的偷襲就驚慌失措，全都向燕地精兵的軍營逃來。

恐慌迅速在河間兵中間蔓延。此時，天色未明，不知竇建德來了多少人，恐懼的河間新兵們一下子慌了神，全都跟著逃向了燕地兵營。

權衡之下，大營最終還是開放，放這些河間新兵進來。但兵營之內空間有限，其他營的士卒們進來，如何騰出空來安排守營？薛世雄的眉頭漸

漸鎖得更緊了，當時只得下令，燕地精兵出營列陣，防止竇建德的軍隊殺到這裡。同時，他趕緊派出斥候，打探敵軍的消息。

此時，天已經矇矇亮，清晨的霧氣忽然重了下來。濃稠的霧氣像是扯不開的帷幕，阻擋在士兵們面前，幾步之外，甚至看不清對方的人臉。

在這樣的大霧之下，又如何擺開陣形？

燕地士卒們無法列陣，就只能靠著大營的柵欄緊緊挨著來進行防禦。薛世雄望著營門之外，那裡一片濃霧緊鎖，什麼也看不到，只聽到隱隱傳來的馬嘶聲和窸窣的腳步聲。一切停下之後，面前的濃霧靜得可怕，有如暴風雨來之前那短暫的平靜。

忽然，前面猛地出現了敵軍的身影，但是已經來不及了。猝不及防的燕地兵被竇建德派出的精銳士卒襲擊，本來就組不成陣形的燕地兵一下子被衝垮了，敵軍衝入了大營，不知有多少人進來。大營裡亂成了一鍋粥，士兵們看不清對面的人，只能對著虛空亂砍一氣。有的自己人竟相互打了起來。

竇建德軍趁勢掩殺過來，整個燕地大營登時崩潰。

薛世雄只能帶著左右幾十個騎兵逃進了河間城。進城之後，四處打探的斥候才回來，薛世雄得知，剛才襲擊大營的只有竇建德的區區數百人。羞愧和悔恨夾雜在薛世雄心中，但此時他的大部隊已經被擊敗，再難有什麼還手的餘地了。本部的燕地精銳全都折損了，薛世雄還如何號令各路官兵？他最終帶著殘部撤回了涿郡，不久就因悔恨而病逝了。

歷史就是這樣，充滿了各種意外和不確定性，小說都不敢這麼寫。所向無敵的名將與燕地精兵，就這樣毫無預兆地敗給了突如其來的壞天氣。

05 最是江南好風景，皇帝再次駕幸臨

　　在江都得報薛世雄兵敗的消息，隋廷也大感驚異，但開弓沒有回頭箭，剩下幾路大軍仍然需要有人指揮，難不成要將這些軍權交給死守洛陽的越王楊侗嗎？雖然……雖然這其實是最好的選擇，因為越王最熟悉洛陽的戰局，總比遠道而來的各路人馬要強，但是萬一越王有了排程權後，擁兵自重怎麼辦？那洛陽還不如被李密攻克了好呢！畢竟皇帝本人還安全一些。朝廷於是把調遣各路兵馬的大權，交給了統領江淮勁卒的江都通守王世充。

　　畢竟在皇帝的眼裡，王世充辦事，他很放心。

　　王世充是江都通守，這並不是一個很大的官職，他也沒有足夠的聲望能夠擔得起元帥的職位，所依賴的就只有皇帝的寵幸。楊廣需要的就是這樣的人。十多年統御朝廷累積下的帝王術心得告訴他，不要相信什麼所謂的忠心，只有當臣子做事情要依賴皇帝的權威，否則就不能成事時，他才能暫時忠心地依靠皇帝；要是等到他真的翅膀硬了，可以獨當一面的時候，那就是皇帝要恐懼、對付他的時候。

　　此時此刻，王世充是忠心的，但也不意味著他將來一直會忠心。無數經驗已經證明，永遠要防著這些臣子們，哪怕他們貌似是最忠心的人。楊廣討厭那些看起來能力強、受歡迎、有聲望的人，這些人怎麼看怎麼像還沒造反的楊玄感；而那些有汙點、貪小便宜、能力聲望不那麼強的人，倒是可以重用，因為他們也沒能力造反。比如，他的表哥李淵就是嗜酒並且貪小便宜的人，就憑這一點，楊廣不怕他在太原能作什麼妖。

　　王世充也是這樣一枚好棋子。他是有著西域胡人血統的混血兒，出身卑微，一頭捲髮，聲音像豺狼一樣，正經的士大夫都不喜歡這樣的人。但楊廣從王世充的眼裡看出了熊熊燃燒的野心，憑著他這身分和這野心，自己就能好好利用。而且，王世充也很懂得討好楊廣，靠著他在江都的人脈

關係，為楊廣獻上了很多珍奇異寶，還有年輕少女。以毀壞自己的社會風評的代價取悅皇帝，可見他能依賴的就只能是楊廣了。更重要的是，他不是只會阿諛奉承的草包，而是有真才實學的，文才、武功樣樣都是一流，看問題一針見血，奏對頗有見地。

綜合看來，王世充是個人才，而且是暫時可以利用他來控制東都，防止楊廣的孫子越王楊侗篡權的好棋子。

此時的李密，則有著別的考慮。

當初，他輔佐楊玄感起兵之時，曾獻上、中、下三計，上計直取幽州，阻擋隋帝西返。雖然計策極有想像力，是他策略規劃事業方面這張履歷表中的得意之作，但其實李密也知道，這一計太險，如果自己是決策者，多半也不會採納。就像當年諸葛亮北伐，魏延獻出的「子午谷奇謀」一樣，聽起來驚世駭俗，但是細想之下，執行層面卻有重重阻礙。所以，李密真正希望楊玄感選擇的是兼顧進取和保守的中策，也就是取關中之地，以之作為王霸之業的根據地，再從關中出發討伐隋廷。

這就是謀士與決策者的區別，謀士為主公設想各種方案、規劃，更優秀的謀士還會幫忙分析各種方案的優缺點，然後提出自己的意見。但是，主公才是最後拍板的人，決策者要自己來權衡整體利弊，選擇最適合自己的計策。

沒有最好的計策，也沒有最差的計策，只有最適合自己的計策。我們後世也許在讀歷史的時候會做一下事後諸葛亮，指責當時的歷史人物為什麼會作出一些「失智」的事情，做事昏了頭才導致他們失敗。但其實，這只不過是「書生輕議塚中人，塚中笑爾書生氣」。那些看似「失智」的決策，其實背後都有很多現實的考量。

比如，這時李密就在艱難地抉擇，下一步魏政權要往哪走。

以鞏縣縣令投降魏政權的柴孝和，此時是李密的心腹謀士，他對李密

第四章　一時人物盡鷹揚─關東群雄沉浮錄

的建議就是取關中。因為關中易守難攻，有四塞高山為屏障，又有滾滾黃河做天塹，當初的漢高祖就是以關中為基地打敗了項羽，實在是風水旺盛的一塊寶地！而且，柴孝和不是只會喊喊口號的人，他站在整個魏政權的角度，規劃出了很細密的計畫：三把手裴仁基鎮守在洛陽城旁的回洛倉，牽制城中的部隊；二把手翟讓鎮守在興洛倉，對抗各路援軍；而李密自己，則親率精銳主力，向西突襲長安。這段時間的政治宣傳下，各地百姓都盼望著李密能來解救他們於水火，這一路一定勢如破竹。否則時機一旦錯失，難保有別人會搶在前頭，占據了關中這塊寶地！

李密何嘗不知道這些，因為當年西取關中的計策，智慧財產權就是自己的。而且，現在李密所在的洛口是天下當中，條條大路都通這裡，四面八方也都能攻向這裡。再加上隋煬帝把魏政權視為頭號死敵，調集了隋廷能調動的幾乎所有精銳力量，都來攻打李密，所以洛口實在不是久留之地。

但李密還有別的顧慮。

因為此時的魏政權雖然控制了從東海到河南的廣大地區，但這些地方其實只是當地實力派選擇性的依附，魏政權對這裡的控制非常薄弱。而且，魏政權旗下的那些所謂的各路群豪，其實也都是「流寇」出身，部隊的裝備、戰鬥力、凝聚力都很弱，要是跟在李密的精銳「內軍」後面，打一打順風仗還好，而要是隨著李密西征關中，沿途艱難險阻，遇到挫折或者長途奔襲，這些烏合之眾的士氣很快就流失了，隊伍不好帶不說，還要提防他們逃跑或者投降敵軍。這是李密極為頭痛的。

當年的漢高祖劉邦，就是拋下自己在豐、沛的根據地西征關中的，但那時的劉邦是在項羽牽制了秦軍主力的情況下進入的關中。此番李密要是西征，難度要大大高於漢高祖。要是西征失敗，李密就什麼都沒有了。

所以，李密只能取其下策，留在關東，進圖洛陽。洛陽匯集了天下的財富，有它作為根據地，也是個不錯的選擇。於是，李密最終沒有採納柴

孝和西征占領關中的策略，而是繼續留在洛口，和各路大軍硬碰硬。

其實，李密最終沒有西征，也有一個他無法說出的原因，就是翟讓。

李密已經看透了翟讓這個人，他胸無大志，自私又貪婪，靠著李密的天才表現，他曾經掌舵的瓦崗寨成為雄踞一方的起義軍霸主，他也因此收穫了所有人的尊崇——畢竟，他是這個魏政權的創始人嘛。翟讓最初因為自己的平庸，而依靠李密成就了一番大事，但也正因為自己的平庸，讓自己無法配得上現在的這個位置。當所有人都對他說，這個政權的基業是依靠翟讓而創立的，翟讓於是就自滿起來了，幻想著自己要是沒有將頭把交椅傳給李密的話，自己早就已經是號令一方的大王了。

這讓李密的魏公府和翟讓的司徒府，產生了越來越明顯的裂痕。

李密知道，這個裂痕是無法彌補的，因為它起源於人的貪婪。人的貪婪像無法饜足的怪獸，不將人整個吞噬絕不罷休。

所以，萬一李密率軍西去，正當大軍苦戰之際，翟讓在背後忽然刺一刀，又將如何？也許翟讓沒有這個膽子，但李密還是不敢冒這個險。翟讓對李密有知遇之恩，當初是他將絕境中的李密委以重任。李密記得這些，也不敢忘記，所以他不會對翟讓起什麼殺心，除非……

除非他真的要置李密於死地。要是真這樣，李密也絕不會手軟。

和王世充的大戰，打得極其慘烈。

兩軍在興洛倉的西邊對峙，這一百天裡，大小六十餘戰，誰都沒有撈到什麼好處。一邊是李密選出的精銳騎兵，在主帥李密嚴格的訓練下，一片嚴寒般的殺意；另一邊則是隋朝從各地調來的精銳，有驍勇彪悍的江淮勁卒，有狂熱凶蠻的南蠻步兵，還有關隴、河內等地支援的驍勇之兵。雙方誰也奈何不了誰。

李密是個狂野派的將領，作戰時身先士卒，帶著他的「四帳驃騎」專

第四章　一時人物盡鷹揚—關東群雄沉浮錄

挑難啃的地方衝。但常在橋邊走，哪有不溼鞋，在一場戰鬥中，李密便為流矢所中，受了重傷。李密重傷之際，魏軍吃了幾次虧，還在洛水戰鬥中大敗，損失慘重，連柴孝和也在這場戰鬥中不幸戰死。聽聞柴孝和戰死，李密悲痛萬分，沒想到造反尚未成功，他便先行一步了。

就在這軍心未穩之際，魏政權的後方又出現了新的險情。

司徒府又出變故了。

翟讓的司徒府作為名義上的百官之首，在李密前方戰事吃緊之際，在後方緊吃，漸漸地在興洛倉站穩了腳跟。此時，原本掌握行政大權的魏公府左右長史，也被翟讓的司徒府不遺餘力地打壓，架空了他們的權力。

先是有一次，翟讓喊了行軍元帥魏公府記室，也就是李密的府中記室邢義期賭博，邢義期因為去晚了，被翟讓打了八十杖。邢義期帶著屁股上的傷回去了，李密看在眼裡，心裡雪亮。這明明打的不是邢義期的屁股，而是他李密的臉哪！但為了穩定大局，李密暫且容忍了下來，他要把主要注意力放在軍事上，那麼行政事務就暫時先讓翟讓這個司徒統攝一下好了。

然後，翟讓的部下就勸他，請他加封為大塚宰。大塚宰這名頭實在是太響了，當初隋朝建立前，哪個權臣不是當著大塚宰而後權傾朝野的？翟讓自己也不好意思要這個名頭，而是採取了非常務實的做法，就是繼續敲打魏公府，從他們這裡一點一點地榨出權力來。

行軍元帥魏公府左長史房彥藻這天收到了翟讓的威逼書信。翟讓在信上說，當初你房長史在攻占汝南的時候斂得巨資，全都送給了「魏公」，卻未撥給司徒府，讓司徒府的行政經費從何而來？要知道魏公本就是翟司徒推立的，日後誰掌主導權還未可知呢！

再加上司徒府的一些若有若無的風聲傳了過來，說翟讓他哥哥翟弘跑

過來一個勁地勸翟讓，說：「大兄弟，這天子可得自己當啊！怎麼能讓給別人呢！你要是不當，我可就當了啊！」翟讓聽完之後，既沒有喝斥，也沒有反對，只是態度曖昧地哈哈大笑。翟司徒聽到這樣的話，居然還哈哈大笑，難道是早有打算嗎？

綜合各方面消息，李密終於到了要做一個艱難決定的時候了。

畢竟此時前方的戰事最重要，這樣的生死關頭，後方不能出任何一點岔子，否則就是魏政權的滅頂之災。

這是大業十三年（西元617年）十一月十一日，天氣已經很冷了。李密在前線大營裡擺下酒宴，邀請翟讓以及主要的重臣參加。夜色將近之時，翟讓帶著哥哥翟弘，還有舊班底徐世勣、單雄信赴宴。三把手裴仁基，還有孟讓、郝孝德這些各寨首領也前來參加宴會。戰爭時期，一切從簡，大帳裡空間有限，容不下這麼多人，於是將領們分開宴飲。帥帳之中，就留下了李密、翟讓、裴仁基等少數幾個領導級的人物。

酒過三巡，大家都有些微醺了。

李密醉眼惺忪地說：「翟司徒，我最近拿到一把好弓，要不要試一試？」

「什麼好弓，拿來讓我玩一玩！」翟讓也來了興趣。

於是，侍從們從後臺拿來了一把彎曲的弓，看這材質，確實是難得一見的硬弓。「我來試試！」翟讓站起身來，彎曲臂膀，拉動弓弦。似乎是這幾年花天酒地的生活，讓他的身子大不如前了，這把硬弓似乎已經讓他微微吃力了。

翟讓的心裡正這樣想著，忽然一柄鋒利的刀插進了自己的心臟。

「魏公」陰謀殺人！翟讓最後意識到了這一切，用盡最後力氣，雙眼瞪向坐在首席的李密。此刻的李密，正似笑非笑地看著自己。翟讓忽然有一點懊悔，他想起和李密初次見面的時候，那個年輕人如此意氣風發，揮

第四章　一時人物盡鷹揚─關東群雄沉浮錄

斥方遒,本該是一個不錯的主帥,自己也可以做一個安分的大臣,但是一切事情都作出了,已經無法回頭。

翟讓倒在血泊裡死了。

刀光劍影也發生在其他幾個帳篷。在翟讓死去的同時,他的心腹、兄弟也同時被李密豢養的死士誅殺。將軍徐世勣想要逃跑,走出幾步,卻被守住大門的侍衛砍傷了脖子,血流如注。

「不可!」還是王伯當喝止了這一切,他雖然是翟讓舊部,但也是李密的好友,說話有一些分量。

此時,李密處理完帥帳的翟讓,也走到了這裡。他身軀高大,睥睨四周,眼神陰冷,活脫脫一個陰鷙的帝王。

「撲通」一聲,大將單雄信跪了下來,乞求李密饒命。李密很大度地饒恕了單雄信。轉眼之間,除了翟讓兄弟等生死之交,翟讓原來的部下們幾乎都已經倒向了李密。這場血腥的火拚,最終以李密大獲全勝告終。

這場政變雖然殘忍,但是也將翟讓對整個政權的安全與團結隱患被消解於無形。此刻的李密,才真正變成了一個冷酷無情的政客。那些原本在瓦崗寨的聚義,那些溫情脈脈的兄弟友誼,還有那些大家喝醉後說過的肝膽相照的話,就像沙子一樣隨風而逝了。留給魏政權的,只有冷酷的權力法則,以及嚴格的上下級關係。

這個政權在悄然地脫胎換骨,變得成熟,變成了大家都看不懂的模樣。

然而,幾乎在李密刺殺翟讓的同時,千里之外的關中,一支打著紅白相間旗幟的大軍浩浩蕩蕩地進入了大興城北邊的玄武門。

沒想到,短短幾個月的時間,關中真的就這樣易主了。

第五章

白旄黃鉞定兩京 —— 李氏晉陽舉義兵

第五章　白旄黃鉞定兩京—李氏晉陽舉義兵

01　大表哥李淵的撫慰

　　李淵時常會回想起五年前的大業八年（西元 612 年）在涿郡時，他與當朝權貴、左翊衛大將軍宇文述的兒子、駙馬都尉宇文士及的對話。那時他們正在城頭，看著帝國的百萬雄兵在皇帝的指揮下浩浩蕩蕩地向著遼東而去。那時的皇帝楊廣滿心以為在這樣的軍威之下，高句麗人自然會屈服，絲毫沒有預料到這場規模宏大的進軍最後會演變成一場災難。

　　李淵和宇文士及是舊相識，也都是皇親國戚，而且他們的先祖都是當年武川鎮的軍人，算起來還是同鄉。只不過，宇文士及的先祖當年只是北周太祖宇文泰麾下的一員家將，而唐國公李虎則是武川勢力的創始元老。

　　望著遠方的征遼大軍，他們雖然不知道幾個月後的災難性失敗，但是多少感到未來局勢的難以預料。連年窮兵黷武、過度使用民力，天下已經到了快要耗盡的時候。

　　這天下是關隴勳貴的祖上一起打下來的，從北周太祖平定關東時起，就是天子與勳貴們共天下。對於天下安危，武川功勳之後責無旁貸。

　　那麼，若是天子不肖，朝廷昏亂，天下不寧，那武川後人自當站出來，替天下革除弊病。

　　這是宇文士及和李淵的想法，也是大多數關隴門閥的普遍觀點。二人四目相對，有些言外之意，都默契地沒有挑明，但意思全都已經點到為止了。他們都看見了皇帝楊廣鞭撻天下營造出的這片盛世景象的外表之下，其實是疲憊的民力和纍纍的白骨。兩朝隋帝都是嚴厲而且多疑之人，在隋廷嚴苛的政治氣氛之下，即使是他們這樣的重臣，也都是緊繃得喘不過氣來。勳貴門閥之間在暗中交通來往，趁著一股股洶湧暗流，各自準備著天下有變那一刻的到來。

01 大表哥李淵的撫慰

而李淵，就是當時那股暗流中的一朵碩大的浪花。

皇帝是個陰鷙雄猜的國君，這一點朝中之人大多都心知肚明，因為不明的人早已經被皇帝搞死了。比如，當年的宰相高熲，曾立下不世功勳，因為皇帝楊廣生活奢靡而憂心，私下和其他人說了幾句，就被人告發，最後被楊廣以「誹謗朝政」的罪名下詔誅殺。而李淵的心裡也跟明鏡似的，雖然他和楊廣一同為獨孤皇后養育長大，但在權力面前，楊廣連親兄弟都殺，何況是表兄弟？所以，在朝廷裡，李淵低調做事，夾著尾巴做人，老老實實當官。不過，李淵雖然低調，但也是門第顯赫，武川鎮嫡系出身，世襲唐國公，更是楊廣的至親表兄，因此仕途也算順暢。

大業九年（西元613年），楊玄感叛亂，天下震動，關西地區也是騷擾不定，於是李淵被外派前往關西的弘化郡鎮守，兼知關西諸軍事，緊急去安撫關西地區。有了這個任命，李淵得心應手，全力投入職責，與當地的豪強、大族們建立了深厚關係。祖父李虎當年在關西地區赫赫有名，李淵也是有名的忠厚之人，所以四面八方的英雄好漢，還有地方大族豪門，都爭相與李淵結交。但是，李淵做了一會兒，就從宮裡傳來皇帝開始猜忌他的小道消息。原來是不久前，皇帝詔命李淵前往他巡幸所到之地，正好李淵那時候病了，所以沒有前往。當時李淵的外甥女王氏正在後宮，皇帝楊廣聽說李淵生病的消息，於是馬上就問：「大表哥生病了？是馬上就死的那種嗎？」

這個事情傳到李淵那裡，當時他就嚇得要命。皇帝雖然不太積口德，但是他這麼問隱隱透露出的猜嫌意思已經是昭然若揭了。當年楊素就是被皇帝問了類似的問題，於是就放棄治療自己等死了。隋煬帝的朝廷不需要能幹的人，能幹的人都被皇帝一個個除掉了，誰出類拔萃，誰就可能會變成皇帝的眼中釘，會被皇帝懷疑他是在準備圖謀大隋的江山——畢竟他們老楊家當年就是這麼圖謀的。於是，李淵趕緊拚命挖掘自己的小毛病。

第五章　白旄黃鉞定兩京─李氏晉陽舉義兵

自己不是愛喝酒嗎？那現在就劑量加倍，拚命喝酒，整天一副醉醺醺的樣子。而且，他還開始收受賄賂。雖然老李家這些年來就沒碰到過「缺錢」二字，但李淵還是以收受賄賂來自汙。其實，朝中的其他大臣又何嘗不是這樣？這就是大業年間朝臣的必備生存技能。

當年的權臣楊素，不也是到處收受賄賂來自汙嗎？到頭來還是被皇帝逼得放棄治療等死。幸好李淵長得略微憨憨的，因為長相就沒少被皇帝嘲笑、挪揄。皇帝本來就不太把這位大表哥當回事，因此李淵也就平安地度過了危機。等到三征高句麗結束後，天下大亂，皇帝需要一個親密之人安撫河東地區，於是就在大業十一年（西元 615 年），選用了大表哥李淵來擔任山西河東撫慰大使。

李淵獲封這個撫慰大使以後，第一反應是：「這究竟是個什麼官？」

山西河東撫慰大使，既不是代表官階的散官，也不是正式的差遣官，而是一個臨時性的「使職」。從秦漢以降，從沒有一個叫做「撫慰大使」的官銜，全靠「偉大英明」的皇帝別出心裁，自創了這樣一個職位，來應對三征高句麗後山西河東地區紛繁複雜的治安局面。中國古代雖然談不上是嚴格法制的社會，但中央王朝自秦始皇以來延續數百上千年，也形成了一定的制度與章法，政令執行、官員權責，天朝自有法度。那這撫慰大使，在山西河東道究竟是什麼樣的職掌？對州郡是否有管轄權？是否擁有自己的軍隊？調兵權如何？更關鍵的是，經費來源為何？是直接取自地方賦稅，還是依靠朝廷撥給？這些都是新職位須釐清之處。

不過，好在皇帝的詔令下面拖了一句，算是劃定了這撫慰大使一職的權力範圍：「承制黜陟選補郡縣文武官，仍發河東兵討捕群盜。」也就是規定，這撫慰大使有權按照朝廷制度，處罰、免除、選拔、補用山西河東道地區郡縣地方的文武官員，還可以徵發河東地區的現有軍隊，討捕群盜。

這麼一聽，這撫慰大使倒是有點名堂了，不僅有了對整個山西河東地

區地方文武官員的人事任免權,還有徵調各地兵馬的權力。李淵很喜歡這個任命,他曾對二兒子李世民說:「我們老李家封號是唐國公,春秋時期,太原就是唐國的國土,來這裡上任,真是上天給予的恩賜!」

但理想和現實總是有差距的,在李淵就任撫慰大使的時候,整個河東地區已經被各地蜂起的民變打成了篩子,小股「流寇」不算,稱得上號的就有龍門的毋端兒、翼城一帶的歷山飛、絳州一帶的柴保昌,都是擁眾數萬以上。而李淵這邊,說是可以調動河東的兵馬,但是終究這些兵馬不是他這個撫慰大使直接指揮的,在那個交通基本靠走、通訊基本靠吼的年代,指揮極為不方便。而且,李淵從中央空降到河東,原本地方上的實力派也都抱著看戲的心態,若即若離地跟隨著李淵的號令,實際上是出工不出力。

李淵就只能靠著麾下的那一點點本部兵馬來討「賊」了,還好唐國公家大業大,養的家丁與門客人數不少,戰鬥力也強。而且,李淵幾年來結交天下豪傑,在江湖累積下的聲望此時也派上了用場,撫慰大使的旗號一打,很多地方豪傑也前來投靠。比如,并州富戶武士彠,在江湖上也是一條好漢,結交李淵之後,又是贊助錢糧又是貢獻人手。這位兄臺的女兒很有名,就是史上唯一的女皇武則天,此時還沒有出生。就這樣,李淵整編起了一支上千人的軍隊,更關鍵的是,這支私兵由李淵絕對控制,並且訓練有素。

當河東地方州郡或是在觀望,或是被四處的「流寇」打得龜縮在城中無法出來的時候,李淵的這支人數少而精的軍隊有如機械戰神一般出現在了起義軍的面前。第一戰,李淵對陣龍門的毋端兒。這場人數對比懸殊的戰鬥,是上千人對戰上萬人的一戰,毋端兒的數萬人在龍門的霍邑一帶擺起了龍門陣,彷彿這場戰鬥勢在必得。

但開戰以後,李淵親自帶著幾十名全副武裝的甲騎,向著這上萬人發

第五章　白旄黃鉞定兩京—李氏晉陽舉義兵

起了衝鋒。這是自魏晉以來最為恐怖的騎兵衝鋒戰術——「甲騎具裝」，馬匹和騎兵全身都包裹著鎧甲，堅不可摧，幾十騎的衝鋒，卻有排山倒海之勢。在甲騎銳不可當的衝鋒下，整個毋端兒軍被衝垮了。李淵連發七十餘箭，每一箭都射中，敵人應弦而倒。起義軍在這暴烈的騎兵衝擊下全線崩潰，於是官軍順勢掩殺，斬敵不計其數。

李淵將斬殺的起義軍屍體築成「京觀」，來恐嚇以後膽敢造反作亂之人。另外，李淵開始派人向毋端兒部的殘軍招降。因為「甲騎具裝」衝鋒而陷入應激創傷的殘兵們，最終向李淵歸降了。

這一戰，得到部眾數萬，李淵算是迎來一個好彩頭。雖然這數萬人是以起義軍的家小為主。但李淵從殘兵中揀選出精壯之人編入自己的部下，實力一下子增強了不少。

隨後，李淵又以類似的簡單粗暴的方式，解決了絳州的柴保昌，又得到了數萬人丁。因為這些戰功，李淵被封為右驍衛大將軍。不久之後，李淵又在雁門之圍後率軍征討突厥有功，被倉皇南下的皇帝楊廣封為太原留守，正式坐鎮太原城。創業家李淵，就這樣挖到了屬於自己的人生第一桶金。

此時，天下已經亂了，皇帝也在雁門關城樓上痛哭流涕，顏面盡失。隋帝國扯下了最後一塊遮羞布，皇室的真實處境就這樣被隋廷的勳舊貴族們冷眼瞧著，盡是輕佻的神色。臨走前，在汾陽宮，李淵與宇文士及又一次見面。四下無人的時候，二人進行了一番推心置腹的長談，李淵也在密室裡挑明了心跡。

隋失其鹿，武川舊人自當共逐之。

02 你這忠厚老實的傢伙居然也背叛了大隋

大業十三年（西元617年）的春天，太原城的上空被一團陰雲籠罩。

壞消息伴隨著從北邊馳來的驛馬，接連傳了過來。

二月，馬邑鷹揚校尉劉武周，趁著馬邑太守王仁恭外出視察之際，突然發難，殺死王仁恭，控制了馬邑城，隨後開倉濟民，傳檄境內，各地紛紛歸附。這些年來，這個邊塞之地早就發生了饑荒，但是太守因為朝廷沒有政策，就守著倉庫裡堆積如山的糧食，就算爛掉了，也不願意發給飢餓的百姓。此刻，倉中的糧食反倒成全了劉武周的收買人心之舉。

雁門關有陳孝意、王智辯率重兵把守，聽聞劉武周叛亂，於是率軍征討。兩軍相鬥之時，忽然有大隊突厥騎兵趕到，於是隋軍大敗，雁門關失守。原來劉武周早就已經投靠了突厥人，被突厥封為「定楊可汗」，還獲得了突厥大汗賜給的狼頭大旗。窺伺中原多年，突厥人終於將觸手伸進了關內。

三月，劉武周攻取樓煩郡，占領汾陽宮。汾陽宮是皇帝新建的行宮，儲藏的糧草、財物無數，劉武周對這些受之不恭，同時將汾陽宮中的宮女都送給了突厥始畢可汗。始畢可汗收到宮女，回饋了草原的土特產——大量戰馬給劉武周。劉武周兵威更盛，占據了馬邑、雁門、樓煩、定襄北方四郡，又有突厥做後盾，成為雄踞一方的「定楊可汗」。太原北邊的門戶直接暴露在了劉武周和突厥勢力面前。

聽聞這個消息，皇帝震怒，派使者前來問責，要將李淵綁回江都，使者此時已經來到了太原。

十九歲的李世民在太原城上眺望著遠方起伏的山巒，太原城下，他所募集的一千多兵士正列隊向前，行入太原城中。這是他在周邊郡縣招募的

第五章　白旄黃鉞定兩京—李氏晉陽舉義兵

兵馬。此時，不只是他，劉文靜、長孫順德、劉弘基等人所招募的新兵，也在源源不斷地向太原匯聚，新兵已經達到了上萬人。李世民也聽說了皇帝派使者來到太原問責的事情，但他並不擔心，這件事情他早已經安排好了。皇帝並不知道，此時的太原已經不是使者能說了算的了，城上的大旗表面上姓楊，實際上已經姓李了。江都來的使者進入太原後，就此再無聲息，就像水滴在湖面上掀起的漣漪，轉眼間就復歸於平靜。

太原城，是個臥虎藏龍的地方。它位於胡人與漢人雜處的交會地帶，歷來民風彪悍，出產天下聞名的精兵強將。十年前，漢王楊諒在這裡起兵反對繼承皇位的兄長楊廣，兵敗之後，大股反隋勢力隱藏在了太原城中，蟄伏待出。還有許多從殘酷的征遼戰場上逃回來的將士，也在太原躲避。李淵、李世民父子轉移到太原以後，對這些有罪之人深自結納，收羅了一大批能力出眾的逃亡之人，其中就有劉文靜、長孫順德和劉弘基在內。李淵有對地方官員的賞罰任免之權，於是將劉文靜等人免除了罪行，授以要職。劉文靜作為李淵父子的心腹之臣，更是重新獲得了晉陽令的重任。還有從北方四郡撤退回來的殘餘官兵，李淵父子也與他們相交好，引為己用。

但是，經歷過修直道、修長城、修運河、三征高句麗的山西河東道已經民生凋敝，兵源捉襟見肘，於是李淵派出了李世民等人，到周邊地區募集新兵。李世民的兄長李建成、四弟李元吉，則在河東郡結交豪傑，為李家積聚力量。

太原城的各路力量，基本都被李淵父子收為己用。李淵的圖謀是什麼，也許半個太原城都知道了，但是所有人都無一例外地保持了沉默。

在太原城，還悄悄流傳著一個更為神祕的說法。那一句家喻戶曉的童謠唱道：「桃李子，鴻鵠繞陽山，婉轉花林裡。莫浪語，誰道許。」桃，是陶唐的陶，對應唐國公的封號；李自然就是李淵家的李，而李家的族幡就

是婉轉的形狀；鴻鵠繞陽山，還有一個版本是「洪水繞楊山」，也就是李淵這股深淵洪水將要衝陷楊隋的江山。這句童謠對應著「李氏當為天子」的讖語，都將未來天子、那個「李弘」轉世的聖人指向了唐國公李淵。當然，在營造這種民心所向的輿論環境過程中，李世民自然是功不可沒。

此刻的天下已經沸騰了，各路叛軍占據州郡，已經形成了群雄逐鹿之勢。這樣的時刻，大丈夫自當提三尺劍，蕩平天下，建立不世之功。李世民早就有了這樣的大志向，他曾與劉文靜推心置腹地談過，劉文靜的規劃很簡單：如今太原豪傑遍地，可以集結力量，組成數萬大軍。然後趁著關中空虛，半年之內便可打進關中，號令天下！

劉文靜提出的計畫與李世民不謀而合。如今，第一步號召豪傑正在慢慢完成，但關中卻遙遙無期。如果形勢變化，比如關中突然增兵，或者哪一路諸侯搶先占領了關中，那當初占據關中的計畫就會化為泡影。李世民等得心焦。如今天下形勢瞬息萬變，太原城中也並不太平。太原副留守王威、高君雅，原本就是皇帝安在這裡掣肘、監視李淵的，如今似乎已經覺察到了他們的圖謀，恐怕馬上就會有不利的舉動。然而，父親李淵仍然在觀望外面的局勢，遲遲沒有正式舉兵。

時間一天又一天地過去，究竟何時才能舉事？李世民看到這一切，心中不免焦慮起來。

這時，又一件意想不到的事情發生了。

馬邑被劉武周占據之後，敗退回太原的馬邑郡丞李靖，這時突然逃出了太原。李靖是名將韓擒虎的外甥，極善兵法，當初李世民在雁門關外和突厥交戰時結識了他，又是欣賞又是佩服。李靖也因此成為李淵的拉攏對象，在籌備舉兵起事的時候，李靖也參與其中。但是，此時李靖像是忽然改變了主意，離開了太原城。據說他把自己關在枷鎖裡，以戴罪之身前往長安，要向鎮守在此的代王楊侑檢舉李淵的行徑。

第五章　白旄黃鉞定兩京──李氏晉陽舉義兵

如果李靖真把李淵的圖謀一五一十地抖出來，那形勢就更加不利了。也許長安就有了提前的準備，或者增加守軍，或者搶先進攻，無論怎樣，李靖的這次動向打亂了李世民和他父親原有的一切準備。

李世民的眼神依然堅定，他下定了決心——無論如何，這次都要說服父親，起兵！

入夜，晉陽宮裡，李淵與晉陽宮副監裴寂正在歡暢地對酌。裴寂是李淵的舊相識了，如今，更是李淵的知己兼同僚。在晉陽宮內飲酒作樂，是李淵和裴寂的一個小祕密。畢竟他們雖是宮監，但按律不得私自使用晉陽宮中的娛樂設施及娛樂人員，否則就是死罪。但是，此時的李淵和裴寂，各自正左擁右抱著面容端莊秀麗的宮女，在宮廷樂師們的絲竹伴奏下，享受著皇帝才有的快感。李淵的結髮妻子竇氏已經在幾年前去世了，在晉陽宮裡和美人們玩玩遊戲，是單身多年的李淵不可為外人道的快樂泉源。

但李淵知道，這樣清閒快樂的日子，也許要好久才能重新到來，又或者，永遠都不會回來了。多年以後，李淵重新過上了每天和美人宴飲作樂的生活，但是當時他的心境早已與此時不同了。

腳步聲由遠及近，李世民帶著劉文靜等一干人，從外面走了進來。李淵原本鬆弛的面色嚴肅了起來，揮了揮手，身邊的宮女連同樂師等人都默默地退了下去。

「剛剛我們的暗樁傳來消息，幾日後在晉祠的求雨大會，其實是副留守王威、高君雅想要騙父親前去，他們好趁機下殺手。」李世民說道。

「我們的人去追尋李靖，但他行蹤詭祕，到現在還沒有找到他。」

李淵克制不住自己的怒氣，憤憤地道：「我李氏受天命指示，要匡扶天下，但因為二郎的兄弟們沒到，所以遲遲沒有起兵。誰想到李靖居然做出如此狂悖之舉！」李靖此刻忽然出走太原，打亂了他的全盤計畫，更重要的是，他危及他女兒的安全。李淵和妻子竇氏所生的三女兒，嫁給千牛

備身柴紹，此刻正在長安，萬一長安那邊對自己的女兒、女婿不利，他絕對饒不了李靖！李淵是一個極其疼愛子女的人，他遲遲沒有舉事，就是要等到將小女兒，連同在河東的兒子李建成、李元吉接回來，才能放心施展自己的宏圖大計。但至今他們都沒有回來，這讓李淵怎麼能放心？

當然，李淵沒有舉事還有其他原因。畢竟他這一族，世代忠厚正直，當年他的祖父李虎，就算宇文泰屢加掣肘、削奪其兵權，仍然是顧全大局，為了武川勢力的根本利益著想，自覺地退處後位。先祖的言行就是此時李淵的榜樣。李淵祖上三代，都小心地處理著和當權者之間的關係，自己更是謹慎做人，對什麼事情都深謀遠慮，若非萬全之策，輕易不下決定。而此時舉兵，畢竟有違君臣之義，而且也有重重風險，雖然已經有了多年的精心準備，但事到臨頭，李淵也一時難以真正下定決心。

這時，裴寂則提出了一個意見：「此時情況甚急，唐國公可以效法伊尹放太甲於桐宮的典故，舉兵拯救社稷於水火！」他說的是典籍中記載的商朝國相伊尹，因為天子太甲不肖，行為不端，而放逐了太甲，自己掌握朝政的故事。當年的霍光、董卓，都是援引了「伊尹放太甲於桐宮」這個典故，把漢朝皇帝廢除的。此時，裴寂也建議，李淵可以以匡扶隋朝社稷的名義舉兵，來找到起兵的合法性。

「父親，如今已到了緊急的時候，請速做決定吧！」

李淵沉吟著，過了許久，終於點頭，認可了李世民的建議。情況緊急，李淵立刻做了安排，一面安排心腹帶人控制太原各地；一面以商議緊急要事為名，請王威、高君雅來晉陽宮開會議事。同時，李淵再次派人，前往河東與長安，接應李建成等子女到太原會合。

五月十五日清晨，太原副留守王威和高君雅來到晉陽宮，李淵早已經在這裡等著他們。各人落座之後，劉文靜帶著鷹揚府司馬劉政會，攜一封密信走了進來。

第五章　白旄黃鉞定兩京──李氏晉陽舉義兵

李淵說道：「昨夜我收到急報，說有人要造反，因此緊急請兩位前來商議此事。」他示意劉政會將密函給王威和高君雅看。

劉政會不肯：「信中所告的，是副留守要謀反的事情，所以只能由唐公來定奪！」

王威、高君雅這時才醒悟過來。高君雅揮著衣袖大叫道：「這是反賊，反倒要殺我！」他正要尋機開溜的時候，早已經埋伏在外面的士兵們早已一擁而入，牢牢控制住了王威和高君雅二人。

太原城的街巷上，李世民正指揮士兵們把守住各個坊市入口，全城戒備。那些想要反抗或者逃脫的人，也被盡數拘押或者就地擊殺。

李淵父子們的時代，就在今天正式到來了。

03　突厥大軍，兵臨城下

史書上，李淵在太原舉兵的過程中是一個被動者，彷彿都是兒子李世民準備了一切，說李世民請裴寂勸李淵舉兵，然後安排裴寂將李淵灌醉，然後與宮女夜宿，因為做出了夜宿宮女的錯事，最後才被迫起兵。但是，多年以來的歷史學家們已經發現了李淵在策劃整個起兵計畫當中的重要性，因為沒有李淵，只靠十九歲的李世民，是沒法順利完成所有的準備工作的。

而無巧不成書的是，拘捕王威、高君雅之後第二天，突厥騎兵竟然真的大舉來犯，兵臨城下。因為突厥騎兵的到來坐實了王威、高君雅的私通反叛之罪，於是李淵名正言順地把這兩位長期掣肘自己權力的副手當著全城將士的面砍了。而對入侵的突厥軍，李淵則以逸待勞，使了一個「空城計」，大開城門，安居城中，還設了幾股疑兵迷惑突厥，突厥兵不敢輕舉

妄動，最後主動撤兵。

以上這些，都是留守府記室參軍溫大雅紀錄中的故事，但事情真是這樣的嗎？為什麼突厥大軍會這麼巧合地出現在太原城外？為什麼一向謹而慎之的李淵，這次大膽地設下大開城門的「空城計」？這「空城計」就真的能對突厥人產生威嚇的效果？萬一哪一隊突厥人不聽號令，就真的衝進城門又當如何？為什麼突厥人到了太原城外，又非常配合地不進行攻擊？這一個個問題，都讓這一段歷史顯得撲朔迷離，細細思量，又會感到深深的恐懼。

下面這一段故事裡，並沒有什麼英雄的光環，反倒令人有些沮喪，卻更為真實。

早在很久以前，李淵就透過劉文靜和兒子李世民，與突厥處羅可汗建立了合作關係，突厥騎兵突然兵臨太原城下，其實也是預先的安排。李淵起兵以後，要盡快平定河東，進而占據關中，那就不能與北邊的劉武周政權以及突厥人為敵，否則就會陷入兩線作戰的不利境地。於是，突厥騎兵出現在太原城外後，李淵果斷地向突厥稱臣，並與處羅可汗在城外會盟，結成了香火之情。

一邊稱臣突厥，另一邊打著「尊隋」的旗號出兵，李淵不僅用隋朝的紅色旗幟，還加上了突厥的白旗，所以整支軍隊的旗幟紅白雜處。處羅可汗收取了李淵獻上的大量金銀寶物之後，得意揚揚地滿載而歸了。

但是，處羅可汗還不是東突厥的主人，突厥的首領還是處羅的哥哥始畢可汗。李淵雖然表示向突厥稱臣，可還不能確定始畢可汗的態度。因為此時始畢可汗的妻子還是隋朝的義成公主，萬一她向始畢可汗吹枕邊風，像當年雁門之圍時寫信勸回突厥大軍那樣，在這時讓突厥大軍進攻太原，就十分難辦了。所以，突厥騎兵北歸之後，李淵就向始畢可汗寫了一封語氣極為恭敬的信，表達了自己的敬仰和感激之情。還讓送信的劉文靜傳達

第五章　白旄黃鉞定兩京—李氏晉陽舉義兵

別的意思，也就是借兵給李淵。

李淵借得不多，只需要五百，這也是深思熟慮的結果，因為如果借得太多，就有被突厥人左右的風險。借這五百人，其實也是為了向突厥求個安穩：畢竟你已經是唐國公的支持者了，就不要在背後和唐國公為難吧！

劉文靜帶著李淵謙卑的誠意，向著草原深處而去。

這就是另一個版本的故事，如果是你，會選擇相信哪一個版本呢？

六月的一天，李建成和李元吉一行終於抵達了太原城。得知他們歸來，父親李淵和二弟李世民熱情地為他們接風。

身為唐國公一系的長子長孫，李建成的身上擔負著比他的弟弟們更多的使命。李建成比二弟李世民足足大了九歲，母親竇氏去世得早，他那時已經是個二十多歲的青年了。弟弟妹妹中間，最大的李世民也只有十五歲，因此李建成擔負起了照顧弟弟妹妹的責任。父親就任太原留守後，李建成更是擔起了家長一樣的職責，帶著一大家子人留在河東城居住。

不過，這次回到太原城，李建成的心中微微有一點點沮喪，因為他的任務失敗了。原來，父親當時交代李建成，讓他在河東城結交當地的英俊豪傑。李建成這兩年來，結識了河東城的各路英豪們，還逐漸滲透河東城防，打算一等到太原有消息，他就立刻起事接應。

但是，這些準備都失敗了。李建成遭到了河東官府的圍剿，所以他帶著李元吉和家眷們一路撤回了太原。這一段路程其實非常凶險，他同父異母的弟弟李智雲因為太小而留在城裡，就被河東城的官府抓住，扭送京師，不久之後就被處決了。李建成在路上還遇到了妹夫柴紹，但是妹妹卻沒能和柴紹一起過來。他們都是劫後餘生之人，會合在一起後，回到了太原。

李建成並不是無能之人，雖然在河東城的圖謀失敗了，但是他在親信的接應下，總算將一家老小完整地帶了回來（除了異母弟弟李智雲）。李

淵見到家眷們歸來，心中的一顆大石頭落了地，畢竟他最大的心願，就是一家人齊齊整整地在一起，河東城沒拿下來沒關係，以後還可以再打下來。所以，李建成回到太原後立刻被委以重任。畢竟打虎親兄弟，上陣父子兵，從武川鎮以來，親兄弟、親兒子來當左膀右臂已經是不成文的傳統了。李建成是李淵的嫡長子，將來還要繼承李淵的位子，自然要讓他擔當起這方面之任。

李建成終於回來了，之前為了等待他們的回來，李淵雖然已經舉事，但是遲遲沒有發兵，錯失了不少機會。雖然此時遠在長安的女兒、女婿還沒有消息，但也不能再等了。所以，李建成回來不久之後，太原城就開始了緊鑼密鼓的軍事行動。

太原留守府下令，河東、陝西各地興起義兵，到太原集合！

但西河郡丞高德儒拒絕從命，李淵立刻派李建成、李世民前去討伐。西河郡的守軍並不多，所以這次討伐是李淵給兩個兒子的重要鍛鍊機會。畢竟李建成和李世民雖有掌兵經驗，但帶領大軍出征還是頭一遭，做一軍之主將帶兵出征，不是像看上去那樣只要騎著馬一哄而上就可以的，這是一項極需縝密規劃的事。幾千幾萬人的軍隊，要計劃好行程，設計好行軍路線，妥善規劃軍隊的日常補給與後勤保障，還要看情況派出先頭部隊、殿後部隊、左右側翼部隊以及各路偵察斥候，這些每一件拎出來都不是簡單的事情。有的將領雖然勇冠三軍，但是最多帶千八百人左右就到了極限；古往今來的一些名將，能帶十萬人而遊刃有餘的，那也是如鳳毛麟角一般難得；而能像當年的「兵仙」韓信那樣，說出一句「多多益善」的，那就是不世出的天才。

而西河郡，既可以是李建成兄弟的經驗包，也可以是一塊試金石。李淵一起兵就讓年輕的兒子們領軍出征，實在是用心良苦。

父親的殷切希望怎麼能輕易辜負？這是起兵第一戰，李建成與李世民

第五章　白旄黃鉞定兩京——李氏晉陽舉義兵

都提著十二分心來治軍。他們軍中的這些大兵，全都是剛剛加入的義士，一沒有經過訓練，二沒有戰鬥經驗，軍隊紀律也不好。李建成等人再三下了軍令，整肅軍紀，義士們才加強了自我約束，紀律意識提升了不少。行軍路上，大軍浩浩蕩蕩，李建成、李世民和義士們同甘共苦，一起休息一起勞累。看到主將如此，士氣便蹭蹭蹭地上漲。大軍一路上對百姓秋毫無犯，即使百姓沿途獻上瓜果酒肉，李建成兄弟也推辭不要，收羅了一大批民心。就這樣，大軍昂首向前，一路幾乎沒有遇到像樣的抵抗，從太原出發之後第五天，大軍攻克西河城，生擒高德儒。

七月的太原城，鑼鼓喧天，彩旗招展。三萬大軍在此誓師，李淵釋出了討伐檄文，並自稱大將軍，宣布昏君楊廣的罪行，以楊廣為太上皇，擁立遠在長安的代王楊侑為帝，正式向隋廷宣戰。「廢昏立明，擁立代王，匡扶隋室」的口號響徹太原城。隨後大軍出發，李建成為河西郡公、左領軍大都督；李世民為敦煌郡公、右領軍大都督。李淵留下四兒子李元吉為姑臧縣公、鎮北將軍，留守在太原。李淵親率三萬大軍，以兩個年長的兒子分別統率左右軍，向著長安出發。

長安城外的鄠縣，李氏莊園。一個英氣勃勃的女子喬裝回到了這裡，她是李家三娘子、李淵的三女兒、柴紹離散的妻子。這處莊園是李家的祖業，莊丁門僮無數，卻並不是安全的躲避之地。鄠縣的官府已經收到了討捕文書，但是因為李家在縣裡屬於大戶，關係盤根錯節，官府才不敢貿然行事。

於是，李家娘子命令莊裡，散盡家財，並招攬山中亡命之徒。這下振臂一呼，登時有群盜響應。莊丁連同亡命徒一共數百人，嘯聚於李氏莊園，抗拒官府抓捕，響應父親李淵的旗幟。李淵的弟弟李神通，還有長安大俠史萬寶也與李家娘子合在一處，於是李家的勢力又是大振。

將門世家，必有虎女。李家娘子的名號漸漸地在大興城以西的地界傳

揚開來，遠近的盜匪，比如胡賊何潘仁等，都響應李家娘子的邀請，各自帶著數千人匯聚到了這裡。

誰能想到，一個女子竟然會有如此大的能量呢？

04　誰才是宿命之子

親愛的李淵兄：

　　啟此奉書，近聞兄日前於太原起義，深感欣慰。今隋主無道，殘暴如紂，天下群起而攻之。觀諸群雄之中，唯兄與我素來志同道合，皆出身高門，知書識禮。願與兄約會同盟，共商大計，效法武王伐紂之義，合力討誅昏君，並進取關中，以擒代王為期。倘能同心協力，匡復天下，成就大業，榮寵共享，豈不善乎？

魏公書

　　收到這封書信時，李淵正在向霍邑行軍的路上，他們從太原出發，經過清源、西河，一路暢通無阻。但霍邑卻是一座堅城，群山環繞，易守難攻，又有虎牙郎將宋老生率軍兩萬把守，三萬大軍自起兵以來遇到了第一場硬仗。

　　而在洛口建立政權的「魏公」李密，此時剛剛除掉了一直掣肘在旁的翟讓，準備雄心勃勃地大做一番，與洛陽的各路隋軍一決雌雄。此時的魏政權，已經控制了淮河以北的廣大地區，天下五大糧倉，李密已占據了興洛、黎陽兩個，勢力滔天。相比之下，唐國公李淵只占了太原附近的小小一塊地盤，除了數量極少的精銳，其餘大部分都是新招募的義士，說白了就是一些沒有經歷過戰場的草根，雖然士氣正旺，但是戰鬥力終究有限。所以，李密的這一封信，講起來似乎是雙方一起結盟反隋，但信中說的反

第五章　白旄黃鉞定兩京—李氏晉陽舉義兵

抗商紂,有周武王做首領;反抗暴秦,有項羽做盟主;現在反隋,自然也是要有領袖的。鑑於如此明顯的實力對比,李密的言下之意就是李淵要奉李密為盟主,大家一起做一番大事。

李淵和李密都是關隴門閥,李淵是李虎的孫子,李密是李弼的曾孫,說起來,李淵還高了李密一輩。但是,李密在信中坦蕩蕩地稱呼李淵為大兄弟,按照當時的書信禮儀實在算不得客氣,甚至有一些不遜。

畢竟在李密的眼裡,天命已經昭示了他將有天下,成就周武王式的大業,那讓李淵來做輔佐周武王的太公望,那不是十分看得起李淵嘛!

但是,李淵並不覺得氣惱,反而愉快地把這封信交給其他的將領,說道:「李密自詡有天命加身,實際上就是在自我膨脹,成就不了大事的。這樣也好,他在那邊繼續去啃洛陽城,正好為關中阻擋各路援軍,成就我們的計畫,真是完美。」

有的下屬就問了,應當怎麼回覆李密這封過於膨脹的信呢?

李淵笑道:「他膨脹,那我們就謙卑,反正讚美是最便宜的,多讚美他幾句,讓他繼續膨脹,不要讓他成為我們的敵人。等到我們占領了關中,而他李密在東都與隋兵鷸蚌相爭,到時候我們就可以坐收漁翁之利了!」計畫如此完美,李淵都忍不住仰天大笑了三聲。當下讓溫大雅以他的名義修書一封,獻給「魏公」。溫大雅大筆如椽,立刻寫了一封辭藻華美、預期懇切的回信。

尊敬的李密賢弟:

久承雅教,得書為幸。今四海鼎沸,生靈塗炭,目睹斯狀,深感憂慮。某才疏學淺,固守太原,雖起義兵,然無爭雄之志,惟願效忠朝廷,保境安民,扶持時局,恪守舊典。

天下黎庶,實需棟梁。論及豪傑,捨賢弟其誰。至於某年事已高,未

敢復有他圖。誠願賢弟高舉義旗，掃清殘暴，如周武王克商，漢高祖定秦，成就大業，以安天下。

至於結盟會晤，時機未便，猶須鎮撫太原，未能即行，殊以為歉。期盼他日得見，共敘懷抱。謹此奉書，敬頌功成志遂。

李淵上書

李淵上書這封信後來傳到了李密那裡，他見信之後，十分高興，對左右說：「既然有唐公的擁戴，這天下一定能平定了。」於是，他繼續把重心放在攻占東都上，暫時取消了其他的攻略計畫。

但是，李淵這裡的問題還沒有結束。

南下霍邑的路程並不順利，原本乾旱數月的河東，此時忽然下起了漫天淫雨。大雨一連下了好幾天，李淵的大軍被迫停在道上的鼠雀谷，太原後方到軍中的補給線也因為大雨而陷於停滯，軍中的糧草漸漸開始難以為繼，那些新招募的義士們的士氣也大受影響，有些人還開始打起了退堂鼓。

更讓人憂慮的是關於北方的傳言，據說突厥和劉武周聯合起來，準備趁著李淵大軍在外，偷襲空虛的太原城。而趕往大漠向始畢可汗送信的劉文靜也遲遲沒有消息。

恐慌就像傳染病一樣，在軍中蔓延開來。太原如果失守，那麼軍隊的補給、後援以及將士們的家眷全都會落到敵人手裡，三萬大軍立刻就會崩潰。軍中的裴寂等老成持重之人，都主張退回太原，擇日再攻打霍邑。

但是，李建成、李世民則堅決反對。因為此時回軍，萬一宋老生從霍邑追來，大軍就會陷入更加不利的局面。此時，隋廷已經聽說了李淵舉兵的消息，派了左驍衛大將軍屈突通率領數萬「驍果軍」從關中增援，剛剛抵達河東，尚未與宋老生合兵一處，所以現在正是進兵的最佳時機。不論

第五章　白旄黃鉞定兩京—李氏晉陽舉義兵

突厥人是否會來犯，霍邑城一定要打下來。否則等到屈突通與宋老生合兵一處，那李淵軍就不是他們的對手了。

躊躇良久，李淵最終沒有下撤兵的命令，而是繼續等待雨停。

雨一直在下，終於有一天，從太原運來的糧草也到達了大營。這批軍糧足夠一個月之用，李淵軍終於不用擔心糧草不足的問題了。

大雨終於停歇了下來，天氣放晴，三萬人繼續向南出發，渡過汾河，抵達霍邑城外。

霍邑城易守難攻，還有宋老生的兩萬守軍，兵法上說「十則圍之，倍則攻之」，李淵軍與霍邑守軍兵力相比並不占壓倒性優勢，反倒是守方有優勢，李淵軍則處於劣勢。如果宋老生堅守不出，那麼李淵長期難以攻下，萬一等來了屈突通的「驍果軍」，那李淵的勝算就更趨近於渺茫了。

所以，一定要把宋老生引出來。事不宜遲，李淵親自率領數百騎兵，抵近霍邑城外五里。同時，李建成、李世民各帶數十騎到霍邑城下，視察地形，作出一副準備攻城的樣子。

霍邑城上，宋老生善於攻堅衝陣，卻不擅長謀略，見到李淵的兩個兒子如此猖狂，居然搞一個貼臉式偵察，當即帶領主力部隊出城，要與李淵的軍隊決戰。宋老生率軍出城之後，與城外的李淵軍騎兵且戰且進，一直追出了一里路。李淵軍的主力出現在眼前，宋老生於是下令列陣，全軍出擊，兩軍在城外展開了激戰。

此時，宋老生激戰之中，忽然聽見陣後有人高叫：「宋老生已經被斬了，投降不殺！」宋老生震驚著回頭，原來他們出城之後，李建成和李世民分別帶著左右二軍堵在了城門外邊，然後帶兵從隋軍陣後掩殺過來。

此時，隋軍正在鏖戰之中，士兵們忽然聽見後方傳來喊殺聲，又聽到主將已經被砍了，登時驚慌失措。戰場之上混亂無比，普通士兵只能看見

自己方圓一丈左右的敵人和同袍，求生的欲望帶著隋兵後撤，但後路已經被李建成兄弟堵住了，如何後撤？混亂之中，後撤演變成了潰敗，城外的隋軍開始四散奔逃。

宋老生被裹挾在亂軍之中，雖然高聲叫喊，澄清自己沒有被殺，但是他到底死沒死，此時已經不重要了。隋軍已經全部崩潰，人們爭相踩踏。宋老生想要撤回霍邑繼續堅守，但是城門已被敵軍堵住，場面混亂無比，只得在城牆下喊話，叫上面的守軍想辦法讓他上去。城牆上的隋軍放了根繩子下來，宋老生也顧不得主將的形象，抓住繩子就往上爬。這時，其他人看到繩子，就全圍了上去。潰兵們全都想要搶到這根救命的稻草，宋老生還沒爬上城，就被劉弘基發現，一刀砍死。

霍邑之戰，李淵軍大獲全勝，並順勢攻占霍邑城。對於投降和俘虜的隋軍將士，李淵採取了寬大政策，規定凡是投降或者投靠的人，都給予獎賞。隋軍中的投降者，不論是留在軍中為李淵效力，還是返回他們的關中老家，都授予他們五品散官階，當然前提是不拿朝廷俸祿，畢竟李淵沒有那麼多錢。

五品散官雖然是榮譽職務，但是對於士兵們都是具體而明確的鼓勵和優待，李淵的優待政策就這樣一傳十十傳百地擴散開來。此後，李淵大軍所過之處，無論是鄉村、塢堡，全都望風而降。有時候，大軍行進路線外的邊遠縣邑，李淵只要寫一封信過去，那邊就立刻爽快地投降了。

李淵軍一路沿著汾河推進，大業十三年（西元617年）八月十五日，抵達了黃河不遠處的龍門。這時一隊突厥騎兵向這邊飛馳而來。這在軍中引起了不小的騷動，難道突厥人真的打到太原了嗎？這時，終於有人辨認出了劉文靜的旗號。原來是出使突厥斡旋的劉文靜回來了，還帶著突厥康鞘利的五百突厥騎兵，戰馬兩千匹，前來增援。

劉文靜終於成功說服了始畢可汗，雙方結成了正式的同盟。

第五章　白旄黃鉞定兩京—李氏晉陽舉義兵

　　雖然突厥騎兵只有五百，但是象徵意義卻很大。當李淵一路挺進，軍中還出現了突厥的旗幟，這對於抵抗的隋軍會帶來很強的心理殺傷力。

　　消滅了霍邑的宋老生，河東就剩下駐守在此的屈突通了。然而，屈突通不是宋老生這樣有勇無謀的對手，而是打敗了楊玄感的名將。他麾下的「驍果軍」是天下精銳，雖然經過幾次失敗，士氣十分低落，但屈突通是朝中名將，在守城上還是有兩把刷子的，這場攻城戰勢必會打得十分艱難。李淵大軍是由軍紀欠佳的豪傑義士們組成，雖然累積了野戰的經驗，假以時日必能訓練成一支強軍，但目前還不是，而且霍邑之戰也證明義軍在攻堅方面並不擅長。

　　因此，河東城必定是一場硬仗。

　　這時，蒲州人薛大鼎向李淵獻計，直接從龍門過河，占取對岸著名糧倉之一的永豐倉，然後傳檄天下，平定關中。

　　李淵十分心動，然後拒絕了薛大鼎，封了他為大將軍府察非椽，讓他主管監察，多提一提其他的寶貴意見。

　　李淵之所以不西渡龍門，是因為這條路太險。龍門渡的黃河，水流湍急，原本就比較難行，而七八月汛期的大水則讓渡河更為困難。李淵的大軍要過河，勢必時間緩慢，萬一屈突通趁著李淵軍分隔兩岸突然來襲怎麼辦？其實，渡黃河的最佳位置是在蒲坂渡，也就是當年韓信全軍坐著木頭澡盆過江的那個渡口，連坐著澡盆都可以過江，可見蒲坂渡的黃河段有多容易過。如今條件好了，蒲坂這裡修起了一座水上浮橋，叫做蒲津橋，過河更為方便，實在是行軍入關的最佳選擇。而要控制蒲坂渡，那就要擺平蒲坂附近的河東城。

　　李淵聽從了大多數人的意見，繼續南下，攻打河東，但他不想在河東城下與屈突通硬碰硬。他要占據戰場的主動權，牽著屈突通的鼻子走。

八月，唐國公李淵抵達汾陰，沿岸百姓紛紛獻船，黃河岸邊的群盜也向唐國公投誠。唐國公很高興，於是令他們建立了水軍，以其首領孫華為主將，讓他們先行過河，為主力部隊進入關中鋪路。同時，李淵還以左右統軍劉弘基、王長諧為主將，分出左軍、右軍各三分之一，連同歸附的突厥人阿史那大奈的幾百騎兵一起，共計六七千人，占領蒲坂津，先行渡過黃河，在河西站穩腳跟。

這就是李淵的風格，他不喜歡在邊路做過多糾纏，要做就做，直奔主題！

05　條條大路通長安

峰巒如聚，波濤如怒。黃河岸邊，大將軍府右統軍劉弘基等人正準備渡過黃河。遠處的黃河上，幾百艘舟船正抵達對岸，這是孫華的水軍，舟中之人靠岸後下船。在東岸看過去，那邊的人就像群聚的螞蟻一般。

唐國公的這個決定其實十分凶險，當劉弘基得知了這個決定時，也暗自捏了一把汗。劉弘基渡河，如果屈突通出城追擊，則李淵可以趁勢進攻河東城；如果屈突通仍固守在城內，那劉弘基便可以放心大膽地在關中自由行動，先闖出一片天地來。

八月底九月初的時候，劉弘基、王長諧率軍渡過了黃河，開始逐步在長安東北部行動，尋找戰機。但是，六千人的兵力，能發揮的作用著實有限。此前由孫華派出的水軍，也並沒有發揮接應的作用。在受過正規訓練的隋軍面前，孫華的水軍一觸即潰，四散而逃。劉弘基這支先遣部隊只能從零開始，尋找關中地區的戰機。

一個夜晚，先遣軍的營外忽然喊殺聲起，哨探來報，有隋軍大舉來攻！

第五章　白旄黃鉞定兩京——李氏晉陽舉義兵

不出李淵的預料，屈突通聽聞劉弘基等人率領的先遣軍已經渡河，害怕關中受到威脅，趕緊派出虎牙郎將桑顯和率領數千人渡過黃河，追擊先遣軍。此時，桑顯和率領所部「驍果騎兵」趁著月黑風高的晚上夜襲，是想要打先遣軍一個措手不及。

好在劉弘基等將領早有準備，指揮部伍列陣而前，迎擊隋軍。

沉重的馬蹄聲滾滾而來，聽得陣前列陣的先遣軍不禁心顫。劉弘基這才真正意識到，他們面對的是怎樣的敵人。

那是隋帝國縱橫天下的驕傲，「驍果軍」中的「甲騎具裝」。騎兵連同戰馬坐騎全都披掛著厚重的鎧甲，刀砍不進、箭射不入。這是步兵戰陣的噩夢，戰場之上，只要數十「甲騎具裝」列陣，往往能輕易地撕開步兵戰陣的防線。數百年來的征戰歷史中，「甲騎具裝」都是最為驕傲的存在，數十幾百「甲騎具裝」擊潰幾千上萬人的軍隊，都是常有的事情。桑顯和的「驍果軍」配備了大量「甲騎具裝」，同時還有步兵配合，黑夜之下，形成了一個完整的重騎兵戰陣。

劉弘基等人下令迎擊，兩軍短兵相接，步兵戰陣相持在一起。黑暗中的戰場混沌而模糊，兩軍只能憑火炬和月光依稀辨認方向，別的什麼也看不清楚。一片混戰中，只能聽到兵刃相擊聲，兩軍戰陣指揮者的號令聲。「驍果軍」果然是天下精銳，雖然只有數千人，但爆發出了極強的戰鬥力。

這時，隋軍的「甲騎具裝」從步兵陣後出動了，步兵陣聽從號令讓開了一條通道，「甲騎具裝」的騎兵隊奔馳而出，向著先遣軍戰陣直衝進去。只聽得馬蹄聲沉重，一片慘呼裡，「甲騎具裝」就在先遣軍戰陣中撕開了一條口子。

遠遠看見這樣的情形，劉弘基意識到大事不妙，如果再讓隋軍的「甲騎具裝」繼續衝下去，那自己就會有崩潰覆滅的危險。他看著遠處，心中默默唸著，這場仗不能敗。但他已經派出了所有的預備隊，再無多餘的兵

力來應對桑顯和的「甲騎具裝」了。先遣軍唯一的希望，只剩下了……

呼哨聲從隋軍的後方傳來，那是突厥人相互呼叫的聲音，一隊突厥騎兵突然出現在了桑顯和的陣後！難道突厥人打來了？很多「驍果軍」將士驚疑起來，回想起了雁門關外一度被包圍的恐懼。

突厥騎兵隊裡，領頭的是阿史那大奈。投靠李淵後，他被賜予了漢姓，名叫史大奈。戰鬥開始前，他從大營悄悄出發，打了一個大迂迴，繞到了隋軍的後方。這些突厥人雖然沒有披上厚重的鎧甲，失去了盔甲的防護，但是更為輕便靈活。只見突厥騎兵左衝右突，專門找隋軍的弱點攻擊，隋軍戰陣已經出現了鬆動的跡象。隋軍騎兵見狀，調轉馬頭，向著史大奈所部直衝回去。但是，「甲騎具裝」不太好掉頭，而史大奈的輕騎兵卻可以，他們一個轉身，就避過了「甲騎具裝」的衝鋒，從側邊又是放箭又是劈砍。「甲騎具裝」沉重的身形，怎麼也追不上輕裝前行的突厥騎兵。

先遣軍本陣，見到史大奈的穿插取得效果，劉弘基順勢下令：「反擊！」原本將近潰敗的步兵戰陣此時重新收攏起來，繼續向前推進，後方遭到突襲的隋軍戰陣終於顯露出亂象。此時，原本被擊退的水軍統領孫華也率領所部在隋軍側後方掩殺。隋軍的一場混亂演變成了潰敗，失去鬥志的「驍果軍」大潰而走。劉弘基順勢追擊，一舉大獲全勝。

重新清點兵馬之後，劉弘基會同王長諧繼續擴大戰果，順勢占領了馮翊郡，距離隋朝都城大興城，只有兩百里了。

在河東，與城內守將屈突通相持數日的李淵，在眾將的擁戴下加封為太尉，全軍歡欣鼓舞。敗退的桑顯和還順便毀掉了蒲坂的浮橋，這更讓李淵確信，對方已經在被擊敗後喪失了贏的信心。李淵最終下了決定，留下一部分兵力與屈突通相持，剩下的軍隊渡過黃河，直取關中！

事不宜遲，說走就走。李淵派李建成的左軍占領廣豐倉，在此屯兵，以扼守住從河東以及潼關過來的援兵。永豐倉看到李淵大軍到來，立刻爽

第五章　白旄黃鉞定兩京——李氏晉陽舉義兵

快地投降了。這關中最大的糧倉，不費吹灰之力便落到了李淵的手上。

而敦煌郡公李世民也渡過黃河，率領劉弘基、長孫順德等右軍將領，向西大舉挺近，通過涇陽、武功等地，打一個大迂迴，最終抵達大興城的西邊。

此時的關中，經過與楊玄感、李密的數次大戰，大部分兵力都已經被抽調至東都洛陽，此時還在與「魏公」李密進行決戰。所剩無幾的精銳，也控制在屈突通的手裡，此時還在河東城的城牆內龜縮不出，關中已經成為李世民縱橫馳騁的天下。關中各郡縣，聽聞是出了名的仁厚的李淵來了，而且聽說此前投降的郡縣官民，李淵都給予了極為豐厚的賞賜，於是全都積極地投靠了過來。

更令人欣喜的是來自三娘子的「大禮包」。在鄠縣遊走的李三娘子、李神通的「別動隊」，在這段時間屢屢擊敗留守的隋軍，還不停地吸納周圍造反的流民軍隊，勢力越來越大。此時，李三娘子已經占領了多個縣城，足足拉起了一支七萬人的大軍。此外，李淵的大女婿、左親衛段綸也在藍田起兵，聚眾一萬多人。這些軍隊全都加入了李淵、李世民的隊伍。

於是就這樣，李世民一路凱歌，隊伍越來越壯大，到了大興城西郊時，已經是一支二十萬人的大軍了。

而李淵、李建成的左軍，見到李世民勢如破竹的形勢，估計屈突通也不敢有什麼動作，於是也率軍離開永豐倉，與李世民同時抵達大興城外。

而大興城中，留守的只有代王楊侑的一點點兵馬，已經沒有與李淵的大軍相抗衡的能力了。

有趣的一幕形成了，大興城外，是號稱擁戴代王楊侑為帝的李淵；大興城內，是堅持維護現任皇帝楊廣統治的代王楊侑。但就算李淵號稱要向圍城中的代王楊侑獻出忠心，代王楊侑鎮守的大興城還是得照打不誤。

十一月，李淵下達了總攻的命令，當然也下令：「不得侵犯隋室宗廟以及代王和隋朝宗室成員，違者夷三族！」

長安城的攻防戰十分慘烈，水軍統領孫華歆喪生在了城下。十一月初九，大興城被攻陷。當李淵大軍殺入代王楊侑所居住的東宮時，衛兵與侍從全都四散而逃，堂堂大隋帝國，居然沒有願意為了保護代王效死的戰士。軍士們踏入代王的殿宇，刀槍指向了年僅十三歲的代王。代王身旁，只有侍讀姚思廉侍側，面對大軍，他厲聲喝道：「唐公舉起義兵，匡扶帝室，你們誰敢對代王無禮！」士兵們愕然，不敢上前，大隋帝國只能以這種妥協的方式保持了一點點最後的尊嚴。

李淵來到東宮，向十三歲的代王楊侑參拜，迎接他進入皇宮的大興殿，登基為帝，改元「義寧」。大業十三年變成了義寧元年（西元617年），遠在江都的皇帝爺爺楊廣被遙尊為太上皇。隨後小皇帝進封李淵為唐王、大丞相、尚書令，以李建成為唐王世子；李世民為京兆尹，改封秦國公；封李元吉為齊國公。李淵廢除了大業年間太上皇楊廣的所有嚴苛法令，政務一概清簡。大丞相府以裴寂為長史，劉文靜為司馬，一切事情由大丞相府裁決。至此，李淵完全控制住了關中局勢。

06　大興在手，皇帝我有

屈突通之難，實非常人所及。

誰能料到，那些此前尚同列朝堂、共議國政的同僚大臣，轉瞬之間便舉兵背叛？楊玄感、李密之輩起兵尚屬意料之中，然而誰又能預見，一向以忠厚著稱的唐國公李淵，此帝室至親亦舉兵叛隋？不只是李淵，屈突通在朝中交往的那些達官貴人們，李淵一到，幾乎立刻投降。屈突通終於意

識到，關中的士族官吏、地主們都已經喪失了對隋廷的信心，這大隋朝已經無可挽回了。

但是，屈突通還能怎麼辦？他世受國恩，奚人的血統與家庭塑造了他謹慎、古板、難以轉彎的性格，讓他沒法融入關隴地區的漢人與鮮卑門閥，也因此與李淵走得並不近。所以在這時，他想到的辦法就只有——解救長安！

西元 617 年十一月，屈突通留下鷹揚郎將堯君素駐守河東，自己率領「驍果軍」主力緊急往回趕。當他們抵達潼關附近時，迎面而來的卻是早已在此等候多時的劉文靜所部。原來，劉文靜帶著從突厥借得的五百騎兵，連同自己的本部兵馬早已奉李淵之命，在此等候多時，為的就是將援兵阻隔在潼關之外，徹底讓隋朝的京師成為一座孤城。

潼關是天險，號稱「一夫當關，萬夫莫開」。從關中到關東，兩地之間大多是險峻的群山，只有狹窄的一條崤函道聯通了陝東與陝西。而原本崤函道的門戶在函谷關，但漢魏以來，由於黃河沖刷下切，函谷關逐漸失去了天險的作用。於是，防守崤函道的重任便轉移到了崤函道西端的潼關。潼關建在黃河岸邊的麟趾塬上，只有一條寬僅數公尺的孔道，狹窄得只能容下一輛車通過，兩邊則都是懸崖絕壁，道路奇險。潼關城控制了這條孔道，居高臨下，就算有幾十萬雄兵打來，由於沒法展開陣形，照樣會碰一鼻子灰。

而在隋朝，新的情況發生了。潼關城南大約四里的地方，由於長期雨水的沖刷，出現了一條新的通道，可以繞過潼關城，照樣通過麟趾塬抵達關中。隋廷於是在這條溝道上又修建了一座關城，稱為都尉南城。而北邊漢代就建起的潼關城，則被稱為都尉北城。

劉文靜就扼守在潼關外的孔道上，他兵強馬壯，突厥騎兵更是彪悍非凡，生生地頂住了屈突通的數萬大軍。屈突通只得改變策略，讓屯兵於都

尉南城的潼關守將劉綱接應自己，裡外同時夾擊，以圖盡快擊敗劉文靜，順利通過潼關救援京師。但在劉綱正準備出兵之時，統軍王長諧已經從永豐倉出兵抵達了潼關城的後方，並趁隋軍不備，斬殺守將劉綱，順勢占領了都尉南城，與劉文靜合兵一處。

屈突通見都尉南城被占領，只能選擇最可靠的做法：退保都尉北城。他雖然進入了都尉北城，前往大興城的路已經打通，但忌憚劉文靜從後方切斷退路，無法再繼續西進了。兩軍於是隔著山頭相持著。

時間一點點過去，轉眼間兩軍就在潼關的南北兩城對峙了一個多月。不能等下去了！與其頓兵在潼關，還不如與對面的劉文靜決一死戰。

夜深之時，屈突通點起兵馬，由驍將桑顯和帶隊，趁著夜色奇襲劉文靜的大本營。然而，屈突通在潼關北城坐鎮一夜，天亮之後等來的，卻是前方「驍果軍」全軍覆沒，桑顯和僅以身免的消息。

這場戰鬥，將士都抱著死戰之心，最初「驍果軍」奮勇而前，一連攻破了劉文靜兩個營寨，只剩下劉文靜最後的大本營沒有攻克。戰場之上，萬箭齊發，從半夜殺到天明，劉文靜也被流矢射中，軍中為之氣奪，大營眼看就要被攻破。但此時的隋軍也已經疲憊不堪，飢寒交迫，有的軍士直接一趴，在死人堆裡睡著了。於是，桑顯和下令暫時休息，就地吃早飯。就在此時，對面的劉文靜抓住這個時機，帶著最後一點點生力軍反衝過來。

最不想聽到的聲音又一次傳來，突厥人的呼哨聲再次出現在了隋軍後方，戰場上的突厥騎兵不知從什麼時候繞到了後方，向隋軍夾攻。桑顯和經歷過了上一場戰役的失敗，見到突厥兵就條件反射般地害怕，倉皇帶著少數親隨撤出了戰場。

經過此次戰敗，他們再也無力與對面的劉文靜相抗衡了。一些部下也悄悄地向屈突通建議道：「不若就此投降？」的確，連京師的勛貴們都投

第五章　白旄黃鉞定兩京──李氏晉陽舉義兵

降了，大興殿上坐著的照樣還是隋朝的皇帝，此時若是投降，沒有人會嘲笑他。

但屈突通過不了內心的這一關。「我蒙受兩朝天子的恩典，才有今天，既然食君之祿，怎麼可以在主君遭難之際反投他人？」屈突通垂淚說道。

每個王朝覆滅之時，都有為它殉國之人。如果大隋真的要滅亡了，那就讓屈突通為它而死吧！

不久，幾個童僕出現在潼關城下，屈突通認得這是他在長安宅子裡的家童。屈突通讓家童上來，才被告知，大興城已經失陷，自己的家眷被俘虜，但唐王並沒有虐待他們，家裡人也勸他歸降唐王，好一家團聚。偌大一個京師，竟然如此輕鬆地被唐王所攻占。屈突通又是惶恐，又是不安，只得提刀斬殺了家童。

大興城是不能去了，那只有東歸洛陽，再謀救國之策。於是，屈突通率領剩下的兵馬東歸洛陽，留下桑顯和斷後。

桑顯和經過兩次戰敗，已經失去了鬥志，屈突通剛走，他就立刻投降了劉文靜。

劉文靜占領潼關都尉北城後，立刻派副將竇琮、段志玄率領精騎，連同桑顯和一起去追屈突通。他們沿著淆函道直追了五十里，最後在當年的函谷關附近追上了屈突通。面對追兵，屈突通不能再逃了，他背靠淆函道口，結陣應敵。

但屈突通等來的不是精騎的衝鋒與破陣，而是他兒子屈突壽的身影。「父親！事到如今，投降了吧！」屈突壽哭喊道。

「往昔和你是父子，如今陣前，就是仇敵了！」屈突通不顧臉上滑落的淚水，厲聲喝道，命令左右將士放箭，射向自己的兒子。但左右沉默著，沒有一個人動手。「難道你們要我親自放箭嗎？」屈突通奪過左右手上的

弓，彎弓搭箭。

但那畢竟是他的親生兒子，屈突通瞄了許久，始終狠不下心來。

「將軍！」桑顯和出現在陣前，擋在屈突壽身前，「京師已經陷落，我等都是關中人，還能去哪裡呢？！」

「降了吧！」見到桑顯和，聽了他的話，屈突通陣中的將士們鬆動了，有些將士直接放下兵器，逕自投向對面的陣營。有了第一個，就有第二個、第三個，「驍果軍」中的大多數人都來自關中，誰都不想去洛陽，紛紛向對面投降。

情形已經無法阻止，屈突通明白大勢已去，他想起自己說過要為國家而死的誓言，城頭上激勵將士的話還歷歷在目，但是他真的會孤身衝入敵陣嗎？當他的箭頭指向自己兒子的時候，他的內心已經明白，自己是射不出這支箭的，他也放不下眼前的親兒子，還有遠在京師的妻兒們。他長嘆一聲，從馬上下來，最後向著東南方，皇帝楊廣所在的江都方向拜了拜，號哭著說道：「臣力屈至此，不是要有負於國家，請天地神祇見證！」

竇琮、段志玄默默地看著屈突通做完了這一切，揮了揮手，將屈突通拿下。

屈突通全軍就此投降了李淵。

在函谷關戰敗投降後，屈突通被押往京師長安。李淵聽聞屈突通來了，立刻厚加封賞，加封他為兵部尚書，加爵蔣公，並兼任秦國公李世民的元帥府長史。屈突通知道，李淵這樣做，既是仰仗他的將才，好讓屈突通歸降的「驍果軍」舊部為李世民所用，也是要把他作為一個歸降的榜樣，讓天下人看看，之前的死敵一旦歸降之後，不但不處罰，還委以如此大的重任。不過說實話，屈突通的心裡對唐王李淵確實多有感激，古往今來對投降的敵軍主將，不處罰就已經是寬宏大量了，唐王二話不說，直接

第五章　白旄黃鉞定兩京—李氏晉陽舉義兵

給他封了有實權的官職，確實寬宏得遠超過他的預期。

他看著唐王實施的新政，那些嚴苛煩瑣的刑罰被廢除之後，百姓們都是如釋重負的樣子。剛剛戰爭結束的大興城中，百官勤勉奮發，百姓晏然安穩，馬上恢復出了勃勃的生機，一派新朝的氣象。他早聽聞唐王是寬厚之人，此番見他作為大丞相，治理關中，果然是張弛有度，井然有序。

或許當初他早點投降，關中便能少受一些戰亂之苦了。

因此，當唐王命令屈突通前往河東城，勸降當時他留在這裡駐守的堯君素時，雖然他的內心並不願意前往，但還是真誠地領命，動身來到了河東。在河東城下，屈突通與城樓上的堯君素四目相對，不勝唏噓。

世事變遷，原本的將軍已經是敵方的降將，原本的屬官卻仍然在捍衛著大隋的疆土。

屈突通泣下沾襟，向著堯君素說道：「如今我軍已經戰敗，唐王義旗所指，各地莫不響應，形勢已經這樣了，堯卿還是投降了吧！」

堯君素答道：「屈突公！你是社稷重臣，天子、代王都將國家重任託付給你，奈何你卻有負國家，投向敵軍，還到這裡做別人的說客？」他看著城下的屈突通，「屈突公的戰馬都是代王親賜的，你真的有臉再騎牠嗎？！」

看著堯君素，屈突通彷彿見到了往日那個將家國忠義放在嘴邊的自己，不禁羞愧滿面：「君素，我是力屈而來，沒有違背一將之道！」

「君素一直都還在河東等著將軍，怎麼能說力屈？屈突公何須多言！」堯君素喝道。

屈突通赧然而退。

河東還有堯君素在，就算當初在函谷關，所有部將都投降的時候，他也可以從風陵渡過黃河，繼續在河東堅守。堯君素的堅持，讓屈突通無法

說服自己的內心。就算那個時候，他不能確定河東是否歸降，但他也是可以繼續盡力做些什麼的。然而，屈突通並不恨城頭上那個把自己罵得無法還口的堯君素，因為堯君素就是當初他想成為的自己。如果堯君素真的要做大隋的殉葬者，以成就君臣之義，那千年以後的人，也不會因為臣節嘲笑這一代的隋臣們了。

河東城門死死緊閉著，就算堯君素的妻子也在城下勸降，堯君素亦絲毫不為所動，抄起弓就一箭射向自己的髮妻，妻子中箭而倒。但城中的將士們卻不像堯君素這般忠心，每天都有人偷偷地逃出來。屈突通從河東逃出來的人那裡聽說，堯君素也知道隋朝大勢將去，但他對周圍的將士們說：「我是皇帝府邸的舊臣，不能不為朝廷死節，城中的糧食不知還有幾天能吃完，城中糧盡的時候，應該就可以看清天下大勢了。如果隋朝真的會覆亡，那就是天命如此，到時候我就將自己的頭顱割下來，作為你們投靠新朝的獻禮吧！」

堯君素的言行，讓屈突通當初的掙扎變成了一個笑話。人各有志，屈突通在最後時刻選擇為了他更珍惜的東西而活下去，堯君素為了他認為更崇高的東西而就義。

河東城，就像大隋帝國最後的尊嚴，巍然屹立著。唐王的軍隊沒有攻城，只是將河東圍困起來，等待城中之人自行投降。義寧元年（西元617年）的冬天轉眼就過去了，義寧二年（西元618年）的新年，屈突通和圍城的將士們在河東城外的飛雪中度過。

城中不知怎樣？可還有糧草？如果糧食吃光了，柴草燒光了，那這個春節城中的軍民百姓就會易子而食、陷入人吃人的慘境。難道這便是堯君素所求的仁嗎？

第五章　白旄黃鉞定兩京——李氏晉陽舉義兵

07　好頭頸，不知誰來砍

大業十四年（西元618年）的新年，楊廣也並不好過。

在關中，此時已經是義寧二年了，可恥的叛徒、他的表哥李淵，居然背叛了朝廷，占據關中，還挾持他的孫子楊侑登基，建立偽政權。這讓楊廣十分生氣。要不是他糾集大部分兵力解救被李密圍困的東都，自然不會讓李淵得手。

這幾年在江都，楊廣都沉湎在失意與痛苦之中，他原本想要創下不世的偉業，大業七年（西元611年）的時候，他以為只要再往前走一步，便可以成為名副其實的千古一帝。但是，誰能想到，短短五年時間，情勢就急轉直下，最終天下大亂，整個隋帝國分崩離析。這一切，錯就錯在像李淵這樣的貴族身上。他們以為自己有功勳在身，就絲毫不把皇室放在眼裡，哪怕他用殘酷的手段加以震懾，他們還是賊心不改，背地裡策劃出這樣的叛逆之舉。害得他的大業功虧一簣，最終落的如此不可收拾！

所以滯留江南，其實也是他對現狀的逃避。他流連於江南的美景與美色中，整日縱酒放歌，只想藉著這一點點年華時光，享受人間的歡愉。

有一天，楊廣攬鏡自照，年近五十歲的他在鏡子中的容顏，依舊是風采不減當年，只不過面容上多了一分縱慾過度的憔悴，鬢邊華髮隱隱可見，好在他素來養尊處優，皮肉依然滑嫩柔軟，保養得極好。都說人的歲數，看他脖子上的皮肉就能夠分辨，楊廣多年以來閱美人無數，用實踐證明了這一點。而此刻他的脖子，在精心養護之下，仍然像初生的少年那樣柔嫩，不禁開口讚道：「好頭頸，但不知誰來砍？」

一轉頭，發現身邊的侍女們都嚇得不敢說話。楊廣也笑了笑不以為意，但是想到此時天下大亂，看到這樣的戰局，恐怕已經沒有挽回的餘地了。江都說不定也有一天會被攻陷，萬一那一天到來，難道他真的會甘心

讓「反賊」把自己的脖子砍斷？

不，他不甘心，就算是「反賊」來了，他作為天子，也不能甘心如此受屠戮……好歹也該留個全屍吧……

幾十年來，因為他而帶來的死亡與殺戮不知有多少，那一次次戰爭、一場場工程，每一次都是帶來數以萬計的人間慘劇。但或許殺業越大的人，會更加懼怕死亡。楊廣每當想到自己的死，便會恐懼到不得了。所以，楊廣便吩咐下去，準備毒酒、毒藥，萬一等到事情不可挽回時，他也要控制自己的死亡。

那天晚上，楊廣做了一個夢。夢裡面，那句「白衣天子出東海」的讖語真的靈驗了。他果然帶著數十萬大軍出海，由來護兒掛帥，千艘萬艘艦船浩浩蕩蕩，從海上遠征東方，高句麗人、琉球人、倭人莫不賓服。

但是，他也只能繼續在夢裡做那些一統四海八荒的千秋大夢了。楊廣自己也明白，他再也去不了哪裡，江都就是他最後的歸宿。於是，他把自己封閉起來，不再過問天下局勢，假裝這個朝廷依舊太平無事，還下令在江都修造丹陽宮，準備建成後作為自己新的宮殿。楊廣打算，從此以後他就在江都安心待著，不管天下的紛紛擾擾，說不定亂到最後，還真有自己一絲重整河山的機會呢！

天子要修造丹陽宮的消息，在江都的「驍果軍」營中炸開了鍋。「驍果軍」的將士大多數都是關中人，他們的家人、妻小全在關中，天子要在江都無限期地待下去，就意味著這些「驍果軍」也將無限期地滯留在這裡，無法回家。

各種謠言流傳著，有的說，李淵占領長安後，便將「驍果軍」在關中的妻女全部配給義軍將士做奴婢；也有的說，天子打算印證「白衣天子出東海」的預言，要出海探索新的世界……各種說法雖然荒誕不經，但是相信的卻大有人在。

第五章　白旄黃鉞定兩京—李氏晉陽舉義兵

但右屯衛大將軍宇文化及並不擔心這些。

他原本就是一個只看今天，不管明天洪水滔天的人，長安人稱他為「輕薄公子」，自然不是浪得虛名。也正是因為在驕奢淫逸方面頗有造詣，宇文化及早在天子還是晉王的時候就與他結下了誠摯的友誼。幾年前，弟弟宇文智及慫恿宇文化及和突厥人做走私買賣，想到有利可圖，他便興沖沖地參與了。沒想到事情敗露，皇帝大怒，還是宇文士及的妻子南陽公主求情，他和弟弟才免於一死。事後，他被罰為奴，被賜給父親宇文述，也算是皇帝寬宏大量的做法。宇文化及沒了官爵，於是就跟著父親來到江都，在此盡情享樂，過著神仙一般的生活。不久前，父親宇文述去世，也曾一度讓他不知道未來怎麼過。好在父親宇文述臨死前央求天子的寬恕，天子念起和宇文化及的舊情，於是再次啟用了他，宇文化及也就再次成為右屯衛大將軍。

這天夜裡，宇文化及的府上出現了幾個神祕兮兮的來客。

一起造訪的，有他的弟弟宇文智及，這讓宇文化及稍稍有些安心。

宇文智及身邊的，是武賁郎將司馬德戡、虎牙郎將趙行樞、直閣裴虔通等幾個「驍果軍」的軍頭們。這讓宇文化及感到會有一樁新的買賣要來，而且是一票大買賣。司馬德戡笑吟吟地看著宇文化及，直截了當地說道：「軍中驍果們思歸，我等均覺得可以藉此做一番大事，打算糾集江都城中的驍果起事，誅滅隋帝，成就帝王之業。大將軍德高望重，我們願意推戴大將軍為首，主導大計！」

宇文化及萬萬沒想到司馬德戡說得竟是這樣的一票掉腦袋的買賣。他嚇得驚慌失措地站了起來，冷汗直冒：「休得再說了，這我可不敢！」

「起事的安排，我們和宇文少卿已經都商議好了，都是萬全之策，宇文大將軍不要擔心，事情一成，那就是潑天的榮華富貴。」

原來，大多「驍果軍」士兵們早已經想要回鄉，天下如此大亂，「驍果

軍」內部也在暗地裡串聯，準備集體叛逃。司馬德戡從中看到了機會，認為這種人心可用，於是和幾個「驍果軍」中的將校一串聯，漸漸地就組建了一個關中驍果的「兄弟會」。「兄弟會」幾番開會，就定下了集體叛變，回歸關中的計畫。他們又覺得自己的力量不夠，得依靠一些朝廷貴族，於是就找到了宇文智及。宇文智及當即指出，要堅決摒棄小打小鬧的想法，要做就做一番大事，要叛亂，就得把天都掀翻了，把「驍果軍」集中在一起，做掉皇帝，進而奪取天下。於是，兩方一拍即合，再一商量，就決定擁戴完全不知情的宇文化及為起事的主帥。畢竟宇文化及的父親宇文述，生前是「驍果軍」的主帥，德高望重，以宇文化及為首領，也可以借宇文述的名號拉攏更多的人。一切都已經密謀妥當之後，眾人才到宇文化及的府上，向他攤牌。

這時，宇文智及也開口勸說。聽著弟弟的循循善誘，宇文化及茅塞頓開。可不是嘛！天下原本就已經亂了，皇帝早已是一個虛名，殺了他，自取其位，保得宇文家成為天下之主，這一票買賣可真值啊！

而且，還有那句廣為人知的〈桃李子〉讖詩作為證明。宇文化及已襲封許國公，而「莫浪語，誰道許」，難道不是說他楊隋的江山，最終會被許國公所取代嗎？

這番想通了之後，宇文化及就當機立斷地同意了，馬上投入熱火朝天的造反大計中。

事成的話，名垂青史；失敗的話，遺臭萬年。而宇文化及不在乎自己是不是會遺臭萬年。

大業十四年、義寧二年（西元618年）三月十一日，在司馬德戡等人的謀劃下，「驍果軍」譁變，隨即控制了江都的各個城門。軍將裴虔通率領數百騎兵衝入宮殿，控制了整個江都宮，把守皇宮的殿內宿衛紛紛逃走。

只有一人擋在了叛亂的「驍果軍」面前，他就是當年武川元老獨孤

第五章　白旄黃鉞定兩京—李氏晉陽舉義兵

信一族的後人——將軍獨孤盛。大廈將傾之際，獨孤氏選擇與社稷共存亡。

裴虔通持刀向前，對獨孤盛說道：「獨孤將軍，事已至此，不關將軍的事，請您不要輕舉妄動！」語氣雖是客氣，但話裡已經全是威脅。

獨孤盛怒喝：「賊人，說的什麼話！」拔刀拒戰，最終被亂兵殺死。

護衛皇帝的千牛衛見「驍果」叛軍殺進宮，已然毫無戰意，竟然自顧自地散去，叛軍如入無人之境。

宇文化及在「驍果軍」的簇擁下入宮的時候，還不知道宮中的情況，一路戰戰兢兢，沿途有來拜謁他的，他都不敢表態，只是低著頭騎馬向前，口中說著：「罪過，罪過。」江都城中殺聲四起，那是叛軍們在趁機劫掠。宇文化及不在乎叛軍的軍紀如何，只是叮囑他們不要動那些隨皇帝來此的關隴貴族，剩下虞世基之類的江南門閥，則隨他們怎麼弄。

他們進宮之後，司馬德戡迎接他登上朝堂，拜為丞相。裴虔通早已在西苑找到了皇帝楊廣，等候了多時，他也不敢動皇帝一絲一毫，只是客氣地圍住皇帝的房間，不讓皇帝出來。聽聞宇文化及在朝堂，於是把皇帝楊廣請到了殿前。

聽聞皇帝到來，宇文化及的心臟怦怦直跳。皇帝在多年積威之下，所有人的內心都惴惴不安。但皇帝已經來了，不管怎樣也得有個處置的辦法吧？宇文化及便說道：「哪用得著讓那傢伙過來，趕快把他弄回去結果了罷了！」

「宇文卿家要結果哪個傢伙？」皇帝直接走上殿來，站到了殿中，毫無懼色。坐在大殿寶座上的宇文化及，差點想跪下向皇帝行禮。裴虔通、司馬德戡拔出刀來對著皇帝，一副如臨大敵的樣子。

皇帝見狀，只好嘆了口氣，問道：「我有什麼罪，該當如此？」

07 好頭頸，不知誰來砍

「驍果軍」將領馬文舉回道：「陛下違棄宗廟，巡遊不息，對外窮兵黷武，對內窮奢極欲。致使天下丁壯全都死在刀兵之下，女子、弱者做了溝壑中的炮灰，人們流離失所，各地盜賊蜂起，卻專聽阿諛奉承，拒絕納諫，怎麼能說是無罪？」

這麼說，皇帝也沒法反駁，頓了頓，幽幽地回道：「我確實對不起百姓，可你們這些享受朝廷榮華富貴的人，又有什麼顏面造反？」他環顧眾人，語氣轉而嚴厲起來：「今天的事情，誰是主謀？」

宇文化及聽了，差點又想跪下認罪。這時司馬德戡搶著說道：「你是天下人的仇敵，普天之下，人人都是主謀！」宇文化及定了定心，讓身邊的內史侍郎封德彝宣讀楊廣的十幾條罪過。封德彝讀了一半，就被皇帝直接打斷道：「德彝，你可是讀了聖賢書的士人啊，怎麼有臉做這種事情？」封德彝羞愧地退了下去。

殿中沉寂了一會兒，皇帝從容地斥退了封德彝，宇文化及等人一下子拿皇帝沒有了辦法。只有哭聲在殿中迴響，那是皇帝的愛子趙王楊杲，他只有十二歲，哪經歷過這些，只有縮在皇帝懷中嚎啕大哭。

叛軍將領們不耐煩地喝斥，但他們越是怒吼，趙王哭得越是厲害。裴虔通走上前，一刀將趙王砍死，鮮血飛濺在了皇帝的衣袖上、臉上。

皇帝驚呆了，到現在，他才真的感到了黔驢技窮，在這些兵將面前，講再大的道理也是沒用。他看著兒子的屍體，終於沉默了下來。宇文化及就在這時和其他人商議後，最終下令，處死皇帝。

聽聞要處死自己的決定，楊廣並沒有太大的反應，一副如釋重負的樣子，像是終於等到了一個期待已久的消息。他對提刀過來的叛軍說：「天子自有天子的死法，你們怎可對天子用刀劍？取鴆酒來！」指示周圍的侍女去取之前就下令準備的毒酒。

第五章　白旄黃鉞定兩京—李氏晉陽舉義兵

但是，鴆酒怎麼也找不到。也許是蕭皇后或者哪個心懷關切的妃嬪偷偷地把皇帝準備的毒酒拿走了。皇帝還想再仔細找找，但殿內的叛軍不答應了，堅持要馬上殺了皇帝。皇帝嘆了口氣，自己解下練巾，交給叛軍。幾個力氣大的「驍果軍」士兵勒緊楊廣的脖子，楊廣漲紅了臉，抽搐著雙腿，像兔子一樣地被勒死了。

隋朝的第二位皇帝楊廣，就這樣被自己一手栽培出的軍將縊殺而死，與他的哥哥廢太子楊勇是同一個結局。他至死也沒有想通，他的王朝大業究竟為什麼失敗。

縱然楊廣的身後還有他的孫子們在別人的擁立下延續著帝位，但隋朝在楊廣被殺時實際已經滅亡了。隋以詐術得天下，又以猜疑鎮群臣，最終得到的是勳貴的背叛和將士的離心，所以在它滅亡時，誓死保衛它的只有寥寥數人而已。

江都宮外，「驍果」叛軍擒住了正要入朝的左翊衛大將軍來護兒。這位一代名將，隋帝國最高級別的將領，被自己麾下的士兵們俘虜了。來護兒問道：「陛下何在？」

左右士兵答道：「已經被就地處決。」

得知皇帝已經被殺，來護兒長嘆一聲：「我身為大臣，擔負國家重任，卻不能肅清姦凶，以至於國家落得如此境地，只能抱恨黃泉之下了，還能說什麼！」於是被叛軍殺死。

第一次出征高句麗的隋帝國將領們，此時已經全部隕落。

河東城中，被圍困數月後，已經到了人吃人的慘境。堯君素聽見城外圍城的軍隊高呼：「隋帝已經被宇文化及所弒，城內快快投降！」

城中之人，已經不願意堅守下去了，畢竟不是所有人都甘願為一個王朝殉葬。更何況，這是一個不義的王朝，一個帶給天下無數痛苦的王朝。

一群隋軍士兵悄悄地圍到了堯君素的身後。堯君素沒有看向他們，只是拖著虛弱的聲音說道：「動手吧，拿著我的頭，向唐王投降。」

一擁而上之後，堯君素被殺，河東城向唐王李淵的大軍打開了大門。

在大興城，宇文化及弒君的消息很快傳來。唐王李淵為皇帝楊廣發喪，諡號為「煬」，取《諡法》曰：「去禮遠眾曰煬，好內遠禮曰煬，好內怠政曰煬。」楊廣在歷史上留下的諡號，就是這個並不好聽的「隋煬帝」。當初，他給陳朝後主陳叔寶上的諡號就是「煬」，多年之後，這個諡號又被別人送還給了自己。

幾天後，大興宮中的皇帝楊侑在群臣的支持下，堅持要禪位給唐王李淵。唐王李淵在三辭三讓之後，接受了隋帝的禪讓，登基為帝，國號為「唐」，改義寧二年為武德元年（西元618年），改大興城為長安城，定都於此。李淵立李建成為太子，李世民為趙王（後改封秦王），李元吉為齊王。此時，距離北周靜帝將皇位禪讓給隋文帝楊堅，才過去了短短的三十八年。

從北周到隋，從隋到唐，三代天子都出自武川鎮。

天下長安。

第五章　白旄黃鉞定兩京──李氏晉陽舉義兵

第六章
何事昏迷至此 —— 群雄混戰未央

第六章　何事昏迷至此──群雄混戰未央

01　國不可一日無君

短短幾個月，天下形勢漸漸超出了「魏公」李密的控制。李密沒有想到的是，幾個月前還在書信之中言辭恭敬的李淵，居然直接把長安給取了。李淵取得長安之後，立刻向各地釋出文書，許多關中、巴蜀的郡縣全都投靠了這個新政權。原本只占有太原附近地區的李淵，馬上成為群雄逐鹿當中最不容小覷的一大勢力。

在整個大業十三年（西元617年）裡，魏政權都與隋軍主力消耗在了洛陽城外的戰場上。作為帝國的頭號敵人，李密吸引了隋朝大部分兵力的圍攻。這場拉鋸戰，李密付出了極大的代價，終於在這一年將近尾聲之際，打了一場大勝仗。洛水之上，李密動用了其最為倚重的主力部隊，「內軍」的「具裝甲騎」衝鋒之下，隋軍全線崩潰，在洛水浮橋上擁擠踩踏，落水溺死者不計其數。來自天下各路的隋軍將領，包括楊威、王辯、霍舉、劉長恭、梁德、董智等人，全都戰死在了洛水之上，只有主將王世充逃了回來。當天夜晚，洛陽附近天降大雪，游過洛水逃回營寨的隋軍士兵耐不住寒冷，也大多凍死。李密終於大獲全勝。

東到海濱、泰山，南到長江、淮河，各地州郡全倒向了李密。就這樣，李密也算是勉強挽回了沒有及時進入關中，結果被李淵搶先帶來的被動局面。

大業十四年、義寧二年（西元618年）正月，李密再一次發動大軍，進占洛陽外的金墉城，屯兵邙山，逼近洛陽城東北的上春門。正在這時，情況再一次超出了李密的預料。江都那邊傳來消息，宇文化及帶領「驍果軍」叛變，殺死隋帝楊廣，還立隋煬帝的姪子秦王楊浩為帝，把江都地區的財寶和宮女擄掠一空，帶領十餘萬「驍果軍」浩浩蕩蕩地從江都出發，往洛陽方向而來。

01 國不可一日無君

　　江淮地區的起義軍首領的求救信雪片一般地送到了李密手中。宇文化及的進軍速度極快，轉眼間就已經到達徐州。如果繼續西進，就會與魏政權正式交鋒，到時候李密就會面對兩線作戰的艱難處境。

　　而洛陽城中，則開始為隋煬帝發喪。皇帝楊廣死了，洛陽也不可能向在長安稱帝的代王楊侑俯首稱臣。國不可一日無君，段達、王世充、元文都等大臣於是一致擁立十四歲的越王楊侗為帝，改元皇泰。由於楊侗這個皇帝，統治範圍只有洛陽附近這一塊地區，和過去的隋帝實在不一樣，所以姑且稱其為「皇泰主」。

　　卻說李密正在左右兩難之際，忽然收到了皇泰主楊侗的招撫書信。李密的各路細作早已經滲透進了東都，從情報之中，他依稀可以猜到洛陽朝廷招撫他的目的。

　　原來，洛水一戰王世充大敗，作為敗軍之將，他把自己捆起來向楊侗請罪。但這一戰各路將領全都戰死，朝廷除了王世充也靠不了誰了，他仍然是一軍之將，洛陽朝廷也不敢輕易拿王世充如何。楊侗專門派了使者解開王世充的綁縛，好言安撫，讓他駐紮在紫微宮東北的含嘉倉城，整頓兵馬。

　　皇泰主楊侗登基之後，王世充被封為鄭國公，與段達、元文都等六名大臣一起輔政，號稱「七貴」。此時，洛陽城中已經山窮水盡，糧食漸漸吃完，普通百姓開始飢餓而死。元文都等輔政大臣於是向皇泰主建議，招降李密，委任他為重臣，共同抗擊江都造反而來的弒君罪人宇文化及。這樣既能解決目前洛陽城的危機局面，也可以抗衡王世充的跋扈獨行。

　　其實，李密也何嘗不知，洛陽朝廷的招降，並不是什麼好心。可能洛陽朝廷巴不得李密和宇文化及打得兩敗俱傷，然後皇泰主的兩大安全隱患全都能完美解決。但李密沒有更好的選擇，他不能陷入兩線作戰的處境，洛陽一時難以攻下，就只能穩住他們，全心對付宇文化及。此時，隋煬帝已死，十三年的暴虐政治也算是有了個終結，當初李密造反時朝廷誅殺自

第六章　何事昏迷至此—群雄混戰未央

己親族的仇，如果算在隋煬帝本人頭上的話，那這仇也算是報了。所以，現在接受招安，按照儒家的倫理大義，應該說也沒什麼問題。

於是，李密最終接受了洛陽朝廷的招安，受冊封為隋廷太尉、尚書令、東南道大行台行軍元帥、魏國公。皇泰主也讓人帶話給李密，說只要平定宇文化及，便請他回到東都，將軍國大政交給他。

宇文化及帶領十萬大軍，把江都所有的船全都擄走，乘著船浩浩蕩蕩地沿著大運河北上。他對統軍之事不太關心，全都交給了手下的大臣們，所以這一路走來軍紀極差，大軍靠著沿途的劫掠維持士氣、補充軍糧。宇文化及自己則占據了隋煬帝的後宮嬪妃，坐著隋煬帝當年留下的龍船，到這時他才體驗到了當年隋煬帝南巡的絕妙體驗。到達徐州之後，前面的水路被起義軍所阻斷，於是宇文化及下令捨棄了舟船，搜刮附近各地的馬車、牛車，得到兩千輛，於是把從江都擄掠來的財寶、美女用牛車拖著，帶著大軍走陸路繼續向前。兩千輛車對十萬人來說顯然不夠用，平均五十人才能分得一輛車。所以，那些鎧甲、軍器，全都讓士兵們自己扛。

士兵們滿臉問號，要知道，「驍果軍」中有大量的「具裝甲騎」、重灌步兵，他們一身的重甲有幾十斤重，普通身板穿著連路都走不動，只有關中等地招募來的精兵們才能頂著這樣的重甲打仗。但平時，這麼沉的傢伙什是不可能自己扛的，全都要作為輜重攜帶。現在讓這些「驍果」們自己揹著盔甲走，那比讓他們打仗還難受。

軍心大怨。

宇文化及是那種但凡有部下請示事情，都要帶回去讓左右手拿主意的主子，對此能有什麼辦法？只能靠繼續放縱士兵沿途劫掠來提升士氣，但是「驍果」們的行李都得自己扛，再劫掠來寶貝，行李豈不是又加重了？更何況，現在的中原經過大業年間的暴政，早就一窮二白，人煙稀少，「驍果」們累得甚至連劫掠都沒有心情了。

01 國不可一日無君

司馬德戡也對宇文化及失望了。當初他們一起謀劃造反，只是想要帶著一波「驍果軍」反出江都，直接回家，誰知道事情變成了現在這個樣子？他對當初同謀的趙行樞說道：「當初是你們誤了我啊！我們本來想做一番大事，結果你們推舉了宇文化及這等無能之輩，身邊又盡是讒佞小人，終使局勢敗壞至此。我們發起的這番大事就要敗了，你們說怎麼辦吧！」

早已對宇文化及心生嫌隙，又見素來輕視的驍果軍同僚多附和司馬德戡之議，眾人計議已定，決定調動所部後軍，發動襲擊中軍，誅殺宇文化及，以奪回驍果軍統領之權，隨後共奉司馬德戡為主，據地自立。他們還聯繫附近的起義軍首領孟海公，尋求合作。事情安排完，一切就等孟海公的回應了。

誰能想到，宇文化及幾天後游獵到了後軍，等到司馬德戡出營迎接之時，忽然一聲令下，逮捕了司馬德戡等人。原來，這個密謀已經先被宇文化及知曉，他不動聲色，突然先發制人，密謀叛亂的「兄弟會」被全部拿下。

宇文化及看著被五花大綁的司馬德戡，略帶悲愴地問道：「當初冒著天大的風險造反，如今剛剛成功，正要一起共享榮華富貴，為什麼又要反叛呢？」

「當初我們是要誅殺暴君昏主，沒想到，我們卻推舉了一個更加昏亂暴虐的人。不得已，我們才這麼做。」司馬德戡如此回答。

但是，真的誅殺了宇文化及，擁立了司馬德戡，又當如何？新的首領可以約束「驍果」們的軍紀？可以扭轉如今長途行軍的窘境？可以忍耐得住隋煬帝龍船中的極樂誘惑？誰能保證下一個被擁立的，不會是又一個暴君昏主呢？

他們每一個人，當初都是亂政的幫凶、暴君的凶器，不真正改頭換面，是無法避免下一個悲劇的。

第六章　何事昏迷至此—群雄混戰未央

司馬德戡等二十個同謀者的屍體，被吊在了從徐州到東郡的路上。宇文化及率領大軍繼續前進，往東郡而去。

02 暴烈的對決

西元618年七月，宇文化及大軍抵達運河畔的東郡，東郡通守王軌投降。宇文化及轉而殺向黎陽，企圖奪取黎陽倉來補充糧草。李密於是從洛口出發，率領步騎兩萬人，迎擊宇文化及的大軍，也抵達黎陽城外。同時，李密命令守衛在黎陽倉的右武侯大將軍徐世勣領本部五千人堅守倉城，兩軍以烽火為信，相互掩護照應。

宇文化及守在黎陽縣城，與李密軍對峙。

李密的軍隊不善攻堅，這從他們圍困東都一年多都沒成功的事情就能看出來。但是，除了攻堅之外，不論是守城還是野戰，李密這兩萬人的戰鬥力都是沒得說的。雖然李密軍加上黎陽倉裡徐世勣的軍隊，總共也只有兩萬五千人左右，面對宇文化及的十萬大軍處於劣勢，但是他看準了宇文化及遠道而來，必定缺少軍糧，於是定下了堅守之策，等待宇文化及糧草用盡，再一舉殲滅。

淇水兩岸，幾萬人隔水對峙。「驍果」們的數次攻擊都被嚴陣以待的李密軍擊退，宇文化及於是帶人在對岸叫罵起來。

李密望見宇文化及的身影，高聲回應道：「宇文化及！你的祖上不過是匈奴人的奴隸破野頭家罷了，你父兄子弟都受隋朝恩典，怎麼居然做出弒君的事情，殺害隋帝子女，還陰謀篡奪皇位，玷汙皇妃，殘害無辜？真是天怒人怨，人神共憤！若是你早日歸降，雖然你本人不可能寬恕，但還可以保全自己的子女！」

02 暴烈的對決

宇文化及聽完之後，似乎良心上受到了一些暴擊，低頭想了很久，忽然怒睜著雙眼大吼道：「李密，我們在這裡是為了打仗，有種的就好好相殺一番，講這些文縐縐的作甚！」

看著對岸的宇文化及，李密笑著對左右說道：「宇文化及這人我很了解，本來就是一個平庸怯懦的人，想不開了要做帝王，我們只要把他當狗一樣拿著棒子敲一敲就可以了！」

對岸的宇文化及備下攻城器械，開始猛攻黎陽倉城。但每次攻城，李密都率領「內軍驃騎」五百人，與黎陽倉城內的徐世勣裡應外合，擊退了攻擊，順便還將城外的攻城器械給燒了，並擒獲宇文化及的部下將軍于弘達。

東都洛陽，被擒獲的于弘達被李密送到城中。

萬人空巷，洛陽城中的百姓都來圍觀這個弒君之將。百姓們一年多以來累積下的怨恨全都傾瀉在了這個叛將身上，城中之人憤怒地吼叫著，將手上能扔出去的東西全都擲向此人。

皇泰主下令，架起一個巨大的鐵鍋，將五花大綁的于弘達扔了進去，活活將他煮熟。殘酷的行刑場面，也算是填補了洛陽城中百姓戰亂的傷痛。彷彿這一年多來的圍城，以及家國破亡的悲劇，全都是這個普通的「驍果」將領做下的。

黎陽城外，宇文化及圍城多日，仍然沒有絲毫的戰果。但苦等多日，終於收到李密的求和書信。李密在信中說，之前陣前的話是說給將士們聽的，如今他們兩軍，放到哪裡都是所向無敵，何苦在此打得兩敗俱傷？不如強強聯合，共圖大事。為表誠意，李密願意先借糧給宇文化及，以解決吃的問題上的燃眉之急。宇文化及大喜，便開始積極地準備與李密和談之事，暫時將節約軍糧的事情放在了一邊。

第六章　何事昏迷至此—群雄混戰未央

　　他原本就沒有管理十萬大軍的能力，至於什麼補給線、軍糧管理什麼的，他就更加不在行了。原本他的「戰場」就是在秦樓楚館的床上，在龍船上的后妃們之間，誰能想到命運的安排下，十萬大軍的重任壓在了他的身上？

　　於是，大軍的糧草就一點點虛耗，直至用盡。直到糧草真的告罄之時，宇文化及才意識到，李密的求和不過是他虛與委蛇的手段。大呼上當之際，宇文化及意識到留給自己的時間不多了，當即下令全軍出擊，強攻李密的營寨。

　　宇文化及的大軍渡過永濟渠，到達對岸，戰線推進至衛州地界的童山。「驍果軍」結陣而前，向李密大軍強攻。

　　「驍果軍」，是當初隋帝國五十多萬鷹揚府兵中揀選出的精銳，不久前在關中，屈突通的萬餘「驍果軍」就讓李淵手下接連失利，實在不可小覷。此時，宇文化及的數萬「驍果軍」，更是當初跟隨隋煬帝走南闖北的百戰之師，雖然在宇文化及治下軍紀是差了一點點，但是打起仗來，絕對是一個可怕的對手。

　　這場戰局，李密也將他的老底押了上去，他的八千「內軍」，號稱可以抵擋百萬大軍，現在面對天下聞名的「驍果軍」，倒要看看究竟是不是真的名副其實？

　　在「驍果」們的全力攻擊之下，大戰從早晨一直持續到傍晚，李密軍的陣形逐漸支持不住，出現了局部的潰散。李密是個彪悍之人，「驍果」們虎，他便要比「驍果」更虎，帶領帳下「四驃騎」，向著對面的陣線衝鋒過去。當年他的先祖李弼，就是靠著這樣的騎兵衝鋒之法，擊退北齊的十萬大軍的。

　　回應李密的，是「驍果軍」陣形中雨點一般的箭矢。

「具裝甲騎」，從人到馬都穿著厚重的鎧甲，原本不懼怕箭矢。但是，李密和他的驃騎畢竟是起義軍出身，裝備並沒有跟上。戰場之上，李密被亂箭射傷，所幸被部下救下，轉移到了汲縣養傷。「內軍」騎兵損失慘重，但他們的衝鋒應該是發揮了作用，「驍果軍」的攻勢被遏止住了。

李密的兩萬人，終究抵擋住了宇文化及的傾巢出擊。

宇文化及眼看激戰了一天，自己損失慘重，卻始終沒有擊敗李密軍，而手下的這些士兵們早已經疲憊不堪了，有些人乾脆從戰場上撤了出去，做了逃兵。

更可怕的是，今天是真的揭不開鍋了。到了開飯的時候，戰鬥了一天的將士們發現，晚餐只有少得可憐的一點點配給，於是鬧了起來，軍隊差點崩潰。宇文化及連夜撤退到了汲縣，搜刮全城可以吃的東西，招待自己的士兵們。同時，他派人緊急前往東郡，拿住把守東郡的王軌，逼他趕快拿出軍糧來，不然有他好受的。

不出意料，王軌回頭就投降了李密。

在汲縣等不到軍糧的宇文化及，有如無頭蒼蠅團團亂轉，李密打不下來，黎陽倉的糧食又拿不到，那只有繼續北上，攻略河北的州郡找吃的了。

但是，他麾下的將士們等不到這一天了，或者說，他們不願意再跟著宇文化及等下去了。部將陳智略率領嶺南「驍果軍」萬餘人，投降了李密。部將張童兒率領江東「驍果軍」數千人，也投降了李密。此時，宇文化及手下只有兩萬關中「驍果軍」了。宇文化及無力阻止叛逃的部下，甚至沒有阻止他們的理由，只能任由他們離去。

人數一少，糧草的問題才稍稍緩和了一些。宇文化及帶著剩下的兩萬「驍果軍」繼續往北。而此時，原本跟隨他的心腹們甚至有的又想要陰謀

第六章　何事昏迷至此—群雄混戰未央

叛亂，宇文化及又除掉了那些打算叛亂的將領。將士離心，連宇文化及的弟弟宇文士及，之前說要前往濟北籌措糧草，帶著封德彝等人一去，就再也沒有回來。

心腹死的死，走的走，宇文化及終於體驗到了孤家寡人的感覺。他和宇文智及兄弟二人帶著剩下的人馬到了魏縣，傍徨無計，只能終日酗酒宴飲。隋煬帝的蕭皇后，還有六宮嬪妃、宮女也一路被挾持到了這裡。宇文化及兄弟每天能做的，也就是和這些美人們一起做最後的狂歡。

酒醉之後，宇文化及忽然放聲大哭起來，對宇文智及說道：「當初是你強行帶人擁立我，現在大軍敗了，還揹著弒君的罪名，被天下唾棄。我們宇文氏一族馬上就要被誅九族了，全都怪你當初出的餿主意！」

宇文智及怒道：「當初政變成功的時候你不感謝我，到了現在打敗仗了，卻又開始怪我了？你幹嘛不把我綁了獻給河北的竇建德？」

兩兄弟就這樣相互埋怨起來，爭吵演變成了鬥毆，爛醉如泥的兩人就在酒桌前扭打在一起，打到累了，精疲力竭，就沉沉地睡去。第二天醒來，兩人又繼續喝酒、吃肉，和美人做最後的狂歡，一天天就這麼過去了。魏縣剩下的「驍果軍」將士們，有的也就跟著他倆喝得爛醉，略微有些追求的，就趁機散去了，軍中的將士一天比一天地變少。終於有一天，宇文化及酒醒了，看了看軍中形勢，明白敗局已經無法避免，他的末日即將到來，嘆了一聲道：「人生故當死，難道不能當一天皇帝嗎？」他一手提著刀，一手提著酒，帶著身邊的幾個軍士醉醺醺地就往他們立的皇帝楊浩那裡去。他當場毒死了可憐的皇帝楊浩，自己成了皇帝，國號為許，建元為天壽，還設立了百官。

「莫浪語，誰道許？」這句童謠，不知挑起了多少人的野心，又不知到底誤了多少人。

此時的宇文化及，西邊是李密手下魏州的元寶藏，南邊是唐皇李淵手

下的山東道安撫大使李神通，還有北邊的長樂王竇建德，幾面夾擊之下，已經勢窮力竭。當初投降宇文化及的「長白知世郎」王薄，也就是那首〈無向遼東浪死歌〉的作者，這時建議宇文化及往東平一帶發展，吸納那裡的起義軍入夥，壯大實力。王薄當初就活動在那一代，在那裡頗有一點點影響力，對於宇文化及來說，這也是能選擇的最好辦法了。於是，他聽從了王薄的建議，往東北方向轉移，進入了聊城。

這天夜裡，宇文化及還在和兄弟幾個一起飲酒、吃肉，和美人做最後的狂歡，忽然城中喊殺聲大作。宇文化及驚覺而起，才知道王薄已經投靠了長樂王竇建德，打開城門，竇建德的大軍已經進入城中。

轉眼之間，宇文化及要逃已經來不及了，他被當場抓獲，宇文智及還有他最後的幾個親信則被就地斬殺。宇文化及被裝入囚車，押送到了河間。在那裡，宇文化及見到了長樂王竇建德。竇建德宣布了宇文化及的一連串罪狀，然後將宇文化及斬首示眾。

刑場之上，宇文化及回想起了年少時他在長安城中飛鷹走狗、聲色犬馬的日子。他讀書不多，《史記》是他少數讀過的史書，李斯在刑場上的那句遺言，似乎也說出了他的心聲：「吾欲與若復牽黃犬俱出上蔡東門逐狡兔，豈可得乎？」

03　英雄的末路

正當李密在黎陽苦戰宇文化及之際，一場驚心動魄的陰謀也在洛陽城中上演了。

魏國公李密的捷報一片片地傳來，讓皇泰朝的內史令元文都看到了新的希望。在他和其他輔政大臣眼中，李密是他們的同路人，而王世充不是。畢竟李密是關隴高門，歷來活動在長安的達官顯貴社交圈子裡，和他

第六章　何事昏迷至此—群雄混戰未央

們北魏宗室元家有著共同語言。而王世充不過是身世來歷不明的雜胡野種，一個外地的軍頭，只是靠著手中掌握的軍權，才在朝廷中有了那一點點話語權，不然的話，怎麼配和其他六位輔政大臣相提並論？

然而，在洛陽城中，王世充的勢力越來越跋扈，雖然名義上他被發落在紫微宮外的含嘉倉城駐守，但是由於他掌握著洛陽周邊的軍權，洛陽城中的大小事情，沒有他點頭，全都轉不動，連其他輔政大臣都得看著他的臉色行事。連皇泰主想要為元文都加官御史大夫，都因為王世充堅持不同意而作罷。

所以，元文都帶著密奏覲見皇泰主楊侗，申明利害，說王世充此獠一日不除，朝廷便一日難以安息。皇泰主深以為然，同意了元文都誅殺王世充的請求。元文都得到皇帝的許可，就和其他幾個輔政大臣商議決定，在朝堂之上設下伏兵，等到王世充上朝之時，將其當場誅殺。

但是，元文都沒有想到，納言段達開完會之後，轉頭就投向了王世充，向他一五一十地彙報了這次政變計畫。

是夜，紫微宮外。王世充竟然搶先一步發動了攻擊，麾下兵力強攻宮城東邊的太陽門。宮城守軍在城門外激戰，結果大敗虧輸，守將皇甫無逸隻身逃脫，王世充的大軍進而將宮城團團圍住。

而此時的宮中也已經亂成一團，元文都來到乾陽殿拜見皇泰主時，十四歲的皇帝著急之下，哭得像個小孩子。不過，此時的皇泰主確實也只是個孩子，可憐身在帝王家，背負著與自己的力量並不相稱的重擔。

王世充令人敲著宮門，在宮外喊話：「聽說元文都勾結李密，要向李密投誠。幸好有段達告知，臣在這裡不是造反作亂，而是要誅殺造反作亂的叛黨！」

元文都對王世充的藉口哂笑待之，好生安慰心神不寧的皇泰主。此時，

宮城防禦良好，糧草充足，軍民都站在隋主這一邊，若是等到太尉李密的大軍回來，王世充自然不戰而敗。元文都當下安排將士，登上城牆抵禦叛軍。

但皇泰主耳邊聽到的，只有宮外震耳欲聾的喊殺聲，他看著元文都，思索良久，又看了看旁邊的段達——王世充的喊話已經明明白白，正是段達壞了大事，此刻段達卻好好地站在這裡，讓元文都又驚又怒。正在這時，只聽見段達大喝一聲，左右立時將元文都拿下。

元文都本是一個文臣，手腳被制住，沒有絲毫辦法，只是睜大了眼睛，看著皇泰主。

皇泰主躲閃著元文都的炯炯目光，低聲說道：「事情都這樣了，元公還是自己去和王世充說個明白吧。」

元文都沒想到，此番他費盡心思為了皇泰主出謀劃策，皇泰主卻如此輕易地聽了段達的話，把他出賣給了王世充，辛酸的淚水不禁奪眶而出。段達下令，衛士們將元文都拖出乾陽殿。元文都掙扎著停下，轉頭看著皇泰主說道：「陛下就真的信段達的話，以為把臣獻給王世充，就可以安撫住他嗎？臣今天死了，下一個跟著亡的就是陛下了！」

此時，皇泰主也已經淚流滿面，左右大臣站在殿上，一片沉默無聲。元文都看了皇帝最後一眼，就這樣被一路帶出了宮城。此時，紫微宮城的大門已經按照段達的命令打開，王世充的軍隊湧入了宮城。元文都逆著湧入的人流而前，到了興教門外，最後被亂刀砍死。

在汲縣休息幾日，李密的箭傷終於痊癒。修養的這幾天，江南「驍果軍」、嶺南「驍果軍」紛紛前來投誠，李密的糧草還算充足，於是將他們好好安置下來，補充了一點點實力。

童山血戰，李密的損失實在慘重，原本上萬人的「內軍」，此時已經

第六章 何事昏迷至此—群雄混戰未央

死傷過半；而他訓練起的「帳內驃騎軍」，在最後的衝陣中，戰馬大多也都已經損失了；投誠的「驍果軍」的馬興許早已經被吃了，所以也並無什麼馬匹補給，整支軍隊已經是疲憊之師。

此時，洛陽的壞消息也傳了過來，王世充政變得手，在朝中大權獨攬，下詔要李密返回洛陽，朝廷將大大地犒賞。但李密也得到了消息，王世充手下的江淮勁卒已經在緊鑼密鼓地準備起了討伐李密的大戰。

李密從來也沒有真的以為朝廷會真的接受他的歸順，他也從來沒有真的打算歸順朝廷，接受朝廷的冊封，不過是一時的權宜之計罷了。此時，王世充既然挑明了要繼續與他作對，那李密也就乾脆拒絕了入朝觀見皇泰主的詔令，回師洛陽城東十五里的金墉城。

王世充這邊，也發動兩萬江淮勁卒，進逼金墉城東面的偃師城，在洛水南岸安營紮寨，一副準備渡河決戰的樣子。

事到如今，看來是非決戰不可了。李密清楚自己的軍隊在童山剛受到重創，一時半會兒是難以真正恢復，但他攜大勝之威，又吸納了數萬「驍果軍」進來，對付王世充應該不在話下。於是，李密分兵三路，留王伯當駐守金墉城，邴元真駐守洛口，他自己親率主力前往偃師城應敵。

西元618年九月，王世充帶領五千精兵，從浮橋強渡洛水，抵達北岸。而李密率領的大軍已經在邙山的南麓嚴陣以待了。關於如何應敵，李密的手下出現了爭論。上柱國裴仁基的意見，是趁著洛陽空虛，直接甩掉王世充直取洛陽，等到王世充回援時，再以逸待勞地對付王世充的大軍。這確實是一個好計策。但洛陽幾次都沒有攻下來，李密的心裡真的沒有底。也許王世充原本就根基不穩，李密作為皇泰主親封的太尉、尚書令，真的可以相互串聯，一起將王世充擊敗。不過，李密無法冒這個險。

謀士魏徵的建議則是老成謀國之見，他直接指出，此時李密的軍隊已經十分疲憊，戰損嚴重，不如深溝高壘，與敵軍相持，等到敵軍的糧食吃

完，就不得不退兵了，此時再大舉出擊，在敵人士氣與戰鬥力最低的時候一舉擊敗他們。

而另一邊，單雄信、程咬金等瓦崗將領，還有陳智略、張童兒等「驍果」將領，全都主張與敵軍決戰。單雄信等將領是一直並肩作戰的，李密知道他們好勇鬥狠的性格，自然會傾向於出戰。而張童兒、陳智略這些驕橫的「驍果」將領，李密雖然從他們歸降以來就厚加封賞，但還不能確定自己是否能真的駕馭他們。他們剛剛降服，真的會一切服從李密的調遣嗎？如果王世充引誘，他們會不會直接倒戈投向敵軍？李密並不能確定。眼下他也只能與敵軍速戰速決，防止「驍果」降將這個隱形炸彈。

但是，李密沒想到的是，這一戰會敗得如此徹底。

單雄信如果知道後世的小說家們將他描述成一個義薄雲天的大俠，那他一定會既驚訝又高興。他知道自己不是這樣的人，如果自己真的是忠義之人，那當初李密在酒席上殺掉翟讓之際，他就應該力戰而死，而不是一見翟讓被殺，就立刻毫不猶豫地跪下投誠。魏公府長史房彥藻說單雄信輕易屈就，料想不是忠誠可靠之人，勸李密殺了他。要不是單雄信素有才幹，李密也許真的會當場結果了他的性命。

房彥藻說得沒錯，他單雄信確實不是忠誠可靠之人，然而李密就忠誠可靠了？當初李密落魄之際，投奔翟讓的瓦崗寨，翟讓好心收留，卻沒想到李密就是用這種方式對待翟讓的好心。

當然，非常之人自當行非常之事，翟讓有謀反的動機，李密在內外不穩之際殺了翟讓穩定政權，確實無可厚非。李密是天縱奇才，魅力四射，兼有雄才大略，單雄信以及其他的瓦崗舊將們都為之折服。但自此以後，翟讓被殺事件也成為魏政權所有將士們心中不能說出的傷痛，每當李密帶領眾將連戰連捷，萬眾歡呼之際，忽然想到了翟讓的死，就猶如大快朵頤之際吃了一隻蒼蠅，這種感覺只有單雄信等將士們才清楚。

第六章　何事昏迷至此—群雄混戰未央

　　瓦崗群雄們原本靠著一腔豪氣而聚義，但隨著翟讓的死，以及李密接受招安，擔任了隋廷的太尉，這股豪氣在政治的算計與陰謀之間，逐漸地消磨殆盡。畢竟為了政治利益，「魏公」連隋廷都可以投靠，那投靠隋廷之後，原先那些戰死在隋軍刀下的兄弟們又算什麼？難道是「魏公」晉升為太尉、尚書令的籌碼？失望的情緒悄悄蔓延開來，單雄信敏銳地感到了這一點，然而「魏公」是何等樣人？世家出身的貴冑，自然不會關心麾下這些普通小兵們的想法。

　　而童山之戰後，單雄信等將士對李密的態度，更是逐漸由失望演變成了怨恨。這一場仗打得實在太慘烈，原先瓦崗出來的老弟兄，不知有多少戰死沙場。但是，由於「魏公」沒有府庫，所以賞賜將士的事情沒有人管。而「魏公」又約束軍紀，不讓弟兄們抄略附近鄉里，所以一場仗打下來，丟了性命的不少，可卻什麼也沒有撈到。反觀新歸降的「驍果軍」，「魏公」卻給了他們不少賞賜。這樣的做法，令不少人心寒。

　　此時，王世充的瓦解攻勢也在展開。單雄信聽說，不少瓦崗將領被王世充所籠絡，其中就包括他自己。他與眾將一起駐守在山腳下，見士兵們士氣低落，所以也沒再下令修繕營壘，只是讓士兵們就地休息，準備作戰。到了決戰的時候，當王世充大軍來襲之際，士兵們甚至連陣形都沒有擺好。就在此時，王世充前夜偷偷派出的三百騎兵已經繞到了單雄信後方的山谷之中，這時突然從背後襲擊，猛攻單雄信的外馬軍，還大肆燒毀營地。

　　單雄信營壘未成，倉促之下無法應戰，只得向各軍求救。李密趕緊派出麾下的裴行儼領軍前去，還撥出了精銳的「內軍驃騎」，由程咬金帶去增援。但此時單雄信陣腳已亂，敗勢無法挽回。裴行儼、程咬金也接著敗退。裴行儼中流矢墜馬，幸好有程咬金上前，抱起裴行儼，才從王世充的騎兵鐵蹄下逃脫。

這仗打得太窩囊了，單雄信一口怒氣湧上，當場就帶領所統軍隊向王世充投降了！

單雄信陣營的崩潰，帶來的是整個戰線的鬆動，一場慘敗正在釀成。李密意識到的時候，已經為時已晚。

裴仁基、裴行儼父子，戰敗被擒。

他派去支援的「內軍驃騎」，也深陷於王世充的萬軍之中。秦叔寶、程咬金、羅士信等所部都遭到重創，被當場生擒。

看到李密主力戰敗後，原本便人心不穩的「驍果軍」的反應也很簡單，主將陳智略、張童兒帶領部下臨陣投靠了王世充。

李密見敗局已定，只好率領殘兵撤回洛口。在去往洛口的路上，洛口守將邴元真勾通敵軍，準備向王世充投降的消息又傳了過來。

邴元真此人的做派，早已讓李密十分不滿。當初邴元真管理著興洛倉，就利用職務之便，向洛陽的王世充走私糧食，用來交換衣物、財物之類的東西。當被李密發現制止時，洛陽方面已經透過這次走私得到了大量緊缺的糧食，李密圍困洛陽的計畫也因此功虧一簣。此時，邴元真竟又如此大膽，居然私通敵軍準備投靠。

李密沉下心來，覺得這是一個好機會。於是，他不動聲色地帶人埋伏在洛水對岸，也就是王世充前往洛口的必經之路上，準備趁著王世充過河時不備，發動突襲，再一次複製一年前在洛水浮橋上的大勝成果。

李密軍在洛水旁的山林裡埋伏，就地過夜，只等第二天王世充經過時，河邊哨探傳遞消息，他便可以帶兵進行突襲，將王世充擊斃在洛水之上。

這段時間的戰鬥，讓他十分疲勞，他也就在這山上沉沉睡去。直到第二天醒來，卻什麼訊號也沒有收到。他走近洛水一看，才發現王世充早已經帶人渡過了洛水，往洛口城而去。

只因為哨探沒能傳來消息，李密已經失去了最好的戰機。李密的疲憊之師，不敢繼續阻擊王世充，於是繼續東撤，逃到了虎牢關。王世充一到洛口城，邴元真便帶著那囤著李密無數糧草的興洛倉，大大方方地投降了。

這件事情讓李密越想越驚恐。這些哨探為什麼不放消息？是否已經被王世充滲透？還是因為翟讓或者其他的怨恨，而故意要李密失敗？李密猜不透自己的部下們在想什麼，他也不敢去猜。多年以來，他都以一個「先知」一般的姿態帶領著部下們闖東闖西，卻一直沒有注意過部下們究竟在想什麼。以往一連串的勝利，也讓李密自大起來，覺得只要有自己的旗幟在，部下們定然會跟著他齊心協力。直到此時，他才真正意識到，這支隊伍從來就沒有統一過。

這時，李密紙面上依然擁有著從黎陽到江淮的廣大疆域，控制著無數個州縣，但這些郡縣真正效忠於他的還有多少？黎陽的徐世勣、東平的徐元朗、黃州的周法明……這些人主要是翟讓舊部。甚至像徐世勣那樣的人，當初在殺翟讓的政變時還被砍了一刀，差點因為失血過多而死；要不就是帶著勢力範圍名義上歸順的地頭蛇，李密一敗之後，就有可能投向新的實力派。

此刻天下，竟然沒有他李密的容身之處。

04 瓦崗的謝幕

洛口失守，虎牢關直接面對著王世充大軍的鋒芒。王世充這一戰，收降了李密的數十萬大軍，風頭正盛。而李密這邊，全軍將士都沮喪到了極點，實在不堪一戰。

04 瓦崗的謝幕

這時，原本守在金墉城的王伯當見李密軍敗，於是渡過黃河退守河陽，聯繫上了李密。於是，李密帶著人到達黃河北岸的河陽，與王伯當相會合。眾將相會，見了面都不忍心直視對方的眼神。幾個月之前還聲勢滔天的瓦崗軍，如今只剩下了殘兵敗將。李密的心中既恐懼，又痛苦，恐懼的是如今的將士們是否真的忠於自己，痛苦的是他如今已經陷入了幾乎無可挽回的失敗當中。前往黎陽倉或者其他地方重整旗鼓？李密不敢，他真的不敢。如果徐世勣要報當初砍脖子的仇，李密是一點點辦法也沒有的。

他一度想要自殺，但最終還是被將士們阻攔了下來。

這時有人提議說：我們不如投奔長安吧？

這個說法，雖然初聽下來荒誕不經，但是細想卻甚有道理。唐王李淵已經在長安稱帝，此時派出各路人馬前往巴蜀、隴西、關東各地，並接管了一大片原本是隋廷控制的郡縣；聽說李淵治下政治清明，百姓休養生息，政令井然有序，軍隊戰力蒸蒸日上。而且，李密當初也與李淵聯合，雖然寫的書信頗不客氣，但也只是說共同來做商湯、周武王的事業嘛。如今力量對比調了個位置，那自然是李淵做周武王，李密做姜子牙，兩人總歸有著共同抗隋的「革命」情誼。

換句話說，當初要不是李密頂著天下的隋軍主力，李淵也不會這麼輕易地得了長安。

諸將聽下來，都心動地被說服了。李密見諸將意思一致，於是點頭同意，帶領最後的兩萬軍隊一路往西而去，投奔長安。

在長安，唐朝皇帝李淵隆重地歡迎了李密。

李淵和李密也算一年多的「筆友」了，相互的書信中一直都是客客氣氣。此時，李密前來投奔，李淵一眼就看出了他身上巨大的政治價值。畢竟李密雖然失敗來奔，但是他在關東仍然有極強的號召力，北至魏郡，南

第六章　何事昏迷至此—群雄混戰未央

至長江，東至大海，西至汝州，廣大郡縣在名義上仍然聽從李密的號召。

這幾個月，李淵派出的淮安王李神通在太行山以東經略，收降前隋郡縣，但受制於竇建德還有宇文化及的勢力，一直困難重重。此時有了李密，透過他的影響力來招降所屬的郡縣，定然會讓局面大大改觀。

然而，唐廷是否真能夠駕馭得了李密？這一點，李淵的心裡也有些犯怵。

李密是天下無雙的英才，雖然因為自己剛愎自用的性格而戰敗，但是才華、格局、氣度、聲望，都是一流中的一流。特別是他禮賢下士的能力，讓他的身邊聚集了一大批能臣幹將，連長安城中都有不少他的「粉絲」。更重要的是，李密有非凡之志，從當年那首〈桃李子〉的童謠被認為是預言「李密將有天下」以來，他就一直當然地認為自己是宿命之子，如此之人又怎會甘居人下？

所以，在李淵看來，說李密是治世之良臣、亂世之奸雄都並不為過。他要利用好李密的力量，但如何安置他，則是一個大問題。深思熟慮之下，李淵在重重地犒賞李密之後，冊封他為光祿寺卿，封爵為邢國公。（魏國公的爵位已經封給了尚書右僕射裴寂，所以只能幫李密換一個封爵了。）他與李密的歲數相差了差不多二十歲，但既然之前以兄弟相稱，現在也還是互稱兄弟吧。

光祿寺卿，是與六部同級的九寺五監長官，地位顯赫，但並不掌握軍權；平時的工作，是為皇帝準備飲食，在大宴之時負責皇帝進食，是個經常能接觸皇帝的職位。李淵打算讓李密在這個位置上先待一待，相互磨合一段時間，等到他確實習慣了人臣之道以後，再讓他逐步擔起重任。

李密歸降唐廷，朝野都是歡喜，但唯獨一人不開心，這個人便是李密。

都說李密在長安過得很好，但他自己卻不這麼認為。屈突通一歸降，朝廷便加封他為公爵、兵部尚書，而且還掌握著一方的軍政大權。而李密

呢？只是光祿寺卿，每日所職，不過是為皇帝張羅膳食，形同太極宮內掌管御膳之役。這在李淵看來是拉攏李密的手段，但在李密眼裡，自己也是一個曾經縱橫捭闔的梟雄，現在要幫皇帝準備吃的，這簡直比殺了自己還難受。

他可是李密，萬裡挑一的英傑，怎麼甘心退出歷史舞臺呢？

因此，徙居長安不到半年，李密便坐不住了，他不是一個甘於人下的人。當初沮喪之際沒有多想便投了長安，但是隨後才得知，徐世勣還有其他州郡依然忠誠於他。由於李密乍然投降，徐世勣以及關東各郡守將都沒有準備，權力一時間出現了真空。但徐世勣還是當機立斷，籠絡住了一些李密西逃後想要倒向王世充的州郡。在徐世勣的聯繫下，魏政權原有的轄地，除了投靠王世充勢力的叛將，還有那些半獨立的山頭，其餘郡縣都由徐世勣接管了。

懊悔之情無時無刻地不在折磨他。終於，機會來了。當唐廷謀劃著進一步控制黎陽以及山東、河南地區時，李密站了出來，表示原意發揮餘熱，利用自己殘存的影響力鎮撫山東，配合淮安王李神通，一起對抗王世充與竇建德。而且，李密還當即建議由他原來的心腹謀臣魏徵出馬，前往黎陽說服徐世勣歸順唐廷。

看見李密如此積極踴躍，唐皇李淵同意了李密的建議，以他為主將，左武衛將軍王伯當為副將，並召集當初從關東帶來的舊部，動身前往黎陽，安撫昔日的部眾。

但是，當李密率軍出發之後，唐皇李淵改變了主意，派人前去將李密追回。此時，李密已經抵達了淆函道的東端，函谷關附近，當初屈突通也是在這個叫做稠桑驛的地方被唐軍追上的。面對通知李密大軍返回長安的使者，李密決心不能再屈就下去了，此時他就猶如困龍游入大海，正是再展宏圖的時候，怎能再回長安繼續為李淵那老小子端菜呢？

第六章　何事昏迷至此—群雄混戰未央

於是，李密不顧副將王伯當的勸阻，豎起反旗，攻下了附近的桃林縣。他又一次施展了出其不意的慣常風格，揚言要往洛陽方向去，還派出一部分先遣部隊，做出一副與黎陽的徐世勣會合的樣子。但實際上，他是要前往東南的汝州，與舊部張善相匯合。安排妥當之後，李密便率軍祕密地繼續出發，前往汝州。

武德元年（西元618年）臘月三十，正是一年的除夕，百姓歡度年節的日子。這一天，李密依舊在軍中度過，他吩咐部眾加緊前行，到了汝州再過新年。經過陸渾縣時，天上下起雪來。經過熊耳山南的溪谷，大軍準備涉水渡過。正當半渡之際，忽然伏兵四起，箭如雨下，箭矢的鋒芒閃動著寒光，將谷中的眾將射成了刺蝟。

原來是已經擔任行軍總管的關中大俠史萬寶，在副將盛彥師的建議下，早已埋伏在此處，等候李密大軍的到來。

李密自以為無人能識破他的聲東擊西之計，但沒有想到，這個除夕之日便是他的斃命之時。他連同王伯當等幾個親信，就被斬殺在熊耳山下。

駐守黎陽的右武侯大將軍徐世勣，此時還不知道李密的死訊。從長安來的使臣才剛剛抵達黎陽，來人便是隨同李密一起西去的謀臣魏徵。從魏徵嘴裡，徐世勣得知李密在長安過得不錯的消息，於是略微放下心來。隨後，魏徵便開始勸說徐世勣，請他歸順唐朝。

徐世勣原本心中滿是不甘──「魏公」辛辛苦苦打下的基業，怎麼一句話就交給大唐了？但這既然是「魏公」的意思，而且還有魏徵循循善誘，終歸還是接受了歸順大唐的局面。徐世勣雖然不算自小受禮樂教化之人，但是行走江湖，終究是靠著講義氣、懂道理。他是李密帳下的大將，受李密的恩惠，如果直接將屬地獻給唐廷，就是借主公的失敗來為自己邀功，不算一件光彩的事情。於是，他將州縣的戶口、財物帳冊整理登記起來，託魏徵交給「魏公」李密。

這樣，他做的一切就是「魏公」的功勞了。但徐世勣不知道，此時的「魏公」李密，已經死在陸渾的熊耳山下了。

武德二年（西元619年）閏二月，李密死後兩個多月，唐廷的詔書傳來。唐皇李淵得知徐世勣的意思，大為欽佩，感慨他是一個純臣，於是下詔封他為黎陽總管、上柱國、萊國公。徐世勣也聽聞了李密的死訊，於是請求為李密收屍，唐皇爽快地同意了。於是，徐世勣將李密以諸侯的禮節安葬，墳高七仞。沒過幾天，唐廷又一次加封徐世勣為唐朝的右武侯大將軍、曹國公，並賜姓李氏，將徐世勣加入唐朝宗室的宗籍。從此以後，徐世勣便以李世勣這個名字行走在世上，並且正式接受了唐帝國的指揮。

同月，唐軍與王世充在洛陽西邊的九曲對峙。被俘虜後被迫投降王世充的秦叔寶、程咬金等瓦崗將領因為厭惡王世充的狡詐多疑，在陣前帶領數十騎兵躍馬降唐，被李唐厚加禮遇，隨後進入李世民的秦王府，成為一方大將。

幾乎同一時間，長樂王竇建德斬殺宇文化及，在遣散了一併俘虜後，奉表於洛陽的皇泰主朝廷，皇泰主封竇建德為夏王。

宇文士及、封德彝則來到了長安，投奔李唐。由於是亂臣宇文化及的弟弟，宇文士及在殿前向唐皇李淵謝罪，講起了當年在涿郡時他與李淵密論時局的故事。李淵大笑，對裴寂道：「這位老哥六七年前便和我一起談論天下大事，說到謀事，你們都還在他的後面呢！」隨後對宇文士及厚加封賞，讓他協助秦王李世民外出征戰。

帶著宇文化及的首級，蕭皇后在竇建德的護送下一路北上，終於與和親突厥十餘年的義成公主相會。

世事變遷，身如浮萍。自夫君楊廣死後，蕭皇后深陷於宇文化及的亂兵之中，只能用幾塊門板將夫君草草安葬。然後的這一年時間裡，她與後宮妃嬪度過了一段暗無天日的日子。這段日子，此時的蕭皇后已經不堪再

回憶。而等到宇文化及身死，她又被竇建德控制，然後成為後者結交突厥部的一個籌碼，被繼續一路往北送，送到了突厥手中。

見到義成公主，姑嫂二人百感交集。上次見面時，已經是幾乎二十年前的事情了，那時她們都還年輕，有著一些不切實際的幻想，覺得這輩子可以和一個男人結為同心，並且從一而終是多麼幸運。但是，義成公主遠嫁突厥後，先後侍奉了啟民可汗、始畢可汗、處羅可汗父子三人；蕭皇后在隋煬帝死後，也有過難以啟齒的經歷。此時的蕭氏，夫君橫死，幾個兒子也死了，只有幾個孫子，或者被立為傀儡，或者被幽禁囚居，都是處境艱難。

草原如此遼闊，風光如此迷人，也許能夠讓蕭皇后稍稍有所慰藉吧。

在定襄，蕭皇后立她的孫子楊政道為帝。定襄的長煙落日、原野孤城，有如大隋帝國的墓碑，孤獨而寂靜地守在邊塞之上。

而大唐帝國，則在戰火之中，如朝陽一般升起在九州大地之上。

第七章
爭言社稷當久安 —— 秦王繼位之途

第七章　爭言社稷當久安──秦王繼位之途

01 少年李世民和他親愛的兄弟們

　　李世民的少年時光，在與兄弟姐妹相親相愛中度過。他二十歲以前，從未見過什麼高山，他沒想到人生最難翻越的高山，是自己的命運。

　　他小的時候，曾有善於相面的遊方術士經過，預言他將來一定能濟世安民，於是父親李淵便將他的大名取為「世民」。李氏乃將門世家，因為深受鮮卑習慣的影響，又出自武川這樣的邊塞，所以兄弟姐妹之間十分質樸地生活著，平時的愛好也都是弓馬騎射。

　　影響李世民人生的，是他年少時見到的隋煬帝出行時的場面。那場面堪稱盛大，十萬匹駿馬跟隨下，隋煬帝坐在令人咋舌的「觀風行殿」之上，雕梁畫棟的移動城堡跟隨御駕前行。李世民雖然也算見過世面的少年，但面對如此奇蹟一般的景象，仍然深感超出自己的想像力。

　　在少年李世民的眼中，隋煬帝幾乎是他的崇拜對象，集英明神武、霸氣睿智於一身，大丈夫應當如是。

　　更關鍵的是，隋煬帝和李世民一樣，是父親的次子。他靠著自己的鑽營和努力，最後憑藉實力與影響，最終繼承了皇位，這同樣也是一件十分勵志的事情。

　　在李世民的那個時代，長幼之別雖然在漢人門閥中很講究，但是還遠不如嫡庶之別講究。像關隴的門閥大族，雖然爵位是按宗法制度，只能由一個人繼承，但是其餘的嫡子一般也都能繼承父親的田產，也同樣能得到朝廷的蔭封。在仕途上，一家兄弟是站在同一個起跑點上的，相互不是競爭關係，而是共同提攜合作的關係。因為如果家族裡出仕的族人越多，那家族就越旺盛，相互之間就都能關照幫助，從而有了更順遂的仕途。李世民的父親李淵不是長子，爺爺李昺也不是長子，但最終還是襲封唐國公，成為頂級門閥。

01 少年李世民和他親愛的兄弟們

李世民的母親竇夫人一共生了四個嫡子，除了老三李玄霸早年夭折，其他三兄弟都健康地長大了。大哥建成、四弟元吉，都與李世民從小一起長大，關係是最為親密的，父親也最為器重他們三個。所以，太原起兵之後，建成、世民、元吉分別負責三大塊工作，其實就是父親李淵的三個分身，代表父親掌管著家族的基業。

但是，到了攻占長安之後，情況就不一樣了。

李淵父子起兵，是奔著成就大業去的。他們不再只是官宦人家，官宦人家的子弟要的是官爵、資財。從此以後，他們就是帝王之家了，人生軌跡已然大不相同。官位、爵位、田產有千千萬萬，但皇位只有一個，他們三兄弟中最終也只能有一個人繼承皇位，其他幾位兄弟，就算功勞再大也只是臣子。這就是生在帝王家要遵循的權力邏輯。

大哥李建成是嫡長子，按照宗法制度，是李淵當之無愧的繼承人。所以，李淵獲封唐王後，建成就是唐王世子；李淵登基稱帝後，建成就是太子。除非李建成出了什麼意外，或者因病早夭，否則李世民是無法按照正常的宗法制度繼承李淵的皇位的。而大哥李建成的身體很好，也並沒有什麼意外發生。李建成成為太子後，便長期留守長安，輔佐父皇處理政務，因此也基本不會出現戰死之類的意外。

說到皇位，李世民不能說自己沒有念頭。換句話說，他雄心壯志，其實也正是為了成就一番大業。李世民坦坦蕩蕩，不可能虛偽地說自己不想要皇位。但隋煬帝作為次子，也一樣得到了皇位。李世民從隋煬帝身上看到了自己的機會，他的心裡隱隱有一個念頭，成為他奮發向前的希望：也許只要自己努力打拚出更多的功績，父親就能看中自己的才能，將未來的大業交給他。

那個時候，出於他們兄弟多年的親情，李世民自然會善待自己的兄弟，尤其是自己的兄長。因為是李建成幫著家裡把李世民、李元吉帶大，這份

第七章　爭言社稷當久安──秦王繼位之途

恩情李世民一直記著。如果李世民真的登上皇位，他也相信自己是能保兄長一生的榮華富貴的。

所以，接下來，他要依靠自己的天才，贏得更多的戰功，讓父皇真真正正看到他的能力，然後放心地將大唐江山交付給他。

武德元年（西元618年）的唐朝，勢力範圍只及於關中、河東等一片土地，洛陽有王世充，河東有劉武周，河北有竇建德，隴西有薛舉，北地還有梁師都，可以說是四面受敵。這年年初，李建成、李世民曾經率軍進取洛陽，但是由於實力仍然弱小，因此未曾決戰便撤兵西歸。關中是合適的軍事基地，但歷史上利用關中成就帝業的秦始皇、漢高祖、北周武帝等人，並不僅僅依靠關中這一小塊區域，而是有著隴西、巴蜀這些腹地才能成事。因此，武德元年，唐廷派遣宗室子弟李孝恭作為山南道招討撫慰大使，攻打巴蜀地區。

而隴西地區的薛舉也是唐廷的嚴重威脅。薛舉從金城，也就是現在的蘭州起兵一年多，迅速攻占了整個隴西地區，自稱「西秦霸王」，擁兵十三萬人，聲勢極為浩大。關中和隴西原本就是一體的，隴西是關中的後背，如果隴西不穩，唐廷就不能專心向東，經略關東天下。所以，從李淵攻占長安之後，雙方就一直有所交鋒。李世民的西路軍攻下長安後，負責長安以西的防務，因此也奉命率軍阻擊過薛舉的東進，並取得了勝利。但是，當時局勢未穩，雖然李世民這一路勝了，但是李淵派出的另一路軍，由竇軌率領，出大散關進攻隴西，則由於輕敵冒進而被擊敗。唐軍就沒有繼續集中力量攻克隴西，雙方相持在隴山一帶。

隴西民風彪悍，自古以來就盛產精兵強將、騎兵戰馬。薛舉善於用兵，經常創下以數千人擊敗數萬隋軍的戰績，這在尋常起義軍中是很少見的。而薛舉的兒子薛仁杲則號稱「萬人敵」，也是個戰力可怕的猛人。李世民初次與他們交手時，就感到對方士兵強悍的戰鬥力。所以，隴西一日

不平,唐朝就始終存在肘腋之患。

武德元年(西元618年)六月,薛舉調遣各路主力,大舉東進,侵入唐廷控制的安定郡。不僅如此,薛舉還按照謀臣郝瑗的建議,聯繫盤踞在陝北地區的梁師都,以及塞北的東突厥,約好從西、北兩個方向夾攻長安。

如果「西秦」的計策得逞,那李唐就真的到了危急存亡之秋了。不過,唐廷冷靜應對,出使突厥的宇文歆勸服突厥始畢可汗,以割讓河套地區的五原、榆中為代價,維持了唐廷與突厥的盟約;又派驃騎將軍藺興粲率軍抵禦梁師都的來犯之兵。

面對薛舉這個大患,唐廷則決定以主力相抗。秦王李世民擔起了這個重任,被任命為元帥,以劉文靜為行軍長史,殷開山為司馬,統領慕容羅睺、李安遠、劉弘基等八個行軍總管,共四萬人討伐薛舉。這是李世民第一次單獨作為統帥外出征討,雖然他此時只有二十歲,統兵的資歷尚淺,很多事務都是由劉文靜、殷開山處理,就像當初差不多年紀的隋煬帝平定陳朝時由高熲實際指揮一樣,但是李世民很重視這次出征,他要以出征為機會,證明自己才是「天選之子」。

安定郡在涇河河谷,薛舉派遣宗羅睺占領平涼,而後翻越隴山,沿著涇河河谷一路向下游打去,兵鋒直指安定郡城涇州。涇州守軍依靠堅實的城牆防禦,薛舉軍一時未能攻克。也就在這時,李世民的四萬大軍已經到達了戰場。

這四萬人幾乎是李唐朝廷一大半的野戰軍力,想來應當有實力與薛舉決戰。但薛舉的隴西鐵騎戰力極強,如果硬碰硬,唐軍勢必會遭受極大的損失,而且勝負難料。當年諸葛亮六出祁山時,還沒有強大的騎兵,就將守在隴山的曹魏政權逼得只有防禦之力。李唐只有關中與河東兩地,兵力相較於當時的曹魏要少得多,李唐的兵力雖占優勢,但薛舉父子也不是孬

第七章　爭言社稷當久安──秦王繼位之途

種，卻絕不可輕敵。

這是李世民第一次真正意義上做統帥，他一定要把這一仗打得盡善盡美。

涇州城依然被圍困，但李世民並沒有急於去救援，而是在涇州城東邊數十里外的高墌城停了下來。這裡控制著涇河河谷往東到達關中平原的通道，又是一片居高臨下的高地，易守難攻的效果，李世民決定選擇這裡作為他們的戰場。

李世民有限的統兵經歷讓他悟出一個心得，那就是永遠要掌握戰場的主動權，如果不行，那就逼著敵人來到己方選好的戰場。

這個道理說著簡單，實施起來卻是複雜無比。畢竟戰場的形勢千變萬化，真正能做到「用兵之道，存乎一心」，不僅需要天賦，還需要大量實踐經驗的累積。李世民自太原起兵以來，展露了他軍事上的天才，但是要真正成為天下名將，還是需要大量的戰場經驗。

唐軍在李世民的安排下，在高墌城築下深溝高壘，據守不戰，就等著薛舉的大軍自己過來。而薛舉大軍一旦來到高墌城，補給線就暴露在了堅守涇州的唐軍面前，所以只能速戰速決，到時候出擊與否的主動權就在唐軍手上了。

然而，李世民沒有想到，在這時他忽然染上了瘧疾。

瘧疾，俗稱「打擺子」，染上之後渾身發冷發熱，不停地發抖，根本無法指揮戰鬥。李世民患病之後，只能將指揮權託管給了長史劉文靜和司馬殷開山。李世民知道，他制定的這個策略一定有很多人不理解，於是向劉文靜等人表明了他的想法：「薛舉大軍來犯，想要的是速戰，我們不一定能打贏，唯有打持久戰，等他們糧草將近、士氣降低的時候，再來一舉破敵。所以，切記此時要堅守不出才好！」

李世民在病中忍受著「冷戰」的折磨，軍務都交給了劉文靜和殷開山處理。此時，唯有希望劉文靜等人能聽從他的安排，將這個「龜縮戰法」貫徹到底。

但是，劉文靜、殷開山都是李世民父輩的大臣，吃過的鹽比李世民吃過的飯還多，打過的仗比李世民經過的事還多，李世民雖然名為主帥，但在劉文靜等人眼裡，這個年輕人擔負的任務是拔高出征統帥的官階，在形式上鎮住軍中將士，實際中如何行軍打仗，還是要靠他們這些身經百戰的元老。雖然劉文靜從太原開始就是李世民的左膀右臂，但是在軍事策略上，他還是更相信自己的判斷，而非李世民這個資歷不夠的年輕統帥病中的囑咐。

當薛舉屢屢攻打涇州城和不遠處的折墌城，並且開始派出小股兵力騷擾高墌城的唐軍大營時，劉文靜與殷開山決定不給「西秦」耀武揚威的機會，於是下令各軍在高墌城外擺開陣勢，讓「西秦軍」仔細看一看，唐軍如何軍容嚴整，如何士氣旺盛，如何是一支可怕的軍隊。

正當「八總管」的大軍列開陣勢之後，薛舉的攻擊開始了。原來，薛舉早已派兵繞到了唐軍背後，突然發動攻擊。唐軍剛剛列陣，沒有準備防禦用的工事，隴西騎兵便輕輕鬆鬆地在唐軍陣中穿插突襲。

「八總管」全都敗下陣來，唐軍大敗，戰死者十之五六，連行軍總管慕容羅睺、李安遠、劉弘基都被「西秦軍」俘虜。

這一仗，唐軍幾乎全軍覆沒。李世民在病中聽到消息，連忙率軍撤退，一直退到了長安。折墌城、高墌城全部失守。

李世民的第一戰就這樣不幸以失敗告終。

02　秦王李世民的真正第一戰

聽聞戰場失敗，關中大為騷動，甚至有人還提議撤回河東，以避開薛舉鋒芒。為兵敗負主要責任的劉文靜、殷開山被降了罪。不過，他們二人作為起兵有功之臣，攻占長安之後便被皇帝李淵賜了免死鐵券，劉文靜可以免死兩次，殷開山可以免死一次，於是兩人都被削職為民。而主帥李世民則並沒有被大家斥責。

李世民寧願被叱責，也不願意接受父皇理解的安慰，只是說一句：沒事，二郎盡力了。他明明可以做得更好，給父皇更大的期望。

這時，又一個偶然事件發生了，「西秦霸王」薛舉突然病死，「西秦軍」暫時停止了攻擊，薛舉之子薛仁杲在折墌城稱帝。這給了唐廷一個喘息的機會，於是李世民再次受命發兵，收復了高墌城。

這一次，李世民繼續以往的戰術，無論薛仁杲如何，他都堅守不出。他算定了薛仁杲的補給線更長，「西秦軍」的糧草更為缺乏，而且涇州城依然在劉感的鎮守下，艱難地支撐著，像一個楔子一樣嵌在敵後。涇州一日在，「西秦軍」從隴西到前線的補給線便一直受到唐軍的威脅。於是，唐軍等待著敵軍在堅城之下自己將意志消磨殆盡。城中諸將群情激奮，全都要求出戰，而李世民只是輕飄飄地說了一句：「誰再敢請戰的，斬首。」

上一次的敗績，李唐朝廷的關中精銳損失慘重。這次李世民帶來的軍力，已經是東拼西湊得到的，有上次戰鬥的殘部，有關東王世充那邊投靠的降卒，還有歸附的起義軍。這支湊出來的雜牌軍，顯然難以正面與薛仁杲士氣正旺的精銳相抗。不過，萬事都有兩面，對李世民有利的一點是，上次那些叔叔伯伯輩的悍將有的被俘，有的被罷職，如今的將領如龐玉、梁實，在唐軍中的資歷與原來的「八總管」不能同日而語。這個將領配置，對於二十歲的李世民來說，顯然更容易駕馭。所以，李世民一聲令

下，高墌城內一片肅然，再無人敢言出戰。

李世民的堅守，不是龜縮不出，而是將戰場的主動權緊緊攥在手裡。高墌城內，他加緊訓練，逐漸將這支東拼西湊來的軍隊漸漸擰成一股繩。同時，李世民還調遣秦州總管竇軌、長平王李叔良馳援涇州，並要求他們積極出戰，持續騷擾「西秦軍」的後方。

涇州城中，斷糧已經數日，當城中軍民殺馬、吃樹皮充飢之時，長平王李叔良的援軍終於趕到，解了涇州之圍，而且還帶來了急需的糧食。

奉秦王李世民將令，守將劉感與李叔良率軍出城，侵擾「西秦軍」後方。他們分成小股部隊，對「西秦軍」的補給線展開了全面打擊。薛仁杲調轉過來，集中力量攻擊涇州軍，在百里細川一場惡戰，劉感軍敗被俘。

薛仁杲再次圍住了涇州城，並招降了劉感，要他去勸涇州守軍投降，要讓涇州守軍意識到，援軍都敗了，白白守在城中沒有任何意義。劉感一口答應，來到涇州城下。薛仁杲大軍陣前，劉感走到城門前邊，等了許久，城中的李叔良等眾將聞訊也都上了城樓。劉感見他們來了，於是深吸一口氣，大聲喊道：「城中的唐軍戰士們，你們再堅守幾天，薛仁杲大軍已經缺糧，快要支撐不住了！如今是報國之際，秦王的數十萬大軍已經集合在附近，勝利眼看就在眼前了，大家堅持住！」

薛仁杲大怒，連忙讓人將劉感拉回來。這個號稱「萬人敵」的統帥素來性格嗜殺，劉感如此出爾反爾，薛仁杲也要給他一點懲罰。於是，劉感被帶到了城外的小樹林裡，半截膝蓋被埋在土裡，使他無法動彈。這時，薛仁杲跨上馬，一邊飛馳，一邊彎弓，大聲怒吼著，將他憤怒的箭矢一根一根地射在了劉感身上。

劉感用自己的生命，將這個關鍵的消息傳到了城中：薛仁杲軍缺糧了。

薛仁杲雖然打敗了涇州的唐軍，但補給線依然無法支撐。他們在這裡與李世民軍相持了六十多天，再多的糧草也有用盡的時候，這些隴西

第七章　爭言社稷當久安──秦王繼位之途

武士們都開始焦躁起來，士氣在一點點降低。在高墌城與唐軍對峙的「西秦軍」將領，比如內史令翟長孫、將軍梁胡郎等將領，不少也都帶領部下成建制地叛逃到了李世民這邊。從梁胡郎問到了許多關於「西秦軍」的情報，李世民覺得交戰的時候到了。

李世民先派出行軍總管梁實在高墌城外的淺水原紮營，引誘敵軍來襲。薛仁杲大將宗羅睺等了兩個多月，就等著唐軍出擊的這一天，果然出動所有精銳，強攻淺水原上的唐軍營寨。淺水原之戰就此正式拉開序幕。

宗羅睺強攻唐軍營寨，梁實據守待援，一連膠著數日。唐軍營中一度陷入缺水的情況，梁實等將士幾乎喪失了戰鬥力。李世民見敵軍接連作戰，估計對方已經疲憊，於是召集眾將升帳議事，就討論一件事情：明日開始反擊！

次日天明，李世民派遣將軍龐玉率領主力出擊，在淺水原上列陣。宗羅睺二話不說，集中兵力便開始猛攻龐玉的陣營。這時的唐軍再一次面對隴西鐵騎帶來的恐懼，只見隴西軍所向無前，沒見過世面的唐軍哪見過這樣不要命的攻擊？唐軍陣形出現了鬆動，龐玉只能奮力支撐，不斷派預備兵補充軍陣的缺口。

眼看唐軍的戰陣就要被宗羅睺攻陷之際，李世民帶領騎兵終於迂迴到了「西秦軍」的後方，下令騎兵衝鋒。只見李世民帶著數十騎兵衝在最前面，有如天神下凡一般，衝入「西秦軍」的戰陣，左衝右突。見到主帥如此神勇，唐軍士氣大振，對著「西秦軍」前後夾擊，鼓聲動地，呼聲震天。唐軍將士吶喊而前，一路將「西秦軍」慢慢地推到了淺水原邊緣的山谷，其陣營中掉下山谷的不計其數。宗羅睺這邊終於大敗，唐軍斬殺數千人。宗羅睺帶領殘部，向著薛仁杲盤踞的折墌城退去。

眼看宗羅睺退卻，李世民、龐玉、梁實三部軍力會合在了一處。正當歡呼勝利之際，李世民卻依舊沒有下馬，下令清點人數並拉上所有能騎的

戰馬，要一路追擊過去。

唐軍眾將以為，秦王李世民這兩個月始終堅守不出，定然是個用兵謹慎的人，但誰也沒想到秦王要這樣瘋狂一把，也不做休整，直接追擊過去。難道是忘了那些輕敵冒進最後不慎慘敗的血淋淋的教訓了嗎？終究竇軌作為李世民的舅舅，按住李世民的坐騎苦勸道：「宗羅睺雖然敗了，但薛仁杲的主力還在折墌城，萬萬不可以輕敵。秦王還是暫且按兵不動，觀察一下形勢再做下一步打算吧！」

但李世民不同意：「舅舅放心，我已經深思熟慮了。」

「兵聖」孫武有言：「其疾如風，其徐如林，侵掠如火，不動如山。」當初「西秦軍」兵勢正盛，李世民選擇了不動如山，但此時宗羅睺沒有了鬥志，一路撤退之際，正是該侵掠如火的時候。李世民當機立斷，清點出兩千騎兵，一路追了過去。剩下的步兵們，李世民下令他們要在最快時間趕到折墌城戰場。

緊跟著宗羅睺，李世民奔馳數十里，一路追到了折墌城下。薛仁杲萬萬沒想到唐軍會來得如此迅速，但他作為「萬人敵」，也不是吃素的，當即下令出城列陣迎敵。但是，兩軍在城外列陣對峙之時，薛仁杲手下的將士們卻沒有了戰鬥的意志，驍將渾幹等人直接在陳前倒戈，向李世民投降。薛仁杲不敢再應戰，帶著人退回了折墌城中。

到了傍晚，唐軍主力也已經急行軍趕到，於是折墌城被四面圍困了起來。城中的士兵們毫無鬥志，都偷偷地翻越城牆投降唐軍。

這是個不眠的夜晚，李世民在城外，看著越牆而出的「西秦軍」士兵們，明白勝利的天平已經不可阻止地倒向了自己一邊。城內的薛仁杲又何嘗不知這一點。天色大亮之後，計窮勢蹙的薛仁杲出城投降。而此時，城中還有薛仁杲手下精兵萬餘人。

第七章　爭言社稷當久安──秦王繼位之途

這場大勝之後，隴西便基本在唐軍手中了。李世民一路西進，暢通無阻，沒多久就平定了隴西。

多年以後，李世民在讀《晉書》時，看到三國時司馬懿在五丈原對抗諸葛亮的故事，於是帶著一絲驕傲批注了一句：如此怯懦，並非良將之道。此時，他的心中，也在隱隱地將五丈原之事與他指揮的淺水原之戰作比較。他與司馬懿一樣堅守不出，但相比之下，司馬懿的做法就顯得更加拙劣了。司馬懿只是一味地龜縮防禦，任由諸葛亮活動在五丈原之上，還開心地種起了田，戰局被動無比。哪像李世民指揮下的唐軍，表面上看起來是縮在城中，其實活動範圍已經遍及整個戰區，多路偏師在側翼左衝右突，牽制敵軍力量。以至於薛仁杲在淺水原決戰之前，打贏了每一場戰鬥，但越打，越是陷入唐軍的包圍之下。等到回過頭來他們才發現，整場戰局的結果早已在李世民進駐高墌城之前，就已經注定了。

隴西再往西，就是西涼地界，有自稱西涼皇帝的李軌盤踞於此。李軌出身隴西李氏名門，名義上與同樣自稱隴西李氏之後的李唐皇室出於同宗。當初也是應著「李氏當王」的讖語而起兵自立，不多久就擊敗隋軍，占據了河西走廊。

對於西涼，李唐政權採取了外交與間諜攻勢。唐廷派往西涼的使者安興貴，因為同樣出身於西涼名門，於是被李軌任命為左右衛大將軍。安興貴隨後拉攏西涼各個世家，西涼的大家族漸漸地倒向了唐廷這一邊。

武德二年（西元619年）四月，涼州城在安興貴的帶領下發動了叛變，他派人告知全城：「大唐天子派我來抓李軌回京，不服從者，罪及三族！」李軌感到大勢已去，帶著妻兒登上了玉女臺，最後一次向著自己的故鄉告別，隨後被安興貴捉拿。於是，西涼地區也被納入了唐廷的版圖。

對於薛仁杲、李軌這些僭越稱帝之人，唐廷採取了嚴厲的懲罰措施，將他們斬首於長安。但是，對於他們的部眾，李世民則善加安撫，許多有

才華之人，都被吸收進了自己的隊伍。接下來的征戰中，他們也將跟隨李世民的足跡，征討天下不臣。

03　被嫌棄的劉文靜的一生

　　武德二年（西元 619 年）初的唐廷，在艱難地打贏了對薛舉、薛仁杲的戰爭後，已經平定了隴西、西涼，將整個關隴地區收為己有，同時還收納了李密的關東部分地區；山南道大使李孝恭也一路南下，平定了漢中、巴蜀。大唐已經初步有了統一天下的氣象。隨後，唐廷設立了陝東道行台，作為經略關東、征伐中原割據諸侯的中樞，由秦王李世民擔任。此時的李世民，伴隨著功勞的增加，加封了太尉、尚書令、陝東道行台、雍州牧、左武侯大將軍、使持節、涼州總管、上柱國，風頭一時無兩。

　　雖然劉文靜因第一次淺水原之戰失敗而被降罪，但作為舉兵的首謀，在平定隴西之後就被恢復了爵位和封邑。當然，官復原職是不行了，劉文靜轉而被任為民部尚書，兼陝東道行台左僕射，就是李世民經略關東的副手，協助關東事務，可以說責任重大。

　　但劉文靜並不滿意這個官職。當初他從太原時就是皇帝李淵的左膀右臂，與裴寂兩人一起，是公認的李淵副手，與裴寂既是好朋友，又是同僚，地位相當。起兵之後，裴寂做長史，劉文靜做司馬；進入長安後，裴寂擔任尚書右僕射，劉文靜擔任納言，排位相連，地位也幾乎相當。但是，到了劉文靜復職後，卻變成了民部尚書，歸尚書僕射管理，陝東道行台左僕射也比朝廷中央的尚書僕射低了一級，原本的平級關係變成了上下級關係，這讓劉文靜非常不滿。

　　他不滿是有底氣的，不僅是因為他在李唐陣營中的資歷，更重要的是，他還有一項獨一無二的法寶，那就是突厥。

215

第七章　爭言社稷當久安──秦王繼位之途

這幾年來，突厥對中原的影響力與日俱增。除了投靠突厥的「定楊可汗」劉武周以外，中原的各路割據勢力幾乎都或多或少地與突厥有聯繫。唐廷平定關西的時候，每次危機都與突厥有關。當初唐軍舉事之時，也是迫於後方壓力，而向突厥稱臣，還打上了突厥人的白旗。在這其中，劉文靜發揮了極為重要的作用。從劉文靜北上拜謁突厥可汗，借得馬匹和五百突厥騎兵以來，他就成了唐廷與突厥之間的聯繫人，在維繫唐、突關係中發揮著極為重要的作用。而唐廷要維持與突厥的外交關係，不能不繼續依靠劉文靜，而要依靠劉文靜，也勢必會將他恢復官爵。

隨著李唐的控制範圍逐漸擴大，突厥與唐廷的矛盾也逐漸明顯起來。自從李淵、李世民父子在太原城外與處羅可汗結盟時起，突厥就希望中原保持分裂的局面，以便他們能從李淵政權，還有其他向突厥稱臣的政權那裡獲取想要的財富。突厥人有著草原人的智慧，他們看出中原地區的混戰會帶給突厥無窮的好處。而當李唐政權逐漸統一了關西和巴蜀，隱隱有著君臨天下的氣勢時，突厥人便警覺了起來。他們得想辦法遏制李唐的進一步壯大。

盟約在手，突厥也不好直接與李唐翻臉，於是他們找來了所控制的其他勢力，他們就是陝北的「毗伽可汗」梁師都，和「定楊可汗」劉武周。武德二年（西元619年）三月，梁師都再次進犯唐朝控制的靈州城。同月，劉武周也聯合突厥兵，率兩萬人南侵并州。大唐的北疆州郡紛紛告急。

這個時候，劉文靜該出馬了。他與突厥的關係素來良好，此時朝廷需要他來與突厥交流，保障北方邊境的安全。劉文靜也積極就此向皇帝表態，說願意出山，來擔當起與突厥斡旋調停的重任。

但是，這一次劉文靜的算盤打錯了，他沒想到自己已經受到皇帝的猜忌。在皇帝眼中，劉文靜這不是積極幫助，而是挾寇自重，這是朝廷不能容忍的，唐朝自建國以來，就對向突厥稱臣的事情諱莫如深，而劉文靜

卻一再地拿這件事情作為自己晉升的資本，還想借突厥來立功，簡直是做夢。

劉文靜沒想到，他以為可以打出的王牌卻成了皇帝猜忌自己的原因。更鬱悶的是，裴寂等朝臣更將劉文靜視為一個不穩定因素，彷彿與突厥的關係就是他可能作亂的證據。

河東的戰事打得不理想，劉文靜在朝中的位置也越來越微妙起來。四月，鎮守太原的齊王李元吉派出抵禦劉武周的軍隊全軍覆沒，隨後劉武周包圍了太原城。

丟得這麼容易，難道是因為內部出了叛徒？說到「勾結突厥的叛徒」，大家很自然地又把目光看向了劉文靜。劉文靜這是躺著也「中槍」，他本來想趁機表現一番，提升自己的地位，誰想到竟落入了如此尷尬的境地。不僅劉文靜，連劉文靜的上司李世民也被懷疑了。畢竟官場上劉文靜公認是李世民的人，劉文靜「勾通」突厥，那秦王李世民也脫不了關係。而且，秦王李世民和處羅可汗的私交也很好，同樣也有嫌疑。

所以，發兵支援河東的事情，唐皇沒有選擇軍功赫赫，並且以陝東道行台駐紮在河東長春宮的李世民，而是派了太常少卿李仲文作為行軍總管，前往被劉武周圍困的介休，督軍抗擊敵軍。

劉武周實在太狡猾了，李仲文的援軍還沒到介休，就在半路上的雀鼠谷遭到了他的伏擊，又是全軍覆沒。

此時的朝中，太子李建成作為皇儲不宜出征，有能力擔起統帥重任的，除了李世民也沒有別人了。但李世民身上的嫌疑未除，而且征服薛舉之後他也隱隱有了軍功過高的端倪。李淵還是沒有選擇讓秦王掛帥，而是選了他的好兄弟、尚書右僕射裴寂為晉州道行軍總管，率軍穿過雀鼠谷，到達介休。此時，介休城已經被劉武周麾下大將宋金剛攻下，於是據城抵抗唐軍的攻擊。裴寂紮營在城外地勢較高的度索原上，準備圍困介休城。

第七章　爭言社稷當久安──秦王繼位之途

行軍打仗，真不是一件簡單的事情。裴寂有治理之才，唐朝開國之後，修訂律令，整頓政務都是一把好手，但在戰爭方面卻不專業。不專業也就罷了，裴大宰相的軍事技能幾乎可以用「粗陋」來形容，居然幾乎一模一樣地復刻了三國時期馬謖失街亭的錯誤。他以為駐紮在度索原上，居高臨下，就可以在防禦中高枕無憂，卻不料被宋金剛派人掘斷了水源，唐軍一下子就缺水了。數萬人缺水可不是什麼小事情，裴寂只好轉移營寨，尋找有水源的開闊地帶紮營。此時，城中的宋金剛卻趁機突然發動了攻擊，唐軍正在亂糟糟地搬著物資，轉移營寨，卻沒有想到要防備此時敵軍的攻擊，登時大敗。

裴寂獨自逃了回來，到了晉州才站穩腳跟。在太原城苦等援軍的李元吉得知裴寂戰敗，於是也放棄了太原，帶著妻小逃回了長安，太原城就此失陷。皇帝李淵聞訊震怒，唐廷在太原布置了數萬軍隊，糧草可以支撐十年，而且太原還是大唐的龍興之地，誰能想到就這樣說丟就丟了。

短短五個月，唐軍節節敗退，從太原一路敗退到了晉州。而更加雪上加霜的是，武德二年（西元619年）九月，陝北的梁師都又集結大軍，還聯合了突厥千餘騎兵再次進犯延州（延安）。雖然延州總管段德操設計再次將梁師都擊退，但是那邊的探子報告說，突厥人正在醞釀著更大的陰謀。

據稱，在梁師都的遊說下，突厥將聯合它的僕從勢力，在整個北方邊境展開攻勢。陝西方向，有突厥部大軍聯合梁師都南下；處羅可汗將親自攻打晉州，占據河東；處羅可汗的弟弟突利可汗則聯合東北的契丹人、奚人攻打幽燕地區；而夏王竇建德則從河北出發，與處羅可汗會師於晉州、絳州一帶，幾路大軍將一起把唐朝統一天下的計畫扼殺在搖籃裡。

不過，也是上天眷顧李唐，這個計畫制定不久，突厥的處羅可汗就病逝了，突利可汗即位。為了穩固內部，這個大舉南侵的計畫暫時沒有實施。

03 被嫌棄的劉文靜的一生

雖然計畫不實施,但是唐廷也絕對要和突厥做一個切割了,朝中與突厥有關的內部勢力,唐皇也決心加以整頓。而作為突厥與唐廷的聯繫人,劉文靜雖是太原起兵的謀劃功臣,但還是成為需要排除出「核心圈子」的對象。

而劉文靜自己的意志也逐漸消沉下去,甚至變得喜怒無常起來,酒醉之後,甚至還拔刀砍自己家裡的柱子。

多事之秋,真是屋漏偏逢連夜雨。關東的戰局也更加糜爛。

駐守黎陽的李世勣歸順唐廷後,河北、河南相當一大片地區也跟著投靠唐朝。淮安王李神通作為一方統帥,掌握著這片與長安之間隔著王世充勢力的「飛地」。這區域還受著河北的夏王竇建德的直接威脅。西元619年九月,竇建德率軍進攻相州,李神通大敗,逃到了李世勣駐守的黎陽。而竇建德的軍隊也跟著圍住了黎陽,一頓猛攻之後,黎陽連同黎陽倉也被竇建德攻陷,李神通、李世勣以及魏徵等人全都成了竇建德的俘虜。最後,河北、河南歸順唐朝的州郡全都被竇建德、王世充奪走,唐朝損失慘重。只有李世勣後來帶著幾十騎勉強從竇建德那裡逃回了長安。

正當河東的戰局烏雲密布之際,劉文靜家裡一個不得寵的小妾忽然向唐朝官府告發,說劉文靜謀反。原因就是劉文靜在家裡聚集了一幫人,在半夜裡披著頭髮,拿著刀,不知道究竟在做什麼。經過官府調查,劉文靜聲稱,這是他因家中鬧妖怪,所以招了道士來驅除邪祟,在半夜那些人神神祕祕做的,是驅邪儀式。

然而,卻沒有人相信劉文靜真的是如此了。半夜裡他們做的事情,只有天知道。當初江都的「驍果軍」密謀殺隋煬帝以及大臣們,所作所為還在眼前,誰能保證劉文靜做的不是和他們同樣的事?

西元619年十月,宋金剛攻陷澮州、龍門等地,裴寂於是下令堅壁清野抵抗宋金剛。但是,由於裴寂處置不當,惹怒了當地的百姓,導致河東

民變四起，當地人呂崇茂等勢力造反作亂，打敗了裴寂，並舉兵響應劉武周勢力。裴寂轉眼也在四面楚歌中到處碰壁，逃回了長安。此時的河東，唐朝只能控制西南黃河岸邊的小小一隅之地。唐皇李淵大驚，河東、河南、河北的關東領土眼看著全都沒了，讓人既懼怕又心痛，他甚至還頒下手詔，打算放棄整個河東，躲避敵軍鋒芒，集中力量緊守關西地區。

而劉文靜也再無復起之望了。他的作用就是結好突厥，但是唐廷與突厥的外交失敗、河東潰敗，需要有一個人來承擔朝野的怒火。在裴寂的建議下，原本就對劉文靜猜忌很深的唐皇李淵決心處死他，下詔抄沒他一家的家產。

臨刑之時，劉文靜撫膺長嘆道：「飛鳥盡，良弓藏。此言不虛啊！」說完之後，他走上刑場赴死。

劉文靜的死，對於李世民來說既是失去了一個重要的左膀右臂，卻又是一個轉機。就在唐廷要放棄河東，縮回關西之際，秦王李世民上表請戰。

李淵與李世民終究是血濃於水的親情，就算李淵登上了皇位，要使一些帝王心術來駕馭朝中群臣，但終究還是不忍心繼續猜疑自己的親兒子。武德二年（西元 619 年）十一月，李淵終於起用李世民為統帥，撥出關中精兵三萬，連同秦王本部兵馬，再一次向著河東出發。

04 來自友商劉武周的友善

西元 619 年十一月的隆冬，李世民率軍越過冰封的黃河，經由龍門到達河東，踏入了這片已經成為戰場的故土。此時的河東，已經幾乎全部被劉武周占領，只剩下絳州孤零零地堅守著。宋金剛軍一路勢如破竹，而唐

軍的士氣則降到了谷底。

面對來勢洶洶的「定楊軍」，李世民延續了他在隴西戰場上的策略，決定避其鋒芒，堅守要塞，消磨「定楊軍」的士氣和心態。如今的局面，雖然看上去對於唐軍來說幾乎已經是死局，但是李世民站在整個戰場形勢的高度審視之後，從中看到了轉機。

「定楊軍」真的如此勢不可當嗎？乍一看，「定楊軍」聯合突厥，利用騎兵優勢，短短幾個月席捲河東，從雁門一直打到晉陽，唐軍望風披靡。但是，這次慘敗的原因，三分是因為唐軍猝不及防，三分是因為唐軍指揮不當，而敵軍強大倒不是主要原因。更何況，仗打到現在，劉武周並沒有見好就收，結果把戰線從太原一直拖到絳州，補給線長達四百多里。李世民憑藉戰場上的經驗敢打包票，「定楊軍」此時內部一定已經出現了運輸補給的問題，只是因為一路勝利，讓這個問題突顯得並不嚴重而已。

唐軍在河東的統治崩潰了嗎？看上去是的，因為「定楊政權」和呂崇茂的民變勢力已經占據了唐朝在河東所有的重鎮。但是，李世民派出的斥候報告說，事情並非完全如此，在一些易守難攻的小山寨、小據點中，還有少數忠於大唐的將士仍舊在堅守待援。

而唐朝已經失去河東百姓的民心了嗎？確實，裴寂當初堅壁清野，把普通百姓強制搬走，還燒掉他們的存糧，弄得天怒人怨，以至於呂崇茂藉機起義，拉出了一大批起義軍。其他州郡的百姓們也很輕易地在「定楊軍」進駐之後，接受了劉武周的統治。但是，對於百姓們來說，不能簡單地從表面情況下結論。實際上，大多數百姓，只是為了在戰亂之中求個安穩罷了，只要有一個政權，不加橫徵暴斂，留其餘糧溫飽，百姓便視其為可依之政權，願效順從。

簡而言之，誰贏了，他們就跟誰。

這一番分析，又堅定了李世民收復河東的信心。他繼續進軍，到達絳

第七章　爭言社稷當久安──秦王繼位之途

州附近，宋金剛所部就在這裡圍困著城內的唐軍。李世民沒有直接進入絳州，而是在絳州西南的柏壁駐守下來。他不喜歡被動地進入敵軍準備的戰場，要打，就要抓住戰場的主動權。如果主動權在敵人那裡，那就守在敵軍不得不打的地方，讓敵人自己乖乖地來到己方準備好「接客」的地方。

柏壁就是「接客」的絕佳場所，它在汾河南岸的一個高地上，居高臨下扼守著汾河河谷的通道。同時，它三面都是河溝，另一面是大山，守軍可以憑藉高崖與河溝輕而易舉地防守，當年東西魏對峙時，名將斛律光就屯兵於此。而且，柏壁與絳州城隔水相望，互為犄角，隨時都可以相互支援。

其實，李世民雖然想堅守在柏壁，和對面的宋金剛拚軍糧，可自己也並沒有多少糧食。此番出征十分倉促，出發時就沒帶多少糧草，而後方關中的糧草也遲遲沒有送過來。河東的州郡倉庫裡的存糧早就被抄掠一空，眼看唐軍還沒交戰，自己就面臨斷糧了。李世民沒有對後方的補給線抱多大的希望，估計此時後方關中也亂套了，一切只能靠自己。他釋出告示，向河東百姓徵糧，許諾得勝之後必定償還。

百姓們聽說秦王的大軍來了，都安下心來，大量百姓前來柏壁大營，由近及遠，獻上自己不多的一點點存糧。獻糧的人越來越多，唐軍的糧草問題終於解決了。

李世民自己也感慨人心的神奇，百姓是因為什麼而支持他的呢？究竟是他和他的家族素來的恩德，還是簡單地認為跟著秦王李世民可以打勝仗？又或許，三年前，李淵在這裡將投靠之人都封了五品散官之時，就無意間地累積下了和百姓的這份人情，隔著茫茫時光，幫助了三年後的李世民。

唐軍吃食無憂之後，就安心地在柏壁堅守下來，休息整備，把士兵們養得壯壯的，把戰馬餵得胖胖的。

04 來自友商劉武周的友善

然而，李世民從來不是一個安分的人，他不會放過任何一個抓取主動權的機會。他派出大量小股部隊，潛入宋金剛軍的後方，騷擾敵軍的補給線。他自己也不歇著，帶著親隨出營四處偵察，不放過一點點可乘之機。

驚險也在偵察過程中出現了。一天，他只帶著一個親衛孤身潛入宋金剛大營附近，觀察營中形勢。這片高地能把營中士兵們的一舉一動看個遍，李世民發現好多士兵走路時已經帶點搖晃了，一副營養不良的樣子，看來宋金剛這邊缺糧的情況已經越來越嚴重。這讓他很興奮，所以他和親兵決定放鬆一下，在山坡上小睡一覺。看著天空雲起雲落，李世民睡著了，睡得很香，直到被親兵急促地搖醒。

「秦王快上馬！有敵情！」親兵低聲說道。李世民腦中的弦再一次緊繃，意識到情況嚴峻，飛快地和親兵上馬，才走出百餘步，就被一隊「定楊軍」追上了。

原來，「定楊軍」發現不遠處山坡上居然睡了兩個人，於是派出一隊士兵把整個山坡包圍了。幸好山上有條蛇在追逐老鼠，從親兵的臉上越過，把親兵驚醒，他一看不對，立刻叫醒了李世民。

追兵在後，李世民不慌不忙，彎弓搭箭，就往後面射去。射人先射馬，擒賊先擒王，李世民一箭就將領頭的驍將射下馬來。追兵們見領頭的驍將中箭落馬，於是紛紛退去。李世民這才有驚無險地安然回到大營。

這件事情告訴李世民兩點：第一，敵軍戰意下降了，要不是將校帶著，其他普通士卒的士氣已經很低落，不然也不會領頭的一中箭就撤退了。第二，以後再也不能那麼大意了。李二郎啊李二郎，這次大意了吧，以後不能再帶一兩個護衛就出來了。即使下次還要……起碼也得帶幾十幾百個護衛才行吧！

十二月的嚴冬，唐廷派出的另一路軍由李世民的叔叔永安王李孝基率領，從陝州出擊攻打夏縣的起義軍呂崇茂。呂崇茂不是對手，趕緊向絳州

第七章　爭言社稷當久安─秦王繼位之途

城外的宋金剛求救。於是，宋金剛派出了偏將尉遲敬德南下救援。尉遲敬德，也就是後世大名鼎鼎的尉遲恭（本套書為方便閱讀，後面統一用尉遲敬德），此時已經是以勇猛出名的驍將了。他領兵到達夏縣，和城中的呂崇茂內外夾攻，就將李孝基的唐軍打得大敗，當場俘虜了李孝基和副將唐儉、陝州總管于筠。

「定楊軍」這一仗再次證明了他們的戰力，要不是李世民這種程度的名將，恐怕派出再多人也不能抵擋他們的騎兵衝擊。

李世民聞訊時已經遲了，李孝基已經被尉遲敬德擊敗。這場失敗本來是完全可以避免的，如果不是李孝基貿然出擊，而是與李世民相互稍稍配合一下，都不至於有此慘敗。也許李孝基與太子李建成交好，不願意將戰功與秦王李世民分享，真相是否如此已經不得而知了。李世民不能容忍「定楊軍」再次耀武揚威，於是派遣殷開山、秦叔寶悄悄出營，埋伏在尉遲敬德回軍時必然經過的美良川上。

這一隊奇兵殺得尉遲敬德措手不及，美良川上一場激戰，「定楊軍」被殺得大敗，幾乎全軍覆沒。「定楊軍」損失兩千多人，唐軍反敗為勝。尉遲敬德被打敗後，帶著殘部連同李孝基這些俘虜退回了大本營。

隨後，李世民繼續派出偏師，由秦武通率領，清掃南邊的反叛州郡。當初河東城（唐朝建立後改名為蒲州）的王行本（堯君素部將）叛亂，投靠洛陽的王世充，這時終於等到了唐軍復仇的反攻。

宋金剛又一次派出了尉遲敬德，讓他戴罪立功。這次尉遲敬德吃一塹、長一智，保密得滴水不漏，他偷偷地帶著麾下精銳騎兵，來了一個大迂迴，先往南，再往西，只求在蒲州打李世民的偏師一個措手不及。

但保密做得再好，又能怎樣呢？李世民這次看似是在派兵圍攻蒲州，其實真正的目的就是為了把宋金剛的部隊引出來。尉遲敬德會如何救，從哪裡救，李世民全都算得死死的。這次尉遲敬德還沒抵達蒲州，就在半路

的安邑遇上了秦王李世民親率的三千人早已準備好的伏擊。這場伏擊之中，尉遲敬德帶來的精銳騎兵再次全軍覆沒。尉遲敬德只靠著一身勇力，左衝右突，和副將尋相二人孤身逃回了宋金剛營中。

說起來，這是武德二年（西元619年）的河東戰役發生以來的第一次全勝。這場勝仗中，如果沒有李世民，誰也打不出這種神仙操作。宋金剛、尉遲敬德直到最終慘敗，也未想通自己究竟是如何敗的，因為敗得實在太不合理了，夏縣如今依舊有呂崇茂占據著，還是柏壁大營到安邑戰場的必經路線。李世民居然既算準了尉遲敬德保密的行軍路線，又奇蹟般地帶著三千騎兵繞開了夏縣的監視，如神兵天降一般出現在了安邑，給了「定楊軍」迎頭痛擊。更令人想不到的是，尉遲敬德手下這來去如風、縱橫北地、身經百戰的騎兵，居然被李世民的區區三千騎兵全殲滅了？！要知道，騎兵的機動力極強，一遇到不測就可以輕鬆地撤出戰場。尉遲敬德也是一代將才，誰知在李世民可怕的戰場判斷力的指引下，唐軍輕騎兵專門挑「定楊」騎兵的薄弱處、要害處打。雙方雖然兵力相當，但李世民居然就奇蹟一般地把不可一世的「定楊」騎兵包圍殲滅了！

這樣的手筆，這樣的想像力，這樣的執行力，哪怕是古代名將韓信、白起來了，也不一定能做得更好。

武德二年（西元619年）就在河東的戰火中走到了年關將近的時候。這一年是唐廷的多事之秋，幾次軍事慘敗，還有劉文靜的死，都讓這一年籠罩著層層陰雲。好在年底之時，有了美良川、安邑的大勝，讓這個年過得稍稍帶著希望。此時，從河東戰場到長安朝野，都默默地祈願著，希望武德三年（西元620年）不再是一個多事之秋。

05 一曲〈秦王破陣樂〉

　　武德三年（西元620年）的春天，「定楊軍」大將宋金剛發現自己已經陷入被動局面。

　　先是蒲州城最終被秦武通攻陷，王行本逃回了王世充那裡。而後是唐軍四處出擊，後方的潞州、浩州、汾州、隰州等地都遭受唐軍偏師多方進逼。宋金剛派出的援兵都被唐軍擊退，四處疲於奔命。

　　更為雪上加霜的是，從太原到宋金剛大營的補給線受到唐軍的攔截與侵擾。到了西元620年四月，宋金剛的糧道已經被徹底切斷。唐軍甚至已經到達了北方三百多里外的介休附近，並且攻占了介休汾河河谷上的張難堡要塞。宋金剛無法確知，攻占張難堡的唐軍是李世民派出的，還是當初李元吉、裴寂做主帥時失散的唐軍。但不管怎樣，軍中糧草已經不足了，再拖下去，他的大軍就有崩潰的危險。

　　然而，無論宋金剛如何派人挑釁，安居在柏壁的李世民始終拒絕出戰，堅守不出。

　　宋金剛征戰多年，從來沒有見過如此猥瑣的打法。自己不正面出戰，然後放出零星的小部隊到處穿插騷擾，像一群趕不走、殺不盡的蟑螂一般。看來對面柏壁大營裡的不是李二郎，而是「李二螂」吧！

　　四月十四日，宋金剛大軍的糧草終於耗盡，只得下令撤退。不看不知道，一看嚇一跳。在宋金剛的背後，潞州有唐將王行敏，浩州有唐將李仲文，隰州有唐將劉弘基，「定楊軍」竟然已經身處於包圍之中，只有沿著汾河往北，經過霍州、介休回太原這一條路才稍微安全一點點。宋金剛也是一個極為優秀的將領，知道撤退時是大軍最危險的時候。當初隋煬帝第一次征遼東時，就是在大軍撤退中遇襲，幾乎全軍覆沒的。所以，他慎重地安排了斷後部隊，以偏將尋相為後衛，大軍徐徐北撤。

05 一曲〈秦王破陣樂〉

宋金剛的顧慮是對的，李世民的追兵果然來了。

尋相的斷後部隊到達呂州時，李世民的追兵終於趕上了他們。李世民識破了尋相耍的埋伏、偷襲之類的花招，雙方一番惡戰，李世民大破尋相。李世民隨即下令，全軍稍作休整，然後繼續追擊。

這番勝利來之不易，所以李世民既然已經出擊，就要追上宋金剛的主力，讓他們全軍有來無回。

於是，唐軍繼續從呂州北上，開始追擊。這一追，就追了兩百多里。李世民的追擊，要的只是一個字：快。糧草和輜重快不起來不要緊，輜重兵慢慢來，主力部隊先行。主力部隊繼續向前，步兵快不起來也不要緊，慢慢走，但是剩下的數千騎兵要以最快速度向前。他們只有一個任務，那就是追上宋金剛的主力，然後徹底地把他們打趴下。

李世民繼續率軍一路北上，到達高壁嶺一帶的時候，連麾下那些經驗豐富的老將都追怕了。此時，唐軍經過一通急行軍，輜重隊已經被遠遠地甩在了後面；中間是緊趕慢趕的步兵大隊；而最前面的騎兵隊則由李世民親率，帶著秦叔寶、程咬金、秦武通、翟長孫等一干騎將，把大部隊遠遠地落在了後面。因為步兵和輜重的行軍速度受限，所以隊伍之間的距離越來越大。

大家都是帶兵打仗的行家，這種情況能不讓人心驚膽顫嗎？孤軍深入、輕敵冒進，這類兵家大忌，李世民全都犯了個遍。但李世民彷彿什麼都不管，就是一馬當先，騎著他那匹叫做「特勤驃」的名貴戰馬，蹄聲嗒嗒地悶頭往前。行軍總管劉弘基實在忍不住了，拉住「特勤驃」的韁繩苦勸道：「秦王把敵軍打得大敗，一路追到這裡，已經是大獲全勝，功勞已經足夠了。如今還要繼續深入，還請秦王愛惜自己的身體啊！而且，士兵們都已經又餓又累，實在不能再往前了，還請秦王先按兵不動，等到後面的糧草和大部隊跟上了，再追擊也不晚。」

第七章　爭言社稷當久安──秦王繼位之途

劉弘基說得委婉，只是勸李世民愛惜自己的身體，其實是在說要愛惜全軍將士的性命。如此冒進，萬一要是有什麼不測，就是全軍覆沒的危險。

李世民也聽出了劉弘基的這一層意思，但絲毫不為所動，回答道：「宋金剛這次被打敗，軍心渙散，是我們等了一年才有的機會。現在是有些戰功，確實來之不易，但我們眼前的這個機會，錯失了再想抓住就更不容易了。所以，我們一定要把握好這個機會。如果我們停在這裡不走，那他們就會緩過神來，準備防禦之策，到時候我們再想打過去就晚了。」頓了頓，他繼續說道，「世民竭盡全力，就算這次殉國了也不足惜，哪還會管自己的身體呢？」他豪情滿懷，倒是絲毫沒有在意此時講殉國之類的話會不會犯忌諱，策動韁繩，「特勤驃」又載著李世民向前飛馳而去。

將士們雖然確實又餓又累，但見秦王與他們一起同甘共苦，一樣忍飢挨餓，所以大家也都不敢提這件事情。騎兵繼續向前，一頭鑽入了數十里長的雀鼠谷中。

李世民擔心的，就是通往介休的這條雀鼠谷。當年他們從太原起兵，攻打霍邑的宋老生時，李世民就曾帶著右軍走過這條雀鼠谷。幾個月前，李仲文也在雀鼠谷中被「定楊軍」擊敗。這條山谷險峻異常，只有鳥雀、獾鼠才能翻上山去，因此而得名。萬一宋金剛休整下來，在雀鼠谷阻擊，那唐軍就會面臨嚴重的威脅。

果然，雀鼠谷已經有了宋金剛安排下的守軍。不過，這些守軍都是剛剛吃敗仗的敗兵，士氣不高，而且都沒想到唐軍居然這麼快就到了這裡，一時完全沒有了鬥志。李世民麾下的鐵騎毫不費力地消滅了他們。前前後後，一整天內，他們在雀鼠谷中遇上了八處守軍，都被李世民帶領騎兵一一擊敗，斬殺、俘虜了幾萬敵軍。李世民安排少數將士管著，等待後面大部隊來接收，就繼續匆匆打馬而前。

一天八場戰鬥，再加上長途行軍，到了夜晚休息時，將士們全都累得

幾乎虛脫。李世民已經兩天沒有吃東西了，其他將士們也都一樣。全軍到處找吃的，搜遍附近，也就只找到一頭羊。

一隻羊，不能更多了，戰馬是如今最緊要的東西，更加不能吃。於是，李世民下令，全軍上下一起分食這隻羊。數千唐軍，每人就分享到了一小塊羊肉。

但這塊羊肉，也許是將士們這輩子吃過最香、最可口的肉了。

咚，咚，咚，鼓聲響起，原來是秦王李世民擊起了樂器。星空之下，篝火為伴，李世民高聲唱起了戰歌，歌聲嘹亮，激昂而高亢。將士們回想起這天的戰績，想起秦王一馬當先，將敵陣瞬間衝垮的場面，豪情壯志不由得再次充盈了他們的胸膛，都情不自禁地跟著應和了起來。原本的飢餓感煙消雲散，鏗鏘有力的戰歌聲響徹了整個山谷。

多年以後，李世民讓人將這首戰曲重新填上新詞，便成了著名的〈秦王破陣樂〉。每當這首歌曲奏響，便讓人回想起當年的那個乘風破浪的時代，秦王李世民帶著數千人狂飆突進，一舉破敵。最終，這首歌曲傳遍天下，從東瀛島國到印度天竺，都在傳唱著這首曲子。

李世民，代表著馬背上無雙的世界精神！

第二天，李世民的幾千騎兵終於走出了雀鼠谷，抵達了介休城西門外，而宋金剛才剛剛駐紮在這裡沒多久。

宋金剛在介休城尚有兩萬士卒，卻萬萬沒想到李世民這時已經兵臨城下了。此刻宋金剛退無可退，便決心與李世民決一死戰。當即出城，在西門外擺開一字長蛇陣，他準備給李世民來個迎頭痛擊。

李世民在城外休整了一會兒，等後面掉隊的士兵們稍稍趕上，便開始發起攻擊。李世勣、秦叔寶、程咬金等人攻陣北，翟長孫、秦武通攻打陣南。戰鬥打響，宋金剛的戰陣快速向前推進，而唐軍稍稍向後逐漸退卻，

第七章　爭言社稷當久安──秦王繼位之途

漸漸地,「定楊軍」與介休城的距離拉大。也就在這時,李世民親率的精銳騎兵迂迴到了「定楊軍」後方,猛攻宋金剛的後軍。宋金剛全軍腹背受敵,於是又兵敗如山倒。宋金剛騎馬逃走,連介休城也沒進,就往太原城而去。

介休城中,就剩下了尉遲敬德、尋相的留守部隊。

但李世民還是沒有理會介休城,連補給線也不要了,他繞過城池,繼續帶著身邊還能站得起來的騎兵,向著宋金剛追擊。占領介休城的任務,則交給後面趕到的略陽郡公李道宗和宇文士及。不久之後,尉遲敬德和尋相便帶著介休城和永安城投降了,不過這都是後話。

又追逐了幾十里後,李世民的追擊部隊抵達了張難堡。他們驚奇地發現,大唐的旗幟居然飄揚在這處要塞之上。原來,守將樊伯通、張德政原本是浩州守將,李元吉、裴寂等軍敗後,就在這裡孤獨地堅守著。整整一年裡,他們擊退了前來圍攻的「定楊軍」,還順便劫持了幾票「定楊軍」的運糧隊,在騷擾敵後方面發揮了重要的作用。

這真是一個好消息,要知道,李世民這支部隊已經三四天沒有好好吃東西了。於是,李世民等人在城堡下高呼守軍開門。

但在守軍眼中,這隊經歷過連日血戰的騎兵衣衫襤褸,滿身血汙,完全看不出是誰的軍隊。

「我是秦王李世民,快讓我們進來!」李世民說道。

然而這個幾天沒有卸甲,臉上全是骯髒的血汙與塵土的年輕人,誰也看不出他到底是誰。李世民只好摘下頭盔,向城堡內示意自己的身分。

「真的是秦王!」有人認出了李世民的樣子,張難堡內登時歡呼雀躍。一年的堅守,終於等到了唐軍的援救,而且還是秦王親自到來。無數守軍都高興得流下淚來,城堡的大門立刻向李世民敞開。

李世民進城之後，看見城中唐軍將士喜悅的樣子，也很感動。隨從這時告訴守將，秦王已經好幾天沒吃東西了，於是城中守軍趕忙準備起來。但是，張難堡此時也是條件艱苦，他們拿出最好的東西，也只是粗米飯，以及渾濁的酒。但儘管如此，李世民以及隨同到來的追擊騎兵的將士們，都吃得異常開心。

　　一頓粟米吃盡，大軍繼續馬不停蹄地北上，這半年來「定楊軍」侵占的國土，誓要他們原原本本地吐出來！

06　宿命中的洛陽

　　太原城中的劉武周毫無準備地聽聞了宋金剛失敗的過程，然後被秦王李世民匪夷所思的操作震驚了。這是怎樣一場神仙仗？四面開花，千里奔襲，直搗巢穴，一氣呵成，面對這種敵人，還怎麼打仗？劉武周怕了，於是放棄太原城，帶領五百騎兵逃往塞外的突厥部。留在城中的宋金剛還想抵抗一下，就收攏之前潰退回太原的兵馬，準備再做最後的掙扎。然而此時，敗退的「定楊軍」之中已經無人再敢迎戰李世民了。宋金剛只得帶著百餘騎親兵，也逃亡突厥。據說他們後來由於失去了利用價值，先後被突厥人腰斬處死。突厥趁機吞併了「定楊政權」，占據了「定楊政權」的北方四郡。

　　太原城，在李世民抵達城下後，順理成章地投降了。李世民得到了守軍與百姓的熱烈歡迎，就差拉一塊橫幅，上書「歡迎殿下蒞臨忠誠無比的太原城」了。至此，李唐當初在河東的失地，終於全部收復。考慮到突厥強盛，目前還不是硬拚的時候，唐軍也就不再繼續北上。

　　李世民也已經在戰火中不斷得到淬鍊，脫去了剛剛掌兵時的青澀與稚

第七章 爭言社稷當久安──秦王繼位之途

嫩，變成了名副其實的天才將領。士兵們也已經認定，跟著秦王打，就算遇到再大的困難與風險，最終都可以化險為夷。

李世民身上有著與生俱來的領袖氣質，讓將士們願意跟著他，一起創造歷史。

此時的秦王府，已經人才濟濟。雖然經歷了武德二年（西元 619 年）劉文靜事件的陰靂，但秦王府的人才不降反增。秦王府的人才已經能拖出一條長長的名單來，裡面全是可以震懾一方的重要人物。

這些英才來自四方，像劉弘基、殷開山、長孫無忌，是太原起兵時的原從將領；段志玄、丘行恭，是李世民從太原打到長安一路上接納的義軍領袖；房玄齡、杜如晦，是李世民攻下長安後投奔過來的俊彥之才；屈突通、蕭瑀、宇文士及，是歸降唐朝的前隋官員；褚遂良、翟長孫，是李世民平定薛舉、薛仁杲時得到的人才。這些形形色色的人才全都在秦王府、陝東道行台任職，他們有各自不同的教育程度、生活習慣、性情喜好、人脈。若依歷代政治場域中黨同伐異之常態，這些人才會形成一個個小派系，相互之間明爭暗鬥，爭奪利益。比如，三國時的袁紹，就是因為集團內部派系鬥爭而被搞得焦頭爛額，最終落得失敗的下場。

但是，在李世民這個二十歲出頭的年輕人帶領下，秦王府中出奇地團結，在面對大事情上，全都緊緊圍繞在秦王李世民的周圍，盡心盡力地做事。

這不能不說是天才領袖的個人魅力了。

值得一提的是房玄齡、杜如晦這一對搭檔，歷史上就有「房謀杜斷」的美稱。房玄齡善於出主意，也就是善於寫策劃案，把上、中、下策略計劃得妥妥貼帖；杜如晦則善於對策略作出判斷，房玄齡做再多的方案，杜如晦也能根據實際，向李世民給出方向性的建議。他們一個做了秦王府記室，一個做了兵曹參軍，都在李世民的決策核心層發揮著重要作用。而

且，房玄齡本身還是關東大族之後，腕子大、人脈廣，所以還向李世民推薦了更多的人才。李唐皇室是關隴門閥，在前隋時結交的也是以關隴人為主，房玄齡這位善於延攬賢才者，就大大拓寬了李世民的人脈。而且，在以上河東戰事以來，越來越多的關東人加入了李世民的小團隊。其中就有當年魏政權李密的舊部，如李世勣、秦叔寶、程咬金、尤俊達，還有劉武周的部將尉遲敬德等，都投奔李世民麾下，秦王府頓時實力大增。

這個團隊，既有文臣又有武將，還有很多人文武兼備。毫不謙虛地說，這是一個可以征戰天下的精銳之師，和當年漢高祖劉邦、光武帝劉秀的團隊有過之而無不及。關鍵李世民還用人不疑，疑人不用。比如，尉遲敬德，前腳還在跟唐軍殺得昏天黑地，後腳就降了唐，李世民立刻委以重任，讓他帶領李世民的精銳騎兵。這事連之前同樣大戰一場然後投降的屈突通都看不下去，勸說李世民要小心尉遲敬德。但李世民一邊感謝了屈突通的忠心提醒，另一邊對尉遲敬德還是照用不誤。事實也證明，在李世民的信任之下，尉遲敬德死心塌地地報效李世民，而且真的在後來發揮了大作用，幾次在關鍵時刻救了李世民的命。

這就是李世民，這個「天選之子」的魄力。

所以，當李世民在河東取得大勝，收復河東全境，班師回到長安的時候，唐廷內部的局勢漸漸變得微妙起來。秦王的勢力越來越壯大，成為朝中舉足輕重的一股勢力。而太子李建成，一直留守長安，輔佐皇帝處理政務，雖然手下也有一批人，但和秦王府的人才比起來可差得遠了。秦王李世民會不會成為威脅太子地位之人？這一點誰也沒有把握回答。一道深深的溝壑，逐漸產生在李建成、李世民這兩個原本親密無間的兄弟之間。

而唐皇李淵也感受到了威脅。自古以來，王朝建國的過程中，開國重臣所形成的勢力都始終是皇帝權力的一個威脅。比如，韓信再強，到了漢高祖劉邦平定天下之後，就立刻變成了帝國安全的威脅。李世民是唐帝國

第七章　爭言社稷當久安──秦王繼位之途

的頭號功臣，此時已經收攏了各方人才，還得到了百姓的擁戴，如果李世民不是李淵的親兒子的話，那就真成了帝國政局穩定的心腹大患了。

但是，就算李世民是皇帝的親生兒子，對於皇帝來說就不是一個威脅了嗎？

這個問題，沒有人敢深入地往下想。權力對於每一個人來說，都是一個無底洞，會將正常的人性吞噬進去，也會將原本充滿溫情的父子人倫腐蝕得腥臭不堪。翻遍史書，子弒父、弟弒兄的人倫慘劇還少嗎？唐皇李淵雖然極愛自己的子女，但當他坐上了皇帝的寶座，便成為政治人，不得不去衡量權力關係，用帝王心術來駕馭自己的臣子與百姓，其中當然也包括自己的親生骨肉。

李世民的這場凱旋，被唐廷輕描淡寫地揭過了，他只是被加封為益州道行台尚書令，也沒有太多額外的封賞。因為皇帝自己也難以決斷如何來處理他與李世民的關係。從親情上來說，李世民是他的驕傲，那股英武之氣，像極了李淵年輕時意氣風發的時候；但從權力上來說，李世民又是李淵的威脅。作為皇帝，李淵不得不猜忌秦王李世民這位手握軍事大權的功臣，提防他權勢過大，威脅皇帝的權力。

不過此時，還不是一心要考慮這個問題的時候，因為武德三年（西元620年）的夏天，唐廷與洛陽王世充的戰爭已經拉開了序幕。

鄭國公王世充先是透過政變控制了洛陽隋廷，然後又打敗了「魏公」李密，一時風頭無兩。皇泰主封王世充為太尉，也就是李密以前在隋廷的官位。王世充把持朝政後，最初是做了一番大事的，貼出布告，收攬人才，還親自到審判庭去坐堂斷案。但是，沒過多久王世充就受不了了，找了各種理由不再去升堂。

王世充是個梟雄，極善於籠絡人心。大敗李密之後，原來李密控制的大片州縣都被王世充收攏了過來。但是，這種籠絡往往會暴露出他的虛偽

06 宿命中的洛陽

一面，秦叔寶、程咬金等將領也是因為不滿王世充的言行，才在陣前光明正大地向王世充告別，轉而投靠了唐軍。

隨著王世充權力擴大，欲望也在不斷地膨脹著，他開始要求得到更多的權力和更高的位置。武德二年（西元619年）三月，王世充被封為相國。但是，他還不滿足，讓他的爪牙段達、雲定興（他在雁門之圍時出現過）製造出讖語和祥瑞來，為王世充進一步稱帝鋪路。同時，段達、雲定興還有其他洛陽朝廷中的大臣們，也都紛紛上表，勸說皇泰主禪位給王世充。

洛陽的紫微宮裡，年輕的皇泰主楊侗面對著勸說他遜位讓賢的臣子們，空有一腔怒火卻無處發洩。面前的這些臣子，都是從開皇、大業年間就侍奉隋朝天子的老臣，沒有想到此時此刻，又是他們在親手將隋朝最後的朝廷挖坑埋葬。他想起了當時元文都的遺言，淚水不禁沾溼了衣裳。

隋朝的忠臣們早已死在了賊人的刀下，如今朝堂上這些衣冠楚楚的公卿們，沒有一個願意做帝國最後的殉葬者。

所以，當王世充假惺惺地向皇泰主許諾說：「如今天下未定，需要有個年富力強的君主來主導一切，等到天下相安無事了，就會恢復皇泰主的統治。」皇泰主也便妥協了。據說王世充發誓一定會遵守這個盟約，等到一切大功告成了，絕不違背。話都說到這分上了，皇泰主要是還想活著，那就只有答應了。

西元619年四月，王世充接受皇泰主禪讓，自立為帝，年號開明，國號為鄭。

但是，前隋在朝中仍有一定的影響力。王世充稱帝一個月後，朝中的隋朝遺臣謀劃進行一場政變，李密的舊臣裴仁基、裴行儼以及老臣宇文儒童等幾十人謀劃商議，想要刺殺王世充。結果被王世充提前知道，幾十人都被滅族。對於朝中潛藏的反對力量，王世充採取了堅決而又血腥的鎮壓

政策，對一切可能反對或威脅他統治的臣子，都毫不猶豫地除掉。皇泰主楊侗，也在不久之後被王世充祕密地鴆殺。

在王世充嚴酷的刑罰下，洛陽城陷入了一片恐怖之中。

武德三年（西元620年），在唐朝平定河東之後，中原已經形成了三足鼎立之勢。王世充的鄭國在天下當中，疆域覆蓋了齊魯、河南、江淮、襄樊的廣大地區；李唐則控制了關西、河東、巴蜀；夏王竇建德則占領了河北地區，並在不久以後稱帝，同樣聲勢浩大。

這樣鼎足而立的局勢下，唐廷選擇了先攻打洛陽的王世充。這就是武德三年，秦王李世民率軍東征洛陽的緣起。又一場波瀾壯闊的戰爭，在中原這張畫卷之上徐徐展開。

第八章

收關山五十州 —— 天策上將威名傳

第八章　收關山五十州—天策上將威名傳

01　鄭國不可小覷

　　從河東戰事結束，到準備討伐洛陽，唐軍只是休整了短短一個多月。這當然也是因為王世充從武德二年（西元619年）以來，就不停地蠶食著李唐在關東的疆土。但唐廷更看重的是自己與突厥之間的短暫和好帶來的絕佳機會。

　　當初李世民收復河東後，對於劉武周的後臺突厥，李唐如今依然不能得罪。從李淵到李世民，都清楚李唐目前最重要的是重整破碎的河山，而對突厥，現階段則還是要笑臉相迎。如今關東的兩大勢力，竇建德的夏國和王世充的鄭國，都與突厥結好。不久之前，突厥還送了王世充兩千匹駿馬，解決了洛陽騎兵短缺的問題。

　　所以，要穩住突厥，唐廷不得不付出巨大的代價。當李唐收復河東後，突厥新繼位的處羅可汗來到了晉陽，守將李仲文面對突厥大軍，只能任由其來去。處羅可汗盤桓了幾天，留下了一名特勤，也就是突厥的大將，領數百突厥兵在晉陽，名義上說是幫助李仲文防守，維護唐朝與突厥的攻守同盟，實際上是留下人來監視晉陽的一舉一動。而處羅可汗一路北上，沿途在各處關隘與要塞都留下了一些人馬。

　　所付代價之重，實難言喻，李唐的半個河東都淪為了突厥人的「半殖民地」。而換來的，是與突厥之間的暫時和平。河東與竇建德的夏國接壤，唐廷又進一步與竇建德修好，防止竇建德與王世充聯手。同時，唐廷又冊封了幽燕的軍閥羅藝為燕王，淮南的起義軍領袖杜伏威為吳王，名義上將這些地方勢力納入了唐朝的統治。這一步步操作之下，唐廷終於獲得了相對穩定一些的外部環境。因此，唐廷更要掌握好這個關鍵的當口，發兵東征。

　　武德三年（西元620年）七月，剛剛回到長安不久的李世民，便馬不

停蹄地開始了下一段征程。他和弟弟李元吉一正一副,率領眾將抵達新安,這裡距離洛陽不到八十里,各地調來的五萬大軍已經在這裡匯聚。

而洛陽的鄭廷,聽聞唐軍將至,也動用了傾國之力來對抗。王世充下令,選調鄭國境內各州的驍勇來洛陽,以充實防禦力量。王世充還派遣他的幾個兄弟,鎮守在襄陽、虎牢、懷州三個重要據點。洛陽城則是防禦的一大重心,王世充命他的幾個兒子,分別把守在洛陽的南城、東城、寶城、含嘉倉城、矔儀城各處。而王世充自己則親自統領精銳的野戰力量,準備正面抗擊李世民的主力。

王世充的野戰力量分為三軍:一為「內軍」二十八府步兵,以他當年帶來的江淮勁卒為主體,由右游擊大將軍郭善才率領;二為「外軍」二十八府步兵,是嫡系部隊以外從李密軍、「驍果軍」那裡招降得到的其他步兵隊伍,由左游擊大將軍跂野綱率領;三為「龍驤」二十八府騎兵,是鄭國這些年累積下的強大騎兵力量,由左輔大將軍楊公卿率領。三軍一共三萬人,雖然人數稍微少於唐軍,但都是從鄭國軍中挑選出的精銳步騎兵,實力著實不可小覷。

對於這個把一代梟雄李密都打敗的王世充,李世民不敢輕敵。他先派出了陝州總管羅士信,領前鋒部隊圍攻新安東邊的慈澗。王世充聞訊,立刻親率三萬大軍頂上,和唐軍開始了直接交鋒。

之前李世民平薛舉、薛仁杲,還有劉武周、宋金剛,都是先堅守不戰以消耗對方力量,然後趁敵軍力量最弱的時候再猛然展開雷霆一擊。這個戰法幾乎變成了李世民的「三板斧」。但這次對戰王世充,李世民要不要照樣「祭」出他的「三板斧」呢?對於李世民來說,這不是一個確定的回答,因為他制定怎樣的戰法,取決於戰場上瞬息萬變的戰局。

而在此次戰局中,王世充的鄭軍是主,唐軍是客,如果像以前的「三板斧」那樣,那就只有雙方耗到天荒地老,等到唐軍自己的糧食都沒了,

第八章　收關山五十州—天策上將威名傳

鄭軍依舊可以從自己東部的州縣裡源源不斷地調來軍糧。李世民不是墨守成規的將領，自然不會按照以前的「三板斧」對付王世充。

他的成功不是複製來的，而是靠舉世無雙的天才創造出來的。

李世民要更多地了解王世充這個對手，所以他帶著一小隊輕騎兵深入敵軍大本營，觀察鄭軍的營寨情況，以及布防方式，順便也找一找新的戰機。這次他學乖了，不像當初對戰宋金剛那樣，帶著一個親兵就莽撞地上去，而是帶了近十個騎兵，不能更多了，動靜一大，反而更容易被鄭軍發現。

然而，也許是這天出門沒有翻黃曆，李世民沒偵察多久，迎面而來的竟然是同樣前來尋找戰機的大隊鄭軍。兩邊人馬在小樹林裡突然打上了照面，都是出乎自己的意料。反應過來之後，鄭軍趕緊衝了過來，憑藉著手下人多，控制住前後兩個道口，把唐軍包圍起來，就要把李世民等人活捉。

狹路相逢勇者勝，此時李世民要退已經來不及了，只有拍馬向前，迎頭而上！只見他騎在馬上，左右馳射，每一發箭，都有一個鄭軍應聲而倒，轉眼衝進了鄭軍的人堆當中。面對李世民洶洶的來勢，前方的鄭軍居然望風而逃。李世民驅動胯下的青騅馬，盯著敵軍的大將而來，短兵相交，一把將為首的左建威將軍燕琪提到了自己的馬上。青騅長嘶，有如四蹄猛獸，李世民縱聲大喝，一干鄭軍手持兵刃，竟在陣前為之氣奪。李世民拿刀抵著燕琪身上的要害，燕琪手下的鄭軍投鼠忌器，只得往後退卻。李世民帶著手下幾人，穿過鄭軍的包圍，挾持著燕琪，向著唐軍大營奔去。鄭軍只得遠遠地跟在後面。

慈澗的唐軍大營，羅士信手下將士望見前方沙塵滾滾，依稀可以看見鄭軍大隊人馬奔來。最前面的卻是幾名輕騎，一頭竄進營中唐軍的射程，向著營門衝來。沙塵覆面，這幾個騎在馬上的人渾身都是塵土，看不清來者是誰。唐軍不敢掉以輕心，馬上準備迎戰。

「我乃秦王李世民，快開營門！」李世民見營中唐軍認不出自己，竟然要把自己當成敵人打起來，不由得高聲叫道，並解開頭戴的兜鍪，露出自己的臉來。

營中有認識秦王的，方才明白果真是秦王本人來了，都是大驚，連忙打開營門放李世民進來。李世民等人這才擺脫了追兵，安全地回到營中。

這一次有驚無險的偵察，也讓李世民確定了王世充軍中的虛實。第二天，齊王李元吉帶著五萬主力大軍抵達了慈澗，準備與鄭軍決戰。

但王世充似乎沒有在慈澗決戰的意思，見唐軍兵勢正盛，於是拔營撤回了洛陽。畢竟洛陽城高池深，防守嚴密，這幾年來，楊玄感、李密等無數梟雄都在洛陽城下折戟沉沙。對王世充來說，與其困守慈澗，補給和援助都依賴洛陽，還不如直接堅守洛陽，固守待援，等待唐軍鬥志消磨再出擊，「以李世民之道，還治李世民之身」。

這是一場名將與名將的對決，一邊是老謀深算的王世充，一邊是年少天才的李世民，雙方還沒有正面交鋒，仍舊只是輕飄飄地打了幾個來回，但彼此都確認了對方的實力。

見王世充一步步穩如泰山，李世民無法以靜制動，那便來個以動制靜吧。他與李元吉親率唐軍主力屯駐在洛陽城西北不遠的北邙山，築起一座座連營，封鎖洛陽通往外地的各個路口，逐步將洛陽守軍壓制到城中。而幾路偏師則快速地活動起來，大將王君廓直取洛口，占領興洛倉，切斷洛陽的糧道。回洛倉中的存糧雖然已經被搬空，但為了防止它與洛陽互為犄角，於是李世民派懷州總管黃君漢攻占回洛城。同時，不久前在宜陽那邊射殺李密的史萬寶也在南路出兵，占據了洛陽城南的龍門；從太行發兵而來的劉德威則攻占了黃河以北的河內。唐軍從東、南、西、北四個方向，將洛陽圍得有如鐵桶一般。

第八章　收關山五十州—天策上將威名傳

02　慈澗之戰，洛陽之圍

此時的洛陽城中，王世充眼見到包圍圈被唐軍一點一點編織起來，卻沒有還手之力。尤其是回洛城，作為洛陽通往黃河的出口極為重要，他幾次派人解救，都被黃君漢打退，最終回洛城落入唐軍之手。

自李密圍城以來，洛陽就一直在缺糧，每天都有人餓死。雖然打敗李密後，洛陽城的米糧供應緩和了一些，但運來的糧食仍然不足，百姓都面有菜色，連公卿大臣都要為吃的問題發愁。為今之計，王世充只能指望鄭國境內各州縣能儘早地前來救援，帶來援兵和糧食，否則洛陽久處圍城之中，形勢只能日益窘迫。

但是，他沒想到，唐軍才剛把洛陽圍起來，周圍的州郡便開始像雪崩一般地向李世民投降。先是瓦崗的舊將、洧州的張公瑾，帶著城池投降了唐軍。然後是鄧州本地豪強殺了鄭廷派去的官員，全境投降。到了九月，就不再是一個州一個州地來了，王世充任命的顯州總管田瓚帶著二十五個州投降唐軍，直接把洛陽和襄陽的聯繫斷了。隨著史萬寶、王君廓一南一北地推進，洛陽以東的河南地區的州縣也紛紛投靠了唐軍。

沒想到看似威武雄壯的鄭國，對河南的統治就這樣一下就瓦解了。

王世充氣得發抖，當初他對各個州縣的地方官，不知賞賜了多少錢，也不知懷柔了多少恩德，但臨敵之際，這些州縣長官的心中竟然沒有半點感恩之意，直接就投降了唐朝。

直到此時，王世充才慢慢地意識到，當初他以詐術取得政權，又枉顧道義誅殺了皇泰主和正直的朝臣，他所開創的鄭國也就打下了不義的烙印，就算給了臣子再多的利益，也依然難以讓這些只靠利益維繫的臣下遵守「忠義」二字。他有些後悔這麼快就篡位為帝了，若是當初留著皇泰主

02 慈澗之戰，洛陽之圍

做「吉祥物」，保持著隋朝的名義，也許還能多留住幾個臣子的忠心！

當初種下的因，最終得到應有的果，每個人是如此，每個王朝也都是這樣。

九月的末尾，王世充收到了滑州行台僕射邴元真被殺的消息，此時他已經意識到自己正在吃當初種下的苦果。邴元真是李密手下的大叛徒，與王世充勾結已久。邙山之戰中，邴元真見李密戰敗，就立刻帶著興洛倉投降了王世充，瓦崗舊將都恨他恨得牙癢癢。濮州刺史杜才幹是李密的舊部，他就帶著這一口怒氣，假裝投降了邴元真。邴元真來到濮州慰問時，杜才幹等到邴元真入席落座，就一聲令下，幾個刀斧手立刻將邴元真抓住。杜才幹指著邴元真的鼻子，怒斥他當初背叛李密的罪狀，然後將他拖下去砍了。隨後，杜才幹帶領濮州軍民向唐軍投降，並派人帶著邴元真的首級前往黎陽的李密墓，祭奠李密的英靈。

天道好輪迴，不信抬頭看，蒼天饒過誰。

王世充屯駐在洛陽城西苑的青城宮，與在北邙山下紮起連營的唐軍隔著瀍水相望。王世充想問一問自己是否還有機會，於是在瀍水邊望見秦王李世民的儀仗時，高聲喊話道：「隋朝亡了之後，你們唐國稱帝關中，我們鄭國稱帝河南，兩邊相安無事不好嗎？何故帶兵到我們東邊來？」

對面唐軍答道：「四海八荒都嚮往我們大唐的恩澤，就只有貴方站在天下的對立面，我大唐就為此而來！」

王世充認得說話之人，竟是逆賊宇文化及的弟弟宇文士及，心中既好氣又好笑，宇文士及這個滑稽小人，是做定了「三姓家奴」了？但王世充有求於唐軍，不得不客氣地繼續回道：「我們兩方此時握手言和，罷兵休戰，豈不美哉？」

良久，對面只傳來宇文士及冰冷的聲音：「奉大唐天子詔令來此攻取

第八章　收關山五十州——天策上將威名傳

東都城，沒有什麼可以談判和好的可能！」

王世充的求和動議被唐軍乾脆地拒絕了，兩方的和平再無希望。困窘之下，王世充只能寄希望於洛陽的城防了。畢竟這裡匯聚了前隋留下的技術菁英，還有大量沿著「絲綢之路」來到洛陽的商人與工匠。洛陽的城防器械是天下最強的，城頭上有最為先進的大型石砲，大砲打出的飛石重達五十斤，一砲能射出兩百步。鄭軍還有一種名叫八弓弩箭的大型弩機，箭矢像車輪的輻軸一樣粗，箭簇也粗如一把巨斧，弩機一發，能射出五百步。當初的楊玄感、李密，都是在這些大殺器面前吃了鉅虧。

同時，王世充也放下面子，一改當初與河北的夏國之間對立的緊張局勢，派出外交使節，向竇建德修好，請求夏國發兵救援。

洛陽持續堅挺在唐軍的包圍中。

李世民抵達北邙山的連營後，又一次坐不住了。他沒有安然地在營中高坐，他要出城，到前線去查看地形與戰況。他年少時曾隨父兄來過東都，那時還是隋帝國的全盛之時，東都洛陽城剛剛由宇文愷建造完成，宮殿富麗堂皇，街巷繁華異常，竟然比京師長安更加富庶繁榮一些。而此時，李世民登上北魏宣武帝元恪的景陵，俯瞰陵下這座龐大的城池時，只見得煙塵四起，街巷破敗，與往日的時光判若兩然。

但形勢不容李世民繼續感慨，遠處的馬蹄聲轟響，鄭國萬餘步騎軍已經逼近了北魏宣武陵下，將整個山丘團團包圍。和以往李世民外出偵察時遇上的意外不同，這次鄭軍的突襲顯然是早有準備，是一次有指揮、有預謀的大規模軍事行動。王世充是怎麼知道李世民在這裡的？也許是因為這幾個月來，原本在河東戰役中投降的劉武周舊部，如尋相等將領紛紛叛逃，是他們將李世民的這個習慣告知了王世充這一邊。鄭軍找著機會，見魏宣武陵上萬頭鑽動，就認為這是李世民大駕光臨，於是全軍大規模出動，誓要將唐軍主帥生擒活捉。

但是，李世民不懼敵軍突襲，洛陽城防堅固，強攻必定有所損傷，他也希望以自己為誘餌，引得鄭軍出動，在野戰的戰場上擊敗敵人。

　　經歷了前幾次外出偵察的險情，李世民學乖了，這次他帶了五百名騎兵隨行。但五百人在萬餘人面前，也依然猶如一葉小舟面臨大江大河，優劣形勢明顯。李世民緊急之下，當即下令，五百騎兵列陣於陵上，等待時機。

　　陵下圍著的鄭軍則發動了攻擊，當中一隊騎兵，在為首的一員騎將率領下，向著李世民直衝而來。這領頭的騎將，便是歸順王世充的李密舊部、別將單雄信，他挺一桿丈餘長的馬槊，向著李世民的方向衝來。

　　「這是秦王，快住手！」隨同李世民一起來此的李世勣大叫道。

　　李世勣、單雄信，當年都是翟讓的舊部，翟讓死後，他二人又都歸於李密，做左右衛大將軍，是好兄弟。但此時，他們卻分屬兩個陣營。李世勣雖是呼喝，但是念在以往交情，並沒有出手。此時，李世民麾下騎將，近半都出自以前的瓦崗，面對過去的同僚單雄信，一時間躊躇不前。

　　單雄信聽得李世勣連呼，不由錯愕地遲疑了一下，但衝勢未停。也正是這一個遲疑，李世民身後衝出一員黑甲騎士，挺槍擋住了單雄信的這一擊。這黑甲騎士，正是原「定楊軍」的降將尉遲敬德。尉遲敬德躍馬而前，一槍刺中單雄信，單雄信中槍墜於馬下。面對尉遲敬德的神勇之威，跟隨單雄信殺來的鄭軍騎兵都不敢硬拚，只將單雄信救了回去。

　　尉遲敬德護著李世民，帶著騎兵隊藉著單雄信等退卻的當口，向著鄭軍重圍突入。尉遲敬德等諸將奮勇衝殺之下，竟然殺出一條血路，帶著李世民衝到了重圍之外。尉遲敬德救下李世民後，見陣中還有一隊同袍掉了隊，陷入了重圍，於是又拍馬殺入，在敵軍陣中進去又出來，如入無人之境。鄭軍大陣之中，有嶺南「驍果軍」改編而來的六千「排槊兵」，精銳非凡。「排槊兵」長槊林立，有如槍刺組成的鋼鐵森林。但尉遲敬德單騎而

第八章　收關山五十州──天策上將威名傳

入，在萬軍陣中左右躲避，居然避開了「排槊兵」的所有刺擊，敵軍未能傷及尉遲敬德分毫。只見尉遲敬德左衝右突，隨手奪過敵軍長槊，折返一刺，就刺中了一個敵軍，如此來回，終於將所有同袍救出了鄭軍軍陣。

這時，唐軍大營中的屈突通見鄭軍大舉出動，於是也帶領大兵趕到，終於及時地加入了戰場。有了援軍相助，唐軍士氣大振，終於攻破鄭軍軍陣。

轉眼之間，鄭軍屍橫遍野，千餘人喪生在了戰場上。敗軍退回了青城宮。

而唐軍此戰擒獲了鄭軍軍中勇將陳智略。這陳智略帶領嶺南「驍果軍」從江都宮變開始，先跟隨宇文化及，後投李密，再降王世充，此番終於被唐軍擒獲。而陳智略手下的六千「排槊兵」，也不願意再跟著王世充在城中挨餓了，都隨著主將被唐軍俘虜。

唐軍大勝而歸之後，李世民重賞了尉遲敬德。當初李世民力排眾議，毫不懷疑尉遲敬德的忠誠，此時終於得到了尉遲敬德的誓死報效。而李世民也從這次五百人抵禦萬餘人的戰鬥中，看到了精銳部隊的重要性。他從麾下騎兵中選出驍勇善戰的一千餘人，作為自己的親軍，全軍都是黑色鎧甲，紅色衣袍，號稱為「玄甲軍」，由秦叔寶、程咬金（程知節）、尉遲敬德、翟長孫分別統領。李世民也靠著這支「玄甲軍」，打最難的仗、衝最硬的陣，所向而無前。

北魏宣武陵一戰後，唐軍與鄭軍又進行了幾次小的交鋒，王世充都吃了虧，逐漸被逼退回了洛陽城中，只能憑藉洛河兩岸堅固的城牆據守。李世民趁此機會，又派出其他幾支軍隊，由李世勣等人率領，接管了鄭州、汴梁一帶。到了武德三年（西元620年）十二月，淮北、徐州一帶的鄭國州縣也開始向唐軍投降，鄭國只剩下了洛陽一座孤城。

武德四年（西元621年）元月，李世民、李元吉率軍從北邙山轉移到

了不久前被唐軍攻下的青城宮，以這裡為大本營，準備對洛陽發起攻擊。

但就在唐軍準備修築營盤和防禦工事的時候，城中守軍趁著唐軍立足未穩，大舉出擊，從洛陽城西的方諸門一直殺向青城宮。洛陽城西，過去是隋朝皇室的皇家宮苑，裡面圈養著從各地蒐羅來的珍奇異獸。隋煬帝當時修造了合璧、翠微、宿羽、青城等十一座宮殿，青城宮是防禦最為牢固的一座。洛陽這幾年屢遭圍城，原本的禁苑早已荒廢，那些移栽來的名貴樹木成為城中軍民禦寒的柴火，那些花了大價錢才安全送來獻給皇帝的珍禽異獸也成為洛陽軍民用以充飢的食物。鄭軍穿過西苑荒蕪的廢墟，在當年曾是皇家馬廄的院落邊，依靠馬坊的院牆和溝塹列陣防禦。這是鄭軍的絕地反擊，他們在城中已經憋屈了很久，要趁著唐軍立足未穩的時候，放手搏一搏！

唐軍倉促應敵，軍中出現了一陣慌亂，唐軍諸將也面露懼色。按照唐軍以往勝利的經驗，對於這種來勢洶洶的敵人，最好能避其鋒芒，堅守不出，等到他們銳氣喪盡之時再出擊。但是，李世民並沒有被敵軍的陣勢給嚇住，他沒有到青城宮的主陣，而是留在瀍水對岸的北邙山。他領著諸將再次登上魏宣武陵，眺望整片戰場，明白勝敗在此一舉了，就對諸將說道：「各位，敵軍已經到了窮途末路，這時傾巢而出，只是為了尋求決戰，賭這麼一把。我們今天就遂了他們的心願，把他們全面擊破，把他們打得再也爬不起來！」命令諸將準備決戰。

諸將安靜地聽著主帥的命令，他們相信李世民的判斷，因為他的每次判斷都能帶著唐軍走向勝利。

「屈突將軍，率五千人渡河，迎擊鄭軍！」李世民下令道。屈突通是李世民素來信賴的老將，將正面交戰的艱鉅任務交給他，李世民放心。屈突通得令後，李世民又囑咐道：「兩軍交鋒之後，屈突將軍就放煙為號。」

號令聲中，屈突通帶著五千兵士渡過瀍水，與青城宮的唐軍合兵一處，

第八章　收關山五十州──天策上將威名傳

開始向著西苑馬廄的鄭軍發動了猛攻。兩軍戰況激烈，令人出乎意料的是，鄭軍看起來絲毫沒有受到城中缺糧的影響，竟爆發出極大的戰鬥力。

北邙山下，李世民和他的「玄甲軍」已經披上堅甲，全都緊緊地盯著殺聲傳來的方向。終於，幾縷長煙飄向天空，屈突通終於發來了訊號。李世民振奮地躍上青騅馬背：「兒郎們，跟我走！」一聲呼喝，李世民親率「玄甲軍」自南而下，與屈突通合兵一處，衝向鄭軍大陣。

王世充也是一代名將，領兵的手段不是浪得虛名。李世民與屈突通兩軍夾擊，鄭軍絲毫不見亂象，竟生生地頂住了唐軍的合擊。李世民的「玄甲騎兵」衝入鄭軍陣中，卻發現大陣之內，王世充的數千「內軍」正嚴陣以待，長槊尖銳的槍頭泛著殺意刺骨的寒芒。鄭軍的長槊與長槍，正是抵禦騎兵衝鋒的利器，此時王世充的「內軍」結成緊密的戰陣，「玄甲騎兵」衝殺起來倒是頗為棘手。

敵陣到底是否強大，得衝一衝才知道。李世民號令身邊的丘行恭，和他一起帶著數十騎衝向敵陣，意欲測一測敵軍戰陣的深淺。槍刺如林，但「玄甲軍」的馬鎧與騎兵甲也堅固無比。轉瞬之間，李世民帶著幾十騎就衝破了鄭軍槍陣，從兵陣背後突出。他身先士卒，所過之處，無人能當李世民之神勇，鄭軍皆望風披靡。

但沒想到，李世民衝得太快，與後隊拉開了距離，居然一不小心衝到了一處西苑前隋留下的長堤下，被擋住了去路。李世民一回頭，才發現自己衝得太快，已經與後隊分散了。箭矢如雨，只聽得悲嘶幾聲，李世民胯下的青騅馬已經中箭斃亡。

此時，只有騎將丘行恭還沒有被衝散，當下回馬馳射，將追在前頭的幾個敵軍長槊兵射倒。他百發百中，追兵在震懾之下，一時不敢上前。而後丘行恭下馬扶起李世民，將坐騎讓給他，自己提著長刀護在馬前，時而蹲距閃避，時而躍起殺人，登時將數人斬於刀下。他們一人一騎，奇蹟般

地殺出了槍陣，與唐軍大隊會合。

見識了鄭軍兵陣的深淺，李世民下令唐軍騎兵全體披上甲冑，分為數隊開始向著鄭軍衝擊。整個戰場上殺聲震天，一邊是屈突通的步兵正面對抗鄭軍戰陣，一邊是唐軍各路騎兵在鄭軍側翼左衝右突。然而，鄭軍戰陣之中的將士們不愧是百戰之師，都是經歷過洛陽大戰、黎陽大戰、北邙大戰等歷次血戰的精兵悍將，他們的兵陣幾次被唐軍騎兵衝散，卻仍然殊死相抗，在王世充的指揮下重新結陣迎戰。而唐軍騎兵也遇上了起兵以來最頑強的抵抗，驃騎將軍段志玄這一隊衝入鄭軍戰陣深處，胯下戰馬被鄭軍刺倒，結果被當場俘虜，揪著頭上的髮髻就要被鄭軍兵士押送回營。所幸段志玄眼疾手快，趁著押送兵不備而逃了回來。

這場血戰從早上一直殺到中午，鄭軍終於又一次被衝垮，露出了敗象。唐軍趁勢發起總攻，將鄭軍逼得節節敗退。

不得不佩服王世充和他的軍隊，在這樣的情況下，依然能調動各軍徐徐地退入城中，沒有讓後撤演變為全面潰退。儘管這樣，一場血戰，唐軍還是俘虜和斬殺鄭軍七千多人。唐軍就此完全占領西苑，大軍圍住了洛陽城的宮城。

03　竇建德來了怎麼辦

關東群雄之中，如果說誰能稱得上是有德之君的話，那就非夏王竇建德莫屬了。

竇建德年輕時，是一個仗義疏財的里長，有著豪俠的名聲，重視承諾，愛打抱不平。像後世《水滸傳》裡的東溪村保正晁蓋，竇建德的開局就是從村長開始的，這和李密、李淵這些關隴名門的事業基礎不能相比，

第八章　收闗山五十州—天策上將威名傳

連在出身上被人看不起的王世充還不如。畢竟王世充也算有些家底，靠著關係做上了江都通守，手下有兩三萬江淮勁卒；而竇建德一開始只是一個鄉里小吏，管著村裡的兩百號「民兵」。但是，這並不意味著竇建德不能成事。亂世當中，英傑順勢而起，當年的漢高祖劉邦，不也是從亭長一飛沖天，成為大漢天子嗎？

隋煬帝大業七年（西元611年）的東征高句麗，改變了無數人的命運。竇建德也是其中一個，他不願遵守朝廷徵召，去遼東的高句麗戰場白白送死，所以和同鄉的兄弟們一商量，便殺了縣令，到附近的高雞泊建立山寨，落草為寇。他以俠義之道出名，身邊的山寨兄弟和附近的百姓們都發自內心地愛戴他，實力漸漸發展壯大，成為河北附近的一支強大地方武裝。

大業十三年（西元617年），竇建德更是打出了震驚天下的河間之戰，將強悍的三萬幽州兵，連同右翊衛大將軍薛世雄打得慘敗。此時的竇建德勢力雖起，但組織鬆散，對政治運作之規範尚不熟稔，所以竇建德自稱為「長樂王」。這個不倫不類的尊號，寓意大概是大家一定要開心的意思，年號就直接取了當年的干支，叫做「丁丑」。

其實，在隋末的起義軍當中，河北、河東的起義軍對稱號的想像力是一個比一個強，上谷郡的王須拔自稱「漫天王」，竇建德北面的魏刀兒自稱「歷山飛」。在後人看來，這樣的取名方式頗有些誤入三流通俗小說的既視感，哪怕這些山寨大王們麾下有幾個略通文墨的地方官員，都不可能取出這樣令人汗顏的名字。

但是，擊敗薛世雄以後，隋朝在河北的統治迅速崩潰，最終河北的州縣紛紛向竇建德歸降。竇建德這時展現出了他的豪邁氣概，對投降的隋朝官員均委以重任，並依靠他們搭建起了模仿隋廷的政權架構，就這樣逐漸發展為組織嚴整的政權。

03 竇建德來了怎麼辦

武德元年（西元 618 年），隋煬帝在江都被殺，竇建德自稱「夏王」，按照五隻大鳥降落在樹上的祥瑞，改年號為「五鳳」，這才有了點上臺面的政權形式。雖然「夏」這個國號的來由讓人摸不著頭緒，但至少竇建德政權已經明白了要藉由製造祥瑞來提升政權的合法性。

一個由善良、仁德、俠義的君王統治的政權會是什麼樣子？竇建德給出了他的回答，夏國的君臣上下都帶著剛毅樸實的風格，做事情講道理，沒有什麼虛偽的勾心鬥角。連前隋的投降官員，也拋棄了以往官場上的虛偽面貌，改造以後重新做官。隨後，竇建德攻占了宇文化及最後盤桓的聊城，並以君臣大義的理由斬殺了宇文化及等主犯。而對於宇文化及擄來、經歷過沿途那些「最後的狂歡」的隋煬帝宮人，竇建德也沒有貪圖她們如花似玉的美貌，只是任憑她們按照自己的意願離開。竇建德自己的生活非常樸素，妻子、兒女的吃穿用度也一如尋常富戶的水準，大臣、將士們也因此不敢鋪張浪費。此時的夏國，尚未被利益與權鬥所腐蝕，境內朝氣勃勃，百姓也得到了奢望已久的安寧。

夏軍將士們以出身草莽的流民為主，並不是什麼正規部隊，但河北的農民和別的地方不同，他們很多都是當年北齊「懷朔軍系」的後代，受過一些軍事訓練。武德元年建國之後，夏國就擊破了盤踞已久的「歷山飛」勢力，占領河北全境，又收攏了宇文化及帶來的一部分「驍果軍」，還拿到了傳國玉璽，實力大大增強。但再往北，就是自立為幽州總管的羅藝。此時羅藝已經統率了幽燕地區的州縣，占據了舊隋帝國東北部的版圖，麾下的軍隊都是在邊疆戰場上衝殺過的精銳。而羅藝本人已經上表長安，投靠唐廷，並被唐皇李淵封為燕王，賜姓李氏。竇建德與燕王羅藝打了好幾仗，雙方互有勝敗。

當竇建德收到鄭國皇帝王世充的求救信時，竇建德剛剛結束與羅藝的戰爭，兩方暫且罷兵言和。而洛陽那邊，李唐已經以全勝之勢包圍了洛陽，

第八章　收關山五十州—天策上將威名傳

鄭國境內則分崩離析。對於如何應對洛陽的戰事，夏廷之中出現了爭論。

唐廷對夏廷，歷來是以結好為主線；夏廷對唐廷，雖然之前奪占了李神通、李世勣占領的黎陽等領地，但是始終也還客客氣氣的，沒有到唐鄭之間那樣你死我活的態勢。竇建德對唐朝將領也十分尊敬，李神通被俘後，竇建德安排他在館舍中善加優待。李世勣被俘後從竇建德處逃跑，返回李唐，竇建德也認為李世勣這樣的行為十分忠義，因此不再追擊。可以說，唐、夏之間並沒有什麼深仇大恨。反倒是夏國和鄭國，長期以來相互侵襲，早就斷交，已經好多年沒有往來了。

但是，中書侍郎劉彬則認為，如今中原三國鼎足之勢下，唐軍如果攻破鄭國，那夏國也必然唇亡齒寒，不能獨自孤守。為今之計，不如解除鄭、夏之間的仇怨，出兵援助鄭國，兩國聯手夾擊唐軍，必然勝利。

而攻破唐軍之後又如何呢？劉彬也都想好了：順勢而為，如果鄭國可圖，那就順手吞併鄭國，徹底在三足鼎立當中占據優勢。

竇建德權衡之下，採納了劉彬的建議。他派遣禮部侍郎李大師出使唐廷，勸說唐軍罷兵回朝。同時，他徵發大軍十萬人，渡過黃河，向河南出發。

他的第一戰，是占據曹州、定陶一帶，自稱「宋義王」（名稱也很奇葩）的孟海公。竇建德於武德三年（西元620年）十一月渡河進攻，到了武德四年（西元621年）二月，終於攻陷曹州，俘虜了孟海公。孟海公也順勢而為，投降了竇建德，並積極效力，成為夏軍征伐河南的急先鋒。兩軍合兵一處，矛頭直指虎牢關。

洛陽城外，李世民正指揮唐軍四面八方地包圍住小小的洛陽紫微宮城，發起強攻。唐軍藉助雲梯、投石車，日夜不息地攻城，但這座紫微宮城堅固無比，當初的天才建築師宇文愷設計這座宮城時，就充分考慮到了洛陽的外郭和西苑被攻陷後的危機情形，所以對紫微城的防禦花了大心思。

03 竇建德來了怎麼辦

洛陽城處於南北交通線的中央，位置異常重要，但在防禦上卻有一個硬傷，一條洛水穿城而過，將洛陽城分為南北兩半，敵軍可以輕鬆地乘船通過洛水，攻擊洛陽城中的每個地方。再加上洛陽外城很寬闊，也就是說洛陽外郭城在防禦方面到處都是硬傷。因此設計者宇文愷將防禦的重點集中在了洛水以北、外郭城西北角的紫微宮城。整座紫微城被布下了重重防禦。宮城以北，有圓璧城、曜儀城的重重阻隔；宮城以東，有含嘉倉城、東城的屏障；宮城以南，有洛水的天然屏障；宮城以西，還有數座隔城。萬一攻城的敵軍突破城牆，守軍還可以退守下一道城牆進行防禦。當初皇泰主楊侗在世時，就將洛陽三萬戶居民遷入宮城，放棄了外郭城，將軍力集中在宮城防禦。

唐軍強攻了十多天，傷亡慘重，卻始終無法攻占紫微城。城中潛伏的唐軍細作掀起了多次暴動，也迅速被王世充鎮壓。此時，唐軍已經連續戰鬥了大半年，將士都疲憊不堪，想要回關中老家。

正當李世民一籌莫展之際，又傳來了夏軍逼近的消息。

考慮到嚴峻的形勢，行軍總管劉弘基等大將都建議唐軍班師回朝，暫且休整。

李世民搖頭否定道：「如今大唐舉兵到此，要一勞永逸地解決關東的群雄，平定中原。如今鄭國境內的州縣都已經望風臣服，王世充只剩下洛陽這一座孤城，怎麼可以在這個時候棄之而去？」

如果回去，就意味著這半年打下的一切功敗垂成了。

他當下命令全軍：「洛陽不攻破，大軍就不回師，誰敢再提撤軍的事情，定斬不赦！」

但幾天之後，來自長安的詔書到了，父皇李淵派來的使節表面上是犒賞勞軍，其實私下是向李世民下達密令，讓他班師回朝。

此時，李世民承擔著山一樣的壓力。從中央朝廷到軍中，所有人都認

第八章 收關山五十州——天策上將威名傳

為此時是撤軍的時候。軍中支持繼續作戰的，只有山東出身的李世勣、王君廓等人。關隴諸將雖然由於李世民的軍令不敢明說，但從他們的態度看，也是清一色地主張班師回朝。畢竟關隴是他們的大本營，此次主力沒有損失，等到來年養精蓄銳之後，大可以繼續出關作戰。

怎麼辦？退軍了，雖無法締造彪炳史冊的偉業，但是也並不會給李世民的名將聲望帶來什麼損失。當年蜀漢丞相諸葛亮，六出祁山未能完勝，不也是廣為傳頌嗎？而唐軍繼續作戰，雖然有可能徹底滅掉鄭國，擊敗夏國，但若是失敗，則是萬劫不復的敗局，所有的責任都將由李世民一人承擔。

李世民最終決定繼續作戰。他不是賭徒，在戰場上從來不敢以賭博的心態尋求僥倖，之所以決定不撤軍，是因為他相信自己的判斷，相信勝利就在眼前。此時就是滅鄭的最佳時機，因為突厥的處羅可汗不久前病死，頡利可汗剛剛繼位，突厥王廷不穩，所以暫時停止了對中原的侵襲。強悍的王世充終於被李世民費了九牛二虎之力擊敗，縮在洛陽宮城苟延殘喘。此時不滅鄭，更待何時？他當即寫下奏表，主張洛陽必能攻克。並且，他派了參謀軍事封德彝入朝，當面向唐皇李淵解釋自己的用意：如今若是班師，那夏國乘機消滅疲憊的鄭國，坐收漁翁之利，那麼等竇建德坐大，必定是一個更難對付的對手。

李世民決心暫且留下洛陽，繼續圍困，然後分兵迎戰夏軍。擊敗夏軍之後，再挾勝利之威，徹底讓洛陽城中絕望，最終消滅王世充勢力。

說白了，這就是兵家慣用的圍城打援戰術，只不過李世民圍城打援的戰場，連綿在從洛陽到汴梁的數百里之間。從半年前唐軍剛剛與王世充交戰取勝之後，李世民便已經派遣李世勣、史萬寶等幾路軍攻占了汴梁一帶，做好了抵禦河北、淮南等地來犯的準備。此時，這一部署終於派上了用場。

三天之後，又一個意外之喜傳來，讓唐軍的形勢有了新的轉機。

洛陽虎牢關之戰示意圖

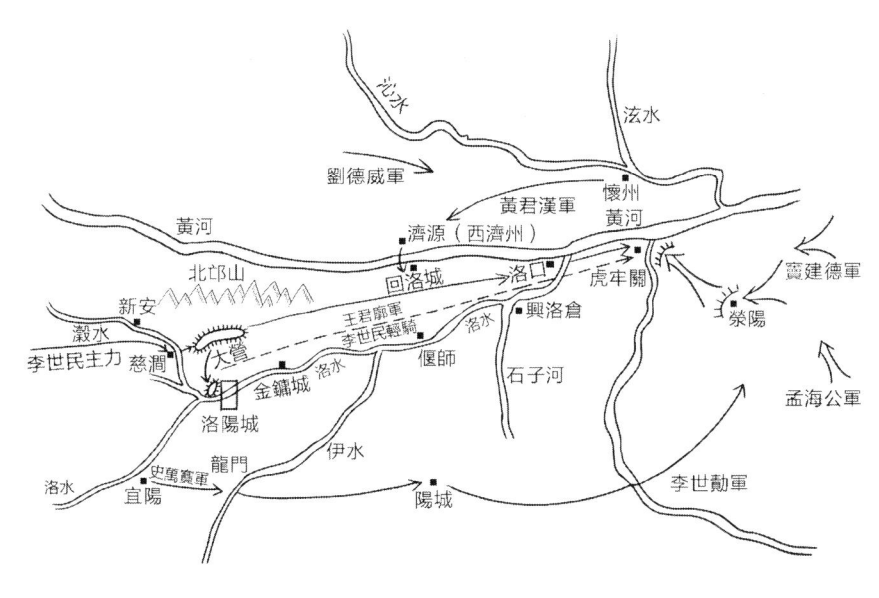

洛陽虎牢關之戰示意圖

04　玄甲大軍出虎牢

虎牢關，是洛陽東邊的門戶，竇建德渡過黃河，要繼續往西援救洛陽，就必須要經過虎牢關這一天險。正因為虎牢關是天險，易守難攻，王世充也安排了姪子荊王王行本重兵把守。所以，雖然李世勣率領唐軍從嵩山一路往東，連商丘、汴梁一帶都占據了，虎牢關卻依舊還掌握在鄭軍手中。

終於在這個時候，虎牢關中的將士堅守不下去了，守軍中的一個司兵沈悅遣人聯繫上了駐守在管州的李世勣，說願意作為內應，接應唐軍到

第八章 收關山五十州—天策上將威名傳

來。從敵我形勢來看,李世勣判斷沈悅應該不是詐降,當即安排王君廓夜襲虎牢關。這天夜晚,沈悅在城中發起暴動,火光照亮了夜空,王君廓於是率領唐軍猛攻虎牢,終於攻克了這座雄關。

但是,竇建德也率領夏軍已經進入了鄭國境內。在夏軍號召之下,孟海公、徐圓朗等起義軍首領都投靠在夏軍麾下,又與鄭國徐州行台王世辯(王世充之弟)、滑州行台僕射韓洪的數千人合兵一處,聲勢越來越壯大,號稱有三十萬大軍。李世勣只有幾千唐軍,雖然打下了元州、管州、汴梁等州縣,但是軍力仍然太過弱小,打下的州縣也沒有被唐朝完全消化,最終這些州縣被竇建德率軍一一攻占。

面對竇建德的十多萬大軍,李世勣退守虎牢關。夏軍在虎牢關外二十多里的滎陽駐紮,準備攻打虎牢。

幾日後,李世勣終於等到了李世民親自帶隊趕來的援軍,虎牢關守軍上下都極為興奮。但隨後李世勣得知了李世民派來援軍的數量,原來的振奮之情又大打折扣了。

只有三千五百人。

這三千五百人,雖然是唐軍中的精銳,包括了「玄甲騎兵」和其他驍勇之士,但在夏軍十餘萬人面前,還是太少了點。

李世勣後來才知道,秦王李世民親自率軍至此,是下了多大的決心。

那時軍中,屈突通、蕭瑀等人,都建議放棄洛陽之圍,退回新安,在那裡組成防線。但是,李世民卻力排眾議,堅持不解除洛陽的圍城。封德彝前往長安向唐皇李淵陳說之後,得到了唐皇的肯定,這也讓李世民心中的一塊大石頭放了下來。就此,他下令將唐軍分兵兩路:一路由齊王李元吉指揮,屈突通、蕭瑀等關隴出身的老將輔佐,他們留在洛陽,繼續圍困王世充。另一路則由李世民親自率領,統領秦叔寶、尉遲敬德、程知節等關東出身的將領,東出虎牢關,抵擋來犯的夏軍。為了防止王世充得知唐

軍分兵而乘機反攻，李世民故意大張旗鼓地出發，經過北邙山，往鞏州方向馳去。洛陽城中的王世充見狀，不知李世民賣了什麼關子，擔心有詐，竟然沒有任何反應，反而任由李世民離開。

抵達虎牢關後次日，李世民繼續延續了自己一直以來的優良傳統，帶領五百「玄甲軍」出關，查探夏軍的情況。由於人們的口口相傳，秦王喜歡浪一把的故事已經廣為人知，李世民決定將計就計，先挫一挫敵軍的銳氣。出營的路上，李世民命李世勣、秦叔寶、程知節帶了絕大多數兵力埋伏在了道路兩側。李世民自己則親率尉遲敬德和兩個騎兵扈從，騎了二十多里路，直驅竇建德的大營。

此時的尉遲敬德，屢次救過李世民的命，已經同李世民有了過命的交情，也成為李世民的心腹。李世民與尉遲敬德並排而行，望著眼前烽煙四起的長空，不由得豪氣頓生，縱馬言道：「我持著弓矢，敬德將軍執槊相隨，敵軍縱有百萬之眾，又能奈我們如何！」

尉遲敬德也被激起了血性，笑道：「秦王所言甚是，就算他們百萬大軍殺來，我護著秦王衝殺過去便是！」

李世民也笑了笑，道：「這樣的話就太孟浪了些，我們要是真碰見敵軍，走才是上策！」

四人四馬有說有笑，一路前去，竟然沒有碰見夏軍偵察的斥候。李世民心中略微有數，看來竇建德並沒有太強的統兵才能，抑或是軍中並沒有良將，否則怎麼會騎到他們營前了，對方居然沒有絲毫的覺察？如果是他來領兵，每到一處，第一時間就放出大隊斥候時刻偵察，同時安排各營輪流出營值守巡察，掌握四周的形勢。夏軍這幾年雖然從草寇升級為正規軍，但仍擺脫不了原來的草莽作風。

一直到了夏軍營外三里，李世民等人才遇見了一撥夏軍遊兵，於是開心地像過年見了親戚，按住馬等待對方來敘舊。誰承想這隊夏軍遊兵見了

第八章　收關山五十州—天策上將威名傳

李世民四人，還以為是唐軍的小股斥候，見怪不怪地懶得進攻，掉轉頭就回去了。

李世民身經百戰，每次出來都是得到敵軍如臨大敵般地對待，誰想今日遭到了這樣的待遇？他拍馬而前，朗聲道：「我乃秦王也！」抬起弓，就射殺了敵軍的一員將領。

夏軍大驚，連忙回營通報。李世民就安然地坐在馬上等著。不多時，夏軍營中衝出了大隊騎兵，氣勢洶洶地追了上來，看數量竟有五六千人之多。面對追兵，兩個扈從都大驚失色，而李世民卻只是淡然道：「兩位老弟如果懼怕，那就先走在前面，我與敬德來殿後。」他這麼一說，兩個扈從也不敢多言，四人按住馬轡，徐徐而行。

追兵馳騁呼哨，眼看就追及到背後，李世民和尉遲敬德一邊徐行，一邊回頭彎弓搭箭，每發一箭，就有一個追兵應聲倒下。夏軍騎兵見有人被射殺，驚懼地停下放箭。但是，夏軍尋常的弓箭，射程遠不及李世民和尉遲敬德的硬弓強弩，於是只好繼續追擊。但是，一靠近李世民等人，追在前面的夏軍騎兵就又被射落馬下。如此再三，李世民射殺了七八人，尉遲敬德射殺了十幾人，於是夏軍騎兵便逡巡不前，沒有人再敢衝在前面，以致越追越落後。李世民怕夏軍跟丟了，還不時停下來等一等，引誘他們上前，終於把大隊夏軍騎兵引入了來時設下的伏擊圈。

呼聲乍起，早已等在這裡的李世勣、秦叔寶、程咬金幾人包抄過來。沒有防備的夏軍登時被「玄甲騎兵」擊潰，這五百人的唐軍，大敗十倍於他們的夏軍騎兵。夏軍丟下三百多具屍體逃回了大營，殷秋、石瓚兩員驍將也被唐軍俘虜。

大唐秦王諭河北竇氏：

山東、河北領土，自久以來為我大唐所有，但被足下侵奪，還建立了偽政權。但念在足下俘虜淮安王李神通後以禮相待，並讓我大唐公主歸

國，所以此前大唐也與足下冰釋舊怨，相互結好。但足下卻反覆無常，又與王世充結交。王世充在眼看就要覆滅於我大唐王師之際，巧言令色勸足下發兵，足下就被引誘，率軍來到這裡，實在不是什麼上策。現今我們前鋒交戰，大唐輕易擊潰了你軍，足下應當心懷慚愧才是！因此深盼足下好自考慮，懸崖勒馬，若不識大體，執迷不悟，定然會追悔莫及！

大唐秦王

竇建德收到李世民這封並不是很客氣的信，顯然不會很愉快。他已在河北軍民的擁戴下晉位為王，離登基稱帝只有一層紗的距離，只是他生性耿直，不在乎稱不稱帝的虛名，不想學著王世充那樣再造幾個祥瑞就自號「九五之尊」，但好歹也是一方諸侯，號令群下。在李世民的信中，卻是以大唐秦王的名義、自上而下的命令口氣，完全否定了夏政權的合法性。難道他們唐國是名門之後，並且有隋帝的禪位，就自以為是正統。而自己不管多受河北百姓的愛戴，只因為他出身低微，就是僭主、偽王嗎？竇建德不信這些，他要憑實力說話，下令迫近虎牢關，開始攻城。

但是，虎牢關屬天險，在唐軍的駐守下固若金湯，夏軍連日攻城，都難以攻破。幾個月來，戰事都不理想，軍中的士氣一點一點地低落下去。竇建德發覺自己又一次被李世民設計了，落入了和當年薛仁杲、宋金剛一樣的境地。李世民正面固守不戰，背地裡又派出偏師，騷擾夏軍的後方，襲擊夏軍的糧道。竇建德派大將軍張青特在後方保衛糧道，不料卻遭到唐將王君廓的輕騎的襲擊，張青特不幸被俘。

這時，竇建德的首席軍師、國子祭酒凌敬建議，夏軍可以繞過虎牢關，北渡黃河，攻占黃河以北的河陽，然後翻過太行山殺入河東，占領汾陽、晉陽，從蒲坂津渡河直取長安。這一計，繞過了唐軍主力，還拓展了夏國版圖，占據黃河以北、太行山東西兩側的廣大地盤。此舉還能直接威脅長安，正好「圍魏救趙」，逼得唐軍回師自保，這樣鄭國的重圍也就自

第八章　收關山五十州──天策上將威名傳

動解除了。竇建德考慮之下，聽從了凌敬的這一計策，準備移師北上。

但是，鄭國不樂意看到這樣的情況。此時，洛陽實在已經到了山窮水盡的境地，城中已經完全斷糧，三升粟米已經炒到了一匹上好絲絹的價格。那些王公貴族們的服飾珍玩，已經像土芥一般地被花掉換成糧食。普通百姓則更苦了，什麼樹皮、草根、葉子、蟲子全都被吃光，最後只能吃土充飢。人在飢餓的時候，土是吃得下的。按照那時洛陽人的食譜，有種美食就以土為主要食材──將浮土在水裡篩去雜質，把那些啃不掉、嚥不下的石子去掉，然後撒上米屑、穀殼，做成土餅。吃了這東西，肚子裡會有一點點飽腹感，但是人沒有營養補充，就會得浮腫病。街巷上、城牆上，有人走著走著就栽倒在地上，再也起不來了。久而久之，道路邊滿是倒地餓死的人。這時候，那些養尊處優、風度翩翩的公卿們也都連米糠都吃不上了，不得不吃死去人的肉來維持生命。原本三萬戶軍民，漸漸地就只剩下了不到三千戶，每家每戶，都有人在不斷地餓死。整個洛陽紫微宮城在唐軍的圍城之下，有如人間地獄一般。

到了這樣的地步，洛陽可以說隨時都可能陷落。竇建德別說是「圍魏救趙」了，可能連河東都沒抵達，在半道上的時候，洛陽就已經被攻陷了。王世充派往夏軍大營的使者一連串地到來，使者們哭訴著洛陽城中的慘狀。王世充的姪兒王琬也在夏軍營中日夜哭泣，懇求竇建德援救洛陽，聞者無不動容。竇建德是有著慈悲之心的人，聽了自然心懷戚戚。諸將們卻勸說竇建德不要過河（後來才知道，這也是王世充使者重金賄賂之下做到的），竇建德便猶豫起來。

雖然竇建德是個仁厚之君，但畢竟是國君，要權衡利弊。洛陽既然這麼慘了，那救了洛陽能給夏軍帶來什麼好處？為了證明洛陽城中的鄭軍尚可一戰，王世充派遣了騎將楊公卿、單雄信引兵出城，襲擊城外的唐軍。負責圍城的齊王李元吉率軍迎擊。這時候，鄭軍終於用鮮血再次證明了自

己的戰鬥力。這些面容餓得浮腫、瘦得脫相的鄭軍，騎著他們最後堅持沒有殺掉的戰馬，步騎聯動，大挫城外的唐軍，唐軍行軍總管盧君諤戰死。

然而，鄭軍也只能靠著這場勝利證明自己戰力猶存。雖然取得小勝，但鄭軍也消耗了自己最後的戰鬥力，再也無力擴大戰果，只能退守城中等待援軍。

見竇建德改變了主意，軍師凌敬反覆勸說，最終演變成了爭吵。竇建德的妻子曹氏也勸說竇建德：「軍師的意見是對的，如果還是頓兵在這裡，師老兵疲，不知何日才能勝利。」

「你這是婦人之見！」竇建德不屑道，「我這次來，是為了解救鄭國於倒懸之急，現在捨棄了他們而攻打別的地方，那不僅是畏戰，而且是無信，大丈夫怎能無信！」

雖然這麼說，但是竇建德也不得不考慮而今的局勢。唐軍在虎牢關固守不出，對於兩邊都不是個辦法。戰爭對於哪一方來說，都不是可以輕易承擔的事情，兩軍必定會有決戰的那一天。他派出打探的細作報告說，唐軍的馬匹草料不夠了。如果這個情報是真的的話，那決戰之日就在不久之後。於是，竇建德下令在黃河對岸牧馬，把馬餵得壯壯的，準備與唐軍決戰。

05　凱旋之師克東都

竇建德有間諜，李世民當然也有間諜。從唐軍的情報網那裡，李世民得知了竇建德已經知道自己軍中草料缺乏的消息，於是在河北牧馬，準備決戰。

李世民決定先發制人，畢竟唐軍確實也到了極限，這場傾國之戰已經

第八章　收關山五十州—天策上將威名傳

從武德三年的夏天打到武德四年的夏天,接近一年。所以,他先派出一隊騎兵渡河,牧馬黃河邊,引誘竇建德到達李世民準備好的戰場。

竇建德果然全軍出動,到達牛口,在汜水河畔擺開了大陣。十餘萬大軍北靠黃河,西臨汜水,南連鵲山,戰陣延綿二十餘里,從虎牢關上一眼望去,竟看不到邊際。夏軍士卒跟著鼓點聲昂首前進,密集的鼓聲震耳欲聾。李世民麾下的唐軍將領都是身經百戰之人,但見了這樣的陣勢,依然不禁驚懼膽寒。

而李世民則只是帶著諸將登上虎牢關旁的高丘,眺望前面的夏軍大陣。俯瞰良久,李世民的臉上出現了笑容。

戰陣,講的是協同與配合。對於一軍之將來說,實在是勞心費力的事情,因為打仗不是打群架,戰陣中每一列、每一隊的士兵,都要將他們如臂指使一般的指揮來去。但是,由於號令所限,將領只能透過旗幟、金鼓、傳令兵來下達調動命令,所以戰陣當中的人越多,命令的傳遞就越困難。三萬人的戰陣,幾乎已經是將領指揮的極限了。人數再多,就會演變成大兵團作戰,由好多個將領分別統領幾千幾萬人,相互配合,各自為戰。

雖然眼前的夏軍這十幾萬人的戰陣看起來唬人,但是真正打起來會怎樣,卻是一個謎。他們的前軍和後軍相距二十里,那前方發生的戰況,需要傳令兵跑上好幾里路,報告給主帥竇建德,然後竇建德再下一個命令,由一群傳令兵分別再跑十來里路傳話給戰陣各方向的夏軍。可想而知,戰陣的指揮效率會低得嚇人。李世民遠遠觀察夏軍的狀況,也發現這戰陣中的夏軍全都吵吵嚷嚷、交頭接耳,完全不在戰鬥狀態。如此軍紀不嚴、鬥志不強的軍隊,就算號稱三十萬,延綿二十里,也只不過像一個臃腫而遲鈍的巨人,徒有其表而已。如果遇到真正的精銳,必然無法應對。

所以,李世民篤定地對諸將說道:「竇建德的軍隊看來是沒見過真正

的敵人，擺出這樣的陣勢，自以為很厲害，所以看輕我們。我現在就和你們打個賭，過了中午，我們必定能夠擊破他們！」

諸將心下稍安之際，只見遠處大陣變動，三百騎兵渡過汜水，在虎牢關外一里處停下列陣。夏軍使者騎馬奔來虎牢關城下大呼道：「請對面的朋友選幾百精銳，來與我們比試比試！」

竇建德如此驕傲自大，那一定要將他的氣焰給壓下去。李世民當即命令王君廓率領兩百長槊兵殺向對面的騎軍。槊是步兵對抗騎兵的一大利器，兩兵相交，王君廓指揮兩百長槊兵用丈餘長的馬槊抵禦住了夏軍騎兵的衝擊。一番血戰，誰也沒占到便宜，收拾陣形之後，兩隊人馬各自退回陣中。

忽然，城下又有隊騎兵打著鄭國旗號衝出陣前，衣甲鮮亮，威武無雙。只見當先一將身著華麗的明光鎧甲，騎著一匹神駿異常的青驄馬。有人認得這是王世充的姪兒王琬，胯下那匹坐騎是當年隋煬帝的愛馬，此時在陣前耀武揚威，不由讓人驚詫，鄭軍與夏軍果真合兵一處了。此時的夏國，難道已經全部占據了虎牢關以東的地區？如果是這樣，那可真是一個更難對付的敵人。

眾將看向李世民，此時李世民的神色也有些不豫，眉頭緊鎖，看上去似乎也對眼前的局勢憂心忡忡。李世民卻噴了一聲：「陣前這人的馬，果真是一匹好馬啊！」

沒想到李世民皺著眉頭原來是因為這個，素知李世民喜愛駿馬的尉遲敬德大剌剌地說道：「這有什麼，我這就去為秦王把這匹馬取來！」

「那不行，豈可因為一匹馬而折損猛士？」李世民道。

「取一匹馬而已，不過是探囊取物的事情。我只帶兩個人，定然可以全身而還！」尉遲敬德不從，還向李世民打了包票。

第八章　收關山五十州—天策上將威名傳

　　李世民點頭首肯。其實，一匹馬對他來說並不算什麼，重要的是要讓尉遲敬德施展一下身手，壯一壯唐軍的士氣。只見尉遲敬德帶著兩員騎將殺出關來，手提長槊，直接朝著王琬而去。他的神威之下，夏軍陣中的軍士們竟然都不能抵擋。王琬沒有防備，便被尉遲敬德像抓小雞一般地提了起來。尉遲敬德來去如風，就這樣連人帶馬、乾乾脆脆地將王琬和青驄馬帶了回來，只留下陣前陷入茫然沉思的夏軍將士。

　　唐軍鼓譟歡呼，一時之間快樂的氣氛充盈著整個戰場。

　　看到尉遲敬德陣前立威，諸將建議就在此時出擊。但是，李世民搖了搖頭，道：「再等等吧。」轉頭吩咐別將，「在河對岸放牧的馬可以帶回來了，去通知一下，回來以後，就加入戰場。」說完便回去休息了。

　　仲夏時節的烈日炙烤著戰場，夏軍大陣中的將士們逐漸酷熱難耐，又飢又渴，但軍令在上，只能保持在原來的位置，於是所有人都忍不住坐下休息了。士卒們爭著到汜水河邊飲水，又產生了不小的混亂。夏軍一些軍士都已經抱怨起來，說既然唐軍不出戰，還不如先退回去休息。

　　李世民把這一切都看在眼裡，眼看過了正午時分，他升堂坐帳，命宇文士及帶三百騎兵掠過夏軍的戰陣西面，向南騎行。他吩咐宇文士及道：「你們經過敵軍戰陣時，如果敵軍不動，那就引兵撤回；如果動了，那就和他們打起來。」宇文士及領命，帶著三百騎兵沿著汜水河，在夏軍陣前貼臉而過，一路往南。此時，夏軍將士們正在排隊喝水，見唐軍騎兵衝來，一下子亂成一鍋粥，有的抄起傢伙準備抵抗，有的則四處亂竄，想要尋機溜走。李世民見狀，知道時機已經成熟，一聲喝令：「玄甲軍披甲，全軍出戰！」士兵們紛紛上來為騎兵將士和戰馬披上甲冑，準備組成「甲騎具裝」，衝鋒陷陣。這幾十斤的鎧甲由於太過沉重，只在臨戰之際披上，否則一直披掛穿戴著，人和馬都會受不了。

　　但是，戰場的形勢瞬息萬變，李世民一定要抓住敵軍混亂、宇文士及

衝殺的時機。李世民等不及騎兵披甲了，此時在河邊吃草的牧馬也已經趕到，於是他下令大軍準備好以後立即全軍出擊。他首先帶著隨行的五百親衛騎兵輕裝殺出，騎兵涉水渡過汜水河後，同宇文士及一起，直撲夏軍軍陣。

中午時分，夏王竇建德正在帥帳之中接受群臣的朝謁。夏廷的隨行大臣，還有戰陣中的各路指揮官都在帥帳外向竇建德行禮。之所以要眾將朝謁，不是講究那些流於形式的禮數，而是夏軍不得不為之的做法。這個戰陣實在是太大了，指揮起來極為困難，而且到了此時，各處都已經出現士卒飢渴疲憊、想要撤退的情況。竇建德不得不把各處的指揮官全都找到帥帳來，既為研商戰局之策，亦為貫徹軍令，使各部將領回營後得以協同行動。

就在朝謁之時，號角聲驟然響了，竇建德驚座而起。他千算萬算，誰也沒想到，此時唐軍居然大舉來襲。只見唐軍騎兵飛速馳來，渡過汜水，輕易地穿插進了夏軍陣中。夏軍士卒此刻還在滿地坐著避暑、喝水、偷吃乾糧，完全沒有防備，只能任由唐軍闖進了陣地。而指揮官們也都在帥帳開會，前方陣中竟然沒有發起像樣的還擊。眼看著這幾路唐軍騎兵左衝右突，有幾隊還正向著竇建德帥帳而來。「騎兵隊上前，頂住唐軍！」竇建德大聲吼道。

夏軍騎兵原本在帥帳之後休息待命，此時得令後，上馬迎戰。然而，前方眼看著唐軍騎兵衝來，群臣紛紛退避到帥帳前，擁擠成一團，騎兵隊竟然受阻無法出來。竇建德怒火叢生：「都擠在這裡做什麼！敵軍到來，諸將各司其職，文臣退到後面，讓騎兵隊出來！」

然而，唐軍穿插的速度實在太快，帥帳已經完全暴露在了唐軍騎兵的射程當中。不得已之下，竇建德退卻到了東邊的一處山坡，據坡而守。他們剛上了東坡，唐軍騎將竇抗就已經衝到了面前。夏軍騎兵縱馬迎戰，兩

第八章 收關山五十州──天策上將威名傳

軍激戰,終於將竇抗的這一隊唐軍擊退。

指揮部暫時穩定了下來,可是當竇建德在山坡的高處俯瞰自己的軍陣時,才發現整個夏軍大陣已經亂作一團。他方才下達的命令,此時還在由諸將逐一傳遞到戰陣各處去。然而,軍令還沒有傳到,形勢就已經發生變化,那一條命令已經過時了。面對唐軍迅捷如風的攻擊,夏軍有如泥足巨人,深陷在水潭當中,正在以極其緩慢的節奏慢慢應對著。整個十餘萬人的大軍,也在緩緩地崩潰。

東坡之前,竇抗的騎兵隊略有受挫。但是,更多的唐軍知道夏軍指揮部的位置後,從各處趕來。唐軍騎兵訓練有素,每一隊騎兵隊的指揮官都遵照主帥李世民的命令,根據戰場的變化形勢便宜行事。竇抗受挫之後,李世民帶領騎兵也抵達了東坡。一聲號令,唐軍的騎兵隊直衝對面的軍陣,壓著夏軍騎兵和步弓手打。「甲騎具裝」的淮陽王李道玄也在戰場之中,夏軍這邊箭如雨下,全都縶在了唐軍騎兵厚重的鎧甲上。「甲騎具裝」的唐軍不懼箭矢,從東坡的西面穿過,插進中軍陣中,又從東面穿出。李道玄下令調轉馬頭,又從中軍軍陣後面插入,再一次對穿到了大陣的西面。

夏軍的中軍都是竇建德的嫡系部隊,戰鬥意志極強,但在李道玄這隊甲騎箭射不入、槍插不進,一次次的衝鋒之下,終於絕望地潰散開來。

「道玄出來了!」李世民見李道玄再入再出,全身上下都是夏軍射中的箭矢,活像一隻刺蝟,又脫下兜鍪,露出稚氣的面孔來。李世民這位年少的堂弟總喜歡學著李世民一樣衝鋒陷陣,幸好他的鎧甲厚重,才沒有受創,然而他胯下的戰馬雖然披著馬鎧、戴著馬面甲,但是有的箭矢也穿甲而入,已經遍體鱗傷。李世民見狀道:「用我的馬吧!」於是將自己備用的戰馬「什伐赤」讓給了李道玄。

有了上次洛陽一戰的教訓,李世民出戰時都帶著備用的坐騎。

此時，唐軍步兵大隊和具裝騎兵都已經到達戰場，領隊的唐軍諸將按計畫插入夏軍戰陣的每一個地方，整個戰場殺聲四起，塵埃滾滾，遮天蔽日。

李世民召集附近的騎兵隊，找到了史大奈、程知節、秦叔寶、宇文歆等幾隊騎兵。夏軍在東坡的中軍已經被擊退，散成幾個部分各自為戰。於是，李世民下令，讓隊伍把旌旗捲起來，不露出旗色，然後自己帶頭提槍衝殺進了敵陣，一直穿插進了夏軍大陣的深處，再從陣後殺出。

「亮旗幟吧！」李世民道。於是，唐軍的大旗一齊展開，赤色的將旗迎風招展。程知節、秦叔寶等將帶領騎兵，揮著旗幟在夏軍後陣左衝右突。前面還在奮戰著的夏軍聽到喊殺聲從後面傳來，回頭一看，才發現唐軍的旗幟已經在陣後飄揚，都以為全軍已經戰敗，一時間再也沒有戰意，迅速地崩潰了。敗兵紛紛四散退走。

敗了，終於是敗了。

竇建德在唐軍的衝鋒之下中了一槍，受傷之後，在亂軍之中騎著馬奔逃到了黃河岸邊的牛口渚，想要找船渡河逃回河北。然而，河邊的船伕早已經逃走，竇建德沒找到船，這時唐軍車騎將軍白土讓、楊武威帶兵追來。竇建德只好上馬繼續奔逃，但他受了傷，越騎越慢，由於失血過多，力氣也漸漸消散，控制不住馬韁，墜下馬來。

白土讓追上竇建德，挺槍欲刺。竇建德用了最後的氣力呻吟著說道：「別殺我，我乃夏王也，能給你富貴。」

這句話可以從兩個角度來理解：一是白土讓如果放了他，與他一起回河北，一定能給白土讓高官厚祿；二是白土讓如果不殺他，而是俘虜他，送給唐廷，那唐廷一定能保白土讓一生富貴。

白土讓毫不猶豫地選擇了第二種理解，帶著竇建德回到虎牢關，獻給了秦王李世民。

第八章　收關山五十州——天策上將威名傳

竇建德雖敗，但畢竟是一方諸侯，李世民還是客氣地招待了竇建德。這是竇建德第一次與李世民如此近的面對面說話，這個年輕人才二十四歲，但英姿勃發的樣子，讓人由衷地讚嘆。這一仗，輸在這樣一個天才的對手面前，竇建德心服口服。

秦王問他：「我大唐討伐的是王世充，和你有什麼相干，為何率軍越境，犯我兵鋒？」

竇建德苦笑了一下答道：「這次不來，恐怕以後就要勞煩秦王長途跋涉來捉我了。」

這一戰，唐軍以數千人對戰夏軍十餘萬大軍，結果夏軍全面戰敗，除了流散的士卒，五萬人成建制地投降。

竇建德被唐軍以賓客之禮相待，與秦王李世民同進同出，算是報答當日他俘虜淮安王李神通、將軍李世勣之後的優待。雖然竇建德不免心想，五萬人居然就這麼投降了——就算是五萬頭豬，這不足一萬唐軍要抓住他們，也不止要花這些時間吧。但是，他此時只有一個心願，就是請李世民能善待這些降卒，善待河北的百姓。

此時，唐軍糧草已經捉襟見肘，供養不了這五萬人。而且，這五萬降兵，人數也已經遠遠超過虎牢關的唐軍了。如果是放在前朝，遇上白起、項羽那樣的「大殺神」，可能會毫不猶豫地將這些降卒坑殺，但秦王李世民沒有這麼做，當天就將這五萬人遣散了。竇建德跟在李世民身邊，看見了這些降卒們聽說被遣散後如釋重負的眼神，心中百感交集：這些士卒，原本只是安居在河北的普通百姓，只是因為隋末的苛政、戰亂，才不得不扔下鋤頭，拋下故鄉，跟隨他四處征戰。雖然竇建德自己號稱是有德之君，但真的是以仁德對待自己的部曲、百姓嗎？也許此時李世民將他們放歸鄉里，讓他們繼續安居樂業，才是最好的歸宿。

竇建德隨著李世民回師洛陽，在洛陽宮城下，以俘虜的身分見到了

城樓上的鄭國皇帝王世充。二人相見，竇建德心裡又是感慨萬千：「我竇建德，沒想到在今日與兄弟你相逢啊！」原本他們都是各自鎮守一方的國君，但是竇建德已經成為階下囚，而洛陽城中的王世充，也眼看著到了山窮水盡的地步。兩人說了幾句話後，都不禁相對而泣。

不知此時的竇建德與王世充，究竟誰更自由？

洛陽宮城內，被俘虜的長孫安世被唐軍送進城中，見到王世充後，一五一十地告訴了虎牢關之戰的全過程。殿中君臣聽罷良久，一個個都呆若木雞。夏軍此來聲勢浩大，挾雷霆之力攻虎牢，沒想到被李世民用區區數千人給擊敗，連竇建德都俘虜了。這秦王李世民，究竟是怎樣一個神仙人物？

絕望的情緒蔓延在鄭廷當中。

可以肯定的一點是，洛陽一定是守不住了。鄭國三大行台中，滑州行台、徐州行台已經隨著竇建德一起落敗，而今之計，或許可以帶著少數人突圍而出，逃亡到最後的襄陽行台。但是，王世充搖了搖頭說道：「我軍之前指望的，只有夏國的援軍，如今竇建德都被俘虜了，就算我們逃出去，也不太有勝利的希望。」

鄭廷的眾位大臣、戰將望著皇帝王世充，陷入了沉默。這個一代梟雄，就算在與李密作戰的洛水浮橋慘敗、所部全軍覆沒之際，也依舊鬥志昂揚。但是，如今面對城外李世民的唐軍，卻垂頭喪氣地喪失了繼續戰鬥的信心。

還能說什麼呢？第二天早上，王世充手持國璽，帶著太子、群臣，身著白色喪服，領著洛陽僅剩的兩千兵馬打開城門，緩緩地走到唐軍大營門口，正式向李世民投降謝罪。李世民坦然接受了投降，對王世充以禮相待，並允諾會為王世充求情，讓他免於一死。

而城中的百姓，早已經凋零殆盡。一將功成萬骨枯，唐軍創下「一戰

第八章　收關山五十州──天策上將威名傳

擒兩王」的史詩般的傳奇，但傳奇的背後，其實是洛陽城中地獄一般的人倫慘劇。不知是出於悲憫、同情還是什麼原因，李世民下令唐軍入城後不得屠城、搶劫。經歷了數月勞苦的唐軍將士，也許同樣震撼於城中的景象，並沒有按照慣例要求縱兵劫掠，放鬆一下，而是秩序井然地接管城中的市集、官衙。史詩般的洛陽與虎牢之戰終於落下帷幕，這座被圍困了長達近一年的大都市，終於向唐帝國敞開了大門。

06　「天策上將」入長安

戰敗之後，竇建德的妻子曹氏與夏國左僕射齊善行帶著幾百騎兵撤退到了洺州。

夏國此戰，十萬精銳盡喪，連國主竇建德也被唐軍俘獲，夏國已經到了最危險的時候，該何去何從？此時，夏軍殘兵商議，夏王竇建德的子嗣幼小，不足以抵抗唐軍，可以在夏王的養子當中選擇一位，立為首腦。

但是，有人又問了，如今夏國缺人缺糧，怎麼抵擋唐軍？另一方則回答，大不了在河北抓壯丁、搜刮民財，實在擋不住，那兄弟們靠山吃山、靠海吃海，繼續回高雞泊做山大王，或者去海邊做海盜，到處都有容身的地方。說著說著，眾將逐漸沒了底氣。唐軍虎牢大勝，為夏國諸將帶來的震撼太大了，以至於他們自己都不相信真的可以戰勝秦王李世民的唐軍，並都做好了落草為寇這個最壞的打算。然而，當初夏王以仁德而受河北百姓愛戴，難道夏國政權要成為河北百姓最討厭的那種強盜？

這時，左僕射齊善行搖頭道：「隋末天下大亂，我等相聚為盜，也只是想苟全性命於亂世。夏王如此英武，兵強馬壯，卻一朝被唐朝易如反掌般地擒獲，這實在不是人力所能及，可見天命在大唐那裡。現今遭受如此

慘敗，守也守不住，逃也逃不到哪去。諸位，我說的是這樣嗎？」

一片沉默，諸將都已經默認了這個事實。

「如果我們無論如何都會輸，又何苦再戕害百姓？」齊善行繼續道，「不如我等投降唐朝，還百姓一個安寧。」

夏廷的將領、大臣們商議之下，都同意了齊善行的意見。他們搬出府庫的財物，全都分給了將士們，對他們說，帶上這些錢，不要侵擾百姓，自己回老家過上好日子。將士們守著秩序，一一領到了財物，然後離開。幾天之後，夏國全部兵卒都散走了，只留下夏廷的百官們。而城中依舊秩序井然，百姓晏然無事。

對比洛陽的慘狀，這也許是武德四年（西元 621 年）發生的最有人情味的一幕了。

隨後，百官自行帶著竇建德的妻子曹氏，以及從宇文化及那裡繳獲得到的八枚傳國玉璽，前隋的各項國寶、禮器，向唐軍上表投降。河北夏國全境，以這種溫和而平靜的方式，終於歸入了唐朝的版圖。

李世民進入洛陽宮城後，第一件事情就是派記室房玄齡去中書省、門下省收繳隋廷當年留下的圖籍、典籍文書。當年漢高祖劉邦進入咸陽時，蕭何做的第一件事也是如此。李世民一直惋惜的是，幾年前他們攻打長安時，不是他的右路軍先入城，而是左路軍李淵、李建成先入城，然後打進皇宮。當時的長史裴寂並沒有想到要收集隋朝留下的文件，以至於寶貴的圖籍在戰火中遺失了。

但遺憾的是，洛陽宮的圖籍早已經被王世充毀去。

李世民不敢入住紫微宮，畢竟這是天子才能住的地方，而是暫時駐紮在城西的閶闔門上，並將戰報送往長安，封存府庫。按照朝廷法度，鄭廷的府庫財物應當由朝廷統一處理，但是洛陽城破之後，將士們沒有屠城劫

第八章　收關山五十州—天策上將威名傳

掠，終究需要及時犒賞才是。於是，李世民搬出府庫的金銀絲帛，賞賜給了將士們。

不久，唐廷傳來命令，處斬段達、單雄信、楊公卿、張童兒、朱粲、郭善才等十餘人。瓦崗舊將單雄信也在處斬的名單當中。單雄信與李世勣誓同生死，與秦叔寶、程知節等人的關係也很好，李世勣反覆勸說李世民留下單雄信，說這員將領驍健絕倫，他願意用自己全部的官爵來贖單雄信的罪。

但單雄信畢竟是失節的將領，當初李密如此優待他，單雄信卻直接轉頭降了王世充。就憑這一點，李世民就不能答應李世勣的請求。洛水之上，這十幾人盡數被斬。

洛陽城中，一處宅第的高門緩緩打開，一個顫顫巍巍的老人走了出來，乘車來到了閶闔門下，秦王李世民正坐鎮於此。老者向衛兵請道：「煩請通報秦王，說前隋舊臣蘇威求見。」

這個老人，就是當年著名的隋朝宰相蘇威，正是在蘇威的輔佐下，隋文帝開創了「開皇之治」。隋煬帝年間，蘇威被煬帝猜忌，逐漸失勢。隨著天下大亂，蘇威以七八十歲的高齡，歷經了江都宮變、黎陽大戰，然後脫離了宇文化及，到了李密的手上，不久之後李密戰敗，又輾轉來到洛陽。由於蘇威四朝老臣的聲望，王世充對他十分尊敬，拜他為太師，成為象徵著鄭國正統的「吉祥物」。

亂世之中，每個人都有如浮萍一般，身不由己。蘇威奉上奏表，說明自己這幾年的艱辛，請求大唐朝廷原諒，並念在當初同在隋廷為臣的舊情上，繼續對他收容留用。畢竟這幾年的顛沛流離，蘇威都是隨機而處，雖然看見了如此多的罪惡，但都不是他的作為。

蘇威等待良久，滿以為會得到秦王李世民的接見，誰想到下來的是秦王的一個侍從。侍從向蘇威行禮說道：「秦王公務繁忙，就不見蘇公了。

秦王命我傳話給蘇公，說蘇公是隋室宰相，見朝廷危亡卻不能匡扶，使得皇帝被弒、國家淪亡。而蘇公自己，見到李密、王世充之輩，卻拜服舞蹈，忝列在偽朝之上，甘心為他們做招牌。如今蘇公已經老了，身體不好，我朝對此不再追究，蘇公也請不要再求見了。」

蘇威的臉微微漲紅，道：「煩請使者向秦王解釋，我當時身不由己，這幾年來，也並未做什麼有違法度之事……」

「蘇公請自重，蘇公這幾個月來是如何過的，就不必由別人再問了。」

蘇威怔怔地望著前面的侍從，無奈地嘆了口氣。這幾個月洛陽圍城，城中的糧食都已經吃盡了，活下來的人，如果不吃死人肉，又該怎麼活下去呢？在秦王李世民這裡碰了壁之後，蘇威又自己到了長安，想要求見唐皇李淵，仍然遭到了拒絕。他已經八十多歲，所有的官爵頭銜都是舊朝所封，新朝並無爵祿。此時的他，年老體衰，家財散盡，終於到了困窮的時候，就這樣度過了最後的兩年，隨即去世了。

這個老人，就猶如舊時代的幽靈，與嶄新的大唐格格不入。大唐也拒絕了這個苟延殘喘的幽靈，不願意再用他來裝點門面。蘇威在當年是個能臣，又逢迎了兩代隋帝隱忍猜忌、刻薄寡恩的性格，他遵循著自己的「精緻利己主義」品格，投皇帝所好，排除異己，將朝政搞得烏煙瘴氣、人人自危。但如今的新朝，一切都清簡剛正，雖然也有種種需要糾正的問題，但是唯獨不需要的，就是蘇威這樣的狐媚之臣。

時代改變得太快了，一不留神，原本炙手可熱的跟風者，便成為舊時代消散以後的灰燼。

武德四年（西元 621 年）七月，李世民身著黃金鎧甲，李元吉以及李世勣等二十四員將領也金甲在身，跟隨其後，帶領鐵騎萬匹、甲士三萬人，在鑼鼓號角聲中凱旋而歸，進入了長安城。一同帶來的，還有囚車中

第八章　收關山五十州—天策上將威名傳

的鄭國國主王世充、夏國國主竇建德,以及從他們這裡繳獲而來的前隋國寶。長安城中萬人空巷,夾道歡迎秦王李世民率領的凱旋之師。

在太廟前,李世民獻上了王世充、竇建德二王,並將隋室的儀仗、寶物貢獻給祖宗。李淵隨後赦免了王世充,這既是由於秦王李世民在前面的承諾,也是因為王世充的篡權是在隋煬帝被弒之後,所以王世充在大節上沒有違背與隋煬帝的君臣大義。至於王世充謀害皇泰主的事情,雖無實據,但也脫不了關係,因此皇帝李淵下令將王世充及全家流放蜀地。而夏主竇建德,則因為是平民出身,靠著對抗朝廷才僭越稱王,因此李淵下令處死竇建德。於是,竇建德及其妻子被拖到了長安街市上斬首示眾。

眼見短短幾個月,兒子李世民就扭轉了洛陽城外的艱難局面,俘虜兩國國主,關東廣大地區悉數平定,喜悅之情無以言表。看著李世民騎在馬上,威風凜凜的樣子,李淵驕傲得就像在看著年輕時的自己。他下令擺下大宴,召集群臣百官一起為李世民接風,讓百官一起來膜拜、讚嘆自己生養出的這個天之驕子。

李世民創下的功勳,朝廷再怎麼賞賜都不為過,李淵甚至嫌過去制度中的官爵、名號都不足以配上李世民的特殊功績。封王?李世民已經是秦王,是王爵當中最高一級的封號。柱國大將軍?過去這個封號還有點價值,但隋朝以來「柱國」的名號已經通貨膨脹得厲害,如今在長安「上柱國」已經滿街跑了,還是不夠。考察過去的官爵名稱,倒還是以前梁武帝封侯景的「宇宙大將軍」,還有北魏孝武帝封爾朱榮的「天柱大將軍」這樣的封號配得上李世民,不過這「宇宙大將軍、天柱大將軍」已經不幸被侯景、爾朱榮這些亂臣賊子搞臭了,總讓人有一些不好的聯想。思考良久,李淵決定另外給李世民選一個徽號,來旌表自己這個天才兒子的功績。

不久,李淵下旨,為李世民加號「天策上將」,領司徒、陝東道大行台,「天策上將」的爵位在王公之上,甚至高於太子。皇帝是上天之子,而

秦王則是上天的馬鞭，這個比喻不得不說確實頗為形象。另外，朝廷還為李世民增邑二萬戶，賜金輅一乘，袞冕之服，玉璧一雙，黃金六千斤，前後部鼓吹及九部之樂，班劍四十人。

如此隆重的嘉獎，李世民的收穫無以復加。但是，李淵此時還並沒有完全意識到，這些賞賜確實都是很好的，卻不是李世民真正想要的。李世民真正想要的，其實只是一筆一畫，簡簡單單的兩個字而已。

太子。

此時，太子是長子李建成，李世民、李元吉出征之時，是太子輔佐著李淵處理政務，李淵也一門心思地把太子建成當成自己的接班人來培養。就算李世民取得如此高的功勳，但李淵依然沒有易儲的意思。事實上，李淵即使想過易儲的問題，最終也絕不會這麼做。因為他雖然是個慈愛的父親，想把他認為好的東西都留給自己心愛的兒子們，但同時作為一國之君，他也要維護自己的權力。此時，李世民重兵在握，已經是大唐的頭號權臣，如果再獲得了太子之位，成為帝國名正言順的繼承人的話，那大臣百官們會聽誰的？誰也不願意輕易得罪一個未來還將繼承帝位的權臣。

當凱旋的喜悅與歡慶漸漸退散之後，「天策上將」府與太子東宮之間的矛盾漸漸顯露出來。一邊是聚集著如雲的猛將、薈萃的群英，一邊是皇室的嫡長、社稷的正統，沒有一方否認自己想要獲得帝國的繼承權，宮府之間的矛盾也因此無法調和。

而那一天，當李世民身著黃金甲，接受長安百姓盛大歡迎的時候，遠遠地有一人，正冷眼看著這一切。

他就是魏徵，這個在我們的故事中多次出現，但全都一閃而過的頂級謀臣。他經歷過李密的興起與失敗，又隨李密投降唐朝，接著前往黎陽的李世勣那裡，協助唐朝接管李世勣的州縣，隨後不幸被竇建德俘虜，不久之後又成為竇建德的謀臣。魏徵經歷過多次大風大雨，但都安全度過。竇

第八章　收關山五十州—天策上將威名傳

建德失敗之後，魏徵隨著唐軍來到了洛陽，看見了洛陽城中在圍城後那些可怕的景象。這些景象隨後成為魏徵每每午夜夢醒的陰影，他不由得對秦王李世民的做法產生了巨大的問號。

如果他李世民是「天選之子」，那為何要讓洛陽百姓無辜遭難？為何不制止手下人濫殺無辜？他秦王的功業，就要建立在無數家破人亡的慘劇之上嗎？

出於這些懷疑，魏徵隨後叩動了東宮的大門，拜謁了太子李建成，隨後受朝廷安排，擔任了太子洗馬，也就是教授太子政務、文章的官職。此後幾年，魏徵也因此進入了大唐中央政權內部權力鬥爭漩渦的最核心。

武德四年（西元621年），是大唐統一戰爭進入尾聲的時候，但是另一場沒有硝煙的戰爭卻又已經悄然開始。

第九章
大壑深藏蜇龍起 —— 河北至暗之時

第九章　大壑深藏蜇龍起—河北至暗之時

01 河北的至暗時刻

　　河北，自魏晉以來，就是一塊特殊的地方。幾百年來胡人與漢人雜處，漸漸地形成了不同於其他地區的民俗。北周滅北齊後，河北更是作為北齊「懷朔軍系」的巢穴，長期潛藏著種種不穩定因素。

　　「真命天子卯金刀。」這句暗語一直在河北的漢化胡人當中悄悄流傳。「卯金刀」三字，組合起來就是一個「劉」字。劉姓乃漢朝國姓，也是匈奴王族的漢姓，它承載了四百年的榮耀。所以，無數河北百姓在戰亂之中，都默默地相信這樣一句話：「劉氏主吉。」這句讖語又和佛教裡彌勒降世的教義混雜在一起，讓河北胡漢各族百姓覺得，在最壞的時候，總有一個姓劉的英雄會橫空出世，像漢高祖、漢光武、漢昭烈乃至劉淵、劉裕那樣，摒除姦凶，開創太平之世。

　　武德四年（西元621年）的五月，竇建德的舊部將領，如范願、董康買、高雅賢等人走到了最為絕望的時候，此時他們不由得真心地相信「劉氏主吉」的預言了。他們經歷了至暗時刻，國主竇建德被俘，大多數將領失去了勝利的信心，左僕射齊善行帶領大多數部眾投降了唐朝，聲勢煊赫的夏國就這樣迅速被唐朝吞併了。

　　由於當初齊善行在洺州準備投降的時候，將夏國府庫中所藏的財物全都分給了將士們。唐軍進駐洺州之後，為了追回將領們私藏的府庫財物，抓了不少原來的夏軍將領，還動了大刑，定要拷問出那些財寶的去向。看到舊時同袍傷痕累累地被拖出衙門，夏國舊將們全都驚懼不安。

　　更令河北百姓震驚的是，夏主竇建德被俘送往長安後，竟然被唐朝天子處以極刑，而且還是像尋常賊寇那樣在鬧市斬首示眾，真是屈辱無比。想當初竇建德擊敗黎陽的唐軍，俘虜李神通、李世勣後，一直都是予以優待。誰想唐朝居然恩將仇報，直接就把竇建德斬了。竇建德對待部下和百

姓一直非常仁義，他被唐朝誅殺的消息傳來，不僅夏軍舊部義憤填膺，河北的百姓也悲痛無比。

說到底，在河北百姓們眼裡，從宇文氏的北周到楊氏的隋，以及現在李氏的唐，全都是起源於武川軍人的關隴勢力。這些年，隋朝對待河北都改不了壓制的政策，雖然河北大族在朝廷當官的漸漸變多，但河北的百姓還是免不了覺得自己是被一群關隴來的征服者統治著。李唐剛剛平定河北，也免不了以征服者的姿態，派出大量出身關隴的官員們到河北州縣當官，進一步激發了河北民眾對外來統治的不滿情緒。

到了七月，朝廷徵召竇建德舊部范願、董康買等將領入朝。朝廷的徵召似乎是帶著善意的，想要讓竇建德舊將們為唐廷所用。但是，有了竇建德被殺的事情，范願等人首先的反應是驚懼，唐廷似乎圖謀不軌，想要把他們騙到長安，然後一網打盡。所以，范願、董康買等舊將一起商量後，下定決心要為竇建德報仇！

他們求神問卜之後，神巫也告訴他們「劉氏主吉」的讖語。這就是說，只要找一個劉姓將領為首領，他們的舉事定然能成功。

推舉誰為主呢？他們首先想到的是夏國名將劉雅，於是找到劉雅，邀他入夥。然而，劉雅聽罷，搖頭婉拒：「如今天下才剛剛安定，我們這些軍旅之人已經沒什麼用處了，我已打算歸老於農桑。起兵之事，我就不參與了。」

其實，劉雅說的也是河北百姓們的心聲，亂世之中，人為草芥，就算河北州縣官員都是關隴人又怎樣，還不是比戰亂再起強上一些。但劉雅這麼說，就等於站在了范願、董康買等人的對立面。他們聽罷怒火中燒，又害怕劉雅會將他們的密謀洩漏，於是就將劉雅殺害於家中。

那應該找誰來做首領呢？這時，范願、高雅賢等人想到了當年的夏國漢東郡公劉黑闥。

第九章　大墾深藏蜇龍起—河北至暗之時

劉黑闥那時還在家中種菜，但自己的這顆心卻不是種菜的心，自己的這條命也不是種菜的命。當他看到范願、董康買等人的時候，就知道他們一定在密謀一番大事。

他與竇建德是很早就結識的同鄉，劉黑闥家裡窮，還沒少受到竇建德的接濟。但隋末亂起之後，他倆有了不同的人生軌跡。當竇建德在高雞泊落草為寇之時，劉黑闥則跟隨了邯鄲郝孝德落草，又隨著郝孝德投靠「魏公」李密，成為李密帳下的裨將。李密戰敗後，劉黑闥又跟隨李密舊軍投降王世充。王世充看重他的武力，因此任命劉黑闥為馬軍總管，鎮守新鄉。劉黑闥看不上王世充虛偽奸詐的人格，沒多久就投奔了老朋友竇建德。竇建德大喜，任命劉黑闥為將軍，封漢東郡公。

雖然與竇建德都來自漳南縣，但劉黑闥幾乎是竇建德的反面。竇建德仁厚、中正堂堂，劉黑闥卻狡詐、詭計多端。在軍中，劉黑闥以善於奇謀著稱。每次出征，劉黑闥都率一隊斥候四處打探，往往就能抓住戰機，一舉出奇制勝。然而，劉黑闥的奇謀並沒能阻止夏軍在虎牢關外一潰千里。戰敗之後，他倉皇逃走，躲回了漳南老家，閉門不出。他平時只是拿著鋤頭在家裡種菜，玩起了「開心農場」的遊戲，以此打發時間。

但是，他真的願意就這樣在家裡種著菜度過餘生嗎？劉黑闥空有一身本領，沒想過自己會就這樣埋沒於世。

范願、董康買是花了一番氣力才找到劉黑闥的，一開始他們都沒想到，昔年那個飛揚跋扈的劉黑闥將軍，現在卻是一個滿身是土的種菜百姓。劉黑闥聽了他們的一番密謀，心中狂喜，沒想到風雲際會，在此時才把他推上了歷史浪潮的潮流之上。他欣然同意共謀起事，殺掉家裡的牛，煮肉款待同鄉的壯士們。這一個多月來，他早已經暗中在鄉里召集了一個百餘人的小團體，如今正好派上了用場。

他們在家中歃血為盟，約定生死。然後，在劉黑闥的指揮下，一百餘

人趁夜闖入了漳南縣城，殺掉縣官和差役，占據了這座小縣城。貝州刺史戴元祥、魏州刺史權威聽聞漳南出現動亂，率兵前來平叛。但是，劉黑闥就帶著手下的這百餘人，遊走在唐軍隊伍的間隙中，虛虛實實，時而突襲，時而隱蔽，最終奇蹟般地以少勝多，將唐軍打得落花流水，戴元祥、權威也在戰鬥中被殺。劉黑闥收集降兵以及他們的軍械，隊伍壯大到了上千人。

打退了附近的唐軍，漳南的形勢算是稍稍安定下來。夏軍舊部原本四散回了各自的老家，但很多人早已習慣了打仗，無法適應種田營生，聽聞劉黑闥起兵，很多人都放下鋤頭，前往漳南來歸附，隊伍又擴大到了兩千人。劉黑闥在漳南竇建德舊居處建造祭壇，為竇建德設置了靈位，帶領夏軍舊將們上壇祭奠。劉黑闥對著靈位禱告道：「夏王，黑闥今日重新起兵，把以前的兄弟們聚起來了，大家都來為你報仇！」

河北各處對唐朝不滿的不穩定勢力見劉黑闥起兵，背後又有「劉氏主吉」的讖言，於是不少州縣中的竇建德舊部都殺掉刺史、縣令，率領本州縣投靠了劉黑闥。同時，虎牢之戰後暫時投靠李唐的起義軍首領徐圓朗也扣留唐廷派來的大臣，起兵響應劉黑闥。

對劉黑闥的起事，唐廷迅速作出了反應。劉黑闥起兵三天後，唐廷任命原來在竇建德那裡做了三年「高級囚徒」的淮安王李神通為山東道行台右僕射，負責討伐劉黑闥。不久，李神通帶領三千關中騎兵趕到冀州，同時徵發河北州縣的守備兵力，連同燕王羅藝的幽燕兵，共計五萬人，討伐已經發展到了深州的劉黑闥軍。而此時，劉黑闥軍中只有數千人馬。

面對如此懸殊的敵我對比，劉黑闥氣定神閒，他已經發現，對面李神通軍中人數雖眾，其實核心戰力不過是三千關中騎兵罷了，其餘的數萬地方守備兵，數個月前還是夏王麾下的軍士。自己雖然兵少，但祭奠了故主竇建德後，繼承了興兵復仇、再造夏國的大義，河北軍民都心懷同情，對

第九章　大壑深藏蜇龍起─河北至暗之時

面這些河北守備兵，遲早也都將為他劉黑闥所用。

於是，劉黑闥分出部分兵力，由竇建德舊將高雅賢率領，抵擋從北邊來的羅藝幽燕兵；自己則親率主力，背靠滹沱河大堤，決心背水一戰，迎擊李神通的唐軍主力。戰場之上，狂風大作，風沙向著劉黑闥軍迎面吹來，吹得人睜不開眼睛。唐軍藉此有利機會，發動了強攻。兩軍激戰中，劉黑闥軍背靠河水，退無可退，而對面的河北地方守備兵看見這些昔日同袍，也無心作戰，雙方居然打了一個平手。

這時，決定戰場形勢的情況發生了，狂風忽然改變了風向，吹向了唐軍方向。李神通三千關中騎兵原本是唐軍主要戰力，但是大風颳過，戰馬被吹迷了眼睛，騎兵陣形登時散亂。劉黑闥趁機帶人發起衝鋒，乘風反擊，李神通因此大敗。戰場上的河北守備兵見形勢逆轉，三分之二都倒戈相向，投降了劉黑闥。羅藝的幽燕兵雖然擊敗了高雅賢，但見到李神通戰敗，戰況不利，也撤出了戰場。隨後，劉黑闥乘勝進攻羅藝，又一次擊敗了幽燕兵。羅藝見勢不妙，於是率部退回了幽州。

大敗李神通率領的唐軍，劉黑闥就彷彿開了掛一般，軍勢大振，橫掃河北。短短兩個月，劉黑闥迅疾如風，利用李唐在河北立足未穩，河北百姓敵視唐朝政權的時機，迅速攻略河北州縣，從河北南部的魏州、貝州，一直打到了北邊的長城邊塞，軍力越來越壯大。到了西元621年十一月，劉黑闥攻占長城邊的定州，李唐元老級的將領李玄通被俘。李玄通被俘後拒絕投降，趁守衛不備，引刀自刺，潰腹而死。

定州與突厥接壤，劉黑闥占領定州之後，得以直接聯繫上了突厥。李唐最不願意的情況發生了，突厥與劉黑闥結成了聯盟，頡利可汗派出了一支騎兵來援助劉黑闥。

至此，河北局勢徹底糜爛。

02　要不要用秦王

　　武德四年（西元 621 年）十二月，李世勣受命於敗軍之際，與右武衛將軍張士貴帶領兩萬人增援河北。這兩萬人中，還有相當一部分是關中徵調的府兵，是李唐的家底。他們一路東進，進駐河北的宗州城。

　　此時，劉黑闥占領并州後，得知唐軍重新進入河北，於是揮軍南下，留下燕王羅藝龜縮在幽州城。不過數日，劉黑闥就帶領大軍到達了宗州城北幾十里外的南宮縣。

　　李世勣原本就是綠林豪傑出身，幾年來身經百戰，已經成長為統領一方的名將。他這兩萬人，都是在洛陽、虎牢的戰火中淬鍊出來的老兵了，經得起考驗，打得起硬仗。不過，這時的劉黑闥也已經不是當時和李神通對戰的那幾千人了。李世勣估計他這兩萬人還不足以戰勝劉黑闥，他的策略意圖是阻擊劉黑闥，讓劉黑闥的活動範圍被限制在宗州以北，再經由身後大運河源源不斷的補給，最終將劉黑闥的大軍拖垮。對此，他留下副手張士貴駐守在宗州城中，自己帶領五百騎兵前往南宮縣的劉黑闥大營查看敵情。

　　李世勣亦心存伺機出擊之意，希望若有機可乘，能如秦王李世民一般殲滅劉黑闥的前鋒部隊，振奮唐軍士氣。但是，在到達劉黑闥大營前的時候，李世勣放棄了這個想法。李世勣被眼前劉黑闥軍的陣勢震撼了，只見敵軍陣容嚴謹，殺氣騰騰，同時還有大量突厥兵助陣。沒想到突厥已經與劉黑闥結成如此深入的合作，劉黑闥也遠遠不是簡單的民變流寇，而是起兵以來最難對付的敵人。

　　李世勣身經百戰，但有一點他很確定，那就是這一仗他打不贏，他麾下的這兩萬唐軍也打不贏，這樣的敵人，必須以大唐傾國之力才可以抗衡！他還沒有和劉黑闥所部交鋒，便撤回了宗州。而且，李世勣連宗州城

第九章　大蟄深藏蚑龍起—河北至暗之時

都沒有進入，就與城內的張士貴打好招呼，自己率大軍先行撤退，張士貴在城中繼續抵抗幾天，為大部隊安全返回爭取時間。

到了洺州城，也就是整個河北的政治中心，李世勣依然沒有停下，連洺州城都沒有進，就繼續往南邊的相州撤退。他已經覺察到了洺州城的不對勁，城中的土豪大戶早已經與劉黑闥以及竇建德的舊將勾結在一起，秦武通、党仁弘的唐軍岌岌可危。李世勣令洺州守軍出城，與他們一道撤離。這個時候，李世勣已經不想要求勝了，只是希望在局勢一潰千里之前，為大唐保留住更多的有生力量。

事實證明，李世勣的判斷是正確的。劉黑闥軍的戰鬥力高得遠遠超乎想像，張士貴在宗州城被圍之後，眼看城破，只好輕騎突圍而出，往相州而去。李世勣的唐軍，由於以步兵為主，走得並不快，很快被劉黑闥率領的騎兵追上。一番激戰，唐軍的步兵絕望地被劉黑闥的騎兵輕鬆突襲穿插，五千唐軍步兵當場被殺於亂軍之中。

只有李世勣和少數一些將領勉強逃了出來。

唐廷在河北的統治，由於操作不當，已經到了要危及整個關東統治的地步。

當初秦王李世民平定河北後，河北軍民因為震懾於李世民的強大武德，看不到取勝的希望，所以很順從地投降了。然而，秦王的影響力過於強大，不利於李唐朝局的穩定，更直白地說，是不利於唐皇李淵統治的穩固。如今秦王已經到了封無可封，只能由李淵自創「天策上將」這一封號的地步，如果功績再大，李淵就真拿他沒有辦法了。

其實，秦王尾大不掉的情況已經有了苗頭。洛陽平定後，李淵答應自己的寵妃張婕妤要將洛陽城外的數十頃良田賜給她的父親，還專門寫了手敕，作為這些田的不動產權證明。然而，不久張婕妤就來哭訴，說這些田已經被李世民直接拿來賞給剛剛從夏國被救出來的淮安王李神通了。這讓

02 要不要用秦王

　　李淵十分憤怒——淮安王沒有功勞也有苦勞，確實應該賞賜，但是不應由李世民來做。而之前李淵安排貴妃、妃嬪們去洛陽宮裡挑選隋室留下的珍寶玩物時，萬貴妃私下向李世民討要更多的好處，也被李世民無情地拒絕了，說得還很好聽：「寶物財貨都已經充公，官爵應該授予賢才和功臣。」到了這幾十頃田這裡，李世民的標準就改了？變得可以私相授受，供他收買人心了？

　　李世民曾是李淵最愛的兒子，但權力會讓人變味，既改變了李淵，也改變了李世民。李淵曾對好友兼宰相的裴寂發過牢騷：「二郎這孩子長期帶兵在外，被身邊那些謀臣書生們教了一肚子的權謀，已經不是當年那個純真的孩子了。」

　　所以，李淵沒有用李世民或者李世民的屬下來擔當治理河北的重任，而是將這個重任交給了太子左庶子鄭善果。李淵滿以為，可以靠玩一把帝王心術，用太子李建成來制衡秦王李世民，就能把朝局穩定下來。然而，李淵卻沒想到，河北實在太特殊了，一系列操作失誤，釀成了劉黑闥之變，讓河北徹底走向了李唐帝國的對立面。

　　想不到這個以往一直在李密、竇建德身邊籍籍無名的劉黑闥，竟然成為如此難以對付的敵人。唐廷先後派出李神通、李世勣兩波討伐軍，卻都在劉黑闥的面前全軍覆沒。

　　沒有對比就沒有傷害，都說李唐征服天下如此迅速，是因為對手太弱，卻很少有人真的明白，實在是因為秦王李世民太強。那些對手們尚未能動搖大唐根本，就被李世民徹底平定。現在劉黑闥造反，秦王不出來了，唐廷就把李世勣這樣的王牌名將給搬出來了，可還是在河北折戟沉沙。

　　其實，劉黑闥剛起兵時，李世民就在河南，但李淵還是選擇了派李神通前往討伐。劉黑闥一路狂飆突進的時候，李世民就在長安待命，但李淵還是沒有用他，而是派了李世勣、張士貴；等到十二月，劉黑闥越坐越大

第九章　大壑深藏蜇龍起──河北至暗之時

的時候，李淵還是沒有用李世民，而是派了義安王李孝常來做主將，調遣兵馬準備東征。這時，劉黑闥已經收復了原來的夏國全境，在洺州城外祭奠竇建德，然後沿用當時夏王所賜的封號，自稱漢東王，收攬原來夏國朝廷的班底，以范願為左僕射，董康買為兵部尚書，高雅賢為右領軍，以前夏廷的所有官員均恢復原職。劉氏政權的官制、行政都沿用原來夏國的方式，但也有著劉黑闥自己的風格，軍中將士在劉黑闥的教訓之下，果敢剽悍遠遠超過了原來的夏軍。

李孝常正準備開拔之際，在洺州城外戰敗的秦武通、陳君賓等將領逃回了長安，向李淵一五一十地彙報了失敗的經過。李淵這才意識到，不能再有別的顧慮了，此時劉黑闥已經成為威脅帝國存亡的勁敵，如果因為防止秦王府坐大而選了像義安王李孝常這樣的平庸將領做主帥，那只會繼續消耗唐廷寶貴的關隴步騎，千里送人頭，而將戰機拱手送人。

此時，秦王李世民也上表朝廷請求出征。李淵躊躇之下，總算是決定「祭」出大唐的殺手鐧，下令由李世民掛帥，李元吉為副，率軍前往河北救急。

雖是將重任交給李世民，但唐廷撥給東征軍的人力、物力卻少得可憐。李世民只帶走了很少的一點點關隴步騎兵，出征河北的兵馬，主要還是陝東道大行台自己的那點兵馬，以及李神通、李世勣的殘部，還有絳州總管羅士信、雲州總管郭子和的地方部隊。連同將領、糧草，朝廷撥付的也很有限，需要陝東道行台自己來解決。一直以來隨李世民出征的陝東道大行台右僕射屈突通，也坐鎮洛陽，主管大軍所需的糧草物資。

這當然不是李淵有意設障於愛子，實在是關中一帶防務亦甚吃緊。劉黑闥軍中出現的大量突厥騎兵表明，劉黑闥與突厥已經結盟，突厥很有可能趁著唐廷對河北的戰爭膠著之時，南下進突破瓶頸中。突厥對於唐朝始終是個肘腋之患，當初洛陽虎牢之戰時，突厥處羅可汗就以協防的名義，

帶了大量突厥兵到晉陽以北的各個州郡駐防，實際上是想侵吞唐朝的河東疆土。後來，這被唐廷堅決制止，並果斷地處死私通突厥的晉陽守將李仲文，將突厥趕出了河東，至此唐廷與突厥的關係嚴重惡化。當此之際，關中兵力不能減少，四處關隘都要小心防備突厥兵與陝北梁師都聯合來襲。再加上關中府兵在李神通、李世勣手上摺損了不少，所以能撥給李世民的府兵確實不能更多了。之前一直跟隨李世民出征的柴紹、竇軌等將領，都被留在了關中駐防。

不管怎麼說，李淵自己是不會御駕親征的。畢竟他之前才和宰相裴寂寥天喝酒時，還曬笑過古代開國君主東征西討，操勞無比，哪像他老李和老裴這樣，安居在都城聊天喝酒，就讓手下的兒子們、將領們把天下給拿了。這些話都白紙黑字地讓史官記下來了，難道還要讓事實來打臉嗎？

李淵雖然雄才大略，但打仗太累人了，要始終吊著一顆心不能鬆懈，而且好幾十天、好幾個月都不解甲，全身上下、整個軍營也臭烘烘的。既然兒子有能耐，那就讓他來做吧，李淵會為他感到驕傲的！

03　慘烈洺水城

武德五年（西元622年）的新年，李世民還是在軍中度過的。他在武德四年（西元621年）十二月十五日出征，在武德五年正月渡過黃河，抵達了獲嘉縣，再往前，就是被劉黑闥占據的河北道了。

李世民的直屬兵力以關中府兵和秦王府十八個軍府為主，一共兩三萬人，加上陝東道徵調來的其他兵力，合計大約五萬人；而劉黑闥的主力是起兵之後歷練出的一到兩萬嫡系步騎兵，加上突厥盟軍、其他河北叛軍，加起來同樣也是五萬人左右。可以說，這是一場勢均力敵的爭鬥。李世民是軍事天才，劉黑闥也是萬中無一的「軍神」，彼此都不敢等閒視之，兩

第九章 大壑深藏蜇龍起—河北至暗之時

軍還沒有正面交上手,就已經在暗中較量了起來。

我們來看一看兩個「鑽石級玩家」是如何對陣的。

獲嘉縣在河北的最南端,李世民的意圖是利用劉黑闥剛剛占據河北南部的衛州、相州之時,拉長對方的補給線,逐漸消磨劉黑闥軍的士氣。但是,劉黑闥馬上洞悉了李世民的意圖,主動放棄了衛州和相州,退往北方。唐軍隨之跟上,在鄴城、洺州一帶與劉黑闥軍對峙。雙方彼此克制著,避免主力交戰,只是相互叫罵,讓斥候互相撕打,一番下來,誰也沒有占著便宜。

第一回合,打平。

隨後,李世民聯繫幽州總管羅藝,羅藝於是率軍南下,準備與李世民一南一北地夾擊劉黑闥。而劉黑闥則將計就計,留下范願帶領一萬人在洺州虛張聲勢,實際上率主力祕密北上,準備先擊潰羅藝的幽燕兵,然後再掉頭全力還擊李世民。而李世民在河北布下的耳目此時發揮出了作用,馬上將劉黑闥軍祕密北上的情況彙報給了李世民。此時,唐軍尚立足未穩,李世民判斷決戰的時機並不成熟,還是應當牽制住劉黑闥,慢慢地尋找時機決戰。於是,李世民想了一個計策,讓部將程名振帶了六十面鼓,到洺州城外極速敲擊,一時間地動山搖,嚇得守將范願不知所措,急忙向劉黑闥求救。劉黑闥的大軍才剛剛沒走出太遠,估計自己的計策已經被對方識破,只得南下繼續對抗李世民的唐軍。而對於北邊的羅藝,劉黑闥則安排自己的弟弟劉十善、行台張君立率軍一萬抵抗。由於寡不敵眾,最終戰敗,羅藝的幽燕兵得以繼續南下。

第二回合,一開始打平,但由於劉十善、張君立戰敗,劉黑闥算是略輸了一局。

武德五年(西元622年)二月,羅藝乘勝收復了北邊的定州、欒州、廉州、趙州。李世民在這一階段,透過由主力部隊牽制劉黑闥,終於轉變

03 慘烈洺水城

了河北危如累卵的局面，將戰線自幽州到定州，再到趙州、邢州州連成了一線。這第三回合，劉黑闥算是輸了，不過他主力未損，又在河北占據主場，所以勝負依舊難以預料。李世民和劉黑闥有如兩個絕頂的武林高手，雙方都沒有真正出手，只是虎踞龍盤，相互試探，等待著借勢而動，一擊必殺。

而在此時，一個突發事件改變了整盤戰局的形勢。

洺水縣，在洺州城東，四面環水。在這裡，劉黑闥軍中驃騎李去惑等人占據了洺水縣城，投降了李世民。這對於唐軍來說是一個天大的好機會，占據了洺水縣，就如同在劉黑闥戰線的腹地打下一顆鋼釘。李世民當機立斷，令大將王君廓率領騎兵一千五百人，火速趕往洺水城，增援城中的李去惑。

這是一著風險很大的棋，如果成功了，就等於切斷了洺水城的補給；但如果失敗了，王君廓這一千五百人深入敵後，就有可能有去無回。李世民不是賭徒，他從來不僥倖行事。為了照應王君廓在洺水的防禦，李世民開始對劉黑闥發動攻擊，以牽制住劉黑闥的主力，為王君廓到洺水後整頓城防贏得寶貴的時間。

但是，這樣的牽制沒有延續幾天，劉黑闥終究是找到了空隙，迅速回軍攻打洺水。時間就是勝利，劉黑闥爭分奪秒地回師，只想更快地趕到洺水，並且儘早破城。他不可避免地陷入了急躁，而急躁就容易犯錯。他還沒意識到，不知不覺地，自己已經被李世民推著進入了唐軍安排好的戰場。在前往洺水城的路上，劉黑闥遭到了秦王府右三統軍秦叔寶的截擊，毫無防備的劉黑闥軍在秦叔寶突襲之下最終大敗，唐軍趁勢掩殺，到了天黑才收軍。

起兵以來，劉黑闥的本部兵馬還是第一次被唐軍擊敗。

但是，劉黑闥終究是劉黑闥，就算吃了敗仗，還是立刻收攏軍隊，迅

第九章　大壑深藏蜇龍起—河北至暗之時

速趕到洺水城下，指揮軍隊將洺水城四面包圍。洺水城對於劉黑闥軍極為重要，所以他發了狠地猛烈攻城。由於洺水城四面環水，於是劉黑闥在城東北的水淺處版築起了兩條甬道，準備穿過水面，建成之後就可以讓攻城槌通過甬道，直達城下。

幸好劉黑闥晚抵達十天，讓洺水城內的王君廓有了整備城防的喘息之機。就靠著這個時間差，洺水城才得以不像之前唐軍在河北的其他城池一樣，在劉黑闥軍面前迅速被攻陷。但是，李世民率領唐軍抵達洺水城時，城中被劉黑闥大軍包圍，依舊寡不敵眾，形勢危急。李世民三次派遣突擊隊想要突入城中，增援城防，但都被劉黑闥軍擊退。面對局勢，李世民召集諸將商議，李世勣說得一語中的：若是甬道馬上就要建好了，到時通到城下，洺水城就必定守不住了。

這時，絳州總管羅士信站了出來：「末將願意進入城中，掩護王君廓將軍突圍。」

權衡之下，為了保全城中千餘唐軍精騎的性命，李世民同意了。於是，李世民親自登上洺水城外西南的高地，用旗幟向城內的王君廓發出訊號，讓他突圍。李世民選在城西南發出訊號，因此劉黑闥軍在城西南加派了兵力。當天，城東北的甬道已經修造得差不多了，王君廓從城北殺出，領著輕騎穿過甬道衝出重圍。由於劉黑闥軍抽調兵力集中防守城西南，王君廓的突圍壓力大大減小，而在城外，猛將羅士信已經領著敢死隊兩百人等在了這裡。

這是一場偉大的逆行，羅士信的兩百敢死之士掩護著王君廓突圍而出，而自己卻留在了城中。劉黑闥重新包圍了這座縣城，而羅士信則留在圍城之中，繼續堅守。王君廓的突圍似乎激怒了劉黑闥，讓他不分晝夜地猛攻。甬道修成，劉黑闥軍搬來了撞車、巨槌，撼動著洺水城行將崩塌的城牆。

03 慘烈洺水城

冬天的大雪在寒風中洋洋灑灑地落下，如鵝毛一般漫天飛舞，鐵甲冰冷如霜，城頭雪花瀰漫。李世民幾次想繼續向城中派兵增援，所以猛攻城外劉黑闥軍築下的陣地，卻受阻於大雪，無法涉水入城。八天之後，洺水城終於被攻破了，猛將羅士信被俘，不屈而死。

這一局，劉黑闥付出了巨大的代價，但總算勝出了。同時，明眼人已經發現，劉黑闥雖然獲得了洺水城，但是城外的防線已經被李世民的唐軍打得千瘡百孔，登上洺水城的劉黑闥軍，實際上已經到了極限的邊緣。

李世民也看準了這一點，在羅士信被俘而死後，他繼續率軍攻打洺水城。終於，四天之後，劉黑闥迫於壓力放棄了洺水城，唐軍徹底占據了這一處策略要地。

此時，羅藝的幽燕兵也已經與李世民會合，於是唐軍分兵把守洺水的南北兩面，做出據守的態勢。在付出巨大的代價後，李世民終於奪得了戰場的主動權，唐軍也找到了自己的節奏。他們延續以往的習慣，堅壁不戰，同時程名振等將領帶著大量小股部隊切斷了劉黑闥的糧道。劉黑闥從後方的冀州、貝州、滄州、瀛州等地用水路、陸路運來的糧草，大部分都被唐軍劫走。兩軍對峙之時，李世勣等將領帶領小隊遊走於戰場各處，像一群嗜血如命的蚊蟲，專門盯著敵軍的縫隙下手。高雅賢就在李世民的大軍威逼之下被李世勣率軍擊敗，他也在戰鬥時中槍而死。

就這樣在小股摩擦中，李世民與劉黑闥一連對峙了六十餘日。劉黑闥畢竟是有才能的名將，六十天來，就算糧草被劫，也始終保持著高昂的意志。李世民一直都有親自帶兵窺探敵營，尋找戰機的特殊習慣，這六十日來，他沒少帶兵出營挑逗，但愣是沒有占到半點便宜。而劉黑闥這邊呢？他看似一籌莫展，實際上已經想好了辦法。

入夜之時，右武侯大將軍李世勣的軍營忽然被喊殺聲驚醒，劉黑闥一馬當先，向李世勣所部軍營發起了攻擊。

第九章　大蟄深藏蜇龍起──河北至暗之時

但是就在這時，早已經預感到劉黑闥將要襲營的李世民出現在了劉黑闥軍的後背，趁勢向劉黑闥後軍發起攻擊。

狹路相逢勇者勝，劉黑闥見李世民襲擊其後方，連李世勣的軍營也不管了，就調轉槍頭向李世民殺去。河北兵的驍勇善戰在此時顯現了出來，雖然腹背受敵，但是在劉黑闥沉著應對、集中優勢兵力的猛攻之下，李世民帶領的這一隊騎兵反而被包圍了起來。李世民征戰多年，也見過像薛舉、劉武周這樣戰鬥力爆表的敵軍，但劉黑闥似乎更勝一籌，李世民以及他的精銳「玄甲軍」又一次陷入了險境。包圍圈外，其他唐軍拚死想要攻進來解救秦王，但劉黑闥的重步兵戰陣實在堅硬，唐軍怎麼也打不進來。平素算無遺策的李世民也沒有預料到劉黑闥的親衛部隊竟然如此戰力驚人，難道他李世民就要喪命在此？

危急之時，只聽陣外斷喝連連，尉遲敬德帶領一隊彪悍壯士衝進了重圍，如「殺神」下界，用血肉衝破了劉黑闥軍的槍陣，將李世民救了出來。劉黑闥也見好就收，順勢收兵回營。這一場，雖然劉黑闥沒有算到李世民會將計就計地偷襲後方，但是在關鍵時刻震懾住了李世民的「玄甲軍」，最終得到了一個不勝不敗的結果。

而在唐軍營中，經此一戰的李世民已經預感到，劉黑闥更猛烈的攻擊即將到來了。因為劉黑闥的糧道已被李世民切斷，軍中缺糧，急於結束戰爭，勢必要在這個時候發起決戰。而以河北兵之勇悍，如果強攻唐軍大營，唐軍是否真的能抵擋還是一個未知數。李世民不得不先做好準備，他派人在洺水上游修起堰塞，攔住來水，並安排人看見劉黑闥軍與唐軍交戰時，就決堰放水。

這個安排竟然是壯士斷腕的計謀。唐軍與劉黑闥軍同在戰場，雖然唐軍營地已經修在河邊遠處的高地上，以防敵軍水攻，但是交戰當中，勢必有唐軍與劉黑闥膠著在一起，那時一旦放水，就會把劉黑闥軍和自己人一

03 慘烈洺水城

塊給淹了。如果不是劉黑闥真的把李世民給逼急了，李世民絕對不會定下如此傷敵一千，自損八百的計策。

西元622年三月二十六日，劉黑闥果然率領麾下最為精銳的兩萬步騎兵，踩著淺淺的洺水過河，上岸之後，列陣於唐軍連營面前。中午吃過飯後，劉黑闥軍便對唐軍大營發起了攻擊，唐軍則依靠營門、輜重、寨牆，在營內死守。這時，李世民帶領全副武裝的「玄甲精騎」殺出營寨，先衝向劉黑闥軍的騎兵。全身披掛的唐軍騎兵在防禦上有優勢，終於艱難地擊潰了敵軍騎兵，隨後在劉軍步兵軍陣當中左衝右突，像在虎牢關外那樣反覆踐踏著河北步兵。但是，劉黑闥指揮若定，率眾殊死迎戰。李世民親率的騎兵冒著敵軍如雨般的箭矢四處衝鋒，他胯下的駿馬「拳毛騧」身中九箭，依然西風顧影，馳騁衝殺，卻還是沒能擴大戰果。

李世民望向洺水上游，心中不免焦躁，此時他們已經與劉黑闥軍交戰，但是按照事前指令，堰塞決堤的大水卻遲遲沒有到來。殊不知看守堰塞的軍士見秦王與劉黑闥軍膠著在戰場上，誰還敢決堤放水？

戰鬥從中午一直殺到黃昏，戰場激烈萬分，天色將晚，依然沒能分出勝負。李世民焦急萬分，派人前去堰塞傳令，命令立刻放水，否則軍法從事！

「轟——」大地隆隆作響，讓戰場上的目光都聚焦到了洺水上游的方向。李世民知道堰塞已經決口，於是下令騎兵撤出戰場。而當大水沖到戰場前的時候，河北兵士們才意識到洪水到來，這才四散奔逃。大水將戰場淹沒，連唐軍營寨也被淹沒了一些。低窪處的洪水已經深達丈餘，劉黑闥軍終於崩潰，四散奔逃。

洪水退去後，唐軍借勢出擊，大獲全勝。這一戰，近萬人被大水淹死，又有萬餘劉黑闥軍在交戰中死亡，劉黑闥軍的主力基本上全軍覆沒。劉黑闥在洪水到來之前，就知道大勢已去，於是和左僕射范願等兩百騎兵

第九章　大蟄深藏蜇龍起──河北至暗之時

偷偷地離開了戰場，一路北上投奔突厥。

河北局勢終於在李世民三個月的苦戰下大獲全勝。劉黑闥和他的這支身經百戰的河北精銳，也在洺水之戰中灰飛煙滅。其實，劉黑闥可以擊敗唐朝絕大多數名將，甚至也不弱於歷史長河上起起伏伏的其他梟雄，可惜他剛剛占領河北，就被更勝一籌的李世民，攜帶著大唐開創初年蓬勃迸發的洪荒之力，摧枯拉朽般地沖垮了。

04　劉黑闥波瀾再起

李世民率軍追亡逐北，平定河北之後，繼續揮兵南下，與齊王李元吉和李世勣等諸將一起討伐河南的徐圓朗。還在行軍路上，李世民就受到朝廷的徵召，返回長安彙報戰況。天子之命不得有違，李世民當即將全軍的指揮權交給了弟弟李元吉，自己快馬加鞭地趕回長安。

在長樂宮，唐皇李淵熱情地歡迎了得勝歸來的李世民，隨後李世民向李淵彙報了他對剿滅徐圓朗的策略規劃。李淵聽後十分滿意，讓他隨即返回軍中實施這個策略。但是，心細的李世民已經意識到，他的父皇不希望自己繼續建功了。以往李世民每次出征，李淵都放心地將軍中大事全權委派給他，從沒有讓李世民回首都述職。即使在洛陽之戰最為一籌莫展之際，李世民也只是派了封德彝回長安向天子面奏軍中之事。而此時，對區區一個徐圓朗，天子就要事無鉅細地過問，無外乎是一個暗示，要李世民知道，他東征西討最終都要向朝廷、向天子負責。

李世民動身返回關東，跟在他後面從唐廷發出的，就是朝廷廢除山東行台的詔令。

山東行台隸屬於李世民的陝東道大行台，在關東戰事推進過程中，一直由李世民、李神通一手操持，透過它來管理河北、齊魯一帶的政務。唐

廷廢除山東行台，轉而設立了洺州、幽州、并州等幾個大總管府，直屬於朝廷，其實就是為了降低李世民在河北地區的影響。這一點，李世民心中自然雪亮。

所以，李世民也漸漸地明白了要避嫌，消除父皇的疑慮。他來到河南後，就不再自己帶兵，而是部署李神通、李世勣等將領進攻徐圓朗，連下十餘座城池。李世民沒有直接指揮兵馬，但淮泗地區臣服李唐的杜伏威便心驚膽顫，生怕朝廷順便把自己給討伐了，於是直接上表朝廷，說願意入朝，將自己的淮泗領土完全獻給唐廷管理。

武德五年（西元 622 年）的秋天，李世民回到長安，東征西討的這五六年，大多數時間都是在軍中度過，這次終於有了一段解甲釋鞍的日子。皇帝特地為他在長安修造弘義宮，讓他好好地放鬆休閒。但是，李世民並沒有真的放鬆下來，一年前他被封「天策上將」之後，就在天策府開設文學館，收攬賢才，如今一年了，已經執行得卓有成效。杜如晦、房玄齡、于志寧、蘇世長、姚思廉、薛收、褚亮、陸德明、孔穎達、李玄道、李守素、虞世南等卓有名望的文士、鴻儒，都成為文學館學士，號稱「十八學士」，李世民時常與他們講經論道。這不僅滿足了李世民在詩歌、經學方面的興趣，同時也讓他結交了不少朝中文臣。以往李世民征戰在外，基本的支持者大多都是武將，文官並不多。而文學館開設之後，許多在朝為官的文臣都以本官兼任文學館學士，這又讓李世民與他們拉近了距離。

李世民原本就在詩文、藝術方面也有過人的天分，此時整天與文學館的學士們結交在一起，倒是讓唐廷之中有些人暗自鬆了口氣。

不過，在李世民大搞文學藝術事業的同時，天下卻並沒有如他所願，安寧下來。突厥與唐廷的關係始終在惡化，邊境時有摩擦，唐廷只靠著鄭元璹等人展開外交戰，並利用和親，讓公主遠嫁突厥，來略微緩和一下與

第九章　大壑深藏蜇龍起—河北至暗之時

突厥的關係。同時，在南方的長江流域，由李孝恭、李靖主導的平定南方戰爭，也在宏大地展開著。

逃到北方突厥那裡的劉黑闥，此時從突厥借得兵馬，又招攬故將董康買等人，準備興兵南下復仇。劉黑闥之前的數萬精銳損失殆盡，此時只靠著那點殘餘部隊，以及突厥騎兵作為主要戰力，實力已大不如前了。所以，唐廷委任河北道行軍總管李道玄為主將，史萬寶為副將帶兵三萬，前去討伐。

李世民是與劉黑闥交過手的人，比唐廷所有人都知道劉黑闥的厲害。李道玄是李世民的堂弟，只有十九歲，之前一直跟隨李世民出征。李世民知道這個堂弟是怎樣的一個將領，知道他雖然有著名將的潛質，但是畢竟年輕，很有可能在劉黑闥那樣老奸巨猾的對手面前吃虧。李世民也向李淵提醒過，但李淵告訴李世民，他已經手敕給副將史萬寶，把軍中大事都委付給他。史萬寶是戰功赫赫的老將，應該不會有事。

話是這麼說，但李世民的意見終究引起了李淵的重視，於是又委任齊王李元吉為領軍大將軍，從并州太原出發，準備攻擊劉黑闥。但李元吉從河東才剛出發，李道玄就已經與劉黑闥在下博交戰，結果唐軍慘敗，李道玄戰死。

李道玄一直以來都把李世民視為偶像。李世民出征時，遇到惡戰往往就親率「玄甲軍」衝陣，最終逆轉戰局，李道玄一直佩服得不得了。虎牢關外，他就學著堂哥李世民的樣子，直衝竇建德的帥帳。這次親自統兵，雖然李道玄是名義上的統帥，但是面對劉黑闥來勢洶洶的敵軍，就意圖效法李世民的策略，於是率領輕騎兵就直接突入劉黑闥的軍陣。史萬寶無法制止，就打算藉著李道玄在前方交戰，引誘劉黑闥軍主動攻擊，卻沒想到李道玄深入敵陣之後，就直接被劉黑闥軍圍住，連著李道玄本人在內全部被扎成了刺蝟。唐軍見主帥被殺，全軍崩潰，史萬寶再想還擊已經不可能了。

這件事情也說明，李世民的成功真的是不可複製的。以往他敢帶著輕騎莽上，全都是審時度勢，做好了萬全的防備，所以前前後後數十次衝陣，即使身先士卒，輕騎深入，屢屢遭逢險境，卻也從來沒有被箭矢刀槍所傷。

李道玄、史萬寶的戰敗，讓劉黑闥聲勢大振。藉著上一場戰爭累積下的聲威，劉黑闥所到之處，州縣守軍要麼投降，要麼棄城逃走，短短十幾天，就將原來的領地全部收復。齊王李元吉抵達河北之後，也忌憚劉黑闥的強悍，始終頓兵不前，不敢出擊。

這時的唐廷，更確切地說是唐皇李淵，又面臨了兩難的選擇。之前每次遇到難啃的敵人，都只有派李世民出征，才最終能把敵人搞定，這次是否也是如此呢？

太子李建成也為此犯愁。這幾年弟弟李世民四處征戰，勢力、風頭都已經蓋過了作為太子的他。李世民獲封「天策上將」，位在諸王公之上，那是否在東宮太子之上呢？誰都說不清，也不敢說清。

這幾年，李建成作為皇位的接班人，一直處理著關中政務，但凡出征，往往因為太子生命關乎社稷穩定，所以都交給李世民來完成，這也是從北朝、前隋時留下的舊例。畢竟對於天子來說，太子既是繼承者，又是自己皇位的隱性競爭者，哪個皇帝都不希望太子的功勞過大，反過來壓制自己。不過，這幾年，李建成也還是做出了一些功績的，不只是完成大軍的後勤，保障首都附近的穩定，他還在劉文靜被殺之後主導了與突厥的外交。當初突厥準備大舉進攻之時，是李建成一手策劃，最終以割讓河套地區的五原、榆平的代價，穩住了突厥人。

此後，李建成還長期征討陝北、河東的稽胡部族，穩定後方的局勢。唐朝與突厥關係惡化之後，李建成還前往河東，擊退了雁門關外來犯的突厥兵。但是，這些功績相加起來，可能都比不上李世民平定王世充、竇建

第九章　大蟄深藏蜇龍起──河北至暗之時

德這一項大功。這兩年，東宮與天策府之間的矛盾越來越明顯。李世民立下這一項項潑天的功績，最後難免會覬覦李建成的儲君之位，而李建成拿什麼與李世民爭呢？難道只有自己的嫡長子身分？可如果李建成死了，李世民不就是新的嫡長子了嗎？

幸好李建成的東宮也聚攏了一批人才，比如太子中允王珪、太子洗馬魏徵。在河北戰事吃緊的時候，他們看到了東宮的機會，勸說李建成道：「如今秦王功蓋天下，中外歸心，太子殿下常年宅在東宮，沒有什麼大功來鎮服海內，急需一個『經驗包』來刷功績。」這幾句都是沒有價值的大白話，是人都看得到。但是，後面魏徵的話則一語點醒了李建成：「如今的劉黑闥，就是那個『經驗包』，他看似來勢洶洶，但是隊伍裡都是逃散後收攏的人馬，人數也不滿萬人，是絕佳的立功機會。」

魏徵原本就在竇建德麾下與劉黑闥共過事，對劉黑闥這個「大魔王」實在是太了解了。

初看起來，劉黑闥作為「初唐名將絞肉機」，除了李世民之外至今沒有敵手，怎麼會是一個「經驗包」呢？但是，魏徵、王珪的建議是有道理的，如今的劉黑闥已經不是當初糾合了竇建德舊部的那個強大的劉黑闥了。當年竇建德從河北義軍、薛世雄餘部、宇文化及「驍果軍」餘部那裡累積下的精銳，已經在洺水大戰時消耗殆盡，如今他的嫡系部隊只有數千人，而突厥兵看似驍勇善戰，但草原騎兵打順風仗還可以，逆風局勢下就很容易一鬨而散。如今劉黑闥雖然一舉收復了原來的州縣，但是原因卻不在劉黑闥本身有多強，而是河北的本地豪強們不歸附唐朝，於是就藉著劉黑闥反攻，順勢而起，響應劉黑闥。而且，雖然劉黑闥聲勢浩大，但是在晏城的桑顯和、觀州的劉會面前都吃了敗仗，這在上一次起兵時是根本不可能的事情。

於是，李建成主動請戰。同樣在是否要繼續起用李世民領兵問題上頭

痛的李淵當即答應，將陝東道大行台以及關東諸州縣兵馬、將領、錢糧物資的處置權交給李建成，由他全權便宜行事。不僅如此，唐廷還慷慨地調配了朝廷十二衛大將軍中一大半的將領，以及秦王府、陝東道大行台的一大批能征善戰的驍將，隨李建成出征。

李建成帶著自己的團隊抵達河北時，戰局又有了很大的改觀。齊王李元吉也不弱，趁著劉黑闥安撫洺州、招兵買馬之際，果斷出擊，在魏州擊敗了劉黑闥的弟弟劉十善所部。劉黑闥聽聞劉十善戰敗，於是親率大軍南下攻打魏州。魏州總管田留安是個狠人，帶領城中軍民同心協力，守住了魏州城，劉黑闥軍竟然不能攻下。劉黑闥引兵繞過魏州，往南攻打其他城池。田留安就率軍果斷出擊，趁劉黑闥軍不備，大獲勝利。

這就暴露出了劉黑闥軍的弱點。雖然劉黑闥在軍事方面一流，但是將領也要有得心應手的隊伍才能相互成就。失去了原來如臂指使的河北舊部，劉黑闥就算個人能力再強，實際打起來效果也就大打折扣了。

李建成與李元吉合兵一處，抵達魏州城南，與圍困魏州的劉黑闥軍對峙。劉黑闥兩次擺開戰陣，尋求決戰，都被李建成避開。而劉黑闥似乎也知道軍隊戰力大不如前，所以也沒有像上次洺水之戰那樣，對唐軍營壘發起激烈進攻。李建成用了魏徵的攻心策略，利用唐廷授予他的便宜行事之權，一改之前對於被俘河北將士的嚴厲政策，將之前被關押的俘虜全部放回。劉黑闥軍中的伍率原本擔心自己投降後還是會像竇建德那樣被殺，這次見到同袍們被釋放回來，便放下了一顆心，偷偷逃走的、把軍官綁了投降的士兵們也漸漸多了起來。

劉黑闥擔心城中的田留安與城外的李建成相互夾擊，自己腹背受敵，最終放棄了魏州城，連夜北上，往洺州撤軍。李建成次日見劉黑闥撤軍，於是繼續追擊，追出五十里，終於在館陶的永濟渠旁追上了劉黑闥軍。永濟渠上的橋梁損壞，劉黑闥軍無法通過，正在加緊搶修，而李建成已經率

第九章　大壑深藏蜃龍起—河北至暗之時

軍將劉黑闥軍逼到了河邊。劉黑闥見狀，仿照韓信當年的計策，令大將王小胡在河畔列陣，想要背水一戰。自己則率軍在橋邊守著，監督修橋進度。還沒等浮橋完全修好，就先過橋，到了河對岸。

背水列陣的劉黑闥軍將士們遠遠地看到了劉黑闥過橋，不禁回想起幾個月前洺水之戰時，劉黑闥撇下大軍偷偷撤走的行徑。軍陣之中，將士們登時炸開了鍋，所有人都疑問著，難道這次主帥又要丟下大軍自己跑路？懷疑和不信任很容易擊垮一支軍隊，幾萬大軍在無窮的猜疑之下，漸漸地崩潰了，將士們爭先恐後地從軍陣中跑出來，向著對面的唐軍投降。

要不是因為浮橋沒有竣工就遭到了潰兵的踩踏，結果又一次崩壞，李建成的大軍沒能馬上過河，劉黑闥甚至都不能安然地帶著幾百騎兵逃回去。

劉黑闥主力潰散，洺州城估計也守不住了，整個河北也守不住了，於是他繼續瘋狂奔逃，準備逃回突厥人那裡。李建成的唐軍在背後一路追，劉黑闥也就一路逃。奔行數百里，劉黑闥和屬下騎兵已經又累又餓，到了饒州時已經跑不動了，身邊也只剩下百餘人。正好，饒州守將是屬於他的諸葛德威，見劉黑闥到來，於是熱情歡迎他入城。

但是，看著眼前的諸葛德威，一股不安的感覺湧上劉黑闥的心頭。經歷過這麼多的風雨，劉黑闥相信自己的直覺，於是謝絕了諸葛德威入城的邀請。但是，諸葛德威見劉黑闥一行滿面塵土的樣子，既心疼又痛惜，連說著請劉黑闥保重身體，入城先好好休息，好好吃一頓，說著說著，竟然流下淚來。

劉黑闥心中百感交集，見身後的騎士們也已經到了體力的極限，於是答應了諸葛德威的請求，入了城。眾人到饒州城內集市中找了酒樓，在諸葛德威的安排下大吃一頓。多日的奔波，劉黑闥只能吃一些乾糧，如今在饒州，總算可以好好犒勞一下將士們了。

正當劉黑闥和將士們正在吃飯的時候，忽然一群持刀軍士衝了進來，抵住了劉黑闥等人的頭頸。諸葛德威冷笑一聲，下令將劉黑闥等人拿下。劉黑闥這才意識到自己的直覺是對的，諸葛德威早已經背叛了他。

就這樣，劉黑闥和弟弟劉十善被押送給了太子李建成，隨後在洺州被處斬。臨刑之時，劉黑闥嘆道：「我當初如果繼續在家當個種菜百姓，那該有多美好……沒想到最終，是高雅賢誤了我啊！」

怎麼會是高雅賢誤了他呢？真正誤他的，是他無窮無盡的野心。

第九章　大壑深藏蜃龍起—河北至暗之時

第十章
勒馬擒王李靖策 —— 紅拂夜奔餘波

第十章　勒馬擒王李靖策—紅拂夜奔餘波

01　大牛李藥師，可抵三個師

　　史詩般的李唐征服關東戰爭正如火如荼進行的時候，帝國的南方，另一場戰爭也正同步展開。

　　當李世民與鄭國、夏國膠著在洛陽、虎牢一線時，割據在荊楚、兩湖地區，自稱梁帝的蕭銑政權開始蠢蠢欲動，準備趁機北上中原。蕭銑自隋煬帝被弒那年（西元 618 年）稱帝，已經發展成為東至鄱陽湖地區，西至三峽，北達漢水，南抵兩廣，號稱擁兵四十萬的割據政權，時常想要沿著三峽逆流而上，攻打大唐在巴蜀地區的州縣。此時，唐朝與鄭國、夏國的戰事仍未分出勝負，如果梁國再加入戰場，那勝負將極為難料。

　　對於這個危機，唐廷自有其應對措施。措施很簡單，就是派出李靖前往夔州（即重慶），協助夔州總管、趙郡王李孝恭防守三峽，進而攻滅梁國。

　　是的，此時唐廷沒有一兵一卒的空餘，能撥給巴蜀戰區的只有李靖。不過，李靖一個人，足以抵得上數萬大軍。

　　李靖，字藥師，後來又成為大名鼎鼎的李衛公，後世更常將其形象融入小說傳說之中。把他想像為托著塔的李天王、生了小魔王哪吒的陳塘關總兵，這多半是因為李靖神乎其神的戰功。李靖是關隴將門之後，前隋名將韓擒虎是他的舅舅。韓擒虎一直以來都對李靖十分欣賞，曾說只有李靖才配和他討論孫子、吳起的兵法之事。李靖年輕時，曾被權臣楊素看重，據說楊素曾指著自己的坐床對李靖說：「總有一天你會坐到這個位置。」並將李靖引為自己的座上賓。

　　楊素、韓擒虎都是隋朝最頂級的名將，李靖也正是在這些頂級名將的調教下，成為隋末唐初軍事藝術的集大成者。

01 大牛李藥師，可抵三個師

多年以後，李靖的故事成為大唐傳奇中的一段小說，「風塵三俠」的故事廣為流傳。在這個故事裡，李靖在楊素府上結識了楊素的寵姬紅拂女，二人一見傾心，紅拂女在夜晚來到了李靖家中，結伴私奔。私奔的路上，和一個自稱虯髯客的虯鬚大漢相識，三人成為知己，並結拜為兄妹。他們一同來到了汾陽，見到了李淵和他的兒子李世民，交談之後，三人被李世民的氣度與胸襟折服。虯髯客原本想要憑藉家財與能力取得天下，但見到李世民後，才意識到真命天子是眼前這個年輕人，於是將所有家產贈予李靖，讓他助李淵、李世民成就大業，自己則獨身前往海外開創基業。

「風塵三俠」的故事流傳廣泛，後世已經難以知曉這個故事的最初版本是怎麼樣的了。也許故事的一開始，只是一個關於李靖與紅拂女的傳奇，並沒有另外杜撰出的「虯髯客」，應該是李靖自己有取天下之志，但是見到李淵、李世民父子之後，他才傾心折服，願意輔佐他們成就李唐大業。當然這些只是故事而已，但故事原本就是加工後的歷史，或許某一點是真有事實根據呢。

畢竟那首〈桃李子〉的童謠預言了「李氏將有天下」，此時已經深入人心。李靖姓李，而童謠中那一句「莫浪語，誰道許？」，有人覺得這一句的謎底是李密的「密」，可誰又能否認靖肅的「靖」也有可能是這句謎語的答案呢！

單從〈桃李子〉這首童謠講，至少把其中的預言解為李靖，比解釋為李淵要可靠一些。

隋大業十三年（西元 617 年），當時擔任馬邑郡丞的李靖參與了唐國公李淵起兵的密謀。但是，臨近大事的時候，李靖卻突然離開，自己戴上枷鎖，要前往長安向朝廷告發李淵的圖謀。這件事情極大地打亂了李淵的計畫，讓在河東的李建成兄弟，以及在長安的女兒、女婿一家全都身陷於危機之中。李淵也不得不改變了起兵計畫，倉促舉事。從這件事情上，李淵

第十章　勒馬擒王李靖策─紅拂夜奔餘波

對於李靖就產生了無法化解的仇怨。

那時李靖躲過了李淵派來的多路追兵，輾轉來到長安，向代王楊侑的留守朝廷報告了李淵起事的消息。但沒想到的是，李淵起兵神速，三個月就兵臨長安城下。長安城中兵力空虛，守軍在周長七八十里的城牆邊都站不滿，更談不上守好這座龐大的城池了。但是，李靖參與長安城防，硬是給李淵的義軍極大的殺傷。占領長安後，李靖被俘，由於他的「光榮歷史」，於是成為李淵欽定的處斬對象。臨行前，李靖不甘地大聲向李淵喊道：「明公興起義兵，本是為天下除去暴亂，怎麼還沒有成就大事之時，就以私人恩怨斬殺壯士呢？」

這一出「刑場說唱」的壯烈程度，堪比當年韓信被漢高祖劉邦賞識之前，差點被砍頭的那次在刑場上的慷慨陳詞了。在小說話本裡，「刑場說唱」一般都會搭配一出「刀下留人」，實現一個戲劇性的反轉，但現實中這種成功的「刀下留人」實在是少之又少，倘若無法打動人心，結局往往仍是血濺刑場。一般來說，臨刑前的犯人總會說些慷慨激昂的話語，也許行刑官聽了會十分感動，但是大多數情況下仍然會按照命令將這個犯人給砍了。

所幸李靖的「刑場說唱」振聾發聵，把李淵給感動了，於是下令放了他。

當然，實際上也是因為秦王李世民久慕他的才華，為李靖說了情。李靖獲釋之後，便被李世民召入幕府，跟隨李世民東征西討。從武德元年（西元618年）到武德三年（西元620年）的歷次大戰，李靖的名字一直沒有出現，其實他一直在幕後協助李世民，為他參謀軍事。年輕的李世民，他的軍事天才不是娘胎裡帶出來的，也需要名師的指點，而李靖就是其中的名師之一。李世民出師也很快，經歷幾次戰鬥之後，便形成了自己的軍事指揮風格。

李靖就像一個始終處於帷幕之後的影子，影響著大唐初創階段的對外戰爭。他知道自己的敏感身分，由於自己的「前科」，唐廷不敢授予他兵

權。唐皇李淵也一直沒有消除對他的恨意，所以李靖也始終小心翼翼地行事。不過，是金子總會發光的。李靖協助著李世民，為唐軍建立起一整套戰術體系、後勤體系，讓唐軍從原來四方聚義的豪傑義士，變成了真正訓練有素的正規軍。李靖也因功被加封開府，從幕後走到了臺前。

對於秦王李世民，李靖的心情是複雜的。這個年輕的親王，彷彿是初升的朝陽，將大唐這個剛剛誕生的王朝最蓬勃向上的一面展現得淋漓盡致。當年的李靖，也曾和李世民一樣年輕而才華橫溢，十六歲就當上了長安功曹，年少時出入韓擒虎、楊素等權貴名將的府邸。然而，在前隋兩代皇帝治下，有才之士被壓制，而奉承逢迎的小人則藉機上位，李靖空有才華，但蹉跎半生，到了四十多歲仍然只是馬邑郡丞。而李世民的眼中並沒有歲月蹉跎留下的痕跡，永遠是那樣的激昂向上。李靖微微有些羨慕、嫉妒，但更多的是折服與感激。他五十歲時，原本以為這一身的才華抱負將再無機會施展，是李世民給了他機會，讓他在人生半百的時候，重新有了一展宏圖的舞臺。

抱有如此想法的遠不止李靖一人，秦王府中的英傑們，很多都是經歷過前隋的舊臣。比如，房玄齡、杜如晦等這些頂級謀臣，在隋朝從娘胎裡帶來的浮躁消沉的風氣下，無法施展自己的才華，他們或者得不到賞識，埋沒於社會；或者和光同塵，與世人同流合汙；或者消極避世，在小角落裡維持著自己的尊嚴。終於，在他們以為這輩子就將如此浪費了的時候，秦王任用了他們，讓他們有了實現人生價值的可能。李靖和他們一樣，真心地效忠這個新王朝，希望它的赤幟插遍天南海北。

因此，李靖也心甘情願地做了三年秦王的影子。直到武德三年（西元620年），南方的梁國謀劃北上，大唐眼看就要面臨三線作戰的窘境時，唐廷才不得已起用了李靖這張底牌，調他入蜀，輔佐駐守在夔州的趙郡王李孝恭。

第十章　勒馬擒王李靖策—紅拂夜奔餘波

此時的李孝恭，還是一個三十歲都不到的小年輕，可也累積了不小的功績。他擔任山南道宣慰大使後，一路南下撫平了巴蜀，還擊敗了在漢水流域割據的朱粲勢力，打到了三峽邊，迅速地將巴蜀地區併入了大唐的疆土。這當然是因為巴蜀地區在隋末相對和諧，沒有什麼大規模的起義與割據勢力，清掃起來相對比較簡單。不過，短短幾個月，數十個州郡紛紛投降，這也是和李孝恭的個人能力分不開的。

李唐皇室化家為國，宗室子弟獨當一面，這也是關隴勢力一直以來的優良傳統。幸賴宗室中能人輩出，從李建成、李世民到李道玄、李孝恭，都是家學淵源，能力強悍。但是，梁國也不弱，多次溯流而上攻打唐朝控制的峽州。巴蜀一帶是李唐的偏師，戰力並不強，李孝恭也沒有與強敵相鬥的經驗，不然，唐皇李淵也不會冒著風險，把李靖這個「前科犯」派往李孝恭那裡做幫手。

李靖的所作所為，是唐皇心中過不去的坎。李靖接到詔令後，就帶著幾名騎兵輕裝簡從地出發南下。經武關到達峽州時，正好遇上梁國正在攻打峽州，因此李靖便停留在峽州，協助峽州都督許紹戰勝了梁軍。但就是因為李靖在峽州停留得太久，唐廷難免疑慮，這個「前科犯」待在唐、梁邊境地帶，到底想要做什麼？難道又有什麼陰謀？畢竟他是李靖，他這個「諜報大師」若是真要對唐軍不利，那後果可是災難性的。於是，唐皇火速派人向許紹密令，讓他趕快誅殺李靖。

雖然李靖的死對大唐來說可能是巨大的損失，但是如果李靖投敵，大唐的損失會更大。

幸好許紹堅持向唐廷說情，希望唐皇能網開一面，李靖這才暫時免罪。

被釋放之後，李靖總算抵達了夔州，向趙郡王李孝恭報到。此時，夔州正處在多事之秋，不僅東邊有梁國的威脅，西南的南蠻部落也未平定，並時而威脅夔州的安全。李靖來到夔州之前，開州蠻首領冉肇則就率領部

下舉兵造反，攻打夔州。開州蠻兵生性強悍，李孝恭率軍出城迎戰失利，只得退回城中。此時，夔州正處在風雨飄搖的狀況下。

李靖第一次來到夔州，略微考察了夔州附近的地形後，便向李孝恭請戰。李靖知道唐軍新敗，士氣低落，因此提出他不要太多兵力，只要八百人即可。抱著試一試的心態，李孝恭同意了李靖的請戰。李靖帶著八百人出城，直接就踏破了開州蠻的大營，取得大勝。雖然開州蠻兵強悍，但是沒有嚴格的軍事紀律，迎戰之時或許可以憑著一腔孤勇打敗唐軍，但一回營，那就該休息的休息，該吃飯的吃飯。這在李靖眼裡全是弱點，於是他就藉著開州蠻沒有哨探、疏於防禦的弱點，以少勝多，大敗開州蠻兵。

冉肇則帶著蠻兵逃了一陣子，忽然回過味來，發現方才的唐軍數量真不多，只是打了自己一個措手不及，於是又罵罵咧咧地掉頭打了回來。經過一處山谷險要的時候，忽然殺聲四起，早已埋伏在此的唐軍從四處險要之地殺來。原來李靖早就料到了蠻兵會打回來，於是將計就計，在隘口設伏。冉肇則想要反擊，卻被李靖帶領一隊步兵當場斬殺。開州蠻兵死的死，降的降，八百唐軍一戰俘獲了五千蠻兵，大勝而歸。

這場戰役受到了唐廷的熱烈表彰，還發了表彰信加蓋國璽送了過來，把李靖從頭到腳地使勁誇了一遍。唐皇李淵還親自寫了一封信給李靖，對他說：「過去發生的事情都既往不咎，吾早就已經忘記了。」

李靖是聰明人，天子雄才大略，自然也是聰明人。聰明人和聰明人說話，有些事情一點就透了。皇帝說過去的那些事情他早就忘了，可如果真的忘了，又何必在信裡反覆說這件事？李靖心知肚明，皇帝始終對這件事情耿耿於懷，只不過李淵胸襟開闊，願意摒棄前嫌，對李靖委以重任；但另一面也提點李靖，不要忘了自己是背叛過李唐一次的人，希望他想想清楚，時刻警醒，不要再犯錯。

武德四年（西元 621 年）的李靖已經年過半百，他再不建功都要老

第十章　勒馬擒王李靖策—紅拂夜奔餘波

了。朝廷將平定蕭銑的希望寄託在他身上，他自己也同樣渴望建立一番功業。於是，他深入地了解敵我形勢後，向唐廷呈上了他的計畫，並獻上平定蕭銑的十條計策。外行看熱鬧，內行看門道。唐皇李淵也是深通兵法之人，見這十條計策條理分明、思路清奇，分別從內政到外交、軍事到情報，各方面思慮周詳，一看就是出自兵法大家的手筆，大為滿意。李淵當即授予李靖行軍總管的職務，兼李孝恭的行軍長史，實際上由李靖全權代理巴蜀方面唐軍的軍務。

於是，李靖在他人生已經走入後半期的時候，終於迎來了屬於他真正的機會。

02　非我蕭梁不使力，奈何……

蕭銑，乃是蘭陵蕭氏之後。蘭陵蕭氏自蕭道成建立南齊，再到南梁、後梁，在南朝的統治延續了兩百年。蕭銑是當年梁武帝蕭衍的六世孫。「侯景之亂」後，蕭氏蝸居在江陵，建立西梁政權苟延殘喘，最後在隋帝國平陳前夕，被隋軍攻陷。蘭陵蕭氏也就沉淪下來。蕭銑的父親早死，家道中落，只能以賣書為生。當蕭銑以為蕭家東山再起已經沒什麼指望的時候，隋煬帝繼位了，他的親戚蕭氏成為大隋帝國的皇后，他也得到了餘蔭，被封為羅川縣令。

大業十三年（西元617年），岳州的校尉董景珍等幾個低階軍官合謀造反成功，但是自覺威望不足，聽說蕭銑乃帝王之後，又寬仁大度，有當年梁武帝的遺風，於是找到了還在做縣官的蕭銑，希望請蕭銑來擔任大王。蕭銑原本也是一個有野心之人，見隋朝的亂政已經逼得天下叛亂，自己也可以借勢恢復梁國的社稷，重現當年南北朝對峙的局面，於是欣然同意。蕭銑也收攬數千兵馬，響應義軍。董景珍等岳州叛軍與他合兵一處後，

蕭銑築壇於岳州城南的洞庭湖畔，告祭上天，自號為「梁王」。在政治方面，蕭銑也是懂行之人，告祭的那一天，因有異鳥飛來，於是眾人便認為這是上天的祥瑞，所以年號就設為「鳳鳴」。

然而，蕭銑的梁政權自建立之日起就是有缺陷的。他雖然被推奉為王，但是手下的嫡系軍隊只有當時在羅川縣募得的數千人，其他兵權都在董景珍等岳州諸將手上。這些老兵油子出身的將領本來就驕橫，造了反之後就更加天不怕、地不怕，看梁王蕭銑，往往就覺得是一個擺設，軍中事情還是自己說了算。起兵一開始，梁軍內部就出現了嚴重的火拚事件。在羅川縣便投靠蕭銑的潁川賊寇沈柳生，因為擔心與董景珍等岳州義軍會合後影響自己的地位，便殺了董景珍派來迎接蕭銑的將領。董景珍得知後，又迫使蕭銑殺了沈柳生。蕭銑在這一場火拚過程中，完全無力控制，只能跟著拳頭大的那一邊的意思來。

義寧二年（西元618年），蕭銑按照手下眾將的意思稱帝，宣布恢復當年的梁朝，並設百官，制度全都依照當年梁朝的舊例。當然，蕭銑自己做皇帝還是不夠的，關鍵還要滿足眾將的需求，於是封董景珍為晉王，雷世猛為秦王，鄭文秀為楚王，許玄徹為燕王，萬瓚為魯王，張繡為齊王，楊道生為宋王。這些「異姓王」全都是擁兵自重的將領，獲封為王之後，自然都很滿意。

蕭銑的唯一優勢，就是自己的政治手腕。從稱帝開始，一直到武德三年（西元620年）末，他一直遊走在權力的鋼絲繩上，在一步步壯大梁國勢力的同時，將國家大政逐漸地把持在自己手中。他一邊派遣這些有實力的將領四處征戰，擴大勢力範圍；另一邊慢慢地在軍中進行調配，把這些年投降的前隋將領混雜在各路軍中，讓他們互相制衡。

攻占江陵後，蕭銑馬上以回歸梁朝舊都的名義遷都到這裡，把岳州留給董景珍他們，自己到了新的國都來經營。

第十章　勒馬擒王李靖策─紅拂夜奔餘波

這些出身低階軍官的梁軍將領們，雖然在行軍打仗方面比蕭銑在行，但是說到治理地方、管理錢糧，就完全是一頭霧水了。蕭銑禮賢下士，招攬了岑文本等一些江南士族，讓他們加入梁國政權，慢慢地建起了一套錢糧財政體系。而錢糧恰恰是軍隊賴以生存的根基。蕭銑把財權、軍糧抓在了手裡，士兵吃的是梁國的糧，那眾將手下的梁軍便不再是將領的私兵。董景珍、雷世猛等這些將領一開始並不懂這些，等到緩過神之後，自己的手下已經依賴上了梁廷供應的錢糧，想要獨立已經不行了。

武德三年（西元620年），蕭銑順勢下令，休兵裁軍，讓這些士兵回歸田園，命令諸將將兵權交出來，由梁廷統一安排。

這道命令，當然也有無奈的原因。荊楚之地歷經了「侯景之亂」，動盪了上百年，再加上隋朝這些年的橫徵暴斂，國力、民力始終沒有恢復過來。梁國眾將手下加起來號稱四十萬大軍，實際可能打個折扣，但估計也有十幾萬人。梁國雖然占據了從嶺南到漢水的廣大地區，但洞庭湖以南的荊南、嶺南地區依舊非常荒蕪，開發程度低，確實支撐不住這麼多的軍力。

但是，蕭銑真正的用意，還是削弱諸將勢力，將軍權統一到自己的手上。但是，這些驕橫的眾將怎麼會心甘情願地接受休兵，任由梁廷裁撤。蕭銑的底氣不只是自己這三年來訓練控制的嫡系兵力，還有自己控制的錢糧財政大權。要是蕭銑不發糧草，那士兵就沒東西吃，只有炸鍋了。

諸將心中一百個不情願，晉王董景珍的弟弟素來驕橫，此時心懷不滿，於是謀圖作亂。陰謀洩漏之後，被蕭銑名正言順地下令誅殺。而此時的晉王董景珍，在蕭銑的政治操作之下，早已不復當年的強勢，遠遠地鎮守在長沙。蕭銑派人招撫他，但董景珍心中害怕，便聯繫李孝恭表示願意投誠。有了董景珍叛亂的理由，蕭銑便順勢派遣齊王張繡前去平叛。張繡領兵圍城，董景珍潰敗而走，被自己的部下殺害。不久，蕭銑又以張繡居功自傲為理由，處死了張繡。這兩人都是當年岳州起義時的主要將領，他倆一死，岳州

派系的將領們再也不復當年的聲勢，也就乖乖地接受了蕭銑的調遣。

歷經三年的耕耘與運作，蕭銑就此全面控制了梁國各軍。

梁國經歷了這幾次內部動盪，雖然兵力有所減損，但是兵權就此統一。如果長此以往發展下去，那之前的這次內亂也只不過是梁國政權發展中的一次陣痛而已。放在歷史的長河中，蕭銑也是能力出眾的佼佼者。東漢末年，孫策統一江東花了三年。到了孫權真正整合江東勢力，在赤壁之戰中大敗曹操的時候，江東勢力已經經營了十年之久。而蕭銑幾乎是白手起家，短短一年多就攻占了荊楚各地，如果再有時間做好內部經營，未嘗不能恢復當年江東六朝的聲勢。

只怪李唐崛起的速度，實在是太快了。短短四年時間，李唐從太原發跡，轉眼占領長安，南下巴蜀，到了武德四年（西元621年）初，已經有了統一天下的實力和能力。當蕭銑盤算著要趁中原大戰之際分一杯羹，還沒有準備好時，唐軍便連敗竇建德和王世充，基本平定了中原。整個天下，名義上只有長江以南沒有平定了。蕭銑此時就算是想要逐鹿中原，也已經有心無力了。

非我群雄不使力，奈何李唐有戰神。

李唐麾下，至少有兩大「戰神」，第一個天下皆知，就是「一戰擒兩王」的秦王李世民；而第二個此前一直沒有嶄露頭角，蕭銑以後才知道，他是為梁國量身定製的，那就是李靖。武德四年（西元621年）八月，李靖在夔州閱兵，準備攻打蕭梁。

蕭銑並不知道李靖是何許人，只是聽說此人原本差點獲罪被處死，此時卻被李唐重用，任命為行軍總管，並大肆修造戰船，練習水軍，氣勢洶洶地準備順流而下，攻打江陵。聽說這個消息，蕭銑一度覺得有些好笑——這李靖想來是個北方人，從來不知道水戰怎麼打吧？這滾滾萬里長江，從巴東、夔門以下數千里，穿過三峽天險，從第二階梯下降到第三

第十章　勒馬擒王李靖策─紅拂夜奔餘波

階梯，流速實在驚人。特別是夏汛、秋汛時節，水流量大，水路就更是難走。俗話說，北人騎馬，南人乘舟，李唐士卒以北方人為主，拋棄了他們的優勢騎兵，要透過水戰來打敗梁軍，真是小看梁軍水師了。

李靖難道是要複製曹操赤壁之戰的恥辱嗎？蕭銑不禁出現了這樣的疑問。此時，李唐在中原剛剛平定關東，還沒有完全安撫平定，就傳來了徐圓朗等人降而復叛的事件，短時間並沒有實力進行南征。夔州李孝恭、李靖的唐軍，不過是偏師而已，沒什麼大的問題。蕭銑當即下令大將文士弘率領水軍嚴密守備，其餘主力部隊則繼續貫徹屯田政策，休兵種田，爭取趕在秋收時節將糧食收穫，以緩解梁國軍糧短缺的問題。

九月的秋雨霏霏而下，長江又一次進入了汛期，秋潦時江水暴漲，一年中的江面此時最難以行船。雖然聽說夔州的唐軍調動頻繁，但是蕭銑認為此時三峽路險難行，唐軍不能東下，於是繼續執行原來的休兵政策。

但令人震驚的是，秋雨連綿中，前線的告急信雪片一般地傳到了江陵蕭銑的案前。唐軍兩千餘艘戰船冒著大雨和江洪東下，趁著梁軍毫無防備，連破荊門、宜都兩處重鎮，進展神速，數日之後便到達夷陵城下。同時，唐軍還另外從襄陽、黔中出兵，襲擊梁國南北兩邊的側翼。而之前投降蕭銑的前隋將領周法明也在江夏叛變，響應唐國號令，逼近江陵。

夷陵，長江三峽的最後一站，湍急的長江水穿過西陵峽，從這裡出來，再往下游就是一馬平川。因此，夷陵是崇山峻嶺的東頭，也是荊楚江陵的最後屏障。

此時，文士弘率領數萬精兵，正駐守在夷陵城不遠處清江與長江交會處的宜都，見唐軍來到，便急忙率軍出擊，一場大戰蓄勢待發。

當年三國時，漢昭烈帝劉備同樣從夔州這裡興兵，東下討伐孫吳，兩軍在夷陵對峙，最終慘敗於陸遜率領的吳軍手下，四萬大軍全軍覆沒。這座夷陵城，究竟是否會再續以往的傳奇，成為梁軍大破唐軍的戰場呢？

03　千里江陵一日完

　　在夷陵城外，哨探飛報，文士弘率領數萬精兵殺來。行軍元帥李孝恭和麾下諸將激動不已，準備出兵，與梁軍一決雌雄。

　　但是，李靖則認為不可，他勸道：「文士弘是梁軍中的健將，士卒精銳驍勇，如今帶領精兵趕來解救友軍，恐怕我軍無法抵擋，還是暫且不要迎戰為好。」

　　當即有人反問：「那該如何應敵？」

　　李靖建議道：「可以將戰船暫且停靠在長江南岸，不與敵軍交鋒，等到文士弘士氣衰落，然後再出擊決戰。」

　　眾將中有人也是經歷過平薛仁杲、劉武周的幾次大戰的，聽到李靖的這番建議，不禁露出了謎之微笑。都聽聞秦王疲敵、破敵的「三板斧」是李靖教授的，卻沒想李靖來到趙郡王李孝恭軍中，教的也絲毫沒有新意，一樣是這「三板斧」之策。李孝恭大軍一路勢如破竹，可見梁軍沒有防備，現在唐軍士氣旺盛，趁勢擊破文士弘，又有何不可？何必要把戰鬥的時間拖這麼長，白白浪費如今的大好戰機？

　　雖然李靖說是被全權委任以三軍的指揮大權，但是李孝恭作為一軍主帥，做決定做慣了，所以沒有聽李靖的建議，逕自點兵出戰，並留下李靖鎮守軍營。李靖如今還沒有累積下軍中的威望，只能聽憑李孝恭親率大軍出戰。他在南岸的樓船上，遠遠地望見唐軍艦隊剛與文士弘的舟師交戰，文士弘的戰船便迅速地插入唐軍陣型。雖然唐軍的戰船剛剛建好，設備嶄新，但是由於沒有經歷過大戰，水軍經驗不足，因此很快敗下陣來。長江江面之上，唐軍船隻潰退回來，逃回南岸的大營。

　　梁軍迅速追擊過來，一路掩殺，唐軍損失慘重。隨著江面上的戰況一

第十章　勒馬擒王李靖策—紅拂夜奔餘波

邊倒地向梁軍傾斜，梁軍戰船也順勢追擊劫掠。

李孝恭的坐舟在護衛船的跟隨下退回大營。李孝恭見到李靖，臉上也浮現出愧色，正想說幾句道歉的話，李靖卻開口道：「來不及解釋了，我們快上船！」隨即帶領營中剩餘的戰船殺出了營寨。

此時，梁軍的一場追擊已經演變成了搶劫，梁軍的所有戰船分散在各處，到處在劫掠唐軍戰船上的錢糧財物。李靖意識到，現在是敵軍戰意最低的時候，要趕快趁此機會反攻過去。李靖帶領的唐軍，一路穿過迎面敗退回營的戰船，向梁軍戰船發起了衝擊。梁軍戰船早已經散開，不成陣列，立時就被唐軍衝散。大雨中，江面霧氣蒸騰，視線模糊不清，戰船之間相隔甚遠，只能用旗號來傳達消息，偏偏這時梁軍由於霧氣，完全看不到各處的旗號。如今李靖衝擊過來，梁軍戰船協調失當，並相隔在江霧中，戰船難以收攏，根本無法抵抗。

梁軍因此大敗，被殺者不計其數，還有更多的人跌落在湍急的江水中溺死。李靖下令四面出擊，終於反敗為勝，俘獲了梁軍四百多艘戰船。文士弘大敗之後，正在百里洲收攏士卒準備再戰。但是，李靖的追兵轉眼已到，再次將立足未穩的梁軍擊敗。而江州總管蓋彥見敗局已定，便帶著所管轄的五個州投降了唐軍。

從俘虜們的嘴裡，李靖得知了一個令人振奮的消息。梁帝蕭銑由於沒有料到唐軍會在此時進攻，仍然將都城的守軍分散到各地種田以節約軍資，到現在還沒來得及召回來，江陵城只留下了宿衛數千人。從李靖在江陵的耳目得到的調動消息看，江陵空虛的情報是真的。李靖當機立斷，向李孝恭提議分兵，自己率領輕騎先行出發，大部隊收攏逃散士卒，隨後趕上。經此一役，李孝恭才真正地開始佩服這個大他二十多歲的部下，毫不猶豫地同意了。李靖稍作安排，隨即帶領五千輕騎兵作為先鋒，直奔梁國都城江陵。

此時，唐軍艦隊已經穿過三峽天險，再往前，就是一馬平川的大平原了。百年之後，大詩人李白從荊門出蜀，寫下了壯麗的詩篇：

天門中斷楚江開，碧水東流至此回。

兩岸青山相對出，孤帆一片日邊來。

一馬平川，終於可以捨棄舟船，跨上駿馬，縱馬馳騁了！

梁廷聽聞文士弘戰敗，舉國皆驚，急忙徵召散落在各地種田的士卒們。但是，蕭銑安排他們開荒種田的任務，大多都在長江以南各支流上的偏遠地區，倉促徵召之下，根本不可能在短時間內回來。正在緊急徵調民夫充軍之際，李靖率領的大軍就已經殺到。梁軍大將楊君茂、鄭文秀出城迎敵，列陣相抗。李靖率領騎兵略微做了休整，便號角一吹，數千騎兵攜帶著馬蹄聲的轟響，衝入了梁軍的兵陣。

與梁軍打了這麼久，李靖都靠著水戰取勝，兩邊都差點忘了，用騎兵兵團衝擊對抗才是他的老本行。李靖對水戰的技能，很多都來源於當年舅舅韓擒虎滅陳之戰後傳授的經驗；但騎兵戰的技能，則是他多年鎮守雁門關外的馬邑，和突厥騎兵真刀真槍的對抗得來的。梁軍以步兵為主，雖然荊楚之兵彪悍狂野，但是很少見識過大隊騎兵的衝擊場面。而江陵城外一馬平川，正好是騎兵的用武之地。李靖矛頭指處，唐軍騎兵就輕易地擊穿了梁軍的陣形，左衝右突，大破梁軍。

梁軍全線崩潰，四千甲士都被唐軍所俘虜，唐軍順勢占領了江陵的外郭城。等到李孝恭率領主力部隊抵達的時候，李靖已經在清掃戰場，優哉遊哉地在城邊紮營，只是前鋒兵少，還不能把江陵圍起來罷了。李孝恭來了之後，唐軍圍住了江陵內城，又占據了江陵水城，水城之中停靠的大量樓船、艨艟、鬥艦，全都成為唐軍的戰利品。

但是，此時的唐軍看似順風順水，實際上已經處在四面危機之中。襄

第十章　勒馬擒王李靖策—紅拂夜奔餘波

陽李瑗的北路軍、黔中田世康率領的南路軍都受到了梁軍阻擋，無法前進。東邊江夏歸順的周法明也陷入了梁軍四面八方的包圍。此時的李孝恭、李靖部隊，實際上已經成了一支孤軍。江陵是梁國的都城，勢必有四面八方的梁軍前來救援。此時，唐軍全力圍攻江陵，如果作戰不利，後路又被切斷，那就可能如同當年的劉備那樣被陸遜「包了餃子」。

李靖因此提議道：「不如將所有俘獲的戰艦全都扔到江面上，任由它們順流而下。」

話一出口，軍帳中舉座皆驚，諸將都說：「這些戰艦都是王師破敵後的戰利品，我們應當把它們好好用起來，怎麼可以捨棄它們又還給敵軍呢？」

李靖不慌不忙地答道：「蕭銑的領地廣闊，我們孤軍深入，如果沒把江陵城打下來，那等到援兵到了之後，我軍就會腹背受敵，還有可能撤不回巴蜀，就算有了這些戰船，我們又能怎麼用？」

諸將沉默不語。確實，唐軍從上游順流而下，確實占了好處，但如果戰敗了，要經過長江三峽逆流而上，就極為困難。兩千多年來，要經過三峽湍急的江水逆流回去，全都要靠沿途的縴夫把船拉上去，單靠風帆、船槳，幾乎是不可能的事。就算有了這些船，唐軍也一樣很難撤回去。

李靖繼續說道：「我軍不如放棄這些舟艦，讓它們堵塞江面，順流下去。援兵看見了，一定會以為江陵城已經被我們攻破，所以不敢輕易貿然過來，頂多派些斥候過來打探。這樣我軍就可以喘息幾個月，江陵城必定就可以被我們攻破了。」

李孝恭和諸將聽罷，方才恍然大悟，這樣一條奇謀，從前都聞所未聞。李孝恭當即下令按照李靖的意思行事。千餘艘戰艦堵塞江面，全都被放進了長江之中，場面頗為壯觀，乍一看，還真有梁軍慘敗的樣子。

不多久，這條計策就發揮了作用。梁國交州刺史丘和、長史高士廉已經率軍自珠江而上，穿越靈渠，再經由湘江到達了江陵附近，見到沿岸的船隻殘骸，登時沒有了戰意。他們原本就是因為梁國阻隔長江，無法與國都聯繫，因此才歸降了蕭銑。此時，他們見蕭銑兵敗，也就順勢向唐軍投降了。

蕭銑困守江陵內城，已經好幾天沒有外界傳來的消息了。他只知道向境內傳書告急之後，還沒有一支援軍趕到。

他詢問親信大臣岑文本的意見。岑文本思索良久後，也別無長策，隱晦地勸說蕭銑，為今之計，不如投降。

投降？蕭銑苦笑。他這四年來，為了國事殫精竭慮，終於有了如今的梁國。但這一切轉眼就在唐軍兵鋒所過之地土崩瓦解。三分天注定，七分靠打拚。他靠著一己之力，重新建起了祖先的功業，如今之敗，也許就是上天注定的吧？是天命在唐不在梁啊。

於是，蕭銑召集百官，宣布了出降的決定：「天命不在我們這裡，如果奮戰到最後，那麼梁國百姓就會因為戰亂而生靈塗炭，我蘭陵蕭氏數代國君受百姓愛戴，怎可因我一人之故，讓百姓蒙受無謂的戰火？」隨後告祭太廟，下令打開城門。蕭銑率領群臣身著喪服，來到唐軍的大營門外，向李孝恭拜道：「如今該死的只有我蕭銑一個人，百姓無罪，希望貴軍入城之後不要殺掠。」

蕭銑主政幾年，百姓平安無事，而且梁廷為了減少百姓的賦稅，還特地裁軍務農，百姓為此無不感激。開城出降之時，城中百姓無不暗自垂淚。

於是，唐軍入城。憋了幾天的唐軍將士都希望來一場痛痛快快的劫掠，放鬆一下，同時填一填自己乾癟的腰包。

第十章　勒馬擒王李靖策—紅拂夜奔餘波

此時的李靖沉默了，他在等待李孝恭的回答。縱兵劫掠原本就是軍中激勵將士的一個手段，在此時的亂世再正常不過，況且只是劫掠，並不是屠城，也不傷主帥的陰德。正當李孝恭要同意之時，跟隨在蕭銑身旁的岑文本站了出來：「江南百姓自從隋末以來，已經飽受苛政與戰亂，如今城中百姓全都是戰亂後的倖存者，實在經不起下一場動亂了。江南百姓都盼望著大唐會是天命之主，因此願意歸化為大唐的子民，此時再劫掠，恐怕會讓大唐失去江南的民心啊！」

李孝恭點頭稱善，立即下令禁止劫掠，一場大型搶劫總算消弭於無形。

蕭銑被送往長安，面見大唐天子。在紫宸殿上，唐皇李淵看著殿下負戴枷鎖的蕭銑，開始數落他的罪狀。此前，薛仁杲、李軌、王世充、竇建德都曾在蕭銑此刻的位置上，聽憑大唐天子的處置。對於薛仁杲、竇建德這類因為民變、起義而起的群雄領袖，唐廷一直以最為嚴厲的手段對待，處以極刑，以警示後來心懷異心的民間草莽英雄，防止再有野心家起義造反。蕭銑雖然是名門之後，有著蕭梁皇室的正統宣稱，但對於唐廷來說，也不過是一個民變而起的草寇而已。蕭銑知道自己的命運，所以只是答道：「隋失其鹿，而天下共逐之。我蕭銑沒有天命，所以被押送來此。如果這就是我的罪狀，那我也不會逃避，請朝廷給我一個體面的死法吧！」

但是，唐廷沒有給蕭銑以體面，而是下令將他斬首在鬧市。這處刑場，當年斬殺了薛仁杲、竇建德，如今又迎來了一個兵敗的諸侯。

蕭銑投降後幾天，梁國各處的援軍終於紛紛到達，前前後後有十餘萬人。沒有人能想像，如果蕭銑晚點投降，或者援軍沒在沿途遲疑幾天的話，江陵的戰局將會如何發展。但是，一切都已經發生了，援軍們眼見蕭銑投降，江陵城破，也全都卸甲投降。荊楚的州縣聽聞唐軍對江陵城秋毫無犯，也都沒有了抵抗的心思，紛紛心甘情願地歸順了大唐。

朝廷論功行賞，李靖被封為上柱國、永康縣公，並任命他為嶺南撫慰大使，讓他順勢安撫梁國在嶺南的州縣。李靖得令之後，一路南下，九十六個郡的部族百姓見大唐天威到此，無不順服地歸降。直到此時，李唐才發現這個梁國有多麼富庶。李靖這一路南巡，歸附的州郡人口足足有六十萬戶，而經歷了隋末天下大亂，當時的全國總人口也不過只有兩百餘萬戶。

什麼事情到了李靖手上，都彷彿不費吹灰之力。短短幾個月時間，這個盤踞在江漢的一方大國瞬間消散如煙，統歸於大唐。

04　鐵索橫江如何破

在李靖一路平定南方的同時，北方中原的河北戰事也在秦王李世民和他的兄弟們的手上一直推進著。武德五年（西元 622 年），李世民對劉黑闥、徐圓朗的大獲全勝，為南方政局帶來了一個新的影響，那就是吳王杜伏威請求入朝。

杜伏威也是隋末的一號猛人，起於青萍之末，但乘亂而起，與同村的輔公祏一起加入了地方起義軍。隋煬帝南下江都，沿途壓榨江淮民力，激起了越來越多的民變。杜伏威、輔公祏也就趁機壯大，並趁著王世充帶領江淮勁卒北上洛陽對抗李密的時機，一舉占領了江淮。隋煬帝被殺後，杜伏威受唐朝冊封，作為楚王、東南道行台，並攻打趁亂割據在江南、自稱為吳國皇帝的李子通。

武德三年（西元 620 年），正當唐廷與洛陽王世充激戰之時，杜伏威終於擊敗了江南的吳國，攻占餘杭，俘虜吳國皇帝李子通，送往長安。杜伏威加封為吳王，總管江淮以南諸軍事，起兵之後三年，他終於成為占據了江淮地區和江南地區的一方霸主。他的才能、眼界、格局，可以說是三國

第十章　勒馬擒王李靖策—紅拂夜奔餘波

時孫策、孫權兄弟的綜合體，領兵打仗算得上一流，收攬人心、治理一方也很在行。同時，和孫權很像的是，他並沒有角逐天下的野心，只希望能稱霸一方。所以，在李唐一舉平定中原的過程中，杜伏威也安心地在江淮做他的「土皇帝」，沒有想過要介入北方的戰局裡來。而當李世民大敗徐圓朗，趁勢陳兵於江淮邊境之際，杜伏威驚懼於李世民大軍之威，於是就主動入朝，向唐廷跪表忠心。

唐廷對杜伏威的入朝很重視，拜他為太子太保。朝見天子的時候，杜伏威的班位在齊王李元吉之上，僅次於太子李建成和「天策上將」李世民，恩寵無比。

杜伏威入朝，留下養子王雄誕掌管江淮軍權，江淮太平無事，也算是個皆大歡喜的局面。但是，唯一有一個人不開心，這個人就是輔公祏。

輔公祏與杜伏威少年時就是最好的朋友，後來又一道起兵，在軍中一直平起平坐。杜伏威的能力強些，做了老大；而輔公祏的年紀大些，於是軍中都尊稱他一聲大哥，呼為「輔伯」。但是，杜伏威坐大了，就漸漸無法容忍輔公祏威脅他的權力，於是尊輔公祏為僕射。這看似尊貴，但軍權卻在擔任左右大將軍的王雄誕、闞稜，也就是杜伏威的兩個養子手裡，實際上將輔公祏架空了。杜伏威帶著養子闞稜入朝之後，輔公祏覺得自己的僅有一點行政權力也被唐廷收走，他終於受夠了位居人下的日子，要做真正的君王！

於是，輔公祏開始了緊鑼密鼓的奪權計畫。

雖然掌管軍隊的王雄誕是百裡挑一的將才，但是在權謀方面卻少了死腦筋。輔公祏散布消息，假稱自己收到了杜伏威的書信，說杜伏威懷疑王雄誕有二心。王雄誕聽說之後委屈萬分，為了自證清白，於是就稱病不去管事情了。輔公祏要的就是王雄誕如此，於是就大剌剌地接管了軍權。

不過，王雄誕畢竟在軍中很有威望，業務能力也很強，輔公祏想要拉

攏他入夥，便將謀反計畫告知了他。誰知，醒悟過來的王雄誕一口拒絕了，他對輔公祏說：「大唐兵威所向無敵，『輔伯』是嫌自己不能滅族嗎？要我一起造反，那還是殺了我吧，就算我跟著你一起造反，也不過多活一百多天而已。」

輔公祏便縊殺了王雄誕，隨即向江淮軍民宣布，吳王杜伏威已經無法回到江南，所以輔公祏接到吳王的書信，奉命起兵。輔公祏原本就是江淮割據政權的二號人物，又說有杜伏威之命，一切進行得非常順利。武德六年（西元623年）七月，輔公祏稱帝，國號為「宋」。此時此刻，他終於如願以償地當上了君王。

輔公祏這樣做，還宣布所有的叛亂罪魁禍首都是在長安的杜伏威，無異於宣判了杜伏威的死刑。他和杜伏威兩個昔年的好朋友，此時卻相互算計，不惜置對方於死地。果不其然，雖然唐廷沒有立刻降罪給杜伏威，但是他本人在輔公祏叛亂之後不久便「吃錯藥死了」。誰也說不清，他究竟吃錯了什麼藥。

然而，王雄誕的遺言有如一句詛咒。輔公祏稱帝後不久，唐廷便徵調各路大軍，向著江淮之地殺來。

對於反叛的輔公祏，唐辛布下了四路大軍。

趙郡王李孝恭率領艦隊從長江順流而下，攻打江州（今九江）。

嶺南撫慰大使李靖率領交州、廣州等地的嶺南兵北上，攻打長江南部的宣州（今宣城）。

懷州總管黃君漢率軍攻打亳州。

齊州總管李世勣攻打淮河、泗水一帶。

幾路大軍中，李孝恭是總指揮，而李靖作為本朝軍事方面的權威，擔任副手，節制各路大軍。當然，輔公祏占據淮南、江南，不能輕敵，唐廷

第十章　勒馬擒王李靖策─紅拂夜奔餘波

一度打算讓秦王李世民為討伐輔公祏的行軍元帥。但是，李世民正坐鎮太原，防備突厥來襲，抽不開身。南方的戰事，還是要由李孝恭、李靖自己來解決。

武德七年（西元624年）正月之後，幾路大軍凱歌猛進，一直打到了長江邊上，江淮地區盡數被唐軍收復。

自古以來，金陵都是整個江淮和江南的中心，而金陵的安全，最直接的保障就是一東一西兩個重鎮：東邊，是鎮江旁的京口；西邊，是上游的蕪湖。輔公祏自己駐守在京口旁邊的丹陽，既照應住了金陵城，又與江對面的江都保持聯繫。而對於蕪湖，輔公祏則安排手下重兵守衛蕪湖旁的梁山三鎮。陳正通、徐紹宗率領步騎三萬人駐守在蕪湖城外的青林山，馮惠亮、陳當世率領的三萬水軍則駐紮在長江東岸的博望山，與西岸的梁山遙相對望。馮惠亮、陳當世下令，用巨大的鐵索連接梁山和博望山之間的江面，封鎖長江，使船隻無法通行；又在博望山邊的江岸上築下卻月城。

卻月城，從當年宋武帝劉裕發明的卻月陣發展而來。劉裕當年以兩千人擺下卻月陣，大敗南燕的九萬大軍。其核心就是背水列陣，水面由戰船掩護，正面以戰車、護盾防禦，對防禦騎兵衝鋒，有極大的功效。馮惠亮、陳當世的卻月城，則更加發展了一步，臨時性的戰車、盾牌，被改進為木柵欄、石牆等更為堅固的防禦。沿岸的卻月城延袤十餘里，又有水軍艦隊在江面巡弋，將長江防線守得如鐵桶一般，滴水不漏。

唐軍原本就發源於武川、關隴軍事勢力，騎兵是唐軍的看家本領，此時對方築下卻月城，騎兵的本領就無法施展。李孝恭、李靖、李世勣等幾路大軍先後匯集到了蕪湖。李孝恭遵循了唐軍對敵的慣用戰法，派遣奇兵截斷對方的糧道，但截糧道乃非易事，說起來容易做起來難。輔公祏軍的補給雖然受到了影響，但仍然有運糧隊將糧草源源不斷地運到軍中。

以往李世民的「三板斧」之所以能夠成功，那是因為李世民在龜縮固

守的同時，派出偏師將敵軍補給死死掐斷，最終導致對方糧盡而退，隨後趁勢擊敗。但此時，唐軍截糧並不成功，又深入敵軍腹地，曠日持久地耗下去徒勞無益。面對形勢，李孝恭召集諸將議論軍事。李世勣等諸將都建議說，馮惠亮等水陸兩軍軍勢強盛，又據險而守，防禦嚴密，如果強攻的話一時半會也攻不下，不如繞過這裡，直取丹陽的輔公祏老巢。如果丹陽的輔公祏被擊敗了，蕪湖的軍情也自然迎刃而解了。

這條計策避實就虛，頗有道理，李孝恭覺得可行，便準備點頭同意，依計行事。但在此時，一旁的副帥李靖卻道：「不可！」李靖頓了頓，見諸將凝神傾聽，於是繼續緩緩地說道：「雖然輔公祏的精銳都在梁山三鎮，但是自己在丹陽也留守了不少兵力。如今我軍連博望山都攻不下來，就真的相信石頭城能打得下來嗎？如果打輔公祏的時候，十幾日打不下來，而馮惠亮又從後方襲擊，那我軍就危險了。」

聽了李靖的話，諸將不由得冷汗連連，問李靖的計策。李靖說道：「馮惠亮、陳正通這些將領，都是身經百戰的驕兵悍將，他們不會真的不想出戰，而是輔公祏老謀深算，命令他們堅守不出罷了。如果我們一邊攻城，一邊挑釁他們出戰，完全可以一舉而破敵。」

軍事權威一開口，誰也不敢再質疑，李孝恭當即同意了李靖的計策。

李靖的計策看上去平平無奇，只是簡單的挑釁、破敵，這就是他的軍事風格—— 把看上去平平無奇的計策操作得驚世駭俗，不管敵軍要出如何的花樣，李靖總是一招平平無奇的正面突破，然後敵軍就土崩瓦解了。

一番平平無奇的部署後，唐軍分出弱隊和強隊，弱隊先出戰，攻打博望山城。長期以來，輔公祏軍中一直認為，李孝恭所統領的軍隊不過爾爾，沒有多少關隴府兵，只是脆弱的巴蜀兵而已，此時見羸弱的唐軍來攻打山城，還沒打到女兒牆下，便潰退敗走，登時躍躍欲試，眾將率軍殺出營寨，趁勢攻了過來。然而，追出幾里，才發現唐軍已經擺好陣勢，嚴陣

第十章　勒馬擒王李靖策─紅拂夜奔餘波

以待,「宋軍」追兵全部被唐軍擊退。杜伏威的義子闞稜在陣前摘下頭盔,高聲道:「我是闞稜,你們不認識了嗎?為何還敢與我來戰。」「宋軍」將士們很多都是闞稜原先的部下,見到了他,也都沒了鬥志,還有一些直接走出來,向闞稜納頭便拜。原本來勢洶洶的「宋軍」追兵,一下子便全線潰敗。

在博望山、青林山兩處山城,唐軍乘勝追亡逐北,掩殺過來,直接擊潰了兩處山城中的守軍。馮惠亮、陳正通等守將倉皇而逃。

「宋軍」逃得快,李靖追得更快,他讓其他幾路軍繼續清掃戰場,自己則點起精銳騎兵殺向輔公祏駐守的丹陽。「宋軍」還沒有潰退到那裡,李靖的輕騎兵就已經到了丹陽城下。輔公祏猝不及防,知道丹陽守不住,於是帶著部下繼續往江浙一帶撤退。

輔公祏在丹陽原本還有數萬人,假如唐軍真的繞過梁山攻打丹陽,其結果自然可想而知,輔公祏一路奔逃,逃到句容的時候,身邊只剩五百人。結果這五百人跟著輔公祏,也覺得混不下去,想抓著輔公祏向唐軍投降。輔公祏發現了部下的叛意,連妻子、兒女都不管不顧,自己帶著心腹幾十人連忙逃了。一直逃到了湖州武康,被當地村民一通毆打,扭送給了唐軍。輔公祏被一直帶到丹陽,斬首示眾。

從輔公祏起兵到失敗,才只有不到兩百天。正如當時王雄誕不幸言中的那樣,輔公祏從起兵作亂開始,就注定了失敗的結局。

只不過是時間的早晚罷了。

七年時間,隨著燕王羅藝奉詔入長安,輔公祏被梟首示眾,李唐總體上掃清了隋末四處割據的群雄們,基本統一了全國。

縱觀幾千年的王朝更替,秦始皇嬴政從親政開始,花了十七年統一天下;漢高祖劉邦從沛縣起義開始,七年之後便登基為帝,但要真正消滅彭

越、英布等「異姓王」實現統一，則還要花上更長的時間；漢光武帝劉秀用了十四年；漢末的曹操征戰二三十年，終其一生都沒有完成統一大業。

李唐的統一過程是最快的，這也不免讓人誤解，是不是因為李唐的敵人們太弱？

其實，不是李唐的敵人們太弱，而是李唐的名將們太強了，根本沒有為他們留出變強的時間。薛舉、王世充、竇建德、蕭銑、杜伏威……放在其他任何一個群雄逐鹿的時代，都可以成為璀璨的霸主，但在隋末唐初這個「地獄模式」的戰局裡，他們的發展過程生生地被李唐給掐滅了。

武德七年（西元 624 年），天下百姓終於得到了亂世之中最為珍貴的安寧。而在唐帝國的心臟，長安城裡，一場暴風雨也在醞釀當中。

第十章　勒馬擒王李靖策─紅拂夜奔餘波

第十一章
宮府暗圖勢未歇 —— 風雨天策府

第十一章　宮府暗圖勢未歇─風雨天策府

01　李元吉的抉擇

其實，齊王李元吉自己也不知道，他對二哥李世民的恨意是從什麼時候開始的。

或許從他們還是孩子的時候，這種恨就已經埋在了心裡。從小，李世民就是「別人家的小孩」，吸引了所有人的關注與讚嘆，他相貌英俊、談吐優雅、豐神俊朗、文武雙全，連父親李淵都鍾愛他這第二個兒子。而李元吉呢？也許是母親竇夫人生下他時身體不好的原因，他相貌平平，甚至有些醜陋，嗓音也很奇怪。甚至他剛出生時母親就因為他長得醜而不想養他，靠著家中婢女的照顧，李元吉才被艱難撫養長大。

李家四兄弟當中，三郎李玄霸早夭，大郎李建成年長李元吉十多歲，長兄如父，李元吉一直都很敬愛他。二郎李世民並不比他大多少，所以親朋好友們常常拿李元吉和李世民相互比較。一比之下，李世民竟然各個方面都比他強。李元吉不愛讀書，或許也是知道自己比不上二哥，所以專心弓馬獵術，號稱「寧可三日不食，不可一日無獵」，希望靠這個獲得父親的稱許，和親朋子弟們的讚嘆。然而，沒想到二哥這一點也比他強。當李元吉還在樹林裡射野兔、麋鹿的時候，李世民就已經在征討「歷山飛」時箭無虛發，射人射馬了。

李元吉的這二郎哥哥，是天生的驕子，永遠光芒四射，永遠一副未曾被歲月蹉跎過的樣子。平心而論，如果李元吉不是李世民的弟弟，李元吉也許會為他傾倒，但李元吉不幸做了他的兄弟，因而始終生活在李世民光環的陰影之下。李元吉守太原，打不過劉武周跑了，而後李世民為他收拾殘局，順便將劉武周滅了；李元吉出征討賊，也是做李世民的副手，聽從李世民的調遣。哪怕是身著金甲，凱旋的時候，李元吉也只是跟在李世民的後面，看著二哥接受長安城的鮮花與歡呼。

01 李元吉的抉擇

李元吉後來引以為傲的，是自己手中的長槊。在洛陽圍城時，李元吉聽說尉遲敬德善於用槊，就想要挑戰尉遲敬德。以往李元吉與手下武將比試，不管對方是不是讓著他，總而言之都是李元吉贏了。但沒想到尉遲敬德是個直漢子，把自己的馬槊去掉槍頭，竟是想認真地和李元吉比試。李世民也過來添油加醋，聽說對用槊的高手來說，奪槊比避槊更難一些，於是讓尉遲敬德試著空手奪過李元吉手中的馬槊。結果一場比試下來，尉遲敬德三次空手把李元吉的馬槊奪下。雖然李元吉口中讚嘆著尉遲敬德的身手，心中卻也不免懷恨在心。

李元吉只是一個能力一般的普通人，沒有二哥李世民那樣的能力與胸懷，也和二哥玩不到一起。所以，雖然幾年來李元吉做著李世民的副手，忍受著李世民的正義、大度、果決、剛直，但終於有一天，這些忍受化成了噴薄而出的怨恨。

在征討劉黑闥的戰爭中，李元吉成為大哥李建成的副手。李建成需要李元吉來抗衡日益壯大的李世民派系，李元吉也需要李建成這個靠山來扳倒李世民，壯大自己。二人一拍即合，結成了聯盟。

二人之所以結盟，確實也是因為李世民的權勢已經不僅威脅到了東宮太子的地位，而且還影響了整個皇權的穩定。武德七年（西元624年）夏天的李世民，在諸多頭銜加身之下，官爵已經長到一口氣唸不完了：天策上將，太尉領司徒，尚書令，陝東道大行台尚書令，益州道行台尚書令，雍州牧，使持節涼、甘、瓜、鄯、肅、會、蘭、河、廓九州諸軍事，涼州總管，領十二衛大將軍，上柱國，秦王。不久之後，他還要加封為中書令。

也就是說，環繞著關中，關東、隴西、河西、巴蜀，名義上的主帥都是李世民。長安城內外的十二衛大將軍，也就是整個皇家禁軍，主帥也是李世民。軍中的實力派將領，包括李靖等人，也都是李世民的人。一道政

第十一章　宮府暗圖勢未歇—風雨天策府

令，由中書省最高官員——中書令李世民安排草擬，然後由兼任「天策上將府」司馬的侍中宇文士及稽核成文，再交由尚書省長官——尚書令李世民來負責安排。然後在關東、巴蜀、隴西等地，也再由行台尚書令李世民來將朝廷政令具體地實施下去。

李元吉敏銳地意識到，現在已經不是太子的地位是否受到威脅的問題了，李世民的權力已經威脅到了皇帝的權力。在權力面前，沒有溫情脈脈的父子兄弟，只有你死我活、你爭我奪。就算李世民再孝順、李淵再慈愛，涉及權力，李淵也絕對不能容忍任何可能存在的威脅。

看清了形勢後，李元吉打算在權力場上搏一搏。站在大哥李建成這一邊是最正確的選擇，這意味著他的靠山不僅有太子，而且還有天子。東宮與秦王府的權力鬥爭，其實是秦王身後的軍功勢力在對抗整個皇權。至於扳倒李世民以後怎麼做，李元吉也盤算得門清。太子李建成勢必會因為整死李世民而得罪開國功臣們，最終聲名狼藉。而他李元吉一直都是南征北戰的副統帥，自然有資格、有機會順理成章地繼承李世民所倚重的那批文臣武將。到那時候，踩著李建成上位成為太子，那更是易如反掌的事情。

李元吉是相信自己有天命的，畢竟他名字中的「元」和「吉」，兩個字合起來，不就是一個「唐」字嘛！不信你可以自己寫寫看。

所以，在與太子結盟之後，李元吉不遺餘力地勸說李建成，透過暗殺來除掉李世民，還說要為長兄手刃這位二哥。有一次，李世民隨天子、太子來李元吉的宅第做客，李元吉安排護軍宇文寶埋伏在寢室，準備乘機刺殺李世民。結果被隨同而來的李建成發覺了，拉李元吉到一邊，聲色俱厲地讓他停下來。李元吉這才悻悻地停下刺殺計畫，生氣地說：「我這都是為兄長著想，我又圖些什麼！」

是的，正是因為李元吉「不圖什麼」，謀殺李世民的責任，自然就可以通通地推給李建成了。

01 李元吉的抉擇

　　李建成自然也不是傻子。他本是仁厚之人，但為了自己的利益，也是可以狠下心的。當初晉陽起兵，他與李元吉從河東逃出來，唯獨丟下了同父異母的弟弟李智雲。李智雲的生母萬夫人失去了唯一的兒子。萬氏在竇皇后死後就是李淵資格最高的妾室，李淵稱帝之後，她原本可以順理成章地晉為皇后，但由於沒有子嗣，就始終停留在貴妃的位子上，沒有晉升為皇后。李淵的生育能力極強，庶子生了一大堆，但後位空懸，膝下的嫡子只有竇皇后所生的三個。而李智雲為什麼沒能一起逃出來，也就成為李建成不能說出的祕密。

　　但是，對於李建成來說，除掉李世民卻是一件弊大於利的事情，因為他真正要解決的不是李世民，而是唐帝國用以統一天下的軍功勢力。他如果不能馴服開國功臣們，那就算殺了李世民，等到李建成繼承皇位後，一樣無法坐穩江山。每個王朝在開國之後，為了保證皇位的平穩交接，開國皇帝往往要殺掉一些無法為儲君所用的功臣，其實都是一個道理。

　　率軍平定河北劉黑闥，李建成開了一個好頭。接下來，他要做的就是壯大自己的力量，壓制李世民手下的功臣們。李建成這幾年，派人在各地招攬壯士，帶來長安，編入東宮的私人武裝。父皇李淵在這方面倒是非常縱容，沒有禁止。李建成因而招募了東宮衛士兩千人，號稱「長林兵」。他又偷偷地結納燕王羅藝，請他帶了三百幽州突騎兵，屯戍在東宮裡。有了這兩千多人，李建成也就在京師範圍內，形成了對秦王李世民的壓倒性優勢，畢竟秦王府只有幾百號衛士。

　　有了兩千「長林兵」，李建成覺得還不保險。自己這個二弟的軍事才能實在是太過於恐怖，他那幾百衛士，都是跟隨在其身旁一路南征北戰的「玄甲軍」精銳，竇建德、劉黑闥的幾萬大軍都照樣衝鋒，李建成就怕「長林兵」不是對手。所以，他繼續委託自己過去的東宮宿衛，如今已經是坐鎮京師西北的慶州都督楊文幹，讓他招募西北精壯來充實東宮宿衛。

第十一章　宮府暗圖勢未歇—風雨天策府

盛夏之時，天子帶領秦王、齊王前往仁智宮避暑。李建成作為太子，繼續留守長安監國。父皇和秦王不在長安，李建成的行動便更為自由一些。楊文幹又一批從慶州送來的壯漢們，也在李建成監國後抵達了長安。李建成為了表達善意，特地派了郎將爾朱煥、校尉喬公山，送了一批鎧甲給楊文幹。

鎧甲一直以來都是朝廷嚴控的策略物資，禁止私相授受，李建成送這批鎧甲給楊文幹，本來也是想給他一些甜頭，以壯大自己在慶州的羽翼。然而，爾朱煥、喬公山押解著這批鎧甲走到一半時，竟然改了路線，逕自去了仁智宮向李淵自首了，還檢舉說是太子讓楊文幹舉兵造反，與太子在京城裡應外合。

天子在外，而京師造反，這是天子極為忌諱的。特別是慶州地理位置特殊，與突厥接壤，仁智宮恰好又在慶州和長安之間，如果李建成、楊文幹真的要造反，而且還私通突厥的話，那形勢對李淵將大為不利。李淵聽了自然大怒，但對外還是得穩住，於是不動聲色地將李建成從長安召來。但是，李建成已經從仁智宮那裡打聽到了消息，嚇得六神無主。有的部下勸說李建成趁機造反，而李建成思慮良久，最終還是穿著低微的庶民服飾，前往仁智宮請罪。

李建成一路北上，到了距離仁智宮還有六十里的鴻賓堡，將所有部眾留下，只帶十餘騎去見父皇李淵。如此誠心的樣子，李淵最終還是讓李建成進宮覲見了。李建成來到李淵面前，第一件事情就是撲通跪下，一邊哭著一邊謝罪，然後用盡全力把頭重重地砸在地板上，發出「咚咚咚」的巨響。李建成一邊哭著，一邊用力磕頭，好幾次把自己的頭磕暈了，額頭的鮮血也染紅了地板。

就這樣，依舊沒能平息李淵的怒火。這件事情實在是太過於惡劣了，不管李建成是否真的有心造反，單單私贈鎧甲給楊文幹這件事情，就已經

觸碰了李淵的底線。

李建成磕暈在地。李淵看著略有些心疼，就讓宦官將他拉到寢殿外的帷幕旁，餵了一些熱水和麥飯給他，李建成這才悠悠醒轉。這天晚上，李建成就被殿中監陳福嚴密地看守了起來。

既然李建成說破了嘴，又是請罪，又是否認他和楊文幹打算造反的指控，第二天，李淵的氣稍微消了一點之後，就派了司農卿宇文穎前往慶州，召楊文幹來仁智宮面聖。如果楊文幹真的只是收了鎧甲，那就判他撤職流放，這件事情就算了結了。

然而，宇文穎前往慶州不久，就傳來了楊文幹正式舉兵造反的急報！

聽了這個消息，不單是李建成聞訊大驚失色，幾欲昏厥，李淵也慌了神——宇文穎究竟是怎麼辦事的？說了要他穩住楊文幹，帶他來仁智宮覲見，結果是揣著炸藥救火，一點就著。要是楊文幹引突厥大軍打來，那剛剛穩定下來的李唐帝國，就要再一次陷入戰火了。

焦急之下，李淵下意識地又想到了自己的次子，那個屢屢解危的將才秦王李世民。

02　東宮與王府的「竊聽風雲」

李世民被緊急召進父皇李淵的寢殿時，已經知曉了楊文幹造反之事，也約莫猜到了李淵的用意。

看見眼前的父親略有些憔悴，李世民忍不住安慰道：「楊文幹那個豎子，竟敢做這樣狂悖叛逆之事，估計慶州府的僚屬們都會立刻將他擒殺。就算不行，那就派一員上將討伐他便可以了。」

「不然。」李淵搖了搖頭，「楊文幹的叛亂關係到大郎，恐怕響應他

第十一章　宮府暗圖勢未歇—風雨天策府

的人會有很多。這事情，還是需要你來辦。等二郎得勝歸來，就立你為太子。」說著，李淵嘆了口氣：「我不能像隋文帝那樣，狠心殺掉自己的兒子，到時候就封大郎為蜀王。蜀兵脆弱，不足為患，等我百年之後，你繼承大統。若是大郎能安心侍奉你，二郎便記得要保全他；若是不行，那二郎你取他也容易。」

看見父皇一夜蒼老的樣子，李世民心中又喜又悲。喜的是，父皇終於有了立他為太子的打算；悲的是，才發現一晃之間父皇已經是個年近花甲的老人了。

事不宜遲，李世民即刻啟程，率領輕騎急進。不出李淵所料，楊文幹聲勢浩大，占據了慶州之後，又繼續南下，占領了寧州，想要與京城的太子李建成會合。然而，李世民已經在此時抵達了寧州。

「天策上將」的威名實在太過於隆盛，楊文幹所部聽聞李世民來了，全都不想做「玄甲軍」鐵蹄下的亡魂，還沒交戰，就四處潰逃。楊文幹自己也被部下所殺。李世民幾乎兵不血刃就平定了楊文幹的反叛，得勝回朝。然後，到達長安的時候，他才發現長安一切如常，太子安然地穩坐在東宮，父皇李淵也絕口不提之前答應過的改易皇儲的事情。相反的是，李淵對他的態度比以往還要冷淡。

原來，李世民出征之後，李元吉和后妃們連日在李淵面前為太子求情。李建成終究是自己的兒子，李淵也就心軟了，如今楊文幹已經平定，他也就不再打算降罪於李建成。

一直以來，李世民總隱隱有個飄渺的幻想，覺得自己功勞越高，父皇李淵也就會論功行賞，改立他為太子。然而，權力鬥爭的規則就是如此殘酷，李世民的功勞越大，就越不可能成為太子。因為如果李世民成為大唐帝國合法的繼承者，那唐廷的大臣們是願意聽他李淵的，還是更願意聽第一功臣、第一權臣並且是未來皇帝的李世民的？李淵的權力，將會受到更

嚴重的威脅。這也導致了每次一有動亂，李淵都不得不仰賴李世民來平定，而事成之後，又因為李世民勢力更大了，更為猜忌他。

李世民馳騁天下二十多年，從未遇到什麼過不去的坎。而如今，這一條過不去的深溝就橫亙在他面前，皇位對他似乎觸手可及，卻又觸不可及。

身處在權力鬥爭的漩渦裡，關鍵是要多看、多想。

這一場楊文幹事件，牽涉眾多，前因後果撲朔迷離，不得不讓人多想一想。楊文幹被殺後，皇帝處置了幾個人：

一是派去楊文幹那裡傳信的宇文穎，其實他是讓楊文幹起兵的導火線。因為他擅自將朝中仁智宮發生的事一五一十地告訴了楊文幹，楊文幹聽罷就直接起兵了。所以，宇文穎被抓獲後便被處死。

二是太子中允王珪、左衛率韋挺和天策府兵曹參軍杜淹，他們三人被皇帝叱責為瀆職，導致皇子兄弟不睦，因此撤職流放。可是從表面上看，這場叛亂難道不是太子自己送鎧甲給楊文幹，被告發為叛亂，然後楊文幹聽說之後就真的叛亂了嗎？與兄弟不睦有什麼關係？而且，被處罰的還有天策府兵曹參軍杜淹，這是「天策上將」李世民的下屬，又怎麼會躺著「中槍」？

其實，這也是李淵靜下心後看出的端倪。太子謀反這件事情，其實可能性並不大。雖然送鎧甲這種事情是重罪，但是李淵也不是不知情，平時都對自己的兒子睜一隻眼閉一隻眼，真出了事，大不了找一個替罪羊頂包便是。關鍵是有人誣告了太子作亂，才進而導致了一連串的連鎖反應。而之所以有人誣告，自然就是因為東宮與秦王府之間近年來明爭暗鬥的結果了。所以，推想下來，誣告太子謀反，最得利的是秦王李世民，所以謀劃這場誣告的，也最有可能是李世民的手筆。

第十一章　宮府暗圖勢未歇─風雨天策府

　　李淵處罰天策府的杜淹，就是因為他是最有可能向李世民通風報信的人。這段時間以來，杜淹一直想要投靠太子李建成，因此從李建成那裡知道了不少事情，很有可能就是東宮和天策府的雙面間諜。

　　然而，這件事的主謀真的是李世民？

　　李世民平定了叛亂，不但沒有受到賞賜，還背上了密謀陷害太子的罪名，一時間百口莫辯。李世民平素的行事風格都是謀定而後動，一動就是雷厲風行，楊文幹事件的前因後果，實在不像是他的行事風格。

　　那麼，受李建成之命送鎧甲的爾朱煥、喬公山，究竟是受誰的命令才向天子告發？如今已經說不清楚了。但是，只有少數人才知道，策動楊文幹造反的宇文穎，其實是李元吉的人，是受了李元吉的指令，才干涉了楊文幹的造反。

　　這位不起眼的四弟，終於在此時漸漸地露出了他猙獰的面容來。他不動聲色的這一招，既惹得太子一身腥，又把誣告的髒水潑在了李世民身上，可謂一箭雙鵰。

　　混亂是李元吉藏身的掩護。局面越是混亂，李元吉便能藏得越好，也越能實現除掉兩個哥哥，最終奪得皇位的野心。

　　武德末年的李唐皇室，上演了一齣錯綜複雜的「諜中諜」大戲，間諜、雙面間諜、策反以及反策反，種種行事層出不窮，簡直是一齣盛大的「竊聽風雲」。李世民很早就有了自己的諜報網，如今已經以長安和洛陽為中心，延伸到了全國各個州縣。不論是朝中大員，還是地方官，都在李世民建構的情報關係網中。

　　這是一片沒有硝煙的戰場。當初在洛陽，李世民在李世勣的力薦之下，起用了瓦崗舊將張亮來鎮守洛陽。張亮被賞賜了大量金帛財物，實際是一位特任使者，身負為李世民結納山東豪傑的使命。但是，這件事情被李元吉告發，將他嚴刑拷打，讓他說出事情的原委。好在張亮是條硬漢，

愣是一個字都沒有吐出來。

而李建成、李元吉的密探行動也在日夜展開著，天策府上下，乃至李世民身邊，都安插了不少暗樁。

楊文幹事件之後，轉眼間已經入秋，到了郊獵的時節。李氏三兄弟陪著皇帝李淵到長安城南打獵。這時，李建成拉出一匹胡馬，對李世民說：「這馬性子烈，喜歡蹶人，二弟身手好，可以試一試。」

李世民說試試就試試，騎上馬之後，這匹胡馬果然就開始蹶人。李世民身手矯健，這馬一蹶，他便跳到數步之外，等馬平復一下，就又繼續騎上去。如此蹶了三次，李世民終於將這匹烈馬給馴服了。李世民不由得豪氣頓生，回頭對宇文士及說：「他們想用這匹馬摔死我，可是死生有命，怎麼能傷得了我？」

這句話，被李世民隨從中的一個暗樁聽見，轉頭便報告給了李建成。李建成聽了之後，便讓關係好的嬪妃打小報告給李淵，說：「秦王剛才說，我有天命在身，要我去做天下之主，怎麼會平白去死呢？」李淵聽了以後大怒，召了李建成、李元吉，然後召來了李世民，指著他的鼻子罵道：「天子自有天命，不是你靠著智計才略就能求到的。你這小子，也求得忒急了吧！」

李世民在眾人面前被罵得狗血淋頭，明知被誣陷卻沒法聲辯，畢竟自己確實說過「死生有命」之類的話，只得摘下冠冕，頓首於地，道：「孩兒無辜，還請將兒交付三法司審問查驗，證明孩兒的清白！」他柔中帶剛，氣得李淵的臉青一陣，白一陣。

就在這時，忽然傳來急報，傳信官匆忙將一份急件呈給了李淵。李淵看了信，沉思良久，抬起頭來看著李世民，道：「二郎起來吧，戴上冠冕，這些都是家事，以後好好說，不要動不動就說要交給三法司審問什麼的。」

李建成、李元吉，以及嬪妃們都沒有料到李淵的臉變得這麼快，只能眼睜睜地看著李世民穿戴收拾好，重新坐在了李淵身旁。

「邊關急奏，突厥兵大舉來犯。你們看一看，過一會我們商議此事。」李淵將手中的急件遞給了李世民等人，轉身走開，滿臉都寫著「擔憂」二字。

武德七年（西元624年）秋，最不希望發生的事情，終究還是發生了。突厥頡利可汗、突利可汗集合了舉國之力，分幾路大軍大舉南下，從河東的朔州、代州，一直到西北邊疆的原州、綏州，萬里邊疆狼煙四起，大唐的北方邊關全線告急！

03　惶惶大唐，為何遷都

自前隋大業七年（西元611年）隋煬帝征高句麗，到如今的武德七年（西元624年），天下經歷了十二年的浩劫，在冊人口從近九百萬戶，銳減到了兩百餘萬戶。唐軍平定天下的戰爭十分艱難，國家財力困難，將士也疲憊不堪，正是急需休養生息的時候。所以，天下剛一平定，唐廷便開始裁軍，之前唐朝主力軍隊關中府兵，一共十二軍二十六萬人，裁撤到只剩下三萬「元從禁軍」，讓大部分府兵將士解甲歸田，安享太平。然而，突厥大舉來犯打亂了唐朝的節奏，天下安定了還不到三個月，便又要面臨戰火。

此時的突厥，幾乎是整個亞洲大陸最強大的政權，有史以來，北方草原從未有過突厥這樣強大的遊牧帝國。唐軍要真與突厥決戰，國家的財政與兵力都不允許。而防禦突厥的形勢同樣十分不利，由於武德初年割讓了河套地區，突厥的勢力便越過了陰山；加上有梁師都的策應，因此突厥但凡南侵，都可以輕鬆地打到關中附近，直接威脅大唐的都城。

因此，有人便在朝議時建議說：「突厥之所以屢屢進犯關中，無外乎是因為長安城裡有宮廷美女，又有金銀財寶。所以，如果燒掉長安城，遷都到別的地方，那突厥人自然會因為無利可圖而不再南侵了。」這個主意得到了太子李建成、齊王李元吉和宰相裴寂的支持。如今關中由於氣候乾燥、生態惡化，糧食產量原本已經無法支持長安這個大都城的供應了，讚棄長安，遷都別地，既可以從突厥直接威脅中脫身，又可以解決京師日益嚴峻的糧食供應問題。

而遷都到哪裡，李建成的團隊也已經謀劃好了。如今洛陽、晉陽等關東都市，都已經是李世民的勢力範圍，巴蜀、隴西也過於偏僻，不宜定都，最合適的就是襄陽了。襄陽位於天下之中，又不在李世民的勢力範圍內，從長安出武關就能到，還可以經由丹江水運，接受江南的米糧，可以算是暫時作為陪都的權宜之計。

這個計畫，李淵也心動了，還派宇文士及專門前往襄州行台考察建都的事情。自建國以來，太子李建成一直負責關中以北的防務，如今他主張燒毀長安城，又有皇帝的支持，基本上等於給遷都之事定下了調子。儘管唐廷重臣大多出身關隴，誰也不願意真的拋棄關中，遷移到襄陽去，但是遷都這事有了皇帝的支持，終究沒有大臣敢提出反對意見。

就當所有人噤聲之時，李世民提出了反對意見，他面奏李淵，直言道：「自古以來就有戎狄之患，本朝四處征戰，所向無敵，怎奈何現在胡人侵擾邊疆，就要遷都躲避？這豈不是貽笑於四海，讓百姓們取笑嗎？」他想到父兄居然真的想要燒掉自己的都城來抗敵，不由得胸中憋著一口氣，話裡更少了顧忌，又道，「當年霍去病只是漢廷的將領，都立志消滅匈奴，而臣忝列在王公之首，倘若安定不了邊患，到了要遷都躲避的地步，那就是臣的失責！」

李淵聽了拍著桌子大怒。關中的邊防不是李世民的職責範圍，現在他

第十一章　宮府暗圖勢未歇─風雨天策府

說自己作為秦王失責，難不成是在暗示太子乃至皇帝都要為邊防的困境負責不成？

李世民不懼李淵的怒火，坦然對視，目光中自有一股威嚴，竟然在氣勢上隱隱地壓過了李淵。只聽李世民說道：「乞求陛下賜給臣效力的機會，解決了頡利可汗，用鎖鏈套著他的脖子帶來面見陛下。如果沒法奏效，再討論遷都的事情也不晚。那時候，臣絕對不會多說一個字！」

朝堂之上沉默著。李世民的話說出了大多數朝臣的心聲。

太子李建成冷哼一聲，道：「當年漢朝的樊噲誇下海口，說帶十萬兵就可以橫掃匈奴，結果貽笑大方。秦王的話，倒是和當年的樊噲有點像嘛。」

李世民轉向李建成，針鋒相對道：「太子這就不懂了。形勢各異，用兵不同，怎麼可以相互比較？樊噲這樣的小人，何足道哉？世民在此敢立下話，不出十年，必定平定漠北，我說到做到！」

朝臣們都知道，秦王李世民真的是人狠話不多之人，他說十年，那一定不會超過一天。可是，如此強大的突厥，難道真的可以在十年之內就平定了？要知道，當年的漢武帝，一輩子都沒能完成擊敗匈奴的願望。

李淵揮手示意兩個兒子停止爭吵。李世民的話確實有些道理。於是，李淵命令李世民帶人親自去北邊看看突厥的軍勢，然後再回來商議。李世民趁勢請求了便宜行事之權，讓他可以與突厥談判。李淵只想穩定關中局勢，自然就答應了。

對李淵的這個安排，太子李建成心中有很多個不樂意。原本關中防務在李建成的手上，現在李淵派李世民來插手突厥事宜，怎麼看都像在搶李建成的權。於是，李建成聯繫后妃們一起向李淵抱怨，說突厥不就是想得到財寶嘛，秦王看似忠義，其實也不過是假借禦寇的名義，實際上是要總攬兵權，以實現篡權的謀劃。李淵聽了也不得不小心一些，於是又補了一

條命令，派齊王李元吉與李世民同去，還特地在蘭池隆重地為李世民、李元吉餞行。

八月，關中進入秋雨時節。李世民、李元吉率軍從長安北上，在豳州遇見了頡利可汗和突利可汗率領的聯軍。由於連日大雨，唐軍的糧草輜重隊被堵在了路上，全軍將士又累又餓，士氣極其低落。

此時，李世民與李元吉的關係已經完全決裂。眾人都明白，李元吉之所以隨行，就是李淵不希望李世民總攬軍權，而派來牽制李世民的。所以，但凡軍中的大事小事，只要需要李世民定奪的，就少不了李元吉的首肯，軍中的指揮再也難以像當初洛陽、虎牢之戰時那樣順暢了。軍中指揮不統一，士氣也就更為渙散。就在此時，突厥兩可汗率萬餘突厥騎兵迂迴到豳州城西，在五隴坂上安營紮寨，擺開陣勢。

唐軍諸將也都是從屍山血海裡爬出來的人，一眼看見這萬餘騎兵，就被震撼了——類似於二次討伐劉黑闥時，李世勣探劉黑闥軍營時的那種震撼。雖然萬餘突厥騎兵沒有精良的鎧甲，但是無一不身手矯健，唐軍以疲憊之師，很難說是否打得過。但李世民卻還是李世民，那個渾身自信、豪氣干雲的李世民，他回頭看向李元吉說道：「胡虜逼近到這裡，我軍不可以露怯，一定要出去打一仗才行。你能和我一起出戰嗎？」

李元吉則已經被這陣勢嚇壞了，但嘴上卻不能軟，道：「敵軍形勢如此，怎麼可以輕易出戰？萬一出戰失利了，後悔還來得及嗎？」

李世民不禁笑了，以往是誰輕敵出戰，結果導致全線潰敗，現在都忘了？於是，他說道：「你不敢出戰，那我自己去便罷，你自己留在城裡好好看著吧！」

由於李元吉不同意出戰，李世民也不帶上大軍，只是點了自己親衛的一百騎兵，開門馳向突厥大陣。萬餘突厥騎兵殺氣騰騰，大雨依舊不停，萬餘匹戰馬撥出的熱氣，在雨中匯成了戰陣上空的一團雲霧。而李世民就

第十一章　宮府暗圖勢未歇—風雨天策府

帶了一百人,迎著千軍萬馬奔馳,在突厥軍陣之前顯得渺小而又激揚。

到了五隴坂上距離突厥騎兵一箭之地外,李世民按馬停下,高聲叫道:「我大唐與可汗和親,為何負約,深入我國領土?我乃秦王,如果可汗能鬥,便單獨出來與我決鬥!如果你們一擁而上,那我就以這一百騎抵抗你們便是!」

秦王李世民的大名早已如雷貫耳,響徹長城內外,如今突厥騎兵們聽說面前這個年輕人便是大名鼎鼎的秦王,不禁騷動起來,既想看看秦王的模樣,又感佩秦王如此無畏的氣勢。李世民面對敵軍毫無懼色,他以輕騎犯險,就是想憑藉自己的光環,讓敵軍不敢輕易出擊。見主帥頡利可汗沒有回應,李世民又大膽地往前馳了幾十步,進入了突厥騎兵的射程之內,喊道:「突利可汗!你之前和我結盟,說好了有急事就相救,如今卻引兵來攻,為何如此沒有香火之情?」

東突厥各部,名義上奉頡利可汗為主,但各部本身依舊有很大的獨立性,突利可汗和其他特勤們的權力都很大。突利可汗是頡利可汗的弟弟,統領了好幾個部族的騎兵。按照突厥人「兄終弟及」的習俗,突利可汗就是頡利可汗的繼承人,所以兩人關係微妙。此時,李世民不理會頡利,單單與突利可汗喊話,說得又是些「香火之盟」的敏感事情,很容易引起頡利可汗的猜疑。頡利可汗不免想著,李世民輕騎敢孤軍直入,難道是與突利可汗有一些別的謀畫不成?

見突利可汗不應,李世民繼續向前,準備渡過五隴坂上的河溝。這時頡利可汗終於忍不住了,派騎兵過來對李世民說:「秦王不必渡河,我突厥人此來沒有別的意思,只是想與唐國重申之前的盟約罷了。」

於是,頡利可汗帶著突厥大軍自行退出幾里。

唐軍親眼看見秦王以一百騎逼退萬餘騎兵,更加對李世民驚為天人,原本低落的士氣又重新振作了起來。

但是，五隴坂上的雨勢卻逐漸加重，綿綿秋雨演變成了滂沱的暴雨。如此天氣，怎可再出戰？但是，李世民不這樣想，他對諸將說道：「突厥人所依仗的就是他們的騎射，如今雨這麼大，他們弓箭上的皮筋、魚膠全都被泡開了，沒法騎射，在營帳裡可能連篝火都點不著。而我們在城裡有吃有穿，還有炭火保障，長刀、馬槊依舊鋒利，正是以逸待勞的時候，還等啥！」當夜，他便率領大隊人馬趁著夜色和雨勢出城，向突厥大營進軍，列陣迎敵。

這下子，輪到突厥人開始驚懼了。李世民又派人與突利可汗會面，陳說利害，終於以美女和財寶為鋪陳，再次說動了突利可汗答應和親。雖然頡利可汗想要出戰，但突利可汗卻極力反對。突利可汗帶領了一大批突厥軍隊，如果他不出戰，頡利可汗也獨木難支，只得接受了突利可汗的意見。派出了突利和頡利的堂叔夾畢特勤阿史那思摩來到唐軍陣中，請求和親。

接洽之中，雙方相談甚歡。突利可汗還與李世民結為兄弟。至此，突厥此番舉國南侵，經過五隴坂之戰，唐朝以金帛財物、和親公主為代價，最終與突厥達成了會盟合約。一場差點成行的遷都之議，也至此不再有人提及。

但是，這個結局，對於大一統的唐朝來說，畢竟是不光彩的。李世民、李元吉率軍回到長安。和以往一樣，皇帝在隆重為李世民出征餞行之後，再次冷漠地對待了李世民的凱旋。沒有鮮花和鑼鼓，沒有百官迎接，李世民交出禁軍兵符，將被迫議和、重金賄敵的責任全都攬在了自己身上，還背負了勾通突厥、挾寇自重的嫌疑和皇帝越來越重的猜忌。

第十一章　宮府暗圖勢未歇—風雨天策府

04　皇帝想要分家產了

　　自武德七年（西元 624 年）之後，唐廷再沒有遇到可能會動搖國本的大戰事，李世民也就始終留在了長安城裡。東宮、齊王府與天策府之間的明爭暗鬥還在繼續，甚至愈演愈烈。李世民懷念著縱馬馳騁、意氣風發的歲月，然而長安城裡瑣碎的勾心鬥角，無時無刻不在消磨著這個曾經的天才少年的意志。

　　長安城的重重宮牆，彷彿一道牢籠，困住了李世民。

　　對李世民來說，李建成、李元吉以及后妃們在天子面前所進的讒言其實並不可怕，自己持身端正，問心無愧，就自然不怕這些捕風捉影的誹謗。真正讓李世民感到吃緊的，是東宮對天策府展開的一系列權謀。雖然他身上的官銜越來越沉重，武德八年（西元 625 年）還被加封為中書令，但李世民感到自己的權力卻在一點一點地流失。

　　權力的來源不是朝廷的官銜，就算李世民的尚書令、中書令、十二衛大將軍這些官職都是實實在在的差遣官，而要真正擁有相應的權柄，仍然需要實際把控好三省六部的人、財、物才行。比如，雖然李世民領十二衛大將軍，按照制度是統領了整個京師的禁衛軍，但是由於太子受命參與軍國大事的決策，一些軍機事務直接與十二衛大將軍聯繫，他這個領十二衛大將軍的職權也就被架空了，成為一個虛職。東宮亦以制度之名，逐步架空其職權，將政務、軍務的決策與執行，全部繞開了李世民，彷彿有高人指點一般，一步步有條不紊地把李世民在京師的職務都變成了空殼。

　　後來，李世民才知道，這太子背後的高人，就是太子洗馬魏徵。魏徵的手段極為老辣，又不動聲色，僅僅是透過尋常人不會仔細關注的律令制度，就逐步地化解了李世民在朝廷中樞的實權。一開始還沒注意的李世民，最後才驚覺，儘管自己在長安城之外的關東、巴蜀等地還有很大的權

力，並保持著私下對駐軍在外的將領、各地方官的控制力，天策府內也是人才濟濟，但是在長安城內，自己只不過是一個功勳很大、官銜很多、人氣很高的王公，僅此而已。

這一招「潤物細無聲」，凌厲而又致命。

由於這一切都是合法合規、名正言順的，李世民竟然也毫無辦法。是的，「天策上將」過去是沒有的，誰知道它的權力如何？太尉、司徒，原本就是虛職，而總領十二衛大將軍，過去也沒有先例，誰能說這不是一個像太尉這樣的榮譽頭銜呢？中書令、尚書令，這是朝廷中樞的宰相做的，裴寂、蕭瑀、封德彝他們做得很好了，秦王在外面打仗多年，對政務也不熟悉，交給專業的宰相來做，豈不美哉？

李世民知道，目前的現狀不能持續下去了，此刻的長安讓他窒息，而父親、兄弟也是如此陌生。東宮的臥底報告，魏徵不停地建議太子誅殺李世民，只是一直沒有得到李建成的採納而已。如果魏徵的謀殺真的開始實施，李世民就更加危險了。好在李世民還有退路，當年他安排了張亮等人在陝東道大行台，籠絡關東豪傑，如今已經經營得很成功，萬一長安城形勢有變，他就可以離開長安，回到洛陽的根據地。

但是，這還算是退路嗎？長安城中的權力鬥爭，從來就不是東宮、齊王府與秦王府的鬥爭，秦王府真正在對決的，從一開始就是太極宮，是紫宸殿裡的大唐天子李淵。

一天夜裡，李世民收到了太子李建成的邀請，前往東宮夜宴。雖然東宮與天策府形同決裂，但李世民與李建成終歸是家人，是一母同胞的兄弟，尋常人家的兄弟吵架、搶家產後，最終不也得一起吃年夜飯嘛！所以，這一場夜宴進行得很暢快，李世民喝了很多酒。但是，進行到一半時，李世民忽然胸口劇痛，隨即大口吐血，一吐就吐了數升，最後還是淮安王李神通扶著李世民離開，連天策府都沒有回，直接就安頓到了太極宮西宮。

第十一章　宮府暗圖勢未歇─風雨天策府

李淵聽說了，也急忙趕來看望。

李世民在東宮宴飲時心痛吐血，顯然是中了毒。但是，毒究竟是誰下的，如何下，為何下，這些問題都十分蹊蹺，查不出個原因。太子李建成當然有最大的嫌疑，可也有人暗地裡說，也有可能是秦王李世民給自己下的苦肉計，嫁禍給李建成。眾說紛紜，什麼故事都有。李淵不想再深究下去，只是對李建成斥道：「秦王一直酒量不好，給我記著，以後不可以再請他晚上宴飲喝酒了！」

這件事情沒查出個原委，便被李淵下令停止調查。但是，李世民不明不白地中毒吐血，李淵免不了會慚愧而心疼。等到其他人退下後，李淵對李世民說道：「從起兵到平定天下，都是你的功勞，我之前想立你為嗣君，你推辭不要，所以才給了建成。現在建成年長了，做了八九年的儲君，又沒犯下什麼錯，我不忍心廢掉他。如今看起來，你們兄弟之間已經不能相容，如果再留在京師，必然會有紛爭。我想，你還是回你的陝東道大行台去，統領關東之地，你可以自己用天子級別的儀仗、旌旗。」

這麼多年，如今是李淵八九年來第一次與李世民推心置腹地談話。李世民聽了不由地流淚道：「父皇年紀大了，實在不忍心遠離膝下。」

李淵看著臥在榻上的李世民，道：「天下是一家，長安和洛陽，說近不近，說遠不遠。我要是想你了，也會去你那裡做客，不用擔心。」此刻的李淵，不是那個拉動東宮打擊秦王府的帝王，而是一個年邁的父親，一個硬不下心來對付兒子的可憐老人。

李世民含著淚答應了，第二天便開始準備行裝，遵旨南行。但是，李建成、李元吉這邊卻不樂意了。他們商量著說，李世民要是走了，那這兩年東宮精心收走李世民的權柄，形成的壓倒性優勢豈不是要白費了？李世民離開長安前往洛陽，就猶如困龍游入大海，重新掌握了兵馬錢糧，萬一皇帝李淵殯天了，皇位繼承之爭無法解決，那就很有可能爆發新的戰爭。

而李建成和李元吉可都不想在戰場上和軍事天才李世民對敵。

「劃山而治」，難不成要讓這個統一不久的國家再次分裂？

所以，在李建成、李元吉的活動下，無數官員上了密奏，說秦王的左右聽說要去洛陽，都喜不自勝，恐怕是不會再回來了。李建成又託裴寂這樣的皇帝近臣把「劃山而治」的利害說給李淵聽，終於說動了李淵，把「劃山而治」的想法給結束了。

李世民前往洛陽的行程無疾而終，於是繼續留在長安。此時，所有的明眼人都已經意識到，李世民功蓋天下，一手撐起了大唐的武德，理應繼承這個帝國，要是天子決心不再改易皇儲，仍舊以李建成為太子，那這幾個兄弟之間就必有一戰。

天策府內外也都拋棄幻想，積極備戰。不論是李世民還是天策府上下，都已經被逼到了生死存亡之際。李世民的大舅子長孫無忌，還有房玄齡、杜如晦等親信也捅破了窗戶紙，直言勸說李世民要儘早誅殺李建成和李元吉，否則猶豫不決，就會導致覆滅的後果。

同時，宮府之間依舊諜影重重。東宮和齊王府對天策府的驍將們，大舉離間收買，還對那些策反對象贈送了大量的珍寶金銀。比如，李世民的愛將尉遲敬德名聲在外，他們便祕密地送了一車金子、銀子給尉遲敬德，想要籠絡他投靠過來。但是，李世民對尉遲敬德有救命之恩、知遇之恩，於是尉遲敬德嚴詞拒絕了。李建成大怒，與尉遲敬德絕交。李元吉也安排了刺客要刺殺尉遲敬德，尉遲敬德聽說了，於是將家門大開，等著刺客過來。刺客知道尉遲敬德的厲害，幾次都不敢下手。李元吉見刺殺不行，便直接把狀告到了李淵那裡，說尉遲敬德在準備一些見不得人的勾當。於是李淵下令，將尉遲敬德投入詔獄進行審訊。

其實，尉遲敬德確實有一些見不得人的勾當。天策府與河東等外地州縣官員、豪傑的聯繫，尉遲敬德功不可沒，但這些府中祕辛全都是高級機

第十一章　宮府暗圖勢未歇—風雨天策府

密，不可以絲毫吐露出來。尉遲敬德在獄中受盡嚴刑拷打，始終不吐一個字，於是李元吉準備將尉遲敬德處決了，報復他當初在洛陽城外比試馬槊時受到的羞辱。最終在李世民的苦苦請求之下，朝廷才總算把尉遲敬德釋放了出來。但是酷刑之下，尉遲敬德一個八九尺高的黑臉大漢子已經瘦脫了形。

李世民知道，收買尉遲敬德，只是東宮和齊王府滲透政策很小的一個環節罷了。只不過尉遲敬德是個耿直漢子，不懂得那些彎彎繞繞，就直接將太子和齊王送錢的事情抖了出來。天策府中不知道有多少文武官員，已經被李建成、李元吉收買了。

比如，中書令封德彝，是一直跟隨秦王李世民經歷了洛陽、虎牢之戰的親信。他左右逢源，三邊下注，既被李元吉收買，隨時溝通消息，又暗地裡在皇帝面前為李建成說話，最終祕密地成為東宮、秦王府、齊王府之間的三面間諜。多年以後，封德彝已經老死了，李世民才從別人那裡知道這樣一回事。原來，李淵因為秦王李世民功勞大，想要改立李世民為太子，心中猶豫不定，於是找來封德彝，一起商量這件事情。封德彝卻堅決勸阻了李淵。

聽說這件事情後，李世民氣得面孔扭曲 —— 如果沒有封德彝的勸阻，李世民順利接任太子，他又何必與自己的親兄弟鬥得如此激烈，最終導致了後來如此悲慘又血腥的結果？

在架空了李世民的權力之後，東宮的第二步手段也雷厲風行地實施著，那就是翦除天策府的羽翼，徹底讓李世民在長安城裡孤立無援，成為孤家寡人。

李世民府中的足智多謀之士，論能力獨推房玄齡、杜如晦二人。於是，房、杜二人就成為靶子，在朝中太子與齊王黨羽的彈劾之下，被勒令逐出秦王府，且嚴令不得再與秦王聯繫，如果私自與秦王會面，立刻處

死，絕不姑息。

而秦府左一馬軍總管程知節（程咬金）也是李世民手下的一員悍將，同時也受到彈劾，被唐廷貶謫外放，出任康州刺史。

就這樣，李世民身邊的得力悍將們越來越多地被調走、貶謫、外放。連平素直腸子的程知節也忍不住對李世民說出了心裡話：「知節是秦王的人，就算是砍了我也不會離開的。還請秦王早做決定，要是大王的手下一個個的都被安排調走了，那大王您的身邊還剩下什麼？還能保證自己的安全嗎？」

李世民聽了程知節的話，沉默了。二十多年來，他難得一見地露出了受挫困頓的神色。但是，李世民不是那種容易灰心喪氣的人，哪裡遇到了挫折，他就會從哪裡反彈起來，將那些看似凶猛的阻礙一掃而空！

李建成、李元吉，看似步步為營，將李世民架空成了長安城裡沒有實權的王公，但他們也實在是低估了李世民的力量。這些年的經營，李世民已經贏得了關東高門世族的支持；而多年的行軍征戰之下，從朝廷到地方大將，也都是李世民的人，天策府與地方大員之間的聯繫從未中斷，這就是李世民的底氣。

以為可以在權力的牌桌上步步為營，就可以將李世民逼入絕境了？李建成太天真了，到了這一步，李世民有能力把整個牌桌都掀了。

這大概就是所謂的「輾壓之勢」吧。

李世民曾派人千里送信，詢問李靖、李世勣等駐守邊關的大將們，萬一有朝一日他誅殺李建成、李元吉，奪取皇位，他們是否支持。不久，李世民收到回信，李靖、李世勣都婉言推辭，說不便參與。這些信看似謝絕了李世民的意思，但李世民也沒說讓他們參與，只是詢問他們的意見罷了。而李靖、李世勣推辭不參與，意思也再明白不過了，他們都已經暗示了自己是站在李世民這一邊的。只是他們此時直屬於唐廷，還不是李世民

第十一章　宮府暗圖勢未歇─風雨天策府

的僚屬，因此從君臣大義上講，不應當參與這場針對太子與皇帝的政變，而不參與，就已經是對李世民最大的支持了。

而長安城中，又是如何的光景呢？朝廷十二衛大將軍，還有駐防京畿的十二軍府兵的將領裡，除了燕王羅藝等少數幾人以外，不是李世民的舊部，就是與李世民交好，連左翊衛大將軍柴紹和太常卿領參旗將軍竇誕（李世民的姐夫、妹夫），也都偏向於李世民這一邊。由於決戰之時涉及天子，李世民不能保證這些朝廷禁軍能直接站到自己這一邊，但是可以保證他們不會成為自己的絆腳石。如此算一算，真正能為東宮、齊王府所用的，不過是他們自己私養的兩三千護衛而已。

確認了自己的基本盤堅實穩固之後，現在就是李世民絕地反擊的時候了。

05 「太白經天」，變亂將起

武德九年（西元 626 年）六月，星象有變。太白星忽然明亮，在豔陽高照的正午時分都能看見。「太白經天」象徵著天下大亂、江山易主、天子駕崩、大臣被誅，以往秦始皇駕崩等屢次政治動亂的時候，都出現過這種星象。於是，天子令太史監研究此事，查清星象的原因。

深夜，東宮率更丞王晊祕密地進入了天策府。王晊是李世民諜報網中的一環，長期在太子李建成身邊做臥底，潛伏在東宮多年，終於在此時發揮了作用。他將一個驚天密謀報告給了李世民。

突厥聯合党項人，上個月進犯廓州的黃河南岸，圍困烏城。雖然這片地界屬於李世民遙領的州縣，但是皇帝和太子都不希望李世民繼續領軍，所以李建成推薦李元吉代替李世民北征，皇帝欣然同意，隨即命令李元吉

領著燕王羅藝等將領解救烏城。李元吉順勢請求抽調李世民手下的尉遲敬德、程知節、段志玄、秦叔寶等將領，並帶著秦王李世民下屬的精銳之師補充李元吉軍，一同出征。這也同樣得到了皇帝李淵的首肯。

於是，太子李建成與李元吉密謀，屆時大軍出征之際，秦王李世民必定到昆明池餞行，到時候就命令刺客在那裡的休息室將李世民暗殺了。做掉李世民後，上奏說李世民暴卒，就算天子不信，但也已經是既成事實。後來的事情就好說了，那時他們擁有了數萬大軍，是長安城的決定性軍事力量，順勢「奏請」天子將國事交付給太子，那他們兄弟倆便可以大權獨攬了。而天策府的戰將們原本已經在李元吉軍中，如果到時候他們不服，就一一殺掉，完全沒有問題。盤算一通，計畫天衣無縫，兄弟倆就愉快地決定了。

率更丞王晊管的是計時用的漏刻，平時在殿中報告時間，除此之外，誰也不太注意，李世民當初安排他在這個職位臥底就是這個目的。而恰恰在李建成、李元吉密謀之時，王晊就在殿旁的漏刻邊上，默默地聽到了這一切。覺得事情非同小可，他立刻飛奔到天策府，報告了這些。

李世民聽完之後大驚，他沒想到自己尚猶豫不決之際，自己的親兄弟竟然策劃了這樣一個連環計畫，不僅要除掉他，還要挾兵馬自重，趁機威逼皇帝退位讓權。他急忙讓王晊回去，又召來大舅子長孫無忌和心腹尉遲敬德、秦叔寶、程知節等人，一起商議這件事情。長孫無忌順勢再次勸說李世民，請他先下手為強。李世民長嘆一聲：「兄弟骨肉相殘，自古以來都是人倫慘劇，我知道他們一直在圖謀我的性命，只不過我不想先做那個惡人，等他們發難之後，再站在道德的制高點上消滅他們。這樣難道不可以嗎？」言下之意，是想等到昆明池餞行之時，李建成與李元吉行刺之後，再出手制服。

「大王一定等他們發難再出手，這是不要命了嗎？」尉遲敬德插口道，

第十一章　宮府暗圖勢未歇—風雨天策府

「如今我等眾人誓死追隨大王，可大王自己到了有生命危險的時候，卻還是不拿安危當回事，縱然大王自己輕視人身安全，可也不能把上天賜予的社稷重任不當回事啊！如果大王不聽我這一句勸，那我就自己逃到山裡去做賊好了。反正是不能再留在大王左右束手待斃了！」他語氣耿直，卻道出了眾人的心聲。在座的眾人，數尉遲敬德救過李世民的次數最多，也數尉遲敬德最有資格說出這一番話，畢竟他的身上，之前被李元吉嚴刑拷打所受的傷還沒有完全痊癒。

長孫無忌也說道：「尉遲敬德所言有理，若是大王不聽他的話，那真的就完了。」他向著李世民拜了一拜，又道，「如果大王還在猶豫的話，敬德要去做賊，那我無忌也跟著一起去，不能再追隨大王了！」

話都說到這麼重的分上，李世民也不得不仔細考慮了，他思索片刻，說道：「我所說的那個計畫也不是完全不行，這事我們再從長計議。」

尉遲敬德大聲道：「大王還在猶豫，是不智；難以決斷，是不勇，敬德沒想到，大王竟是這樣的大王！」他走到門邊，向外示意後，對李世民繼續道，「天策府中的八百勇士，之前很多都被外派到其他地方，我已經擅作主張，把他們集合在了一起，甲冑、兵器也已齊備。大王不是說過，和敬德兩人拿著弓箭、拿著槊，就可以橫行於天下嗎？有此八百精兵，又有何事不能平？如今形勢已經在進行了，大王難道還能停下嗎？」

李世民從座上驚起，走到庭院之前，只見八百敢死精銳已經集合，肅然而立，殺氣逼人。天策府中的僚屬們也都聚在了庭前，靜靜地看著李世民。李世民默然良久，向著眾人問道：「如今形勢，你們都怎麼看？」

回答他的，是一邊倒的支持。

「可天下剛剛平定，不能再生變亂了。如果以我李世民一人的性命，換得天下人的安寧，這也並無不可。」

05「太白經天」，變亂將起

「大王也知道，齊王是有野心之人，我們在那邊的臥底報告，齊王其實也想謀奪皇位。這次他掌握數萬大軍，難免會有處理完大王之後，再將天子、太子一併端了的想法。如果讓太子和齊王得了志，恐怕天下會更亂，乃至大唐也將崩潰不復存在。」侯君集等人勸道，「以大王的能力，除掉此二人有如割菜一般，何必要殉匹夫之節，忘了社稷的安危？」

但是，李建成、李元吉終究是李世民的親兄弟，不是其他人的骨肉同胞，李世民最終決定之時，仍然有些猶豫。

「大王以為，舜是怎樣的人？」

「自然是聖人。」

「舜的父親不肖，兄弟凶惡，想要害他。舜挖井的時候，父親和弟弟卻在井外邊填土，要是那個時候舜不自己出來，而是任由父親、兄弟活埋，那他就是井裡的泥巴了；舜修屋頂的時候，父親和弟弟在下面放火焚燒，要是舜不自己跳下來，那他就是屋頂上的灰塵了，又怎能最後澤被天下，成為萬世聖君呢？」

這個典故戳中了李世民的痛處。是的，如今的他是在自救，而自救的目的，是為了天下百姓的福祉。李世民終於被說服了，於是下令占卜，測一測吉凶。李世民很少占卜，這一次其實也是想安慰自己，證明做的這一切都是上天的指引。正要扔出龜殼，查看徵兆的時候，幕僚張公瑾走了進來，將龜殼一把奪過，扔走說道：「占卜是為了解答疑惑，如今勢在必為，何必要占卜？若是占卜出什麼不吉的話，難道這件事情就不做了嗎？」

李世民拍案而起，道：「行！那這件事就定下來了！」既然定計，便不再猶豫，以往那個處斷果決的秦王又回來了。見府中盡是武將，原來的「十八學士」大多都已經被設計支走，於是李世民對長孫無忌下令道：「請舅兄把房玄齡、杜如晦請來，一同商議大計。」

第十一章　宮府暗圖勢未歇—風雨天策府

　　長孫無忌出去後不久，孤身返回，說房玄齡等人因為有天子的嚴令，所以都不敢尊奉李世民的教諭過來。

　　事情到此，留不得一點轉圜的餘地。李世民怒道：「玄齡和如晦難道是有二心不成？」他取來自己的佩刀，交給尉遲敬德道，「請尉遲公親自去他們那裡看看，若是他們真不想來，那就砍了他們的頭帶過來吧！」

　　房玄齡、杜如晦並非故意不來，只是想藉此測一測李世民行事的決心。此時，二人見尉遲敬德把秦王的話帶到，都是大喜過望，馬上喬裝為道士，跟著長孫無忌一起偷偷地進入了天策府中。

　　一切都在隱祕地進行著，因為李世民知道，既然已經下定決心要行事，那就要把自己施展抱負的阻礙全部清掃乾淨，不留任何隱患。所以，他所要對抗的不僅是東宮和齊王府，而是阻礙他登上權力頂峰的所有障礙。

　　哪怕這些障礙裡，包括當今的皇帝。

　　六月三日正午，「太白經天」的星象再次顯現。太史監終於測出了「太白經天」出現的緣故。太史令傅奕密奏天子道：「太白星出現在西方秦地的星野上，預示秦王將有天下。」

　　這句話，可以作兩種解釋：一是秦王李世民將作亂，據有天下；二是天子將立秦王李世民為儲君，因此秦王將有天下。李淵不確定應當如何解釋，天象是天意的顯現，而天意始終是混沌難測的，只有等一切帷幕拉開，大戲奏響，天意才能清楚明白地展現開來。拿著太史令的奏報參詳一番之後，李淵當即召李世民入宮，將奏報放在了他的面前，想聽他的解釋。

　　李世民沒有正面回應李淵的問題，只是報告了另一件事情：「太子與張婕妤、尹德妃等後宮嬪妃私通，淫亂後宮。」對於自己身上所受的猜忌與懷疑，李世民也辯解得乾乾淨淨，「臣一直以來，受到建成、元吉的誹謗，他們還利用與後宮嬪妃的齷齪關係，鼓動嬪妃們也一起來攻訐於臣，

想要置臣於死地。然而，臣對兄弟沒有一絲一毫的辜負，如今他們想要藉著大軍開拔，在昆明池餞行之際將臣謀害，看起來簡直像在為昔年的王世充、竇建德報仇一般。要是臣如今枉死，永遠地與君父陰陽兩隔，魂歸地下，見到地獄裡的王世充、竇建德，讓他們知道臣是因為這個而死的，實在覺得羞恥！」李世民的這一席話說得盪氣迴腸，此時他再無顧忌，終於將多年以來鬱結在心中的委屈抒發了出來。

李淵愕然。

多年以來，李淵對待李世民，總是因為這二兒子手握重兵，而下意識地以君臣關係的尺度來對待，父子之情也漸漸地淡了。而且，還因為皇帝猜疑權臣宿將的固有思維，而對李世民越來越顧忌。甚至在齊王仍住在宮城中的時候，就將李世民從太極宮的承乾殿搬到了低矮狹小的弘義宮裡。與這個兒子在空間上漸漸遠離的同時，李淵聽著後宮嬪妃的耳邊風，也在內心與李世民疏遠了開來。但是，李世民此時的話卻如當頭棒喝，讓李淵警醒起來。在帝王家，父子之間關係最難相處，他一直暗自防備著權力最大的李世民，可對建成、元吉，則沒那麼多的防備，萬一這樣做錯了呢？如果李世民說的情況屬實，李淵自己被戴上綠帽子還是小問題，太子、齊王與后妃勾結、串通一氣則是大忌。這意味著李淵對於他這兩個兒子根本不存在祕密，自己的身邊隱私如同籮筐一般敞開在太子與齊王面前，這對於一個帝王來說是萬分危險的事情！

所以，這件事情一定要嚴查、細查、詳查。李淵對李世民說道：「這件事情，你應當早點告訴我的。明天朝會時，讓他們一起來對質。」

無論是天象，還是李世民的話，都讓李淵產生了一種預感——明天會是一個大日子。

六月四日的前夜，娥眉月高懸，太白星閃爍，這注定是一個不眠之夜。

太極宮裡，李淵在凌晨時分便緊急召進了裴寂、蕭瑀、陳叔達等重臣

第十一章　宮府暗圖勢未歇──風雨天策府

入宮，討論李世民檢舉之事。順便，他也希望就此將太子與秦王的爭鬥做個了結。

東宮和齊王府也接到了翌日入宮議事的通知，要求務必到場。從傳旨宦官的口氣探聽起來，這次似乎要商議什麼大事。據說「太白經天」的星象徵兆著秦王將有天下，估計天子是真的打算要對秦王開刀了。李元吉覺得此事非同小可，急忙前往東宮商議，準備天明之後，二人一同結伴入宮。

天策府中，見慣了大風大浪的李世民，此刻竟也緊張起來，站起來做著深呼吸，揉撫胸口。妻子長孫氏也在李世民的身旁，一起看著星星、月亮，講些輕鬆的話語，以緩解丈夫如今緊繃的神經。李世民看著自己的妻子，想說萬一明日的政變不成，就讓她帶著幾個孩兒遠避到關東，但話未出口，便想到覆巢之下無完卵，如果他失敗了，妻子、兒女自然也是逃不過被誅戮的命運，因此仍是無言，終未開口。

時間過了三更，長孫無忌、尉遲敬德等將領走入，意味著出發的時間已經到了。李世民與諸將沉默著對視，大家都沒有說話，但彼此的心意都已敞亮。李世民在侍從的服侍下穿上鎧甲，再在鎧甲之外披上衣袍。一切就緒之後，李世民走出房間，明亮的目光掠過每一個秦府將領。

長孫無忌、尉遲敬德、段志玄、程知節、秦叔寶、長孫順德、侯君集、張公瑾等諸將，一一還給了李世民堅定的眼神。這個晚上，秦王府留在長安的黨羽們瞞過了所有監視者，齊聚到了一起。長孫氏安排了酒食，為將士們餞行。見到秦王妃出來為大家勉勵鼓勁，凝重的氣氛一下子活躍了起來，將士們飲下壯行酒，豪氣頓生。

出發了，李世民帶著天策府的將領們，連同八百精銳之士披星戴月，踏出了征程。前方的路，結果未知，或許是刀山火海，又或許是通途大道。

流光隱現，天將大明。

尾聲

業已彎弓豈肯休 ── 玄武門十二時辰

尾聲　業已彎弓豈肯休―玄武門十二時辰

01 血色的黎明

　　西元 626 年六月四日，庚申，大唐皇帝李淵起了個大早，準備去外殿與裴寂、蕭瑀等宰相商議幾位皇子之事，卻在此時，忽然聽得外面步履急促，聽起來有許多人走過。過得片刻，一個陌生的面孔走了進來，還帶著幾個衣甲鮮明的武士，在李淵面前拜了一拜，道：「宮外有賊人作亂，請陛下移駕暫避。」

　　李淵表面深藏不露，心中卻已經是驚濤駭浪。這個人是誰？到底出了什麼事？原本護衛他寢殿的那些熟悉的宿衛都去了哪裡？他不動聲色，假裝輕描淡寫地問道：「汝乃何人？出了何事？」

　　這人沒有回答，只是重複了剛才說的話，語氣更加重了一些。

　　李淵見這情形，又見武士身上帶著一股殺氣，顯然是久經沙場的老兵，估摸形勢，他沒有別的辦法，便只能隨這人一起走出了寢殿。乘著鑾駕，李淵被帶到了御花園深處的海池邊。海池是後花園裡的一處景觀湖，李淵在閒暇時都會來此散心。但是今天，李淵發現情況與往日完全不同，沿途站崗的宿衛軍士一個都沒有了，整個花園安靜得嚇人。他意識到，自己已經被挾持了，不僅是他，整個後宮也都已經被挾制了。

　　在海池邊坐了不多時，只見裴寂、蕭瑀等宰相也都到了這裡，身後一樣也是全副武裝的鎧甲武士。裴寂等人的神色裡帶著惶恐，一副「我是人質、我什麼都不知道」的樣子。

　　只見武士們來到李淵面前，又是一拜：「情勢緊迫，請陛下暫且在海池上泛舟。」他們的語氣，恭敬之中又帶著不容反駁的味道。

　　看著眼前的武士們，李淵忽然明白了過來：「你們是秦王的人？」他心中雪亮，像這樣的武士，帶著這樣的刀劍與鮮血淬鍊出的血腥殺氣，不是

跟著李世民從屍山血海裡衝殺出的貼身武士，還有誰有這樣的氣勢？

皇帝不吃眼前虧，李淵和裴寂等人，還是在武士們的護衛之下登上了遊船。

這是要把天子和宰相們隔絕起來，是謀逆，秦王是瘋了嗎？！他沒有權力調動禁軍，就靠秦王府這點人，難道不知道失敗後會是什麼下場？

這遊船一划，就划了好幾個時辰，從天剛擦亮一直到日上三竿，李淵聽見不遠處的臨湖殿，還有宮城北處的玄武門方向，喊殺聲此起彼伏，不知發生了什麼事。他的心情越來越焦躁，但他不能表露，只能假裝淡定地繼續划船。過了好久，忽見一個皮膚黝黑的大將身著重鎧，手持長矛，直接向這邊而來，正是秦王府的尉遲敬德。李淵靠岸之後，才發現尉遲敬德的鎧甲上沾滿了血跡。見此情景，李淵不由得大驚：「今日誰在作亂？尉遲卿來此做什麼？」

尉遲敬德答道：「太子、齊王作亂，秦王已經派兵誅殺了他們，又怕驚動了陛下，所以令臣前來保護。」

李淵的腦袋裡嗡地一聲巨響，太子……齊王……他們都被誅殺了？李淵簡直不敢相信自己的耳朵。

時間倒回黎明之前。

李世民帶著府中將士，提前到達了太極宮北邊的玄武門。玄武門守將是中郎將常何，他原本就是李世民安排在這裡的暗樁，一直幫助李世民籠絡駐守玄武門的宿衛。此時，常何見李世民到來，立刻下令開門，放李世民和他的八百親衛入宮。

李世民的部署是這樣的，他率領人馬入宮之後，接管宮中宿衛的布防，控制整個後宮。他自己再等在建成、元吉入宮的必經之路上，伺機出動，截殺他二人。連秦府諸將都驚異的是，這一切進行得出奇的順利，皇

尾聲　業已彎弓豈肯休—玄武門十二時辰

宮宿衛幾乎沒有抵抗，就將駐防移交給了秦府衛士。這時，諸將們才知道，幾年的經營之下，李世民已經將宮中宿衛牢牢地拉在了自己這一邊，如今這一切，不過是水到渠成罷了。

但是，這一切計畫還有漏洞——萬一李建成、李元吉變卦，臨時不進宮了，那如何是好？

對此，李世民同樣留了後手。萬一李建成、李元吉不進入他的埋伏圈，李世民已經控制住了皇帝，穩穩地把持住後宮，到時候以皇帝的名義下令收捕這兄弟二人，估計也毫無問題。畢竟李世民是中書省、門下省、尚書省的名義掌管，帶人掌握住前朝之後，下一道詔書非常容易。

與此同時，雍州治中高士廉帶人進入牢獄，將囚犯們盡數放出，發給他們鎧甲、兵器，將他們武裝了起來，帶著他們前往長安城北的芳林門駐守。這些囚犯大多是收捕的賊人和戰俘，受過軍事訓練，高士廉許以自由，囚徒們歡呼雀躍地接受了武裝。雍州府監牢在長安城西部的長壽坊，夏日的清晨，高士廉帶著千餘名囚徒浩浩蕩蕩地經過西市，穿越十幾個坊市，跨過半個長安城來到了芳林門。喧鬧聲驚醒了沿途坊間居民們的睡夢，好奇著這麼大清早究竟出了什麼事。但是，雍州州衙、長安縣衙都已經收到秦王府的知會，假裝對此一無所知，所以高士廉帶著囚徒們一路暢行無阻，直通芳林門。

芳林門連通秦府和太極宮，也是李世民留下的退路。萬一宮中形勢有變，李世民便可以帶人撤出宮城，經過芳林門退回長安城北邊弘義宮中的秦王府。實在不行，他也可以離開長安，帶著親信和妻小們去往關東洛陽。幾天之前，李世民已經安排了屈突通、溫大雅前往洛陽，整頓陝東道大行台的事務，做好最壞的打算。

天矇矇亮的時候，太子李建成從東宮出發，開始前往玄武門。正要進入宮門之時，忽然被張婕妤攔住了。原來，張婕妤打聽到了李世民向李淵

狀告李建成、李元吉兄弟淫亂後宮的事情，因此急忙前來預警。只是宮門在宵禁之中不能打開，張婕妤只能等到天明時分玄武門開了，才急忙趕出來。

聽了張婕妤的消息，兩兄弟都很吃驚。李元吉建議，這次要麼還是託病不要進宮吧，回府之後有宮府兵保衛，保證安全，再觀察形勢。

但是，李建成以為不可，這次託病不去，難不成是要默認李世民指控的私通之事？他自信這段時間已經買通了宮中禁衛，進宮大可以放心。萬一真的有變故，他們還能帶上東宮的「長林兵」，以及齊王府的衛士，應對不測。二人商議已定，於是大搖大擺地走進玄武門。過城門時，李建成還抬頭看到了城樓上的常何，這又讓他吃了一顆定心丸。常何是李建成出征劉黑闥時的老部下，回長安後，李建成也沒少拿金銀財寶籠絡於他。有常何在，李建成完全放心，他絲毫不知道，常何與李建成自以為籠絡到的其他很多將領一樣，在多年以前就已經是李世民的死黨，在跟隨李世民征戰過程中傾心折服於他，並肩血戰、九死一生中，已經結成了生死之交。對於李世民用恩信結交的死黨，李建成的那些財物又能籠絡些什麼呢？

李建成、李元吉進了玄武門後，帶著少量親隨一路往前。走到臨湖殿的時候，他們發覺情況有些不對，整個後宮安靜得嚇人，沒有平時宦官、侍女們的人來人往，氣氛顯得極為詭異。他們意識到事情有變，即刻拍馬往回走，想要退回東宮。

就在此時，兩兄弟忽然聽得後面有人叫喚他們的姓名，自他們成為太子、齊王以來，已經很久沒有人敢直呼他們的姓名了。他們回頭定睛一看，竟是李世民馬上於樹林邊的道上。此時，他脫去了衣袍，露出鎧甲，寒光森然。

「咄，想找死嗎？」李元吉厲聲罵道，他抽出弓箭，彎弓就要射向李世民。但是，他沒有帶弓鞘，又穿著衣袖寬大的公服，緊張時刻，竟然連

尾聲　業已彎弓豈肯休—玄武門十二時辰

拉三次都沒有拉開弓弦。

見狀，李世民先行彎弓搭箭，弓弦一聲脆響，李建成應聲而倒，利箭封喉。

大唐太子，李世民的長兄，就這樣死在了李世民的手下。這一箭，只能由李世民來射出，他開了弓，就意味著再也沒有回頭箭。二十多年的兄弟情仇，由李世民親手畫下了句號。

兔起鶻落，李建成身後的一個扈從總算清醒過來，向著玄武門的方向逃去，淒厲的叫喊聲打破了沉寂。馬蹄轟響，尉遲敬德、長孫無忌、張公瑾等九人九騎跟隨而上，九支羽箭破空，齊王李元吉身後的扈從們應聲而倒。似乎是坐騎感應人心，李世民的馬忽然驚起，不受控制地往旁邊樹林裡奔去。「嘭」地一聲，李世民撞上了一根樹枝，墜倒在地。

此時，李世民的腦中一片空白，親手殺死兄長，說不出究竟是悲傷還是釋懷。他只是茫然地倒在地上，由於身上的鎧甲過於沉重，一時間竟站不起來。這時，李元吉突然衝來，他進宮時沒有帶兵刃，只能奪過李世民所帶的長弓，拉著弓弦勒在李世民的脖子上。李世民漲紅了臉，眼前只有李元吉猙獰的面目。李元吉並沒有中箭，秦王府的騎兵們都有著小心思，不想背上射殺皇子的名頭。

終於，尉遲敬德策馬奔了過來，揮動長弓，高聲喝斥。李元吉見勢不妙，拋下李世民，瘋狂地向著武德殿方向奔去。那是他之前的寢殿，人在危急之時，總是下意識地往家裡跑。

尉遲敬德策馬追上，挾帶著新仇與舊怨，一箭射殺了李元吉。

李建成、李元吉兄弟，至此盡數被殺。

但是，方才逃跑的扈從已經從洞開的玄武門逃出，驚動了城外太子與齊王的衛士們。他們意識到宮中有變，於是呼喝響應，原本等候在不遠處

01 血色的黎明

的兩千「長林兵」和齊府衛士，聽到訊號迅速趕來，會集在玄武門下。但是，宮禁之地，擅闖就是死罪，聽說太子已經被殺，是否要冒著死罪闖進玄武門，東宮和齊府的將領們拿捏不定。這時「長林兵」護軍馮立說道：「太子在時，我等受他的恩情，太子遇難，我等豈能脫逃？」於是，馮立與副護軍薛萬徹等將，率兩千精騎直驅玄武門。

駐守玄武門的禁軍宿衛，原本受秦王的命令，說只要打開城門放他們進去，別的什麼都不用管。所以，禁軍宿衛們就這樣開著大門，無人關上。眼看著「長林兵」和齊府兵就要衝進宮來，秦府將領張公瑾終於趕來，獨自一人奮力拉起了需要數人合力才能挪動的大門，終於在「長林兵」抵達之前將大門關上。

此時，秦府八百衛士的大部分都已分散在後宮各處，秦府將領分別帶領一小隊人前往後宮的其他各門，與那裡投誠於秦王的禁軍宿衛共同防禦。玄武門前並沒有多少秦府兵馬。面對城外的宮府精銳，玄武門宿衛軍心中犯怵。他們只是為天子守宮門的，此時敵眾我寡，難道要為皇子相爭陪葬嗎？

就在這時，雲麾將軍敬君弘帶領一隊禁軍宿衛趕來，他是駐守玄武門的主將，但方才並不值守，此時聽到這麼大的動靜，連忙到了玄武門現場。敬君弘並不是李世民的嫡系，但眼見秦王府寡不敵眾，玄武門將要被攻陷，於是毫不猶豫地加入了抵抗的陣營。親信低聲勸阻他，說形勢尚未明朗，不如靜觀其變，等到秦王調來其他援軍再打也不遲。敬君弘不答應，堅持出戰，回頭看著宿衛軍們，道：「願隨我一起的，跟著我上！」當即有中郎將呂世衡等人跟隨，他們高聲叫著，齊頭並進而上。

當初敬君弘作為前隋降將，正處於身受狐疑之時，卻被秦王看重。國士待之，自當國士報之！

宿衛們見主將都挺身而出，不由激起了一腔血勇，都跟著頂了上去。

尾聲　業已彎弓豈肯休─玄武門十二時辰

敬君弘、呂世衡轉眼被東宮、齊府的士兵吞沒於兵刃之下，但更激起了宿衛們同仇敵愾之心，一起拚了命地與敵軍血戰在一起。

玄武門的喊殺聲響徹了整個長安城。天策府中，秦王妃長孫氏得知玄武門被圍，知道形勢嚴峻。此時，雖然李世民算得周密，宮內外的禁軍也在源源不斷地增援玄武門，但援軍多得一個是一個。於是，她下令集合了整個弘義宮中的家丁，並發給他們鎧甲和兵器，將他們盡數武裝起來，增援太極宮。

而在宮中的海池，李淵見到了剛剛殺死李元吉的尉遲敬德，吃驚不已。他被控制在海池裡被迫泛舟，卻發現挾持他的秦府衛士並不多，原本期待著禁軍宿衛能集結起來，將這些「叛黨」處理了，卻沒想到這一幕並沒有發生。隨著玄武門外喊殺聲響起，飛矢如雨，有的箭還射到了內殿，越來越多的禁軍宿衛竟然前去增援。聽了尉遲敬德介紹說太子與齊王作亂被殺，李淵終於明白，他的二兒子李世民，是要將他的兩個兄弟連同李淵這個老爹，一起連鍋端了！他看看尉遲敬德甲上的鮮血，又看看尉遲敬德手上尖銳的長矛，最後看向身邊的老朋友裴寂，問道：「今天發生了這樣的事情，當如何是好？」

一代雄主李淵，竟然也到了沒了主意的時候。

裴寂一直都是李淵的心腹，之前自然也是偏向於太子這邊，如今聽說太子、齊王皆被誅殺，倉皇間手足無措，只是沉默不語。還是身邊與秦王結好的蕭瑀、陳叔達說道：「建成、元吉原本沒有參與太原的起義，又無功於天下，這幾年來嫉妒秦王功高望重，所以勾結在一起，乃至圖謀不軌。如今秦王已經出手討平誅殺了他們，既然秦王功蓋宇宙，率土歸心，那陛下如果厚加禮遇，將國事交付於他，自然一切太平了。」

此時的李淵意識到，不僅他的禁軍，還有他的朝廷大臣們，乃至整個長安城，全都在這場政變裡站到了秦王李世民這一邊。他長嘆一聲，一下

子頹喪了下來，失魂落魄地說道：「不錯，這也是我的心願啊！」

尉遲敬德繼續道：「如今禁軍宿衛正在抵抗東宮和齊王府餘黨的進攻，秦王已經在帶領衛士保衛玄武門，還請陛下降下手敕，命令諸軍受秦王處置，好調動大軍，一起剿滅叛賊。」

李淵點頭，此時的他還能說什麼呢？命都攥在尉遲敬德手上，也只能按他說的做了。

擔任天策府司馬兼檢校侍中的宇文士及拿著早已草擬好的敕書交給李淵，這封敕書已經經過中書省草擬，門下省複核，一切手續齊備。李淵點頭後，宇文士及帶著詔書走了，至此長安諸禁軍全都正式受李世民的節度。

玄武門外，戰鬥仍在繼續。秦叔寶、長孫順德已經帶領一隊「具裝甲騎」，從別的宮門趕來支援。宮城外的禁軍也在趕往玄武門的路上。勝利的天平漸漸地向著秦王府和宿衛們這一邊傾斜。馮立、薛萬徹眼見戰況越來越不利，心中就剩下了最後一個念頭：就算戰死，也要在秦王身上咬一口，為主子報仇！於是，他們重新收攏騎兵軍陣，準備往西北的秦王府邸殺去。

就在這時，玄武門上一員大將沉聲吼道：「叛逆李建成、李元吉已經奉詔伏誅，從黨立刻投降！」嗓音雄渾，蓋過了城下的一切嘈雜，說話的正是名震天下的尉遲敬德，他手中提著兩顆頭顱，城下的「長林兵」、齊府衛士一看，正是太子和齊王的首級。

尉遲敬德身邊的黃門侍郎裴矩也亮出手中的詔敕：「天子有令，變亂首犯是建成、元吉，其餘人等快點繳械投降，還可從輕發落！」

原本殺聲震天的玄武門外一下子靜悄悄的。「長林兵」和齊府衛士們原本靠著一口氣廝殺，相信自己是在為大唐的朝廷平叛，此時卻突然被告知，原來連天子都已經欽定他們是亂黨，而對面秦王府的衛士才是在平叛。而且，太子、齊王的首級已經被拿在尉遲敬德的手裡，原本的浴血奮

尾聲　業已彎弓豈肯休—玄武門十二時辰

戰一下子沒有了意義。

累了，困了，散了吧。兩千將士們像是被抽去了主心骨，沉默著開始撤退、潰散。

馮立沒有阻止這一切，任由身邊的同袍們四散逃走。他長嘆一聲道：「奮戰到現在，我們應當已經對得起太子的在天之靈了！」於是跟著潰兵一起逃散開來。

秦王府的衛士們、禁軍宿衛們也沒有追逐，只是肅立注目著，任由他們逃走。交戰這麼久，他們彼此都知道，對方是值得尊重的對手。如果不是秦王及時地控制住天子，並誅殺李建成、李元吉，此時四處潰逃的，可能就是他們自己。

02　春風武川行

李世民射殺李建成之後，情緒一直處於不穩定的狀態之中。李世民的腦海裡不斷浮現起當年自己孩提時候的畫面，哥哥建成會抱著他，帶他出去遊玩，他最無憂無慮的歲月，就是和哥哥、弟弟一起度過的。但此時，哥哥和弟弟已經成為一具屍體，還是死在了他的手上，他們的人頭被割下，並拿給玄武門下的「長林兵」展示。

雖然李建成有諸多的不是，幾次想要謀害李世民，但建成終究還是他唯一的兄長。

得知李淵頒下詔敕，李世民才敢來到海池邊。他一見李淵，登時控制不住，伏在李淵的懷裡放聲大哭起來。

這哭泣是真實的，此刻李世民的心中和李淵一樣，完全為悲傷所占據。哭到不能自已時，他竟抬頭吸吮李淵的乳頭。

李淵也悲傷地流淚，這個動作讓他想起李世民斷奶時，四處尋找母乳，李淵就是這樣抱著他，拿自己的乳頭讓李世民吮吸，哄他止啼，讓他入睡。那時李世民白白嫩嫩的，眉宇間最像李淵，是李淵最愛的兒子。

「你沒有錯，是為父錯了，一直聽信讒言，幾至有投杼之惑。」李淵垂淚道。他說的是「曾母投杼」的典故：一個母親織布之時，聽別人傳假消息說兒子殺人了。雖然相信兒子的忠義仁厚，但當第三個人告訴她這個消息時，這個母親不由得停下了機杼，疑惑著，萬一兒子真的殺人了呢？

權力終究會將人吞噬，它讓一個慈愛的父親變成了冷酷猜疑的君王，讓一個至情至孝的兒子變成了陰謀奪位的「殺神」，讓每一個人變成了自己最討厭的樣子。

雖然李淵和李世民父子兩人冰釋了前嫌，但是當年那個父子同心、併力征戰的日子，是再也回不來了。

玄武門之變三日後，李世民被立為太子，事無大小，皆可獨斷。

玄武門事變二十八日後，秦叔寶、程知節、尉遲敬德等大將受封為十二衛大將軍。

玄武門事變一個月後，高士廉、房玄齡、杜如晦、長孫無忌受封侍中、中書令等要職，從此進入決策中樞。

玄武門事變兩個月後，李淵禪位給李世民。李世民在東宮顯德殿繼位，改元貞觀。大唐帝國進入了最為輝煌燦爛的時候。不久之後，這個發源於武川鎮、崛起於關隴間的帝國將成為天子共主，文治昭昭，武功赫赫，接受萬國來朝。而此時，距離當初賀拔岳帶領一千多武川豪強進入關中，已經過了近百年。

又是三年過去了，貞觀三年（西元629年）的武川鎮，初春之際，草原還未泛出新綠，正是牛、羊、戰馬最為瘦弱的時候。武川鎮一如八十年

尾聲　業已彎弓豈肯休—玄武門十二時辰

前的那樣，偏僻、粗獷、質樸、貧窮，一眼望去，只有遠處巍峨的陰山層巒高聳，巍峨而荒涼。夜晚的草原滿天星辰，猶如一片星星、月亮組成的海洋。

滄海桑田，這裡作為突厥領土已經近二十年了。當年從武川出發征戰天下的那些英雄故事，已經是飄渺不真的傳說。如今武川的百姓，已經不知道大唐的天子，祖上也曾在這裡住過。

不再有「武川勢力」，甚至不再有「關隴勢力」，大唐在邁向大一統的世界帝國的路上，早已漸漸地拋下了地域勢力的累贅，輕裝上陣，以開放包容的姿態，接納天下的所有英才，進入中央朝廷的殼中。

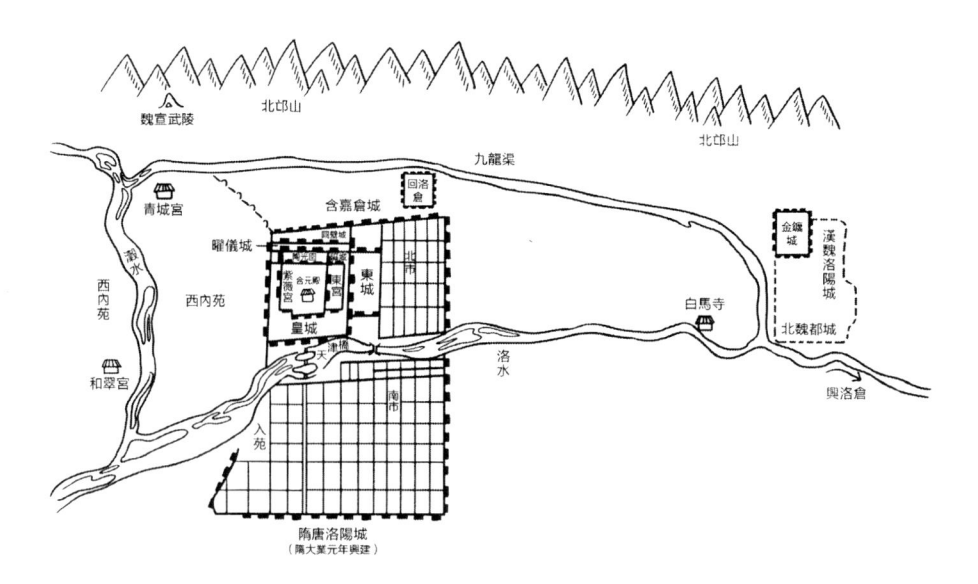

隋唐洛陽城周邊形勢圖（隋大業十二年）

馬蹄聲由遠及近，一大隊騎兵浩浩蕩蕩，向著北方出發。兵部尚書、定襄道行軍大總管李靖奉大唐天子之名，正沿著白道，經由武川，一路向北，討伐突厥。幾天以後，他將與頡利可汗交戰，最終直搗可汗牙帳。

這片土地，也是李靖祖上的家鄉，畢竟他的先祖也同樣是武川人。豪傑之氣一朝匯聚，之後再也不會重現這樣的盛景了。李靖最後看了看這片草原，然後扭頭向前，策馬揚鞭，再不回顧。

故鄉就是故鄉，是永遠回不去的羈絆，而他們的未來，永遠是坦蕩的征途。前方的路崎嶇不平，但天高地闊，星辰如海。

隋唐長安城周邊形勢

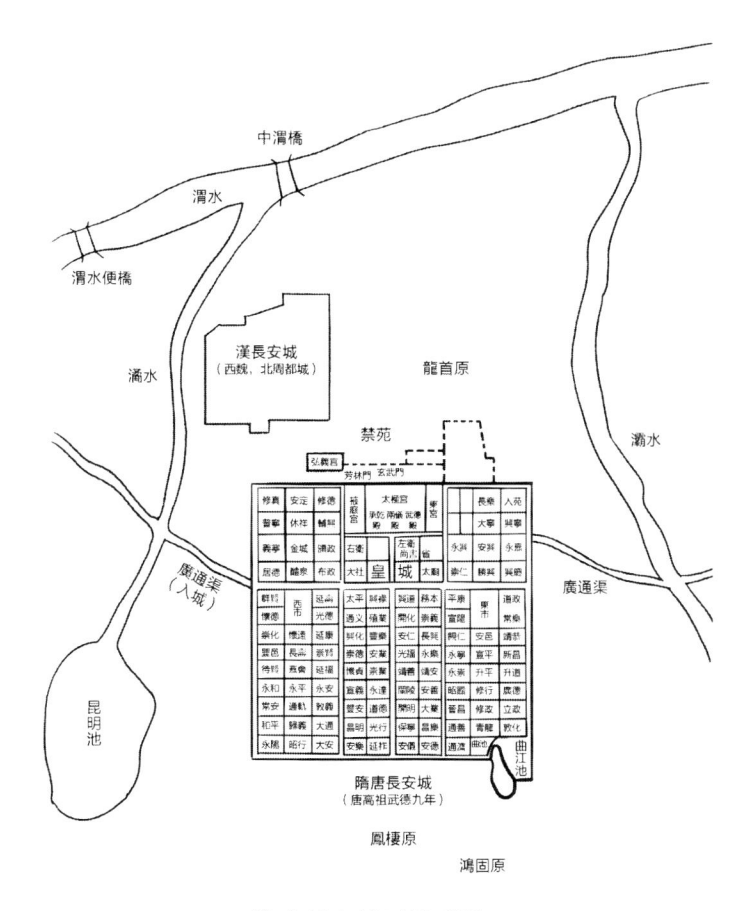

隋唐長安城周邊形勢

（本書完）

尾聲　業已彎弓豈肯休—玄武門十二時辰

本書部分參考書目

- [唐] 令狐德棻《周書》
- [唐] 魏徵《隋書》
- [隋末唐初] 溫大雅《大唐創業起居注》
- [五代] 劉昫等《舊唐書》
- [北宋] 歐陽脩等《新唐書》
- [唐] 李林甫等《唐六典》
- [北宋] 王欽若等《冊府元龜》
- [北宋] 司馬光《資治通鑑》、《資治通鑑考異》
- [明] 王夫之《讀通鑑論》
- [明] 顧炎武《日知錄》
- [清] 顧祖禹《讀史方輿紀要》
- 陳寅恪《隋唐制度淵源略論稿》、《唐代政治史論述稿》、《寒柳堂集》
- 呂思勉《隋唐五代史》、《呂思勉讀史札記》
- 谷霽光《府兵制度考釋》
- 黃永年《唐史十二講》、《六至九世紀中國政治史》
- 王仲犖《隋唐五代史》
- 譚其驤等《中國歷史地圖集》
- [日] 谷川道雄《隋唐帝國形成史論》
- 牛致功《李淵建唐史略》

長安前夜：

軍鎮起義、關隴勢力、隋唐權變……盛世還沒來，英雄已先死一半！

作　　　者：	范西園
責任編輯：	高惠娟
發 行 人：	黃振庭
出 版 者：	複刻文化事業有限公司
發 行 者：	崧燁文化事業有限公司
E - m a i l：	sonbookservice@gmail.com
粉 絲 頁：	https://www.facebook.com/sonbookss/
網　　　址：	https://sonbook.net/
地　　　址：	台北市中正區重慶南路一段61號8樓

8F., No.61, Sec. 1, Chongqing S. Rd., Zhongzheng Dist., Taipei City 100, Taiwan

電　　　話：	(02)2370-3310
傳　　　真：	(02)2388-1990
印　　　刷：	京峯數位服務有限公司
律師顧問：	廣華律師事務所 張珮琦律師

國家圖書館出版品預行編目資料

長安前夜：軍鎮起義、關隴勢力、隋唐權變……盛世還沒來，英雄已先死一半！/ 范西園著 . -- 第一版 . -- 臺北市：複刻文化事業有限公司，2025.09
面；　公分
POD 版
ISBN 978-626-428-225-3(平裝)
1.CST: 北朝史 2.CST: 隋唐史 3.CST: 通俗史話
623.61　　　　　　114011891

-版權聲明

本書版權為樂律文化所有授權複刻文化事業有限公司獨家發行繁體字版電子書及紙本書。若有其他相關權利及授權需求請與本公司聯繫。

未經書面許可，不得複製、發行。

定　　價：480 元
發行日期：2025 年 09 月第一版
◎本書以 POD 印製

電子書購買

爽讀 APP　　　　臉書